古代の地平を拓く　2

「邪馬台国」論争は終わった

河村日下［著］

ミネルヴァ書房

はじめに

二〇〇九年一一月一一日、奈良県桜井市の巻向《まきむく》から巨大な建築遺構が発掘されたと、テレビ・新聞で大々的に報道された。この発見で、「邪馬台国」の所在地は巻向で決まり、それも六〇％以上の確率をもって決定したと、放言する考古学者も現れた。その一方、考古学界では、九州説は「絶滅危惧種」だと言う。

ここで冷静になる必要がある。遺構が大規模だということだけを根拠に、この遺構と「邪馬台国」とを直線的に結び付ける方法は、短絡過ぎる。かえって、この比定は危険でさえある。この騒々しさに、畿内説論者の本音が見え隠れする。「魏志倭人伝」は、信用できないという本音だ。畿内説論者は、〃文献上の実証を避けている〃。わたしはこう思って、この「空騒ぎ」を眺めていた。

「邪馬台国」は、絶えず狗奴国《こうどこく》の猛攻に曝《さら》されている。これが、「魏志倭人伝」の伝える当時の戦況である。それなのに、巻向の地形は平坦である。どこからでも、攻撃は可能である。外敵からの攻撃に対する防御の視点から見れば、巻向は、不安だらけの地形となっているところなのである。

それにもかかわらず、防衛上欠陥だらけの地形を無視して、巻向を「邪馬台国」の都だと強弁する。まるで、〃極楽トンボの発想〃である。この現実離れの発想に、〃舌を出して笑っているトンボ〃は、全国のあちこちに飛び交っているのではないか。わたしも、その一人である。

〃巻向＝「邪馬台国」〃説は、「魏志倭人伝」の軽視というよりも、無視である。実証とはほど遠い。〃巻向＝「邪馬台国」〃説は、そうあってほしいという願望を通り過ぎて、考古学の衣装をまとった〃巻向信仰〃

と化しているようである。

この本で詳述するように、畿内は狗奴国政治圏に属す。つまり、〝巻向＝「邪馬台国」〟説は、敵国のど真ん中に、卑弥呼の宮殿は築かれていたというに等しい。まるで、〝四面楚歌の中の卑弥呼の宮殿〟である。真実が分からなければ、人間はどこまでも大胆になることができる。おかしいことは、まだある。

「魏志倭人伝」に、「邪馬台国」の表記はない。ここに記された国名は、「邪馬壹国《やまいこく》」である。それなのに、激しく対立している畿内説・九州説ともに、なぜかその肝心の国名だけは、「邪馬壹国」ではなくて、「邪馬台国」で一致しているのである。

正確に示されている国名を、勝手に書き直し、その改変に従って、「邪馬台国」を発見しようとする。こんなことをしても、「邪馬台国」が見つかるはずがない。「魏志倭人伝」の原文を、どこまでも尊重する。「邪馬壹国」へ至る道は、これしかない。

「邪馬台国」論争は終わった　目次

はじめに

凡例（本文中の表記などについて）

1　『古事記』『日本書紀』については『記』『紀』、二つの史書を同時に示す場合には『記紀』と略した。

2　『記』『紀』の「神代の巻」については「神代記」「神代紀」と記した。また「歴代天皇の巻」については、「神武記」「神武紀」のように「～記」「～紀」と表記した。

3　物故者については、敬称を省略した。

第Ⅰ部　新しい方法の確立

常所駐東南至奴國百里官曰兕馬觚副曰卑奴
母離有二萬餘戸東行至不彌國百里官曰多模
副曰卑奴母離有千餘家南至投馬國水行二十
日官曰彌彌副曰彌彌那利可五萬餘戸南至邪
馬壹國女王之所都水行十日陸行一月官有伊
支馬次曰彌馬升次曰彌馬獲支次曰奴佳鞮可
七萬餘戸自女王國以北其戸數道里可得略載
其餘旁國遠絶不可得詳次有斯馬國次有巳百
支國次有伊邪國次有都支國次有彌奴國次有
好古都國次有不呼國次有姐奴國次有對蘇國

「魏志倭人伝」原文
（石原道博編訳『改訂　魏志倭人伝　他三編』岩波文庫より）

第一章　混迷を極める論争

日本国民最大の関心事

ここに一つの難解な問題がある。早くからこの問題に、甲、乙二人の権威者が挑戦していた。その結果甲の答えはAとなり、乙の答えは、Aとはまったく異なるZとなった。ところが甲、乙ともに、自己の答えが正しいと主張して譲らず、甲論乙駁の状況が生まれてしまった。比喩的に語ってはいるものの、これは日本で現実に起こり、現在も続いている世界の話である。「邪馬台国」の所在地をめぐる論争、いわゆる「邪馬台国」論争である。念のために言えば甲、乙（あるいは乙、甲）は、東大を頂点とする九州説と、京大を頂点とする畿内説を指す。果して、この決着はついているのか、どうか。解決しているのであれば、その答えはAか、Zか。

「邪馬台国」。この本は、この国名を中心とした謎解きである。「邪馬台国」という国名を初めて知ったのは、中学二年生の社会科の授業においてだった。一四歳頃のことである。その国がどこにあったのか、分からないという。この記述の印象は、強烈だった。けれども、勉学に熱心ではない当時の少年は、自らの学力の程度を十分に認識していたから、いつの日か、この問題を必ず解いてやろうといった野心は、少しも湧いてこなかった。ここで大志を抱かないところが、凡人の凡人たる所以《ゆえん》である。

わが国の歴史に関し、国民の最大の関心事は、「邪馬台国」はどこにあったのかという所在地問題であろう。それは紀元前の気の遠くなるような世界に存在していた国家ではない。紀元後の世界、それも三世紀に実在していた国家なのである。それが分からないのだから、いやでも関心は高まる。しかも、わが国最古の

「歴史書」である『記紀』でも、ほとんど触れていないという不可思議な現象まであるから、なおさらだ。誰しも自分で解いてみたいと思いたくなるのも、無理からぬところである。おびただしい出版点数が、その間の事情を物語っている。

さして広くもない日本列島の中で、大きな図体をしているはずの国家が、なぜ行方不明のままなのか。日本国民が血眼になって探索を続けているのに、いまだ発見されないのだから、確かに不思議である。

二〇〇七年三月一四日午後一〇時から、NHKが、「歴史の選択―邪馬台国はどこか」（総合テレビ）という番組を放映した。この番組では、箸墓古墳のある巻向と吉野ヶ里を、畿内説・九州説の有力な候補地として紹介する一方、従来説の見地から「邪馬台国《やまたいこく》」「卑弥呼《ひみこ》」「狗奴国《くなこく》」という説明に終始していた。放映される画像の奥に、NHKの「邪馬台国」に対する見識に、強く疑問を感じた番組だった。

この候補地と読み方の是非については、これから順次論述していくが、この番組で、わたしが特に関心を持った点は、畿内説・九州説のいずれを支持するかという、視聴者の携帯電話による投票結果である。投票者総数は五万六一八九九人。その結果は、このように出た。

畿内説：二万一一〇二（三七・六％）――九州説：三万五〇八七（六二・四％）

いわゆる「邪馬台国」は『記紀』ではなくて、中国の歴史家・陳寿《ちんじゅ》の著した『三国志』の中の「魏志倭人伝」に記されている。それも相当に詳しく記録されているのに、それが分からないのである。推理小説だけではなく、日本古代史にも一家言をなす松本清張は、かつてこのように述べている。

「わたしは、福岡県南部に邪馬台国があったという説に賛同したい。（中略）いまとなっては邪馬台国のあとは、今後よほどの物的証拠（考古学上の遺跡・遺品など）があがらないかぎり、わかりようもない。が、邪馬台国はとにかく九州北半部のどこかにあったらしい。それだけでよいと思っている」（松本『清張通史①邪馬台国』）と、その所在地特定については、いたっておおらかである。続けて、「キメ手のないままに、（中略）無理をかさねると、どうしてもコジツケやネジマゲが行われやすい。科学的な実証をもとめるのは、いつもノロマで、はがゆいものである」とも、述べている。

氏の言うように、これからも「邪馬台国」の所在地は分からないのだろうか。あるいは、「よほどの物的証拠」も、発見されることはないのだろうか。「邪馬台国」が発見されないのはなぜか。その方法のどこかに、根本的な欠陥があるように思われる。それに、日本人にはすっかり馴染みになっているけれども、「邪《や》馬台国《またいこく》」という国名は、本当に正しいのかどうか。この問題もある。

そこで、わたしの見解を詳述する前に、旧来説を外観しておきたい。畿内説と九州説のいずれにも看過できない過誤を、多分に孕《はら》んでいる。

原作者を無視した旧来説——畿内説

「邪馬台国」の比定地は、九州全域から東は長野県にまで及ぶ。それぞれの比定地とその提唱者を知るには、安本美典《やすもとびてん》氏の著した『邪馬台国ハンドブック』が便利だ。手際よく一覧表にまとめられている。

安本氏の著作とは別に、その状況を視覚的に知ることができる資料が、『歴史群像　特別編集　最新邪馬台国論』（学習研究社、一九八九年）だ。これは佐賀・吉野ヶ里遺跡が発見されたことを機に発刊されている。日本列島上、それも西日本を中心に、色刷りで、「邪馬台国」「投馬国」と「狗奴国《こうどこく》」の比定地が示されている。こうなると、壮観というよりも奇観であり、混乱状況の鳥瞰図である。

そこでまず、南北朝時代から主張されている畿内説から検討を始めたい。これは行路記事の解釈から連続式、加上式あるいは順次式とも呼ばれ、出発点の帯方郡治（京城付近）から終着点の「邪馬台国」までを、一本の線で結ぶ解読法である。

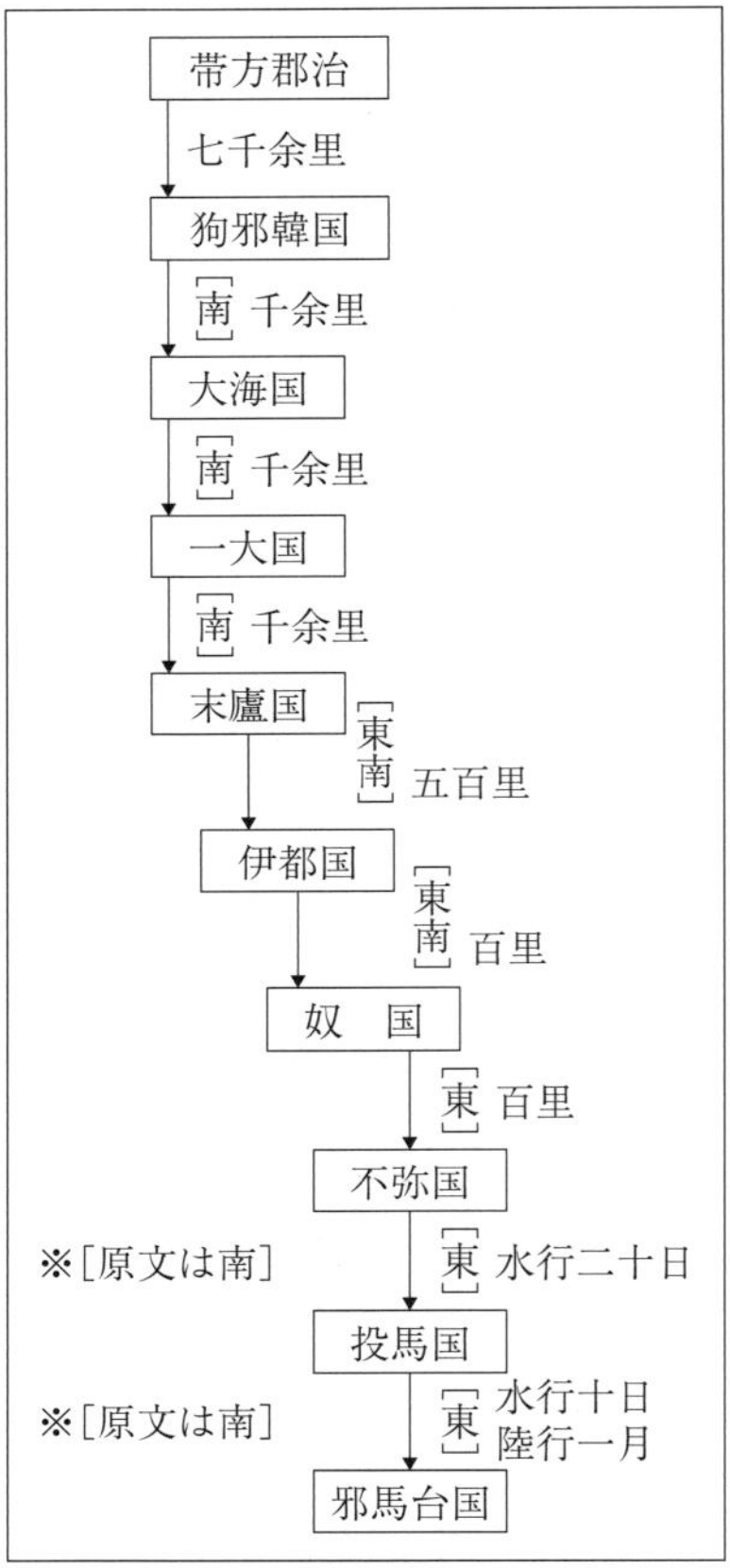

図1-1「邪馬台国」行路図
[畿内説]

［九州説］（榎説の場合）

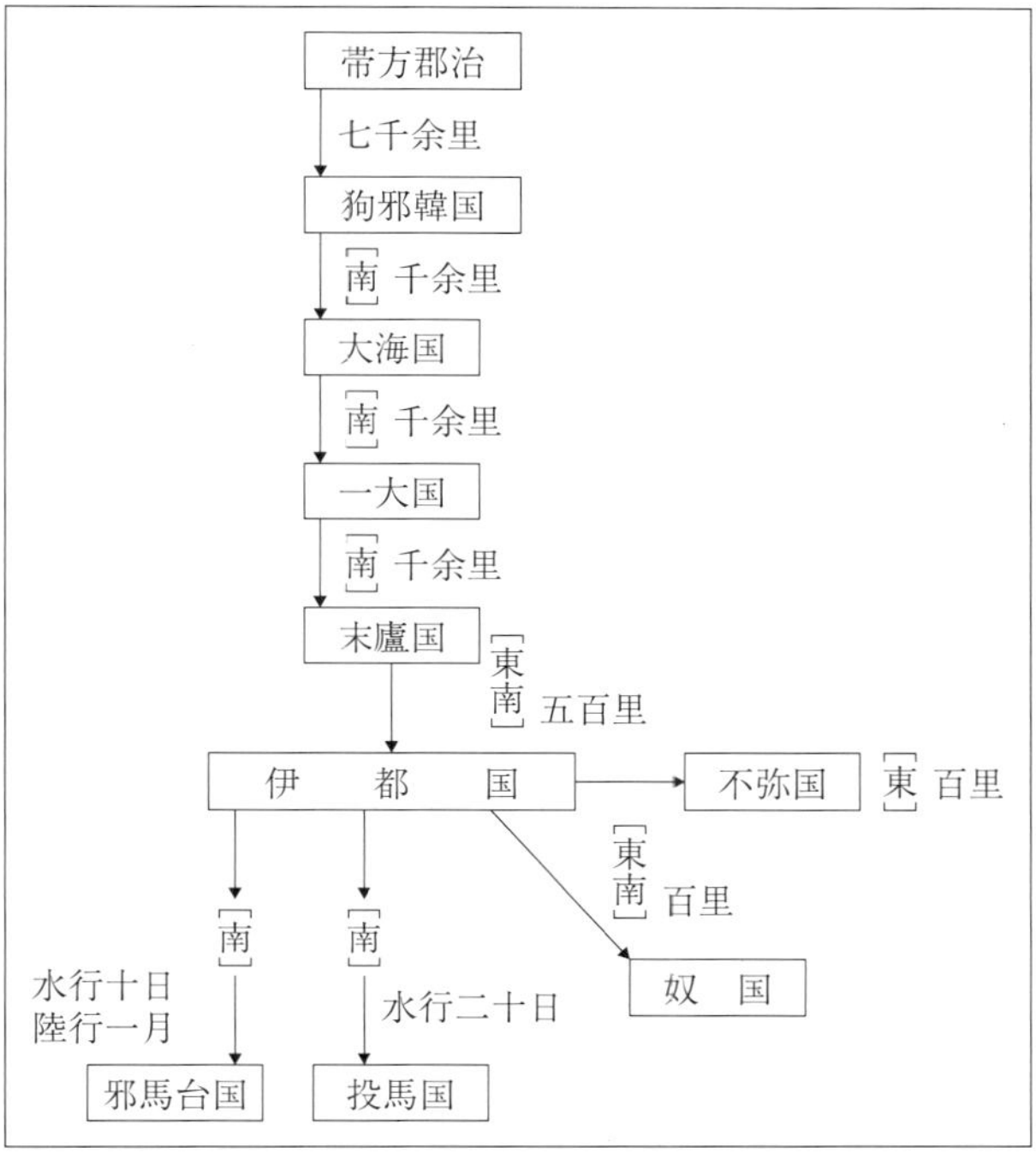

畿内説の特徴としては、次の三項目が挙げられる。

(1)不弥国から「水行二十日」を要する投馬国の位置を、「南」ではなく、「東」と原文を改定している。

(2)投馬国から、「水行十日・陸行一月」もの長日月が掛る「邪馬台国」は、その「南」ではなく、やはりここでも、「東」と原文改定をしていることである。これは右記(1)によって、当然起こる連鎖反応である。

(3)畿内説では、不弥国は博多もしくは門司に比定されているから、北部九州から投馬国を経由して、「邪馬台国」へ至るには、「水行三十日・陸行一月」の計六〇日も掛ることになる。

この三項目は、畿内説にとっては「邪馬台国」解明の必須条件でもある。これで明白なように、投馬国がどこに存在したのか。その比定地が、行路記事を合理的に説明する上で、大きな比重を占めることになってくる。

そこで、それは投馬国と「邪馬台国」の間に長く横たわる「水行十日・陸行一月」に気を遣いつつ、不弥国から「水行二十日」の地を求める唯一の方法が、投馬（ツマ、トマ）の音に似ていると思われる地名探しだった。

投馬国探しは、瀬戸内海行路と日本海行路に二分される。京大を畿内説の総本山に仕立て上げた内藤虎次郎（湖南）は、不弥《ふみ》国を糟屋《かすや》郡宇美町《うみまち》に、そして投馬国を山口県防府市（周防国佐波郡玉祖郷《たまのおやのさと》）に比定した。この地名比定だと、宇美町から防府市へ航行するのに、実に「水行二十日」も要することになる。

問題はこれだけではない。宇美は「ウミ」と読まれているけれども、海には面してはいない。博多湾から直線距離でも一一～一二㎞も内陸部に位置している。宇美は「海」ではない。太宰府市の北に位置する宇美町は、砥石《といし》山（八二六ｍ）・三郡《さんぐん》山（九三五・九ｍ）、あるいは頭巾《ときん》山（九〇一ｍ）などからなる三郡山系の西麓に広がる地である。

つまり、「ウミ」とは、蛇行・起伏の著しい地であることを示している。宇は「宇迦能山《うかしやま》」の用例が示しているとおり、文字どおり大きい意である。本書「第Ⅱ部第七章」で詳述するように、ミとは、曲がりくねっている地形を示す語である。宇美町―防府市間には、このように二つもの矛盾が生まれているのである。

はみ出してしまう水行・陸行の日数

内藤説以外にも、瀬戸内海行路の立場から、投馬国を福山市鞆《とも》町、岡山県玉野市玉、神戸市須磨などに比定する説も現れた。その根拠は、いずれも地名音が似ていることにある。投馬国を瀬戸内海沿岸に、それも不弥国から離れた地に求めれば、「水行二十日」は、一応説明可能となる。しかし、そうなると逆に、投馬国―「邪馬台国」間の旅程「水行十日・陸行一月」についての説明は、ますます苦しくなる。

そればかりか、なぜ瀬戸内沿岸で途中下船し、その後一月も陸行しなければならないのか。その目的が理解できない。どうして、そのまま船で大阪湾へ直接航行しないのか。どう考えても、合理性を欠く解釈となっている。

瀬戸内海行路とは別に、日本海行路を採る立場では、投馬国を出雲国（島根県）北部、但馬国（兵庫県）北部に当てる説もある。これもまた、地名音が似ていることが根拠となっている。しかし、この見解も瀬戸内海行路と事情は変わらない。出雲国・但馬国を去る「水行十日」後に、福井県敦賀で船を降り、ここから大和盆地へ向かって陸行を始めたという。下船後には、福井県と滋賀県を分断する野坂山地越えが待っているのにである。復路もまた、帯方郡治から畿内へ向かう往路と同じように、多大の労苦を伴うこの経路だったのだろうかなどと、無用の心配をしたくなる。

原文の方位である「南」を「東」に変更しても、不弥国―投馬国―邪馬台国に至る〝水行三十日・陸行一月〟―六〇日に及ぶベラボウな旅程は、どんなに足掻《あが》いても、北部九州―大和盆地間には収まり切らないのである。

畿内説ではあっても、方位を修正しない説もある。日本列島は東西に長く伸びている。ところが、三世紀頃の古代人の認識では、日本列島は南北に長く伸びていたと仮定した見解がある。九州が北に、北海道が南に位置していたという地理観だ。「混一疆理歴代国都之図《こんいつきょうりれきだいこくと》」（龍谷大学大宮図書館所蔵）には、日本列島は、右回りに九〇度も回転させた形で描かれている。だが、この「混一図」を引っ張り出してきても、やはり、問題は解消しない。従来の西から東への横の移動を、北から南への縦の移動に変えただけで、〝不弥国―投馬国―「邪馬台国」〟までの内実は何も変わっていないからである。〝水行三十日・陸行一月〟―六〇日は、それほど処置に困る膨大な時間量なのである。

畿内説の崩壊

畿内説の特徴は、「南」を「東」へと原文改定しているところにある。郡使や魏使はそれほどの方向音痴ばかりだったのだろうか。そして、著者である陳寿もまた。

それを確認する方法がある。『三国志』に示されている方位を抜き出して調べれば、その是非ははっきりする。その作業として、『三国志』全体の方位をすべて確認する必要はない。「倭人伝」を含む「東夷伝」だけで十分である。それもその一部だけで事足りる。まず、「東夷伝」序文で確認してみたい。

　書に称す。「東は海に漸《いた》り、西は流沙《りゅうさ》に被《およ》ぶ」と。その九服の制、得て言うべきなり。
　書称「東漸㆓于海㆒、西被㆓于流沙㆒」。其九服之制、可㆓得而言㆒也。

「書」とは『尚書』のことであり、陳寿の引用している一文は、その中の「禹貢《うこう》篇」の一節である。「海」とは、黄海・東シナ海のことである。流沙とは砂漠のことであり、中国の西に広がるタクラマカン砂漠を指している。要するに中国全土に九服の制（中国の教化）が及び、国内の治安は保たれている。そういった趣旨の内容である。東西の地理観は古くから正確である。だから、陳寿もその事実を追認しているのである。

1夫余《ふよ》は長城の北に在り、玄菟《げんと》を去る千里。南は高句麗と、東は挹婁《ゆうろう》と、西は鮮卑《せんぴ》と接す。北に弱水《じゃくすい》有り。方二千里ばかり。
夫余在㆓長城之北㆒、去㆓玄菟㆒千里。南与㆓高句麗㆒、東与㆓挹婁㆒、西与㆓鮮卑㆒接。北有㆓弱水㆒。方可㆓二千里㆒。

2高句麗は遼東の東千里に在り、南は朝鮮・濊貊《わいはく》と、東は沃沮《よくそ》と、北は夫余と接す。
高句麗在㆓遼東之東千里㆒、南与㆓朝鮮・濊貊㆒、東与㆓沃沮㆒、北与㆓夫余㆒接。

図１－２　「東夷伝」の国々

3東沃沮《とうよくそ》は高句麗蓋馬大山《がいばたいざん》の東に在り、大海に浜《ひん》して居《きょ》す。その地形は東北に狭く、西南に長し、千里ばかり。北は挹婁・夫余と、南は濊貊と接す。

東沃沮在二高句麗蓋馬大山之東一、浜レ大海、而居。其地形東北狭、西南長、可二千里一。北与二挹婁・夫余一、南与二濊貊一接。

4挹婁は夫余の東北千余里に在り、大海に浜し、南は北沃沮と接す。

挹婁在二夫余東北千余里一、浜二大海一、南与二北沃沮一接。

1から4は、「東夷伝」中の夫余・高句麗・東沃沮及び挹婁の四カ国についての記事である。これで分かるように、それぞれが接している国々の方位については、すべて正確である。未知の国々へ出兵し、そこで敵の襲撃を受けて、散り散りバラバラになった場合、その方角を一歩でも誤れば、自らの生命を危険にさらすことになる。そのような生死に関わる方角を、おろそかにするはずがない。

ところが、その中国人は日本に上陸した途端、方位を誤った。畿内説だと、このようになる。誤っているのは陳寿か、それとも畿内説論者か。改めて言うまでもないことである。

九州説はどうか

畿内説は誤っている。それでは、九州説が正しいことになるのだろうか。九州説の最大の拠《よ》りどころは、榎《えのき》説と言っても過言ではない。九州説の大半が榎説に依拠しつつ、その応用によって生まれている。榎説は、畿内説の解読法「連続式」に対置されて、「放射式」と呼ばれている。生みの親は東大の榎一雄である。

榎一雄の論証の中心は、先に「九州説経路図」で示したように、〝伊都国基点解読法〟にある。氏は、伊都国までと伊都国から先の行路記事とでは、その進行表示に変化が生じていると見たのである。「帯方郡治―伊都国」までの進行表示は、「方位・距離・地名（到達地）」となっている。以下、その所説を原文で示しながら、見ることにする。

1従郡至倭、循海岸水行、歴韓国、乍南乍東、到其北岸狗邪韓国、七千余里。［方位・地名・距離］
2始度一海千余里、至対海国《たいかい》。［方位・距離・地名］
3又南渡一海千余里、…至一大国《いちだい》。［方位・距離・地名］
4又渡一海千余里、至末盧国《まつろ》。［方位・距離・地名］
5東南陸行、五百里、到伊都国《いと》。［方位・距離・地名］

2に方位は示されていないが、3で「又南」とあるから、2の方位が南であることが分かる。榎はここまでは、畿内説と同じように連続式表記と見なした。ところが、伊都国から先の進行表示では、距離と地名とが入れ替わって、「方位・地名・距離」となっていることに注視した。

6東南、至奴国《どこく》、百里。［方位・地名・距離］
7東行、至不弥国《ふみ》、百里。［方位・地名・距離］
8南、至投馬国、水行二十日。［方位・地名・距離（日数）］
9南、至邪馬台国。…水行十日陸行一月。［方位・地名・距離（日数）］

このように、伊都国から先では、その進行表示は「方位・地名（到達地）・距離」となっていて、「帯方郡治─伊都国」までとは異なっていることは、確かである。そこで氏は、伊都国から先の四カ国については放射式に表記されていると考えたのである。この異なる進行表示の注視によって、〝伊都国基点解読法〟は生まれたのである。

もっとも、1では「乍南乍東、到其北岸狗邪韓国、七千余里」と表記されているから、それは伊都国から先の進行表示［方位・地名・距離］と一致するが、榎はこれを例外と見なした。

榎の新機軸

この〝伊都国基点解読法〟を補強するために、榎が用意した根拠が、やはり「魏志倭人伝」中の、伊都国についての説明文だ。そこには「世々王あるも、皆女王国に統属す。郡使の往来常に駐《とど》まる所なり」と記されている。そこで、この記事と、女王・卑弥呼の容貌・服装等についての記述などがないこと、さらに「邪馬台国」についての土地の状況や民衆の生活についても触れていないことから、「魏の使節は女王に会った形跡がない」（榎『邪馬台国』）と断じ、魏使・郡使は伊都国にとどまって、その先には足を運ぶことをしなかったと推測した。

では、〝伊都国基点解読法〟に基づけば、帯方郡治と個々の国々との距離はどのようになるのか。榎の見解を図示すれば、このようになる。

帯方郡治――――伊都国
一〇五〇〇余里
伊都国―奴　国（一〇〇里）
伊都国―不弥国（一〇〇里）
伊都国―投馬国（水行二十日）
伊都国―邪馬台国（水行十日・陸行一月＝一五〇〇余里）

総里程：一二〇〇〇余里

そこで氏は、ここから〝帯方郡治―伊都国〟までが一〇五〇〇余里であり、〝伊都国―邪馬台国〟の日数は「水行十日・陸行一月」なのだから、〝帯方郡治―邪馬台国〟間は、〝一〇五〇〇余里＋《プラス》「水行十日・陸行一月」〟という旅程を割り出してきた。

この計算方法に基づけば、「帯方郡治―邪馬台国」間の総里程は一二〇〇〇余里、「帯方郡治―伊都国」間は一〇五〇〇余里だから、その差は一五〇〇余里となる。当然、この一五〇〇余里は、「伊都国―邪馬台国」の日数「水行十日・陸行一月」と一致することになる。こうして得られた数値が、〝伊都国基点解読法〟の特徴である。

この計算式から、氏は、「伊都―邪馬台国間の陸行一月すなわち一千五百里を、帯方―伊都間の距離の合計一万五百余里に加えると、一万二千余里という数字が得られる。これは倭人伝に帯方郡から邪馬台国までの距離として挙げている万二千余里に一致する。このことから考えると、水行十日陸行一月というのは、水行すれば十日、陸行すれば一月の意に解するのが正しいであろう」（榎・前掲書）と判断した。

つまり「水行十日・陸行一月」は、「水行十日或いは陸行一月」と読むべきだと主張し、従来考えられてきた〝水行・陸行の合計数値・四〇日〟を、ここで覆したのである。

陸行一月と一五〇〇里との関係

榎の論証はさらに続き、陸行一月と一五〇〇余里とを等号で結んだことに及ぶ。その根拠とした文献が、『唐六典《とうりくてん》』「戸部」である。

凡《おおよ》そ陸行の程は、馬日に七十里、歩及び驢五十里、車三十里……。

凡陸行程、馬日七十里、歩及驢五十里、車三十里……。

ここに、馬と徒歩とロバ（驢《ろ》）の一日の里数が示されている。この基準だと、人間が一日に歩く距離は、五〇里となる。ここで、「伊都国―邪馬台国」間の距離一五〇〇里を、この〝五〇里／日〟で割ると、見事に三〇日となる。これが、〝陸行一月＝一五〇〇里〟の根拠なのである。

榎は、伊都国を糸島郡（現糸島市）二丈町深江に、「邪馬台国」を久留米市御井《みい》に比定しているから、その間の距離を「倭人伝」の日程で示せば、「水行十日・陸行一月」となり、里数では「一五〇〇里」となる。ところが、糸島郡二丈町深江から久留米市御井までの距離は、六〇㎞程度である。六〇㎞は健脚の持ち主であれば、二日で十分だが、通常は三日は要する行程となる。しかし、ここではそのような詮議・詮索の必要はなかった。

「末盧・伊都間を五百里とする割合からすれば、深江から御井附近までを千五百里とすることは、決して過大とは考えられないのである」と、自らの見解を正当化する榎にとって、一里の示す距離は問題ではなかった。伊都国から先の国々の里数・日程は、もっぱら倭人からの「伝聞」によっていて、正確ではない。そのような正確ではない数値に、深刻に悩む必要などサラサラない。これが榎の立場である。

榎にとって重要なことは、〝伊都国―邪馬台国〟（深江―御井附近）間の距離・一五〇〇里と、陸行一月とが等しいことを合理的に説明することにある。それが証明できれば、「魏志倭人伝」中の行路記事の原文を、変える必要はなくなる。こうして、研究者を悩まし続けた膨大な日程、「水行十日・陸行一月」は解決するかに見えた。

ところが、榎のこの「一五〇〇里」と「五〇里」の見解に、痛烈な批判が加えられる時がやって来た。「すぐ気づくことは、この二つの数字の性格はまったく異なっている、という点だ。すなわち、前者は『誇大数値』、後者は端的にいえば『唐の実定数値』である。したがって、この両数字を同時に用いて割り算を行うことは、『誇大値』（千五百里）を『実定値』（五十里）で割ることとなり、算法として、まったく意味をもたないのである」（古田武彦『「邪馬台国」はなかった』）と、その矛盾を鋭く突いた。負《マイナス》の数値を負《マイナス》の数値で割っても、答えは得られるが、虚数を実数で除しても、それで得られる答えは、どこまでも虚数でしかない。

ついで古田は、「魏の使節は女王に会った形迹がない」と推測し、伊都国以遠の国々については、すべて倭人からの「伝聞」によったと考える榎の見解にも、疑義を呈している。「魏使が、伊都国に居すわって計算にふけり、じっさいは目と鼻の先にある女王の都を『陸行一月』の彼方と錯覚した、というのは、なんといっても直観的に不自然さを感じさせる」（古田・前掲書）と、その感覚の非現実性を批判した。

ここでも破綻した榎説

原文を改変していないとはいいえ、榎説は成立しない。それは、古田が指摘したように、「誇大値」（千五百里）を、「実定値」（五十里）で割ることの虚構にある。これだけで破綻の根拠になりうるが、それだけではない。魏使は「邪馬台国」の地を踏んで、実際に卑弥呼に会っている。後で詳述するように、「邪馬台国」による魏への遣使と魏使の来日は、両国の利害が一致したことによっている。魏使来日は、「邪馬台国」の要請に応えたためだ。来日を要請していながら、「女王の都する所」――「邪馬台国」に足を運ばなかったということはありえないばかりか、外交上礼を失することになる。

そして、もう一つの榎説否定材料が、「水行十日・陸行一月」を、〝水行すれば十日、陸行すれば一月〟と解釈したその非だ。この点については、すでに古田が、榎説の特徴の一つとして挙げている。この問題を、表記上の視点から考えてみたい。

榎の解釈〝水行すれば十日、陸行すれば一月〟を漢文で表せば、「水行十日或陸行一月」とならなければならない。果して、「水行十日・陸行一月」は「水行十日或陸行一月」と読むことが可能か。榎の解釈のとおりであれば、陳寿は「水行十日或陸行一月」と、或字を必ず挿入したであろう。文体の簡略を旨とする陳寿ではあっても、わずか一文字を出し惜しみするような、しみったれた歴史家ではない。それを確認するのに、『三国志』全体を調べる必要はない。「魏志倭人伝」だけで十分である。

1諸国の文身各々異なり、或いは左に、或いは右に、或は大に或いは小にし、尊卑に差有り……。
諸国文身各異、或左或右、或大或小、尊卑有レ差……。

2木弓は下を短く上を長くし、竹箭《ちくせん》（竹製の矢）は或いは鉄鏃、或いは骨鏃なり。
木弓短レ下長レ上、竹箭或鉄鏃或骨鏃。
3其の人の寿考、或いは百年或いは八、九十年。
其人寿考、或百年或八九十年。
4国の大人は皆四、五婦、下戸は或いは二、三婦。
国大人皆四五婦、下戸或二三婦。
5或は蹲《うずくま》り或いは跪《ひざまず》き……。
或蹲或跪……。
6倭の地を参問するに、海中洲島の上に絶在し、或いは絶え或いは連なり……。
参問二倭地一、絶在二海中洲島之上一、或絶或連……。

「魏志倭人伝」だけでも一三個の或字が使われている。いずれも書き加えなければ、文意が壊れるためだ。それなのに「水行十日・陸行一月」の一節だけ、それが省略されていると認めることは難しい。この「水行十日・陸行一月」とは、〝水行十日＋陸行一月〟・合計四〇日を表している。誤っていたのは榎の方である。

〝不弥国基点解読法〟

榎一雄の〝伊都国基点解読法〟には無理があると見なした研究者が、〝「邪馬台国」甘木市《あまぎ》（現朝倉市）馬田《まだ》説に立つ安本美典氏である。安本氏は〝伊都国基点解読法〟の問題点を、古田とは別の視点から吟味を加えていった。そうして、安本氏が独自に編み出した方法が、基点を、伊都国から不弥国に移動させた〝不弥国基点解読法〟である。

安本氏の〝不弥国基点解読法〟（氏は「不弥国基点斜交式」と命名）に至る経緯は、『邪馬台国への道』で述べられている。不弥国までは里数が明記されているのに、不弥国以後は不弥国―投馬国間が「水行二十日」、不弥国―「邪馬台国」間が「水行十日・陸行一月」というように、里数ではなくて日数で示されている。そこで氏は、この行路表示の変化に注目し、これを根拠としたのである。

安本氏の〝不弥国基点解読法〟が、榎の〝伊都国基点解読法〟と異なる点は、その基点の相違だけではない。安本氏は、魏使は糸島郡怡土《いと》（伊都国）から那珂川町（奴国）付近を通り、宇美町（不弥国）付近まで来て、さらにここから、実際に、「邪馬台国」（甘木市）へ到達したものと考えたのである。かくして、不弥国を基点とした解読法は誕生した。ところが、氏はまだ原文には、不十分な点があると判断した。

ここで氏は、現地における比定地の位置関係から、不弥国（宇美町）から「邪馬台国」（甘木市付近）に至る日数「陸行一月」は、あまりにも非現実的数値と考えたのである。そこで、どうしたか。「一月」は「一日」の書き誤りとした本居宣長や白鳥庫吉の「陸行一日」説を採用し、この章句を「不弥国」から「邪馬台国」までは、「水行すれば十日、陸行すれば一日」と解釈したのである。この方法だと、一応、非現実的数値を現実的数値に戻すことはできる。

こうして安本氏は、榎が「伝聞」による里数と見なした「陸行一月」に、新たな視点から迫った。氏は、さらにこの「陸行一日」を、榎の伊都国―「邪馬台国」（久留米市御井付近）間・四〇～六〇㎞に適用して、批判した。

四〇～六〇㎞は、「歩いて二日ないし三日程度はかかる距離である。『一月』かかって行く場所としては近すぎ、『一日』で行きうる場所としては遠すぎる」（安本『邪馬台国への道』）。これが、その言い分である。

その上で、「不弥国（宇美町）を基点とするばあい、宇美町から夜須町までの距離は約二〇キロ、一日で行きうる程度の距離である」（安本・前掲書）と、自説の正当性を強調した。氏の〝不弥国基点解読法〟による「不弥国」から「邪馬台国」への所要日数は、①「水行十日」（島原半島を迂回し、筑後川を船でさかのぼるときの日数）。もしくは、②「陸行一日」とまとめることができる。

このような解釈だけでも不安を覚えるが、氏の見解にはとんでもない誤りがある。それを、これから論証したい。

存在しない遺跡が存在する不思議

ここで改めて、〝不弥国＝宇美町〟説の非を指摘しておきたい。安本氏も、「宇美」の比定を誤った一人である。「宇美」の地名起源を「海」と考えた氏は、三世紀の頃までは、博多湾も内陸深くに湾入し、現在の宇美町近くまで海であったと推測して、博多湾の内陸部まで、〝水没〟させてしまった。

他方、「魏志倭人伝」には、不弥国から投馬国へは「水行二十日」、不弥国から「邪馬台国」へは「水行十日」と記載されている。不弥国は海に面し、港を有する国でなければならないのだから、宇美町はその条件を満たしていると、これまた勝手に〝港〟を設置して、やはり〝不弥国＝宇美町〟説の正しいことを強調した。

このような安本氏だから、三世紀頃の筑紫平野の有明海沿岸も、「現在よりも五〜六キロは、内側にくいこんでいた」（安本・前掲書）と、当然のごとくに考えてしまった。しかしこれでは、当時の地球は、間氷期に当たっていたのだろうかと思ってしまうほどの見解だ。このように海進が激しく起こっていたのであれば、三世紀の日本人は住むところがなくなってしまうと案じるのは、わたしだけだろうか。

博多湾岸には、古代遺跡が集中している。

(1)比恵《ひえ》・那珂《なか》遺跡群（博多区）　…　那珂川と御笠川に挟まれた、標高五〜一三ｍの洪積低丘陵に広がっている一四〇haの大規模な複合遺跡である。弥生時代に台地の周りに集落形成が始まり、弥生中期には丘陵全体に拡大していったと見られている。この遺跡からは、甕棺《かめかん》を埋葬した共同墓地の存在も確認され、弥生中期の社会生活を知る上で貴重な資料となっている。

わずかではあるが、旧石器・縄文時代の遺跡も発見されている。博多湾岸からこの遺跡までの直線距離は、ほぼ四kmである。

(2)雀居《ささい》遺跡（博多区）：福岡空港の西側に広がる、弥生時代から中世にかけての複合遺跡である。ここからは、弥生早期・前期の鍬や鋤など、大量の木製農耕具類が出土している。博多湾岸からこの遺跡までの直線距離は、約四・六kmである。

(3)板付《いたづけ》遺跡（博多区）：御笠川の南岸に広がる、弥生前期の農耕生活の遺跡である。東西一五〇m・南北六〇〇m、標高一二mの中位段丘が集落や墓域となっている。ここからは、磨製石器、木器のほかに、焼き米やモミの圧痕土器、農耕用の溝、貯蔵用の穴などの遺物・遺跡が見つかっている。この遺跡と博多湾岸までの直線距離は、約六・九kmである。

(注)以上の三遺跡については、『福岡県の地名』（平凡社）と『福岡県の歴史散歩』（山川出版社）を参照。ただし、直線距離測定値は、著者による。

弥生時代とは、周知のように紀元前三〇〇年から紀元後三〇〇年の六〇〇年間をいい、この間を二〇〇年ごとに区分し、それぞれを前・中・後期と呼んでいる。この遺跡を取り上げたのは、ほかでもない。魏使が来日した三世紀半ば、現在の宇美町近くまで海であったという安本氏の仮説は、成立しないことを証明するためである。

先述したように、博多湾岸から宇美町までの距離は、一一～一二kmもある。宇美町近くまでが海ということになると、右に示した「弥生遺跡」のいずれもが、〝三世紀半ば〟にあってはいまだ存在せず、海の底だったことになる。

安本説もまた崩壊した

榎が、恩師・白鳥庫吉の〝「邪馬台国」＝山門《やまと》郡山門《ぐんやまと》〟説を避けて、久留米市御井に比定した理由は、当時のこの周辺は低湿地帯で、宮都としてふさわしくないと考えた植村清次の見解に従ったからである。ところが、安本氏の言説はどうか。それは端的に言えば、古代人の居住権を脅かす論理だ。しかし、どんなに安本氏が〝博多湾・有明海内陸部浸入〟説を強調しても、それには無理がある。厳然たる事実は、根拠なき推測を一挙に吹き飛ばしてくれる。いずれが真実か。もはや、多くを語る必要はない。

もっとも、安本氏は一九六七（昭和四二）年発行の『邪馬台国への道』（筑摩書房）を全面的に修正し、一九七七（昭和五二）年に再発行した『新考　邪馬台国への道』の「はじめに」で次のように断っている。「もし、この本の中でのべていることが、これまでに私があらわした本でのべていることとちがっているばあいは、この本でのべているところを、私の考えとしてとっていただきたい」と。

初めの本では、甘木市・朝倉郡夜須町（現筑前町）付近であった「邪馬台国」比定地が、改訂版では甘木市（現朝倉市）馬田へと微動しているから、「はじめに」の趣旨はその変更に主眼を置いているように思われたが、どうやらそれだけではなかったようである。改訂版では、わたしが槍玉に挙げた〝博多湾・有明海内陸部浸入説〟は引っ込めているから、自身もこのような矛盾に気づいたためか。あるいは、安本氏の思い出したくない古傷に、わたしは触ってしまったのかもしれない。

安本氏の方法論には、まだ問題がある。例の或字省略問題だ。すでに、榎に対して指摘したとおりだ。この指摘は、安本氏にもそっくりそのまま該当する。「水行すれば十日、陸行すれば一日」もまた、成立する余地はないのである。〝伊都国基点解読法〟は成立しなかった。そして〝不弥国基点解読法〟も然りだ。榎と安本氏の方法論には根本的な過ちがあるのだから、これはむしろ必然の帰結である。

九州説の中でも筑後山門説、あるいはその周辺説は多い。その中でも、特に著名な榎の〝伊都国基点解読法〟と、榎説を修正した安本氏の〝不弥国基点解読法〟にも、検討を加えてきた。その結果、九州説も畿内説と同じように、不安定な根拠の上に立っていることが鮮明になってきた。

第二章 「邪馬台国」はなかった

この国名を初めて眼にする人にとっては、〝「ヤマタのオロチ」は実在した〟と聞かされるほどの驚きだろう。しかし、これから述べることは嘘ではない。正真正銘の事実なのである。

根拠なき国名の改変

「邪馬台国」という国名は、中学生以上であれば誰でも知っている。それほど著名だ。一方、市民権を得つつあるとはいえ、「邪馬壹国《やまいこく》」となると、これは現在でもあまり知られてはいない。古田の『「邪馬台国」はなかった』を最も早くに出版した新聞社も、紙上では「邪馬台国」の表記を使用している。この新聞社のみならず、他の報道機関にあっても、その表記は「邪馬台国」で統一されている。これが現状なのである。

ところが、「魏志倭人伝」にはこのように記されている。

南、邪馬壹国《やまいこく》に至る。女王の都する所なり。
南至邪馬壹国。女王之所都。

「魏志倭人伝」の明記する国名は、「邪馬壹国」なのである。「邪馬台国」ではない。古田にとっては、これが問題の発端となった。それがどうして、このような逆転現象が生まれてしまったのか。その理由をあれこれと探し求めたが、それがない。あっても、「壹《いち》は臺《だい》のあやまり」とあるだけであった。その具体例として、古田は、和田清・石原道博編訳『魏志倭人伝』（岩波文庫）と井上光貞『日本の歴史1　神話から歴史へ』の二冊の本を挙げている。

一九六九（昭和四四）年九月に、古田の論文「邪馬壹国」が、『史学雑誌』「第七八編第九号」に掲載される。この論文に基づき、一九七一（昭和四六）年一一月に発刊された一書が、『「邪馬台国」はなかった』（朝日新聞社）である。

事実、『「邪馬台国」はなかった』以前に発刊されている本は、古田の指摘のとおりだ。先に批判した安本美典『邪馬台国への道』は、一九六七（昭和四二）年一〇月の発刊である。この本には、「魏志倭人伝」原文と安本氏による訳文の両方が、掲載されている。氏の引用文でも「邪馬壹国」となっているのに、訳文は「邪馬台国」だ。ところがここに、なぜそうなったのかという説明は、まったくない。

一九七〇（昭和四五）年二月発行の藤間生大《とうませいた》『埋もれた金印』（岩波新書）も、そうだ。わたしが二〇代半ば頃に、興味をもって読んだ古代史関係の一冊だ。この本もまた、安本美典『邪馬台国への道』と同じである。なぜ「邪馬壹国」が「邪馬台国」となるのか。やはり、その説明はない。もとよりここに、日本古代史の根幹を揺るがすような大問題が潜んでいることなど、思いも寄らぬことだった。すでに「邪馬台国」は、社会通念として定着していたのである。

どうして、このような社会通念が生まれ、「邪馬壹国」が「邪馬台国」へ化けてしまったのか。「邪馬壹国」だと、まるで理解できないからである。これに反して、〝邪馬臺国＝邪馬台国〟であれば、どうか。「邪馬台」であれば、「ヤマト」に通じる音表記へと様変わりすることとなる。

しかも、「邪馬壹国」の表記はこの一カ所だけである。一回きりの表記であれば、「邪馬壹国」が果して正しいのかどうか、確認のしようがないといった考えも、後押しをした。

ところが、古田は違った。「こんなに簡単に、なんの論証もなしに、原文を書き改めていいものだろうか」

と、従来の軽率な措置に対して不審を覚えた。この危うい社会通念への懐疑と不安から、古田の「邪馬台国」研究は始まった。〝不純な改変動機〟によって生まれた「邪馬台国」こそ、混乱の中心となっていたのである。

（注）一九八五（昭和六〇）年に改訂された石原道博編訳『魏志倭人伝　他三篇』（岩波文庫）では、「邪馬台の誤とするのが定説であったが、ちかごろ邪馬壱（ヤマイ）説もでた」と、「邪馬壹国」説に配慮した注釈に改められている。

「壹」と「臺」の渉猟

「壹」と「臺」とは字形が似ているか、否か。似ていれば、「邪馬臺国」への改変にも一理あることになり、似ていなければ、その改変は恣意的となる。それを確認するために、〝論証の鬼〟が手掛けた第一段階の〝作業〟が、「壹」と「臺」の収集比較だった。

ここで、親鸞研究で培われた学識と経験が、遺憾なく発揮される。『三国志』の書かれた三世紀から、現存する最古の『三国志』版本・「紹興《しょうこう》本」「紹熙《しょうき》本」の作成された一二世紀までの一〇世紀に及ぶ期間の、「壹」と「臺」の字形変化を辿る必要があると、氏はまず考えた。

ところが、中国古代の古写本類は、繰り返し起こった戦火によって消失し、多くは残っていない。そこで眼を付けた史料が、石碑や青銅器などの金属製品に刻された「焼けない文字」、つまり金石文だった。このような歴史遺物の多くが、版刻や写真版としてまとめられている。それを各大学の図書館で閲覧し、「壹」と「臺」を探したのである。今日では、王健群『好太王碑の研究』（講談社）のように、全文を掲載している本があるが、当時は容易に手に入らなかったというから、まさしく足で稼ぐ、地道な調査となったようだ。

両字の書体については、古田の『「邪馬台国」はなかった』に譲るが、結果として、「壹」と「臺」とは今の字形以上に違いが大きく、この二つの字はよく似ているから、当然間違って当たり前といった従来の通念が、そんなに簡単には成立しないことが、明らかになってきたのである。

これだけでも、大きな収穫である。だが、これだけでは決め手にはならない。この金石文の相違を、その

表2-1　「壹」の使用頻度

区分	『魏志』	『蜀志』	『呉志』	合計
呂壹			32	32
孫壹	7		14	21
士壹			13	13
呉壹		8		8
蔣壹			2	2
悼公壹	2			2
聶壹	1			1
張壹		1		1
孫聖壹			1	1
壹与	3			3
壹拝	1			1
邪馬壹国	1			1
合計	15	9	62	86

（壹与・壹拝・邪馬壹国：倭人伝）

まま『三国志』版本に適用できないためだ。そこで、古田は第二段階の作業に着手した。それは、『三国志』版本の中では最善の版本とされている「紹熙本」から、「壹」と「臺」のすべてを抜き出すという、気の遠くなるような〝作業〟だった。

目的は、版本の統計処理によって、原筆跡が誤りやすかったかどうかを、間接的に証明することにあった。氏はこれを、「版本を通じての『筆跡性格の復元』の方法であり、反面では『誤謬率の統計的調査』」だと位置づけていた。けれども、不安がないわけではなかった。

(1)『三国志』中の「壹」と「臺」が極度に少なければ、調査の有効性は成立しない。

(2)逆に大量にあっても、それが正しいのか間違っているのか。あるいは相互の取りちがえなのか。その判定ができるのかどうか。そして、原文を正確に読み下さなければならないという難問もある。

(3)相互の取りちがえが、どっちつかずの結果であれば、その判定は、相当な困難に直面する。

難問山積の調査である。しかし、天は、古田に味方した。

実った調査

調査の結果、『三国志』中の「壹」は八六個、「臺」は五六個であった。それも『魏志』『蜀志』と『呉志』にわたって分布していた。古田の調査結果は、表2-1のようになった。

表2-2　［臺］の使用例とその頻度

区分	臺の性格	用語	合計
『魏志』(46)	A (11)	銅爵臺	3
		金虎臺	1
		陵雲臺	2
		南巡臺	1
		東巡臺	1
		九華臺	1
		東征臺	1
		永始臺	1
	B (7)	明臺	1
		天臺	1
		玉臺	1
		鹿臺	2
		漸臺	1
		蘭臺	1
	C (16)	臺閣	10
		三臺	1
		鄴臺	1
		詣レ臺（臺に詣《いた》る）	2
		行レ臺（臺へ行く）	2
	D (9)	百金之臺	1
		宮臺	1
		臺榭	2
		高ニ其臺一（その臺高し）	1
		臺観	2
		小臺	1
		登レ臺（臺に登る）	1
	E (3)	張子臺	2
		王偉臺	1
『蜀志』(2)	C	平ニ臺事一（臺事平す）	1
	F	臺登	1
『呉志』(8)	B	玉臺	1
	C	中臺	1
	D (2)	臺観	1
		高臺	1
	E (2)	文臺	1
		幼臺	1
	G	釣臺	2

表中のアルファベットは、古田による「臺」の性格の類型化を示す。

この結果から、留意すべき事項として次の二つを示している。

(1)「魏志倭人伝」を除く出現例では、そのすべてが人名の一部として使用されている。その中に、「臺」の誤記と認められる事例はない。

(2)「倭人伝」においても、「壹与」「邪馬壹国」のほかに、「壹拝」が出現しているが、これも「臺」と取り換えることはできない。

この帰結から、氏は「魏志倭人伝」中、問題の「邪馬壹国」と、「壹与」(卑弥呼の宗女)を除く八二例のすべてについて、「臺→壹」への誤記が生じないことを確認している。

ついで、「臺」だ。この文字は『魏志』で最も多く、その数は四六個、『蜀志』ではわずか二個、そして『呉志』でも八個にとどまっている。しかし、「壹」については固有名詞として、あるいは「壹拝」のような特殊用語として出現するが、「臺」はそうではなかった。氏もこの文字には相当に苦労を重ね、てこずったようである。その使用例と内訳は、表2-2のようになっていた。

(1) Aは、「魏において築造された天子の宮殿の固有名詞」である。
(2) Bは、魏以前に存在した各「臺」であり、魏における「臺」造営の先範・淵源のようである。
(3) Cはどうか。これも魏及び魏以前の、「臺」のもつ根本義より生じた用法だという。この中の「三臺」は、前に述べた魏の武帝（曹操）のそれである。
(4) DもまたA、Bの用法に同じであるようだ。
(5) Eは人名の一部である。
(6) Fは地名である。
(7) Gの「釣臺《ちょうだい》」は、呉の孫権の故事に因んでいるから、これは楼閣に類するものと思われるという。

「臺」のこの分析により、古田は、「全五十八例とも『壹→臺』という誤記は全くおきていない」（古田『「邪馬台国」はなかった』）ことを確信した。当然、この調査結果は、いわゆる「邪馬台国」問題に、致命的帰結をもたらすことになる。「『壹と臺は字形が似ているからあやまったのであろう』……このような『推定』が、全くの根拠なき憶測にすぎぬことが判明したのである」。これがその帰結だ。

ここまでは、古田の『「邪馬台国」はなかった』の祖述である。古田の収集・分析した「壹」と「臺」の用例から、「邪馬台国」はやはりなかったのである。しかし、この問題は、これで終わらなかった。

揚げ足を取ってはみたものの…

「壹」から「臺」への誤記は、ありえないと主張する古田の見解を認めれば、「邪馬臺（台）国」こそ正しいと考える研究者たちは、自らの存立基盤を失うことになる。絶対に容認できない見解である。当然、古田と「邪馬壹国」に対して凄まじい攻撃が始まった。その急先鋒に立った研究者が、数理文献学者にして古代史家の安本美典氏である。

安本氏の著作『「邪馬壹国」はなかった』は、古田の『「邪馬台国」はなかった』に向こうを張って出版された本である。その書名が表しているように、徹頭徹尾、古田説批判の書である。

古田『「邪馬台国」はなかった』の一〇四頁に、『呉志』から引用されて、「建安に送付して、船を作らしむ。〈呉志三〉」との記事が掲載されている。古田も「単純な誤記・誤植類」として認めているように、これは「呉志三」ではなく、「呉志八」の誤りである。

ところが、安本氏は古田のこの誤記を突いた。「厳正を標榜される古田武彦氏でさえ、『誤記』の魔の手からのがれられないようである」と一くさり皮肉った後で、これを、「臺」を「壹」に書き誤ることも起こりうる事例として、積極的に活用したのである。

(1)古田のこの著作から、「三」と「八」の文字をすべて抜き出して調べてみる。すると、「三」は八一五個、「八」は一二九個あった。

(2)八一五例の「三」のうち、問題の「呉志三」を除く八一四例については、「八」の誤記と思われるものはない。

(3)一二九個の「八」についても、「三」の誤記と認められるものは、やはりない。

(4)「三」も「八」も、ともにその数量は、統計的処理上十分である。

(5)「三」と「八」の字形は、あまり似ていない。

(6)「三→八」の誤記も、「八→三」の誤記も一切生じていないのだから、「呉志三」は「呉志八」の誤りではない。

こうして古田の論証をもじった後で、安本氏は「ところが、事実は、『呉志三』は、『呉志八』の誤りなのである。このような方法が、『呉志三』が誤りでないと判断するための、根拠にならないことがうかがわれるであろう」（安本『「邪馬壹国」はなかった』）と、自信をもって指摘した。その上で、さらに畳み掛けて、「『呉志三』が『呉志八』の誤りであることがわかるのは、古田氏の『「邪馬台国」はなかった』という文献以外に、『三国志』の『呉志』という文献があるからである」と、厳かにご託宣を下している。

安本氏は、別のところでも述べている。「チェックする他の文献がないばあい、誤りがふくまれていても、それを見出せない、すなわち、誤りがあるかどうかわからない、と考えるのが妥当ではないであろうか。それは、誤りがあるかどうかを、確かめるすべがないということである」（安本『新考　邪馬台国への道』）とまで、断言している。安本氏のこの「判決文」は、全面的に正しい。その非は、明らかに古田にある。

それにしても、古田の著作から、一千字にも及ぶ「三」と「八」をすべて抜き出したのだから、それがためにする批判ではあっても、氏の執念も中途半端ではない。しかし、そこに少なからぬ労力と時間とが投入されたことを思えば、空しくなってくる。

人を呪わば…

ところで、「邪馬壹国」の是非は、果して純然たる統計学上の問題、統計学で単純に決定できる問題だろうか。安本氏が優秀であったことは認める。「私が大学をでる年の春に、父が病没した。私は、たまたま力だめしのつもりでうけた国家公務員上級試験（心理職）が、なんのはずみか、全国第1位という成績だったので、生活の資を得るために、労働省にはいった」（安本『「邪馬壹国」はなかった』）という。その後、社会心理学者・南博の設立した民間企業に移り、そこで「データの統計的解析の仕事」にたずさわったりもしている。しかし、氏の興味・関心は「一貫して、ことば、文章、文献など、人間の生みだした情報の統計的解析にあった」ようだ。

わたしが〝古代国都の地図〟と名付けている国土地理院発行の地図「米子」には、二カ所もの誤記・誤植がある。一つは「西伯町板根」（現南部町）、もう一つは、「岸本町日別所」（現伯耆町）である。正しくは、「坂根」「口別所」だ。これが誤りであることは、この地図だけでは分からない。「坂根」「口別所」という地名が、現地に実在しているから、この誤りが確認できるのである。このように人間のやることには、必ず過ちが付きまとう。やはり、安本氏は正しいのである。

しかし、この統計処理上の正当性は、ここまでである。「壹」と「臺」の字形は似ていると一歩も譲らない安本氏は、「じっさいに地図上ではかれば、怡土（伊都国）から宇美町（不弥国）までの距離は、直線距離で二四〇キロである。一里を一〇〇メートルとして二百四十里である」と、『邪馬台国への道』（一九三～一九四頁）の中で述べている。「二四〇キロ」と「二四〇里」が似ているか、いないか。これが問題ではない。その過ちを見破るのに、他の文献を必要としない場合もあるということである。安本氏のこの本一冊で十分である。わたしの計算だと「二四〇km」（二四〇、〇〇〇m）を、一里一〇〇mとして換算すれば、「二四〇〇里」となる。

怡土―宇美二定点間の直線距離は、ほぼ三〇km前後である。ただし、この二定点の位置によって誤差は生じるから、二四kmという測定値も多分にありえる。安本氏はこの二四kmを、「二四〇キロ」と誤っていた。

まだある。吉野ヶ里出土の有柄細形銅剣《ゆうへいほそがたどうけん》と向津具《むかつく》（山口県油谷町《ゆやちょう》）出土の有柄細形銅剣とは、瓜二つであることは周知の事実である。安本氏も、自著『吉野ヶ里遺跡と邪馬台国』の中の「写真３」（三三頁）で、「山口県大津郡油谷町向津具出土のものと形が似ている」との説明を付して、吉野ヶ里の銅剣の写真を掲載している。

ところが、である。同頁の「写真　2」を見て、驚いた。「写真　2」には、三本の銅剣が紹介されている。瓜二つであるはずの向津具の有柄細形銅剣と、安本氏の示した吉野ヶ里の有柄細形銅剣とは、まるで似ていないのである。その違いは、「壹」と「臺」の字形以上である。この写真で似ている銅剣は、「a．山口県大津郡油谷町向津具出土」ではなくて、「c．佐賀県唐津市柏崎《かしわざき》出土」の銅剣なのである。どうして、こんなことになったのか。原稿段階で、あるいは印刷段階で、「a」と「c」の写真を取り違えたことが原因である。「人を呪わば穴二つ」。すべては、安本氏に返っていった。

　だが、わたしは安本氏の過ちを発見しても、一向に気は晴れない。安本氏が天に向かって唾したとも思わない。このような揚げ足取り的議論は、不毛でしかないからだ。「三」は「八」の誤りと指摘した反論も、また不毛でしかない。

　それに「三」「八」という数字と、「壹」「臺」を同列に扱う手法は、石ころと宝石を同一視し、一緒くたに扱う方法そのものである。明らかにその重みは異なり、同等・同質ではない。提灯《ちょうちん》と釣鐘、メダカとクジラほどの違いがある。人間に内在する意識や思想が一切捨象されて、顧みることのない手法であり、歴史的価値判断を欠落させた無機質的思考とも言える。

「壹」と「臺」との間

　安本氏の興味・関心を示す「人間の生みだした情報の統計的解析」とは、〝人間の生み出した、したがって、そこには、当事者の「目的意識」「歴史認識」が強く織り込まれていたであろう情報をも、無機質な一片の情報として処理〟してしまう危険性をも内蔵してはいないだろうか。わたしが、氏の「統計的解析」に少なからぬ不安と危惧を覚えるのは、ここだ。

　ことに、陳寿の用いた「壹」と、范曄がそれを変えた「臺」には、それぞれの時代背景によって、それぞれの歴史の中で生まれてきている。それなのに、安本氏は、いずれも一例しかない「邪馬壹国」と「邪馬臺国」の是非を、「統計的解析」の視点だけで、それが正しいのか間違っているのかは判断できないと言う。

そうだろうか。

　鳥取県の片田舎から京都へ出て来て働いているわたしは、時に訛《なま》りが出るために、出身地を尋ねられる。そのたびに、わたしの出身地「クラヨシ」（倉吉）は、しばしば「クラシキ」（倉敷）と間違われてきた。理由はただ一つ。倉吉が、大原美術館などのある倉敷ほど有名ではないからだ。しかし、人様がどんなに勘違いしようが、わたしがわたしの出身地を、決して間違えることはない。

　『三国志』は、陳寿が心血を注いだ史書だ。その陳寿が、魏使の〝最終目的地〟を誤記するという失態を、犯すことはない。それも、「絶対」になかったと言い切ることができる。「魏志倭人伝」は、「邪馬壹国」のために書かれていると言っても、過言ではない。魏の莫大な下賜品も、すべて「邪馬壹国」のためだ。そんな中心国名を、ウッカリ書き誤るということはありえない。

　この国家の歴史についても、魏使たちによって情報は豊富に収集され、それを陳寿も耳にし、眼にもして確認していたであろう。こういった時代背景と、陳寿を取り巻く環境を考えれば、「邪馬壹国」は同時代の、いわば〝生きた情報〟なのである。

　安本氏の論証の欠陥は、この歴史的価値観を完全に無視したところにある。「壹」と「臺」を、「三」と「八」に置き換えて、古田の〝論証〟を揶揄した安本氏ではあるが、その〝揚げ足取り的批判〟には、いささかの価値もない。

「壹」と「臺」には、当時の中国の時代背景や制度、あるいは、国際情勢に対する陳寿の歴史認識が織り込まれている。要するに、意味のまったく異なる、この二つの文字は、その歴史認識に基づいて選別され、使い分けられていたということである。

　数理文献学の権威・安本氏は、古田の調査に「母集団」と「標本《サンプル》」の違いが明確ではないことから、過度に不信感を募らせている。「母集団」とは、〝標本を確率的に抽出するための、もとになっている集団〟のことであり、「標本《サンプル》」とは、〝母集団から抽出した一部のもの〟である。

国政選挙、あるいは内閣・政党に関して、国民の意識を把握するために、報道機関が世論調査を実施する。その世論調査において、すべての有権者が「母集団」であり、この中から、無作為抽出された一部の有権者が、「標本」である。ここで、あえて「統計学」にこだわれば、「壹」は「母集団」であり、同時に「標本《サンプル》」ということになる。

神聖至高の文字

「臺」には、「うてな」（四方を観望するために土を方形に積み重ねて上を平らにしたもの）、「つかさ」（役所。中央の官省）のほかに、「こもの。やつこ」（下役）の意味もある（諸橋轍次『大漢和辞典』）。ところが、洪水の多い中国では、土を高く盛った上に宮殿が建てられるようになる漢代になって、この原義に変化が起こり、「宮殿」の意味の用法が目立ってくると、古田は分析した。その盛土の上の宮殿を示す文字が、「臺」である。先の表中のB、CとDが、それに該当する。

漢代のこの用法は魏朝にも受け継がれて、一層磨きがかかり、「臺」は「宮殿」、もしくは「天子」そのものを表す「神聖至高の文字」へと昇華していった。これが、古田の見解である。この傾向は、『三国志』中のすべての臺字の収集・分析という帰納法によって、すでに浮き彫りになっていた。

古田の抜き出した全五六例の臺字のうち、四六例は『魏志』に集中している。『呉志』は八例であり、『蜀志』に至っては、わずかに二例を数えるのみである。「しかも魏志の『銅爵臺』『金虎臺《きんこ》』といった、固有名詞としての三世紀の宮殿を指す用法は、他の二志には全く出現しないのである」（古田『邪馬一国の証明』）と、『魏志』の際立った頻度とともに、その内実についても、さらに深く踏み込んで指摘しているのである。

興味を引くことは、まだある。古田が『「邪馬台国」はなかった』で取り上げている「魏志二四」と、「魏志倭人伝」に共通する「詣レ臺」（臺に詣《いた》る）という表現である。この用法では「臺」一字で、「魏の天子直属の中央官庁」を表しているが、それと同時に、「天子」と同義と見ることもできるのである。それを端的に示している記事が、これである。

魏臺、物故《ぶっこ》の義を訪《と》う。高堂隆《こうどうりゅう》答えて曰《いわ》く……。　〈蜀志一・裴松之《はいしょうし》註〉

高堂隆は、魏の明帝の信頼厚い側近である。この「魏臺」は、魏の天子・明帝の代名詞となっている。この用例から見れば、「三世紀の魏晋《ぎしん》朝において『臺』が〝至高の意義をもっていた〟という事実は疑えない」（古田『邪馬一国の証明』）と明言するに至ったのも、当然の帰結である。

「臺」が、「神聖至高の文字」であることをうかがわせる表記が、「東夷伝」にも存在する。一つが夫余王「尉仇台《いきゅうだい》」であり、もう一つが高句麗の官職名「優台丞《ゆうだいじょう》」だ。いずれも「東夷伝」の記事の中にある。「臺」が、単に音表記としての用字であるのなら、「尉仇臺」「優臺丞」と記しても一向に支障はないのに、ここで陳寿の使用した文字は「台」であって、「臺」ではない。

『魏志』に多用された「臺」が、「東夷伝」では避けられて、「台」に変えられている。この事実から、「魏志」と「東夷伝」の間には、深い谷間が横たわっていると感じるのは、わたしだけだろうか。果して、この現象は偶然に起きたのだろうか。問題は、それほど単純ではなさそうである。

「魏志倭人伝」の用字はどうか。中国は自らを世界の中心と考える一方で、周辺諸国を、東夷・北狄《ほくてき》・南蛮・西戎《せいじゅう》と蔑視してきた「中華思想」の歴史がある。それは漢字に多少の知識があれば、その鮮明な傾向に気づくはずだ。「魏志倭人伝」を初めて眼にした時、わたしもそこに、好ましからぬ漢字があふれていると感じたほどである。

（国名）奴国、伊邪国、弥奴国、蘇奴国、邪馬国、烏奴国、狗奴国、鬼国、鬼奴国……

（人名・官名）卑弥呼、卑弥弓呼、掖邪狗……。卑狗、卑奴母離、狗古智卑狗……

これが、中国から見た日本列島の姿である。この中の「邪」の熟語を一部拾っただけでも、その性格は分かる。邪心・邪道・邪念・邪説・邪魔・邪悪……。「邪」には「よこしま」「ねじけている」といった悪い意味しかないのだから、その熟語が美しくなるはずもない。

「魏志倭人伝」には、このように「邪」「奴」といった「卑字」と、馬、烏、狗《いぬ》などの動物であふれ返っている。「中華思想」の露骨な反映そのものであり、古田が形容したように、まさしく、そこは「卑字の大海」である。

〃女王・卑弥呼の都した国〃は、倭の中心国名ではあっても、中国から見れば、所詮異蛮の国の一つに過ぎない。他方、「臺」は、「魏志倭人伝」で使用されている卑字とは、対極にある。「神聖至高の文字」だ。その「臺」を、「卑字」である「邪馬」の中にはめ込んで表記するとは、おおよそ考えられない。これではまさしく古田が揶揄した「卑字のなかの宮殿」だ。〃三世紀の「邪馬臺国」〃は、どうやら、わが国古代史家の、真夏の夜の悪夢に現れた〃卑字の中に浮かぶ幻の宮殿〃だったようである。

「壹」と「臺」。わずか一文字ではあるが、この違いが解けなければ、「邪馬台国」問題が解けることはない。陳寿の三世紀には「壹」が正しく、范曄の五世紀にあっては、「臺」がふさわしかった。これが答えである。その根拠については、やがて明らかになる。

その前に、安本氏の古田に対するもう一つの批判にも、注意と敬意を払う必要がある。

藪をつついて蛇を出す

古田の臺字収集には、見落としがあった。安本氏は、この見落としを鋭く突いた。「このように臺の場合も、全五十八例とも『壹→臺』という誤記は全くおきていないことが判明した」（古田『「邪馬台国」はなかった』朝日文庫版五一頁）と、古田は述べているが、古田の提示した用例は、実際には五六例である。その内訳は『魏志』四六例、『蜀志』二例、『呉志』八例である。

ところが、見落としは、これだけではなかった。古田の五八例、実際は五六例に対し、安本氏は六〇例あるとして、古田の数え間違い、見落としを指摘した。これも、安本氏の調査数六〇例が正しいようである。この誤差四例は、すべて『魏志』に集中していた。その内実は次のようになっていた。

(1)「臺榭」（魏志一二・鮑勛《ほうくん》伝…一例、魏志二五・楊阜《ようふ》伝・高堂隆伝…二例。計三例）

「臺榭」（高地・高殿の意）は、二例ではなく三例である。明らかに古田の見落としである。

(2)「湍臺《せんだい》」（魏志一二・鮑勛《ほうくん》伝…一例）

これは、斉の景侯の宮殿を指している。『春秋左氏伝』（昭公二〇年）の昭公の故事に因んで語られている場面で、この臺が現れる。

(3)「鸞臺《らんだい》」（魏志一九・陳思王《ちんしおう》伝…一例）

陳思王とは、曹操（武帝）の次男、曹丕《そうひ》（文帝）の弟・曹植《そうしょく》のことである。「鸞」とは鳳凰の一種で、想像上の鳥の名称だが、「鸞旗」（天子の車に立てた旗）、「鸞賀」（天子の乗る車）、「鸞殿」（天子の宮殿）といった用語が示しているように、中国の天子と密接に関わっている文字であることは、明白だ。

(4)「築臺」（魏志二八・鄧艾《とうがい》伝…一例）

緜竹《めんちく》に於いて臺を築き、以《もっ》て京観《きょうかん》と為《せ》しめ、用いて戦功を彰《しょう》す。

使下於二緜竹一築レ臺以為上二京観一、用彰二戦功一。

「湍臺」「鸞臺」には沈黙していた安本氏が、ここで突如口を開く。「京観」とは「敵の死体を積み重ねて築した《ママ》（「築いた」の誤りか…著者注）塚」（安本『古代九州王朝はなかった』五九頁）の意であることから、「臺を築き、以《もっ》て京観《きょうかん》と為さしめ」の「臺」は、「敵の死体の血潮でけがれている感じがする」（安本・前掲書）と述べ、これをもって、「臺」は「神聖至高」の文字ではない根拠とした。縣竹は地名である。

この章句だけを取り上げれば、安本氏のような解釈も、一面で説得力を持つ。ところが、「魏志四・三少帝紀」に見える「京観」の説明は、より具体的であり、安本氏の解釈を支持しているとは言えないようである。

詔に曰わく「古《いにしえ》は敵に克《か》つと、その屍《しかばね》を収め、以て京観と為す。昏逆《こんぎゃく》を懲《ちょう》し、武功を章《あらわ》す所以なり」。

詔曰「古者克レ敵、収二其屍一。以為二京観一。所以下懲二昏逆一而章上二武功一也」。

天子のために敵・昏逆（反逆者）を討伐・懲戒して、その武勲を顕彰する。それが「京観」を築く目的であり、「京観」の力点は、戦勝記念に置かれている。それは「京観」の表記にも現れている。「京観」の「京」とは広し・高しの意であり、「観」とは見晴らし台のことだから、「京観」とは〝高い見晴らし台〟の意となる。このように、この字面からは〝血に染まった汚《けが》れた塚〟という悪印象は伝わってこない。以上から、古田の見落とした四例についても、「臺」が、「神聖至高の文字」であることを否定する根拠とはなりえなかった。ここで、安本氏が指摘しているもう一つの疑問点についても、検証を加えておきたい。これもまた、看過できない問題と思われる。それは、「行レ臺」だ。古田は二例を挙げている。二例とも「臺に行く」と解釈しているが、二例ともどうやら古田の誤訳のようである。

1（陳）泰、行臺《こうだい》を総署《そうしょ》す。泰総署二行臺一。　〈魏志二二・陳羣伝〉

「行臺」とは、尚書省の臨時出先機関を指しているから、天子と無関係ではない。これは諸葛誕《しょかったん》の反乱に対応するために採った措置の一つだから、天子の意向に従って機能していた臨時の官僚組織ということになる。
泰とは陳泰のことで、陳羣の息子である。「総署《そうしょ》」とは取りまとめる、取り仕切ることである。陳泰は、「行臺」を「総署」することを、任されていたのである。なぜか。祖父の代から名声が高く、陳羣・陳泰親子もまた能力ある人物であり、魏朝から信頼されていたからである。後に〝中央官僚〟として活躍していることで、それは十分に分かる。

2明帝、許昌《きょしょう》に幸し、(王)観を召して、治書御史となし「臺獄」を典《つかさ》どり、行なわしむ。
明帝幸二許昌一、召レ観、為二治書御史一、典二行臺獄一。 〈魏志二四・王観伝〉

この章句中の「典行臺獄」は、「臺獄を典《つかさ》どり、行なわしむ」と読まなければならない。ところが、古田は、これも「行臺」(臺へ行く)に誤って解釈したと、安本氏は指摘している。中華書局版『三国志』でも、「典行臺獄。」とあって、「獄」のあとに句点が打たれている。これも、安本氏の指摘が正しいようである。だからと言って、臺がそれほど特別の貴字ではなかったことにはならない。

御史とは、官吏の観察・弾劾を司る役人をいう。この官職は古く、周代に設けられている。それは天子の秘書官で、書類・法令の授受を司っていた。それが秦・漢代以後になると、官吏を監督し、不正を摘発・糾弾することを任務とするように変わっていった。この御史の勤務する庁舎の名称が、御史臺である。これには御史府、御史代夫寺、憲臺、蘭臺寺といった異称もある。

「臺獄」とは、御史臺に付属する獄のことであり、それはまた、天子に不利益をもたらした、不実な役人を収監する天子直轄の「獄」であることを示している。「臺獄」は、その「語感」だけで判断すべきではないのである。

しかし、古田の数え間違い、見落としを指摘した安本氏は、ここでも正しかった。だからと言って、「臺」を「神聖至高の文字」と規定した古田の帰納法的分析結果を、いささかも損なうものではない。逆に補強している。古田を執拗に批判し続けた安本氏ではあるが、かえって藪をつついて蛇を出してしまったようである。

厳格なる校訂者の存在

魏晋朝の時代、「臺」は、「神聖至高の文字」であった。そのような大それた文字を使って、陳寿が「邪馬臺国」と記すはずはない。陳寿は紛れもなく、「邪馬壹国」と記していたのである。ここで見落としてはならない人物が、『三国志』を膨大な他文献と比較し、厳密に校訂した裴松之《はいしょうし》の存在である。この緻密な作業は、南朝劉宋・文帝の命によっている。

今、強調したいことは、裴松之の〝無言の証言〟についてである。この〝無言の証言〟には、実は深い意味があった。これも古田がとっくに見抜いていることである。裴松之は、「邪馬壹国」については、〝一切校異・注記を施していない〟という事実だ。

「邪馬壹国」は、倭の中心国名である。この点を重視した古田は、「それに一切校異を記していない点から見れば、少なくとも裴松之の探索・校合できたかぎりにおいて、『邪馬壹国』以外の字句を伝える異本はなかったこととなる」（古田・前掲書）と、この〝無言の証言〟の裏に隠された事実を、見逃さなかった。

つまり、裴松之の周りには、「邪馬臺国」と記した異本が存在しなかったことになる。裴松之も無言のうちに、〝「邪馬台国」はなかった〟ことを証言していたのである。

ところで、陳寿と范曄の生没年、そして裴松之の生没年との関係は、表2-3のようになる。范曄と裴松之とは同時代を生きている。それなのに、范曄は、なぜ「邪馬臺国」と記したのか。范曄の執筆の対象とした王朝は、五世紀を遠くさかのぼった「後漢」である。しかし、その「倭伝」は、范曄の生きた五世紀を視点として書かれている。ここに、三世紀を生きた陳寿との決定的な違いがある。

この三人の歴史家の共通性は、それぞれが古代日本に関わってきているところにある。陳寿は『三国史』

表2-3　陳寿・范曄と裴松之の生きた時代

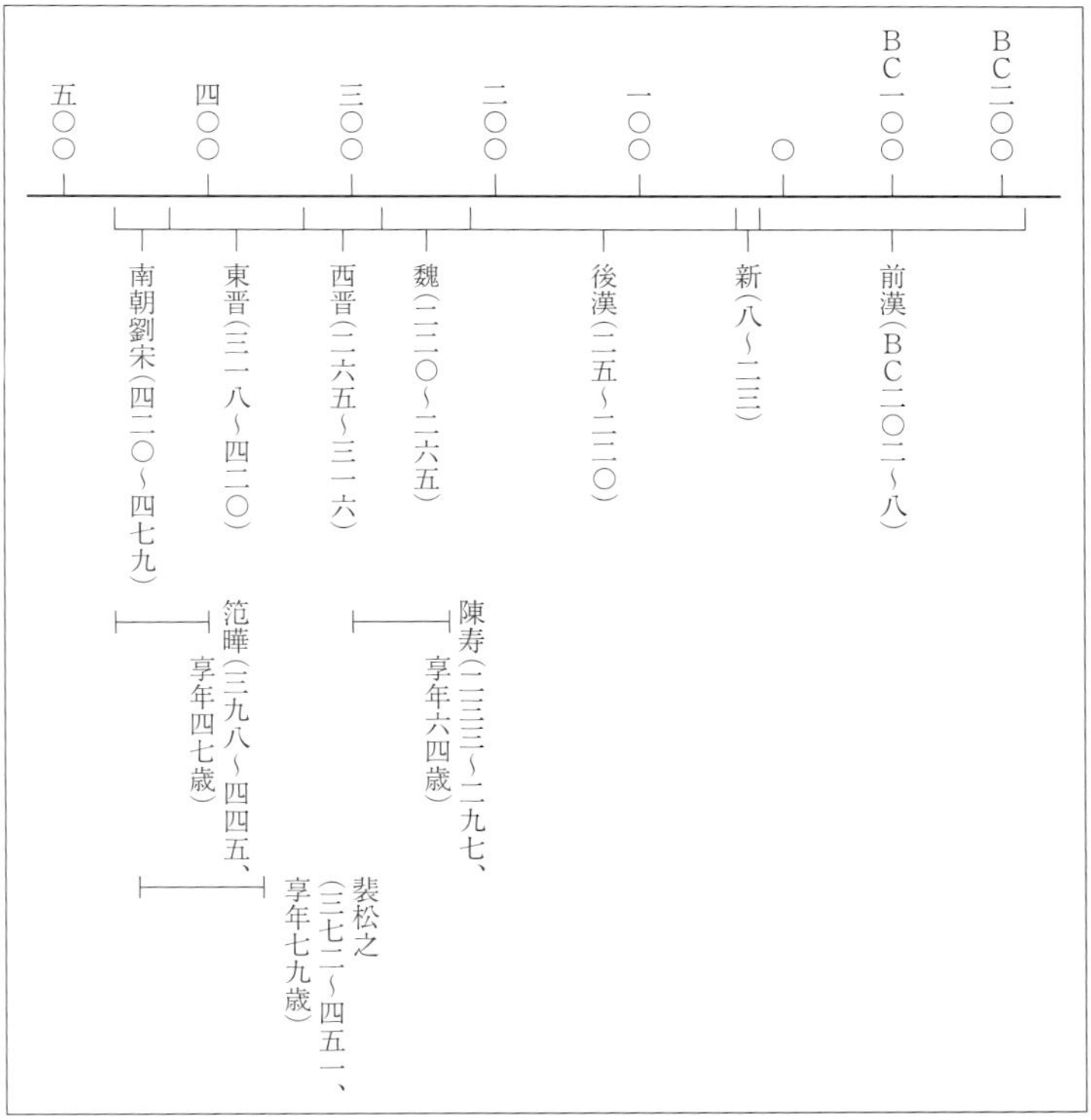

の、范曄は『後漢書』の作者であり、陳寿『三国史』の校注者・裴松之は、范曄と同時代を生きた人物である。

　陳寿は同時代の魏を対象としていたが、南朝劉宋の范曄は、三国時代の前の後漢を対象としていた。南朝劉宋とは、北宋（九六〇〜一一二六）と区別するために、劉裕の興した宋という意味で、このように呼ばれている。「南朝宋」も、この王朝のことである。

「大和」へのこだわり

　「大和」は、日本人の原郷である。日本人には特別の響きがあるようだ。『記紀』の影響は絶大だ。本居宣長の、「朝日に匂う山桜花」のごとき「大和心」。特別の〝固有種〟と考えられてきた「大和民族」。そして、第二次大戦中に〝尊重〟された「大和魂」。良きにつけ悪しきにつけ、「大和」は、日本人の心に深く浸透している。津田左右吉の記紀神話造作説が戦後史学を支配したように、「一犬虚に吠えれば、万犬これに従う」状況は、「邪馬台国」論でも〝健在〟だ。その〝健在〟ぶりを遺憾なく発揮している要因が、実は「邪馬台国」なのである。

古田以前の論争は、〝「邪馬台国」の伝統〟を墨守しての、それだった。「魏志倭人伝」の記す国名は「邪馬壹国」であって、「邪馬台国」ではない。わたしが「邪馬台国」とカギカッコ付きで、この国名を表記してきた理由も、ここにある。

わたしの古田の著作への接し方は、その出版順とは一致しない。初めて手にした氏の著作は、『古代は輝いていた』（全三巻）である。この本に強烈な刺激を受けて、改めて氏の第一作から読み始めた。すでに三冊の本で、氏の論証ぶりに瞠目していたが、第一作の『「邪馬台国」はなかった』は、それ以上だった。問題点の一つひとつについて、他の追随を許さないほど、論証に論証を重ね、執拗に畳み掛けて、その事実を証明していた。論証を骨格とし、論証で埋め尽くされた書である。この本から受ける古田の姿は、さながら〝論証の鬼〟だった。

「陳寿を信じとおす」立場を堅持した〝論証の鬼〟が、疑った一つが、これもすでに述べたように、「邪馬壹国」の「邪馬台国」への改変だった。氏はこの改変に不安を覚えたのである。なぜ、この国から「邪馬壹国」は消されたのか。

その起源は古く、後醍醐天皇を擁し、南朝を樹立した北畠親房《きたばたけちかふさ》『神皇正統記』までさかのぼる。「後漢書に、『大倭王《だいわおう》は耶麻堆《やまタイ》に居す』と見えたり〈耶麻堆は山となり〉」と、北畠は『神皇正統記』の中で記し、大日本も大倭も、ともに「耶麻土《やまと》」と読むべきことを強調している。ところが、「後漢書倭伝」の表記は「耶麻堆」ではなく、「邪馬臺国」だ、「邪麻堆」は、「隋書俀国《たいこく》伝」の「邪靡堆《やまたい》」を修正して、引用した北畠の

「良心」から生まれているようだ。いずれにしても、その認識は畿内大和だ。

南北朝時代から時代を大きく下った江戸初期、儒学者・松下見林《まつしたけんりん》によって「邪馬壹国」は捨てられ、これに変わって「邪馬台国」が確定し、以後絶対化する。

今按ずるに、邪馬臺国《やまとの》は大和国なり。古《いにしえ》大養徳国《やまとの》と謂ふ。所謂《いはゆる》倭奴国《いとこく》なり。邪馬臺は大和の和訓なり。

今按、邪馬臺国　大和国也。古謂㆓大養徳国㆒。所謂倭奴国也。邪馬臺大和和訓也。

〈松下見林『異称日本伝』〉

（注）平仮名で示した振り仮名は、著者による。

大胆な改変

このように、松下の解釈は〝邪馬臺国＝大和国〟と明確だ。しかも、『後漢書』からの「邪馬臺」の引用も正確である。この点、北畠の「耶麻堆」とは大きな違いだ。問題は、この章句だけではない。さらにこの改定文に続けて、松下は「魏志倭人伝」を全文掲載した後で、「今按…邪馬壹国之壹当作臺」（今按ずるに…邪馬壹国の壹は当《まさ》に臺に作るべし）と述べている。「壹」を捨てて、「臺」に奔《はし》ったのである。

古田は、この点を鋭く突いた。なぜか。ここに、「邪馬壹国」を「邪馬臺国」に変える根拠は、一切明示されていないからである。まさしく「見林こそ、近畿説のハッキリした創始者なのである」。こうして、「運命的なレールは敷かれた」（古田『「邪馬台国」はなかった』）。不幸の始まりである。

松下の動機は、きわめて単純であったようだ。「邪馬壹国」などという国は、かつて日本に存在したこともない。しかも、「ヤマト」と読めない。読めないから、明確な判断のしようがないことになる。ところが、『後漢書』の「邪馬臺国」であれば、「ヤマト」と読むことは、一応可能だ。

松下の眼は、ひどく曇っていたのである。陳寿の生きた三世紀末と、范曄の五世紀半ばとの間には一五〇年もの時間差がある。この間に、日本列島では激しい覇権争いによって、大きな変化が起こっていた。

松下の眼の曇りは、この政治的変動が、まるで理解できていなかったという不幸に起因する。あるいは、その責めを一人松下に背負わせることは、酷であるかもしれない。その根本原因は、『記紀』によってもたらされた「大和朝廷一元史観」にある。

記紀神話全編の解明で明らかにしたように、『記紀』は、真実を根底から大きく歪める目的で作られた「歴史書」であった。他方、三世紀中頃の日本列島を記録した『三国志』は、どうか。陳寿には日本との間に利害関係はない。したがって、『三国志』「魏志倭人伝」には、魏と友好関係にある「邪馬壹国」を過大評価する反面、敵国の「狗奴国」を過少評価するといった記述は、一切見られない。「魏志倭人伝」に書かれている内容は、『記紀』と違って信用できる。

だが、「魏志倭人伝」については、そこに書かれていることを、解釈する側がねじ曲げることになった。まず、松下見林が虚に吠えた。これによって、学者・研究者たちは、松下の見解に無批判に従ったのである。しかも、両字はまったく異なる。それなのに、画数の多い「臺」を避けて「台」に代え、「邪馬臺国」を「邪馬台国」へと変えるに至ったのである。

この連動作用によって、国民は「邪馬台国」という表記を、すっかり信じ込んでしまった。こうして、初めに目的地「ヤマト」ありきの「邪馬台国」論が、いわゆる専門家と素人とを問わず、次々と誕生してきたのである。国民が権威・権力に無批判に追随する怖さが、この国には依然として潜在している一面を、「邪馬台国」という国名が、改めて見せつけてくれた。

第三章　比類なき論証（その一）

陳寿の明記した国名は、「邪馬壹国」である。この史家が「臺」を、「壹」に書き誤ることはなかった。「邪馬台国」はなかったのである。それなのに、これまでは、この国名をめぐっての比定地論の歴史であった。

新しい視点から

古田は、この悪しき傾向は、〝地名音当て中心主義〟の因襲に支配されていたことから、起こってきたと断罪した。その因襲の生みの親が、〝邪馬臺＝大和〟と考えた松下見林であることは、言うまでもない。ところが、松下に輪を掛けた〝確固たる非論理〟の持ち主が、晩年に畿内大和から筑後山門へと説を変えた新井白石（一六五七〜一七二五）だった。

松下と同時代の新井白石に対して、古田は、「しかるに今、天皇家の本拠たる大和の地を捨て、行路記事の方向（中略）に従って、九州の新天地に中心国を求めようとするとき、なぜ天皇家の本拠地に合わせるために『改定』した、あるいは『取捨』した「邪馬臺」の国名をひっさげてゆかねばならないのであろうか。解しがたい」（古田『邪馬一国の証明』）と、厳しく批判した。

しかし、これは、一人新井白石だけの問題ではなかったのである。畿内説と九州説とを問わず、〝地名音当て中心主義〟の因襲に、身をまとっていたこれまでの「邪馬台国」論は、その方法が逆立ちしていたのである。

国民の眼は、長きにわたって曇っていた。「邪馬台国」の国名にこだわっていては、永遠に目的地に到達することはできないのである。これからは、陳寿の示した指針に従って進むだけである。それが唯一の方法である。その陳寿の示している方法についても、古田によって解明されていた。「邪馬台国」研究史上、古田武彦の見解は画期をなす。

すでにわたしたちの眼前には、氏の切り拓いた大道が、「女王の都する所」へ向かって、真っ直ぐに延びている。しかも、その大道には、比類なき論証によって示された正確無比の道標《みちしるべ》がある。だから、従来のように、その先が断崖絶壁となっていて、前に進むことのできない道に、ふたたび迷い込むことはない。

(1)『三国志』の里数は、漢・唐代の「長里」（一里・四三五m）ではなくて、「短里」（一里七五～九〇m）

(2)主線行路と傍線行路

(3)最終行程0《ゼロ》の論理

(4)韓国内陸行

(5)「水行十日・陸行一月」と「万二千余里」との関係

(6)対海国《たいかいこく》（対馬）・一大国《いちだいこく》（壱岐）半周読法

以下順を追って、この道標について論述することになる。その前に、帯方郡治（京城付近）から「邪馬壹《やまい》国《こく》」に至る「魏志倭人伝」の全行路記事を、ここで示しておきたい。

（邪馬壹国《やまいこく》に至る行路記事）

1郡より倭に至るには、海岸に循《したが》って水行し、韓国を歴《ふ》るに、乍《あるい》は南し乍は東し、その北岸狗邪韓国《こやかんこく》に到る七千余里。

2始めて一海を度《わた》（渡）る千余里、対海《たいかい》国（対馬）に至る。…方四百余里ばかり。

3また南一海を渡る千余里、名づけて瀚海《かんかい》という。一大《いちだい》国（壱岐）に至る。…方三百里ばかり。

4また一海を渡る千余里、末盧《まつろ》国に至る。

5東南、陸行五百里にして、伊都《いと》国に到る。

6東南、奴国《どこく》に至る。百里。

7東行、不弥《ふみ》国に至る。百里。

8南、投馬《つま》国に至る。水行二十日。

9南、邪馬壹国に至る。女王の都する所、水行十日・陸行一月。

10女王国より以北、その戸数・道里は得て略載《りゃくさい》すべきも、その余の旁国《ぼうこく》は、遠絶にして詳《つまび》らかにするを得ず。

11次に斯馬《しま》国あり（以下の旁国《ぼうこく》一九カ国は略）。次に奴国《どこく》あり。これ女王の境界の尽くる所なり。

12その南に狗奴国《こうどこく》あり。男子を王となす。その官に狗古智卑狗《こちひこ》あり。女王に属せず。郡より女王国に至る。万二千余里。


このように、この行路記事は、一二段階に分けることができる。以下の行論上、必要に応じて、この行路記事を取り上げて詳述することになる。それは、いわば古田説の祖述ということになる。

「短里」という道標

「魏志倭人伝」の行路記事において、従来の研究者の大半が不審に思い、誇張と見なした里数が、「万二千余里」である。日本人の常識となっている漢代の長里である一里四一五〜四三五mだと、この里数は実に四九八〇〜五二二〇kmとなる。帯方郡治からこれだけの距離を南下すれば、九州の外へ出てしまうことになる。

この数値に、東大の白鳥庫吉が不審を覚えた。氏の判断は正しい。しかし、その本質を見誤った。氏はまず、魏使が過大な恩賞にあずかるために、遥か遠方まで踏破してきたとして、虚偽の数値を中央政府に報告したと考えた。

さすがに、これではおかしいと思ったのか。後年、「卑弥呼問題の解決」という論文において、この見解を修正している。それは端的に言えば、魏の倭国に対する攻撃を断念させるために、魏使を伊都国にとどめ、「邪馬臺国」はさらに遥かに遠方にあると誇張して説明し、魏使は、この説明を素直に信じたというのである。

〝夷蛮の人間を素直に信じた中国人〟と、〝中国人を欺く悪知恵の働く倭人〟とを対比させたような解釈である。このような言説が、戦前も戦後も真顔で論じられていたのである。しかも、その見解を唱える人物は、東大の教授である。そのために、この見解を真実と受けとめた国民も、少なくはなかったのである。

しかし、この誇大数値は、倭人が魏使を騙《だま》した数値ではなく、実定値なのである。『史記』「秦始皇本紀」に、「六尺歩と為《な》す」という記事がある。この記事によって、古田はそれまで使用されていた周代の里数が、秦の始皇帝によって変更されていることに気づいたという（古田『古代は輝いていたⅠ』参照）。始皇帝と言えば、度量衡を統一したことで知られているが、この記事は、新たに定めた度量衡の一つである度（長さ）だったのである。

一里は三〇〇歩である。その歩の基準値を六尺としたのだから、一里は一八〇〇尺となる。古田は一尺を二三〜二四㎝と見立てているから、一里は四一四〜四三二ｍ（一八〇〇尺×二三〜二四㎝）となる。安本『邪馬台国ハンドブック』では、一尺は『角川中漢和辞典』の掲げる二四・一二㎝が採用されているから、一里はほぼ四三四ｍとなる。これが秦代に始まり、漢代にも受け継がれた長里である。この長里に対し、古田は秦の前の周代では一里は七五〜九〇ｍ、それも七五ｍに近い短里であることを〝発見〟した。わたしの試算では、それは七五～七七mとなる。

この〝発見〟方法についても、単純ではあるが堅実だった。やはりその労を惜しまないで、『三国志』全体から、一五九個に及ぶ里数値を抜き出したのである。ところが、ことは簡単ではなかった。そこには、計測する上で難しい問題が待ち受けていた。

(1)三世紀の地名が、現代のどの地点に当たっているのか。これを正確に判定できない、もしくはしにくい事例が多いこと。

(2)仮に、二定点間の現在位置が判明しても、中国には、日本のように国土地理院発行の「五万分の一」の地図がない。このために、二定点間の距離が相当大きい里数でなければ、その実距離を地図上で確認できないこと。

このような困難な状況に対応できる条件として、氏は、①現代の地図でも確認可能な「二定点間」であること。②その「二定点間」が、「千里以上」であることの二条件を挙げている。『三国志』の短里を証明するのに、この①、②の条件は必ずしも必要ではないが、もうしばらく、古田の説明に耳を傾けることにする。

「韓伝」に示された韓地の広さ「方四千里」によって、古田は、「短里」の存在を確信するに至る。「方」とは、縦・横二辺を表す語だ。つまり、韓地の南北辺と東西辺の二辺は、それぞれ四千里だということを述べている。氏は、この里数に着目した。

「方四千里」の韓地

南北辺については、帯方郡治（魏の領土）と韓国との国境が不明であるため、これを採用することは妥当ではない。これに反し、東西辺は東も西も海で限られているため、今日と変わることはない。そこでこの東西辺を採用した氏は、韓地の実際の東西辺は三〇〇～三六〇kmだと見なした。しかし、わたしの〝測量〟で

表3-1　韓地・東西辺の実定値と里数比較

区分	三〇〇km	三一〇km	三六〇km
一里七五m	四〇〇〇里	四一三三里	四八〇〇里
一里七七m	三八九六里	四〇二六里	四六七五里
一里四三五m	六九〇里	七一三里	八二八里

は、三〇〇から三一〇kmの間だ。この三〇〇〜三一〇kmを、陳寿は「四千里」と記しているのである。

これが、漢代の一里四三五mであれば、約七〇〇〜八〇〇里となって、「四千里」の五分の一〜六分の一程度でしかなく、到底及ぶべくもない里数となる。ところが、これが魏晋朝の短里・一里七五〜七七mだと、どうなるか。

表3-1の比較で明らかなように、漢代の長里である一里四三五mでは説明できない。ところが、古田の説くように、一里七五〜七七mの「短里」であれば、韓地の東西辺の実定値三〇〇〜三一〇kmは、その一辺「四千里」と気持ちの悪いほど、ピタリと一致する。

しかし、この例だけをもって、古田説が正しいと見なすことはできないようだ。「邪馬壹国」否定論者は牙を鋭く剝いて、この「短里」説にも嚙みついてきた。「邪馬壹国」と違って、この「短里」説は、古田の妄想だったのだろうか。そこで、「二定点間」でもなく、「千里以上」でもない里数で、「短里」の是非を検証してみたい。

改めて短里説を検証する

「二定点間」にこだわる必要のない里数記事が、これだ。曹操と鋭く対立した渤海《ぼっかい》の太守・袁紹《えんしょう》は、二〇〇（初平五）年冬十月、曹操との戦いに備えるために、穀物を輸送車で運搬した。その模様を「魏志一・武帝紀」が記している。

（袁）紹、車を遣わして、穀《こく》を運ぶ。淳于瓊《じゅんうけい》ら五人、兵一万余人を将《ひき》い、これを送らしむ。紹の営の北四十里に宿す。

紹遣㆑車、運㆑穀。使㆘淳于瓊等五人㆒、将㆓兵万余人㆒送㆖之。宿㆓紹営北四十里㆒。

この「四十里」が漢代の長里・一里四三五ｍであれば、袁紹は一万余人の兵士で守らせた大切な穀物を積んだ輸送車を、自らの陣営から一七・四㎞も離れたところで野営させたことになる。敵である曹操軍の急襲を受ければ、どうなるか。これほど離れていては、とてもではないが、輸送車を守ることはできない。ところが、これが短里であれば三㎞程度の距離となる。しかもそこには、一万余人の兵士が集まっている。当時の状況をこのように考えれば、袁紹の陣営と、穀物輸送車を警備する兵士たちの野営する地とは、ほとんど離れていなかったことになる。そうなると、「四十里」の短里三㎞は妥当な距離となる。

次は、やはり「魏志一・武帝紀」のこの記事だ。

軍を引いて盧龍塞《ろりゅうさく》を出ずるに、塞外の道は絶えて通ぜず。すなわち山を塹《き》り、谷を堙《ふさ》ぐこと五百余里、白檀《はくだん》を経て、…東、柳城を指す。いまだ二百里に至らずして、虜《りょ》のこれを知る。

引レ軍出二盧龍塞一、塞外道絶不レ通。乃塹レ山堙レ谷五百余里。経二白檀一、…東指二柳城一、未レ至二二百里一、虜乃知レ之。

一つの文脈の中に「五百余里」と「二百里」を記すこの記事も、『三国志』の「短里」が正しいことを証明する貴重な記事だ。この記事は、袁紹の息子の袁熙《えんき》・袁尚《えんしょう》兄弟が逃げ込んだ三郡（遼西・遼東・右北平《ゆうほくへい》）の烏丸《うがん》族を、曹操が討伐する状況を描写している。

二〇七（初平一二）年秋七月、大洪水があって、海沿いの道路は通れなくなった。そこで、田疇《でんちゅう》の道案内によって、盧龍の砦までやって来た。ところがその先も道がなかった。このために、道路工事が開始されたのである。

山を削り、その土を谷に埋めて、道を造成する。その単位が長里であれば、道路建設区間は、二一七・五

km（四三五m×五〇〇余里）となって、とてつもない土木工事となる。この距離は、JR新幹線の東京—掛川間二二九・三kmに、ほぼ匹敵する。途方もない長さだ。ところが、短里であれば三八・五km（七五m×五〇〇余里）と激減する。

できるだけ繁雑さを避けるため、以下では、長・短里の一里を、それぞれ四三五mと七五mに統一し、論述することにする。

曹操がふたたび袁熙《えんき》・袁尚《えんしょう》兄弟と白狼山で遭遇するのは八月だから、この「五百余里」の道路新設工事は七月中に行われ、その工期は一カ月を要していないことになる。それが二週間であったのか、あるいは三週間であったのか。そこまで記されてはいないから、判断のしようがないが、それは、大量の労働者を動員しての突貫工事であったと思われる。それでもその工事区間が二一七・五kmではなくて、三八・五kmだから可能だったのである（表3-2）。

そして、「いまだ二百里に至らずして、慮《りょ》のこれを知る」という記事だ。「慮」とは敵に対する蔑称であり、ここでは袁熙・袁尚兄弟たちのことである。その兄弟が、曹操軍の進軍を二百里手前で気づき、三群の烏丸とともに、数万の騎兵隊を率いて迎え撃ったのである。この迎撃で、一度は退いた曹操軍だが、ふたたび白狼山で遭遇し、これを撃破する。敗れた袁熙・袁尚兄弟は、遼東へ逃亡している。

そこで、袁熙・袁尚兄弟たちが、曹操軍の動きを知ったという「二百里」はどうか。長里だと八七・〇km。これはJR新幹線の営業距離では、博多—新下関間八六・二kmに相当する。これだけ離れているのに、どうやって敵の動きに気づいたのだろう。これが一五・四kmの背後の動きであれば察知することは可能だ（表3-3）。現実的な数値は

表3-2　「武帝紀」の里数(一)

区分	長里	短里
五〇〇余里	二一七・五km	三八・五km

表3-3　「武帝紀」の里数(二)

区分	長里	短里
二〇〇里	八七・〇km	一五・四km

どちらか。

この記事にも「二定点」はない　次は〝楚建国譚〟とも言える記事だ。楚国が生まれた時は小さい国だったという。紀元前三、四世紀のことである。その楚国が、以後有能な後継者に恵まれて、大国となり九〇〇年も続いたという故事である。

瑜《ゆ》曰く「昔、楚国初め荊山の側に封ぜらる。百里の地にも満たず」……。
瑜曰「昔、楚国初封二荊山之側一。不レ満二百里之地一」……。
〈呉志九・周瑜《しゅうゆ》伝〉

これは裴松之が『江表《こうひょう》伝』から引用した記事である。飛ぶ鳥をも落とす勢いの曹操が、呉の孫権に対し、息子を人質として指し出すよう要求してきた。これを拒否したい孫権ではあるが、部下たちが迷っているので、決めかねていた。

そこで、孫権は周瑜《しゅうゆ》一人を連れて、母親のもとへ行き、そこで決断しようとした。周瑜は、孫権が厚い信頼を寄せる人物である。その周瑜が、孫権の母親に語った折に、一つの故事を引き合いに出した。それが先の楚の故事だ。すでに呉も、先代の孫堅《そんけん》と兄の孫策《そんさく》によって国土の礎は築かれ、六郡の国土と人民を、孫権に残している。

その国土は富み、人心も安定し、兵器も兵糧も豊富で、兵士は勇敢だから、この国はこれからますます栄えてゆく。それなのに、なぜ曹操に人質を差し出す必要があるのかと、周瑜が孫権の母親に語る場面だ。この意見に母親も同調したために、もとから曹操の要求に応じる気持ちのなかった孫権も、これで決心するという内容となっている。

周瑜の引いた故事では、楚国は初めは百里の地にも満たなかった小国だったという。この百里はどうか。

表3-4　「周瑜伝」の里数

区分	長里	短里
一〇〇里	四三・五km	七・五km

これは国土の一辺が百里という意味だ。陳寿は面積を表す場合、「方四千里」「方三百里」というように、「方…」と書き記しているが、『江表伝』のこの表現は、前後の文脈から、「方」の省略形と見なすことができる。

長里四三・五kmは、JR東海道線・京都—大阪間四二・八kmにほぼ相当する距離である。どんなに中国が広大で、日本の国土の二五・四倍もあっても、〝四三・五km×四三・五kmの面積〟では、とても〝小国〟とは言えないのではないだろうか。これも現実感覚に基づけば、短里七・五km×七・五kmの方が妥当なようである。

短里でしか理解できない「赤壁の戦い」

『江表伝』は、江南の士人（軍人）の伝記集のようであり、その撰録は、西晋の文人・虞溥《ぐほ》であるという（今鷹他訳『三国志』筑摩・世界文学全集による）。つまり、陳寿とは同時代の人物ということになる。

『三国志』だけではなくて、同時代の書『江表伝』においても、短里が使われていた。「呉志九・周瑜伝」に引用されている『江表伝』中の「赤壁の戦い」の描写が、この事実をより鮮明に示している。これは、魏晋朝短里説を証明する根拠として、古田がしばしば引用している記事だ。この記事は、先に取り上げた逸話—「楚の建国譚」の直後に記されている。

「赤壁の戦い」は、曹操が大敗を喫した戦いで知られる。その勝利は、周瑜の部下・黄蓋《こうがい》の奇策によってもたらされていた。二〇八（建安一三）年一二月、曹操は長江の北岸に陣取る。これに、曹操に敗れ南へ敗走してきた蜀の劉備《りゅうび》と、呉の孫権《そんけん》の連合軍が抗戦する。この戦いに先立つ九月には、曹操は荊州《けいしゅう》に侵攻して、その水軍を手に入れていたから、さらにその武力は膨れ上がっている。優勢に立っている軍勢は、魏だ。

南下してきた魏軍は、船艦を長江北岸に停泊させる。ところが、魏軍の船艦は、互いの船首と船尾とがくっつき合った状態で係留していた。黄蓋は、ここに敵艦隊を壊滅させる手掛かりがあると見た。そして自ら陣頭指揮を採った戦術が、これだった。

あらかじめ魚油《ぎょゆ》を十分に染み込ませた枯れ草や薪を、小舟を伴った一〇艘の軍船に満載し、それを幔幕《まんまく》で覆い、長江へ漕ぎ出した。川の中ほどまで進んできた時、軍船の帆を上げさせると、黄蓋は兵士たちに「降伏する」と叫ばせた。これを信じた魏の兵士たちは陣営から出てきて、その様子を見守るだけだった。

黄蓋たちの軍船は、北岸から二里余りのところまで近づいて来た。折しも東南から強風が吹いている。そこで、例の積み荷に一斉に火を放った。すかさず兵士たちは用意した小舟に乗り移り、南岸へと向かう。一方、燃え上がる無人の軍船はと言えば、帆が上げられているために、強風に押され、放たれた矢のように猛烈な勢いで、北岸に数珠つなぎで係留している船艦の中へ突っ込んで行った。この火炎は、曹操の陣営まで飛び散っているから、結果は明らかである。曹操は北へ帰っていった。

時に東南の風、急。…中江に帆を挙ぐ。…北岸を去る二里余、同時発火す、火は烈《はげ》しく風は猛《たけ》し、往船箭《せん》（矢のこと）の如し。

時東南風急。…中江挙レ帆。…去二北岸一二里余、同時発火、火烈風猛、往船如レ箭。

簡潔な描写ながら、当時の状況がよく分かる。ここで問題となる章句が、「去二北岸一二里余」だ。この里数は、長江南岸―「中江」（川の中間地点）間の距離である。これが長里であれば、この状況が説明できなくなる。

その難点は二つある。「二里余」が長里だと九七〇m、ほぼ一kmとなる。一kmも離れたところで、「降伏」を叫ぶ。どのように考えても相手から離れ過ぎている。同じことは、黄蓋の兵士たちが火を点《つ》けて放った一〇艘の軍船についても、言える。強風が吹いていても、これだけ離れていれば、果して、北岸に並んでいる敵の軍船まで、到達するかどうか。

ところが、この「二里余」を短里に換算すれば、二〇〇m前後でしかない。古田が現地を知る関係者によって確認したところでは、赤壁近辺の川幅は四〇〇～五〇〇mだという。そうなると、〝「二里余」＝二〇〇m前後〟の数値は、長江の「中江」にピッタリと当てはまる。『江表伝』でも、短里が採用されていたのである。なお、「赤壁の戦い」については、古田『邪馬一国の挑戦』（改題『日本古代新史』）に詳しい。

「高峻」とは「道のり」のことか

短里説を否定する根拠として、最も多く取り上げられている記事が、「天柱山《てんちゅうざん》高峻二十余里」だ。

成、遂に其の衆を将《ひき》い、蘭に就き、転じて潜山《せんざん》に入る。潜中、天柱山有り、高峻二十余里。道は険しく狭く、歩径裁《わずか》に通ず。蘭《らん》等、其の上に壁《とりで》す。

成遂将二其衆一、就レ蘭、転入二潜山一、潜中有二天柱山一、高峻二十余里。道険狭。歩径裁通。蘭等壁二其上一。

〈魏志十七・張遼伝〉

これは梅成《ばいせい》が陳蘭《ちんらん》に加勢し、魏の張遼《ちょうりょう》の攻撃に備えるために、天柱山に砦を築いて、立て籠ったという記事である。この記事を、天柱山の高度を示すものと主張した古田に対して、安本・佐藤鉄章・原島礼二氏らが、「二十余里」は蘭たちの砦に至る「道のり」との見地から、批判の論陣を張った。

表3－5　天柱山に関する里数

区分	長里	短里
二〇余里	八七〇〇余m	一五〇〇余m

天柱山は海抜一八六〇m、実高一四六〇mの山である。したがって、この「二十余里」は、短里の測定値では一五〇〇余mとなって、実高一四六〇mにほぼ一致する。ところが、短里否定論者は、この計測値を認めようとしないのだから、理解に苦しむ。

その一人である原島礼二氏は、「天柱山有りて高峻なり。二十余里の道は険狭にして、歩径裁《わずか》に通ず」（原島『邪馬台国から古墳の発生へ』）と読み、「二十余里」は、陳蘭の砦に至る「道のり」だと反論した。ところで、『三国志』は戦闘記録誌であると同時に、地名記録誌でもある。陳寿は事件のあった地名は、必ずといっていいほど書き残している。陳寿の心掛けた執筆態度は、事実を丁寧に記録することに終始しているのである。

現地に赴いたことのある佐藤鉄章氏によれば、天柱山は東と南・北の三方から上ることができるという。これが当時の地形であったのかどうかは、不明であっても、張遼率いる部隊は陳蘭を追って、現地へ来ている。

仮に、天柱山への登山口が一カ所しかなかったとしても、そこで、その地名や登山口名の確認を怠ったとは思われない。このような地名についての表記態度に鑑みれば、陳寿が天柱山への登山口を特定もしないで、ただ「二十余里の道」と、曖昧な形で書き放つだろうか。

古田の調査では、一五九の里数記事中「不定点間」が最も多く、一〇四例にも及ぶから、この解釈は、わたしの推測と見なされてもやむをえないところはある。しかし、張遼が現地に赴いているのだから、陳蘭たちの砦へ通じる地名の確認を怠ったという失態は、起こりえないと考える方が妥当だと思われる。

原島氏の主張するように、これが砦までの「道のり」を表しているのであれば、陳蘭たちの砦が最終目標地点であることは、はっきりしているのだから、陳寿の表現は、以下のようになっていたと思われる。

…蘭等、其の上に壁《とりで》す。〇〇地より其の壁に至る、二十余里（…蘭等壁㆓其上㆒。自㆓〇〇地㆒至㆓其壁㆒、二十余里）。

陳寿は、「自㆓△△地㆒、至㆓▲▲地㆒、距離」という表現様式を、「倭人伝」でも繰り返し使用しているのだから、問題の「二十余里」は必ず、この章句の終わりへ回したであろう。

「高峻」の語も等閑視されて来ているが、実はここにも、無視しえない鍵が隠されている。従来から、これを〝高く峻《けわ》しい〟と理解してきたけれども、これで正しいのかどうか。「高峻」とは別に、「道険狭」の表現もある。「高峻」を〝高く峻《けわ》しい〟と解釈すれば、「道険狭」（道は険しく狭く）と重なってしまうことになる。山が険しいということは、その登山道が険しいことと同義である。

「高」には、高い・高しの形容詞がある。「峻」にもまた、「峻嶺」（高い山）、「峻峰」（高く険しい山）の語が示すように、「高い」という意味がある。それも、ただ高いだけでなく、険しさを伴った高度を表しているようである。そうなると、「高峻」も、「河川」「山岳」のように、同義重複語の可能性はきわめて高い。つまり〝高し・峻《たか》し〟だ。そのために、次に続く章句「道険狭、歩径裁通」が、具体性を帯びて生きてくることになる。

この視点から再度考えてみれば、「天柱山高峻二十余里」の読み下しは、〝天柱山の高峻《たかさ》二十余里〟となって、その事実が見えてくる。ここに、安本氏や原島氏ほかの読み下しの成立する余地はない。〝二十余里＝道のり〟説は誤っている。『三国志』の里程は一里七五〜九〇mの短里、それも、限りなく七七mに近い里程で表されている。古田の到達した結論に誤りはないと、改めて確認できそうである。

二つ目の道標

道標が正確だと、後に続く者は楽だ。ここで、「魏志倭人伝」の行路記事に沿って、「主線行路」と「傍線行路」の違いを明確にしておきたい。これも邪馬壹国に至るための一つの、しかし不可欠の作業である。「主線行路」と「傍線行路」は、古田の造語である。この発見も、そのように指摘されて、初めて気づく「コロンブスの卵」である。この造語には、厳密な定義を伴っている強みがある。「その余の旁国」以外は、すべて「主線行路」と見なす畿内説に、「傍線行路」の概念はない。これに反し九州説の榎一雄は、「主線行路」は「帯方郡治→伊都《いと》国」までであり、その後の奴国・不弥国・投馬国と「邪馬台国」の四カ国については、「伊都国」からの「傍線行路」と見なした。例の放射線式読法である。ここで、この榎説が反面教師として参考になる。

魏使は女王の都する邪馬壹国へ、実際に訪れている。この事実に基づいて、「魏志倭人伝」は著されている。「正始元年、太守弓遵《きゅうじゅん》、建中校尉梯儁《ていしゅん》等を遣《つか》はし、詔書・印綬を奉じて、倭国に詣《いた》り、倭王に拝仮《はいか》し、…」の記事の示しているとおりだ。実際に訪れているから、倭王にも「拝仮」（面会）しているのである。

それなのに、魏使一行の最終目的地である邪馬壹国が、「伊都国」の「傍線行路」になることは、古田の指摘を待つまでもなく不可解だ。いずれに理があるか。誰の眼にも明らかである。

このような榎説を、古田は、「その国の首都を記載するかぎり、その首都を中心として行なわるべきものである。しかるに、一中間都市である『伊都国』を中心にし、首都を『傍線行路』の上におき、放射線式読法を行うのは、中国史書のルールに反する」（古田『「邪馬台国」はなかった』）と批判した。妥当な批判である。王将よりも角を可愛がるヘボ将棋を引き合いに出せば、さらに分かりやすいだろうが、これでは榎に失礼か。

榎説へのさらなる批判的検証によって、古田はこの説が成立しないことを改めて突き止めている。それが第一章で説明済みの、二とおりの「里程表示法」（里数値）である。

⑴榎説の「直線行路」…方位―距離―地名

［例］東南、陸行五百里にして伊都国に到る。東南陸行五百里、到㆓伊都国㆒。

⑵榎説の「傍線行路」…方位―地名―距離

［例］東南、奴国《どこく》に至る百里。東南至㆓奴国㆒。百里。

ここで、問題となる記事が、「倭人伝」冒頭の「その北岸狗邪韓国《こやかんこく》に到る。七千余里」だ。この行路記事は〝方位―地名―距離〟の表記となっていても、「直線行路」であって、「傍線行路」ではない。だから、この一例だけをもってしても、「直線行路」を示す〝方位―距離―地名〟表記に重きを置く榎説は、根底から揺らぐ。榎が、この個所は「文章の単調を避けるための」（榎『邪馬台国』）表現だと、どんなに抗弁しても、通用はしない。

至と到

ついで、古田が批判の矢を放った論者が、牧健二だ。『日本の原始国家』を著し、筑後山門説に立つ牧は、「至」と「到」とが相異なる文字であることを根拠に、榎説の補強に努めた。

⑴「至」…①中間的経過を示す文字。②四至を示す文字

⑵「到」…目的地への到達を示す文字

このように、「至」と「到」の訓は、いずれも「イタル」で同じだが、それぞれの示す意味は異なると、牧は強調した。事実、「魏志倭人伝」の行路記事では、「郡より倭に至るには…」「始めて一海を度《わた》る、千余里。対海国《たいかいこく》に至る」と、いずれも「至」が使用されている。この二つの記事に関するかぎり、牧の見解は正しいことになる。しかし、「南、邪馬壹国に至る」「郡より女王国に至る万二千里」については、どのように理解すべきか。

台湾出身の言語学者・張明澄《ちょうめいちょう》氏も、牧と同じ見地に立つ。張氏は「至」は英語の「till」「until」であり、「到」は「reach」「arrive」だと強調する（張『誤読だらけの邪馬台国』）。「至」と「到」とは略と畧、群と羣のように、字形を異にする異字体ではなく、別字である。だから一見、俗耳に入りやすい見解ではある。それでは、牧・張氏たちの見解は正しいのだろうか。

ここが、他の研究者と古田との違いだ。「至」「到」の両字を、『三国志』から数例抽出しただけでは、恣意的な解釈が起こりやすい。そこで古田の採った方法は、『三国志』からすべてを抜き出すという簡明ではあるが、しかし骨の折れる、例の作業だった。『三国志』では、どの頁でも、必ずいずれかの文字が現れるほど、多用されている。その結果は、全一二九〇例。その内訳は、このようになった。

(1)「至」…　一〇九六例（八五・〇％）
(2)「到」…　一九四例（一五・〇％）

古田は、この調査によって、「至」と「到」に違いはなかったことを確認した。それは、わたしが右に掲げた両字の比率にも、端的に現れている。全用例中、「至」は実に八五・〇％にも及ぶ。「至」のこの比率だと、曹操・劉備・孫権といった魏・蜀・呉三国の指導者が、目的地に到達できなくなってしまうことは、必至だ。

榎説の矛盾は、これだけにとどまらなかった。その矛盾が「東行、不弥《ふみ》国に至る。百里」（東行至二不弥国一）の句だ。『三国志』全体で使用されている行字は、五四四例が確認されている。この確認作業を通じて、「そのいずれにおいても、実地に『行く』ことを示し、漫然とした修辞として『四至』を示す例は、ついに発見できなかった」（古田『「邪馬台国」はなかった』）と、古田は言う。

「伊都国中心読法」に立つ榎説では、魏使は不弥国へは足を運んではいないことになっている。それなのに、「東行至二不弥国一（東行、不弥《ふみ》国に至る）」の記事では、動詞の行字が示しているように、魏使は伊都国から東の不弥国へ移動しているのである。榎は「至」に先行する動詞「行」を無視して、「邪馬台国」の所在地を論じていたのだから、目的地に辿りつけなかったのも、無理はない。

さらに究明を続ける氏は、一〇九六例に及ぶ「至」を含む文形の基本を、帰納的に把握し分類している。その帰納的帰結は、以下のようになる。

(1)「動詞＋至」の形（～して…に至る）が基本

(2)動詞の存在しない文形

①文脈上、明らかであるために省略された場合

②「四至・傍線行路」を表しているために、初めから存在しない場合

ことに、(2)―②の「四至」を表している場合には、その文形はどれも一様に、〝方角＋至＋地域（地名）〟となっていて、動詞を伴っていないことである。

この結果から、改めて「魏志倭人伝」の行路記事を見れば、どうなるか。ここに、古田の、他の論者に対する卓越性を知ることができる。

新たな視点から行路記事を読み解く

「魏志倭人伝」中、「先行動詞＋至」の文形は、「東行、不弥《ふみ》国に至る」（東行至二不弥国一）だけではないのである。

(1)従…至レ倭（倭に至る）

(2)度…至二対海国一（対海《たいかい》国に至る）

(3)渡…至二一大国一（一大《いちだい》国に至る）

(4)渡…至二末盧国一（末盧《まつろ》国に至る）

(5)行…到二伊都国一（伊都国に到る）

(6)［ナシ］…至二奴国一（奴国《どこく》に至る）
(7)行…至二不弥国一（不弥国に至る）
(8)［ナシ］…至二投馬《つま》国一（投馬国に至る）
(9)［ナシ］…至二邪馬壹国一（邪馬壹国に至る）

先行動詞を伴っている行路記事は、(1)(2)(3)(4)(5)と(7)であり、それのない記事は、(6)(8)と(9)である。

ところで、(1)から(9)の全文は、「従レ郡至レ倭」（郡より倭に至るには）の一句を出発点としている。この「至レ倭」（倭に至る）は、「倭の首都に至る」の意であり、(9)の「至二邪馬壹国一」（邪馬壹国に至る）と同義である。言い換えれば、(9)の「至」は、(1)から(8)のすべての動詞（先行動詞）を受けているとも、言えるのである。

これが、古田の出した結論だ。つまり、(9)は、「主語」と「動詞」を欠いた章句なのである。これに対し、(6)と(8)はどうか。明らかに(9)とは異なる。奴国は伊都国を、投馬国は不弥国を分岐点とする「傍線行路」であることを示している。

改めて説明するまでもなく、不弥国―投馬国間には「陸行」はなく、「水行二十日」となっていることから、不弥国、投馬国ともに港湾都市であることがうかがえる。それでは、なぜこの二カ国は特筆されたのだろうか。それは、二カ国の人口規模に現れている。

邪馬壹国の人口は七万人だ。これに対し投馬国は五万人、奴国は二万人となっているから、いずれも〝大国〟である。しかも後述するように、奴国は、同名の旁国の〝本国〟〝本家〟に当たっていると思われる事情もある。陳寿はそのような〝大国〟にも考慮しながら、「倭人伝」を記していたのである。

これまでに述べてきたことから、伊都国―奴国間「一〇〇里」と、不弥国―投馬国間「水行二十日」は、主線行路から除外して考えなければ、目的地に到着できないことになる。以上の論証によって、帯方郡治から女王の都する国に至る経路は、こうなる。

帯方郡治→狗邪韓国《こやかんこく》→対海国→一大国→末盧国《まつろ》→伊都国《いと》→奴国《どこく》（東南一〇〇里）

　　　　　　　　　　　　　　　　　　　→不弥国→邪馬壹国

　　　　　　　　　　　　　　　　　　　→投馬国《つま》（水行二十日）

悪戦苦闘の連続ではあったが、これで目指す目的地へ向って、大きく前進したことになる。しかし、依然として問題は残っている。それは、「邪馬台国」研究者が、頭を悩ませてきたベラボウな数値――「水行十日・陸行一月」と「万二千余里」問題だ。この問題が解決できなければ、「女王の都」へ辿り着くことは不可能だ。

第四章　比類なき論証（その二）

「最終行程0の論理」

「魏志倭人伝」に対する古田の論証は、さらに続く。ここから、行路記事の解明は、佳境に入って行くことになる。「倭人伝」の行路記事の中に、「主線行路」と「傍線行路」の二つの行路が含まれていたことの発見の意義は、絶大である。古田によるこの明分化によって、郡より倭に至る道はさらに拓け、鮮明になってきた。

ここで、投馬国が「主線行路」から消えたことによって、不弥国―投馬国間の日数「水行二十日」に、思い悩む必要がなくなったのだから、この一点だけでも、古田の論証が、どれほど際立っているかが理解できる。

新たな発見は、さらに新たな発見を誘発するものである。ここから、新たな事実が見えてきた。ここで改めて、不弥国―邪馬壹国間の行路記事を確認してみたい。

南、邪馬壹国に至る。女王の都する所、水行十日陸行一月。

これまでから、このベラボウな数値――「水行十日・陸行一月」は、「不弥《ふみ》国―邪馬壹国」間の日数と見なされてきた。ところが、帯方郡治より不弥国へ至る里数は、以下のような内訳になっている。その合計里数は、一〇六〇〇余里だ。

(1)七〇〇〇余里（帯方郡治―狗邪韓国《こやかんこく》）
(2)一〇〇〇余里（狗邪韓国―対海国《たいかい》）
(3)一〇〇〇余里（対海国―一大国《いちだい》）
(4)一〇〇〇余里（一大国―末盧国《まつろ》）
(5)五〇〇　里（末盧国―伊都国《いと》）
(6)一〇〇　里（伊都国―不弥国《ふみ》）

陳寿のこの記述から、古田は、「伊都国―不弥国」間の一〇〇里は、「末盧国―伊都国」間の五分の一であり、短里では約七・五km前後でしかない。そうなると「不弥国―邪馬壹国」間は、当然一〇〇里以下となる。このように考えると、両国はピッタリと相接していることになる。つまり、「不弥国―邪馬壹国」間の距離は、「0《ゼロ》」。言い換えれば、不弥国は、邪馬壹国に接したその玄関ということになる。これが、氏の主張する「最終行程0《ゼロ》の論理」である。

帯方郡治を発《た》った魏使は、目的地に次第に近づいてきている。目的地は目前に迫っている。ことに、邪馬壹国に至る直前の「伊都国―不弥国」間の里数は、わずかに一〇〇里に過ぎない。目的地はもうすぐだ。そんな期待を抱かせる筆致だ。それなのに、この直後に「水行二十日」と「水行十日・陸行一月」の計六〇日が待ち受けているとは…。

ようやく目的地へ到達したと思いきや、眼前に茫洋とした海が広がっていた。そんな光景を思わせる。一体何のための、五〇〇里から一〇〇里への漸近だったのか。まるで詐欺に引っ掛った感じである。古田の感覚こそ健全だ。

「不弥国―邪馬壹国」間の距離は、「0《ゼロ》」。そうなると、あのベラボウな日数「水行十日・陸行一月」は、どうなるのか。素朴な疑問だ。だが、ここまで到達すれば、その答えを見出すことは簡単だ。「郡より倭に至るには……、東行、不弥国に至る。南、邪馬壹国に至る」という行路記事において、その動詞はすべて最終目的地・邪馬壹国に至る行為を示すためであった。そうして、到達した地は、経由した不弥国とは距離がなかったのだから、それは、「帯方郡治―邪馬壹国」間に要した総日数ということになる。これが、「最終行程0の論理」の示す帰結である。

〝さまよえる「陸行一月」〟

ここでまたしても、新たな問題が現れてきた。「帯方郡治―邪馬壹国」間に要した総日数のうち、「水行十日」はともかくも、「陸行一月」は、ここで行き場を失ってしまうことになる。それはどこへ求めればよいのか。新たな問題が、これだ。新たな発見は、さらに新たな発見を誘発するが、同時に、新たな謎をもたらすものである。

『三国志』全体の表記法に厳密に従ってきた古田の、「陸行一月」についての見方は、このようになっている。

(1)「南を東に」の「改定」を否定するかぎり、女王国は近畿ではなく、九州に存在すると思われる。
(2)そうなれば、「陸行一月」は、九州内部に求めがたい数値となる。

(1)と(2)から、「陸行一月」の大半は、日本国内では該当しがたい日数ということになる。日本国内でなければ、どこへ求めればよいのか。ここで、注視すべき記事が二つある。一つが「倭人伝」のこの記事だ。

郡より倭に至るには、海岸に循って水行し、韓国を歴《ふ》るに、乍《あるい》は南し乍は東し、その北岸狗邪韓国《こやかんこく》に到る七千余里。

「循」は「シタガウ」という意であり、それは「寄る」「沿う」ことだから、〝Aの地形に沿いながら、Bの行為をする〟ことになる。だから、「倭人伝」のこの章句は、韓国までは海岸に沿いながら水行したことになる。ところが韓国に達すると、魏使は「陸路」へ転じたことを示している。それを裏付ける文字が、「歴」だ。古田は「漢書劉向伝」に付された「歴、之《これ》を歴観《けみ》するを謂《い》ふ」との「注釈」から、「歴」は、「つぎつぎに見る」ことを表す「歴観」のことだとして、その行為が、それまでの「水行」とは異なっていることを指摘している。

他方、このような見解もある。藤堂編『学研漢和大字典』によれば、「歴」とは「『止（あし）＋音符厤』の会意兼形声文字で、順序よく次々と足で歩いて通ること」だから、「歴」を「水行」と読むことには、やはり無理がある。帯方郡治を出発した魏使は、韓国までは海岸部を「水行」し、韓国に入ると、一転「陸行」をしていたのである。これが、古田の「韓国内陸行」説である。

そして、他の一つが「魏志東夷伝」中の、「韓伝」のこの記事である。

韓は帯方の南に在り。東西海を以て限りと為し、南、倭と接す。

韓国が海に面している方位は、「東西」だけである。〝半島の南辺は「倭地」〟だ。これが「韓伝」の伝える事実である。だから、古田は、「釜山や金海の部分だけが倭国に属していたのでは、この表記は適切でない。『東・西・南の三方、海を以て限りと為し、南東、倭と接す』となるべきなのである」と、あえて注意を促しているほどである。

「韓国内陸行」を証明し、なおかつ半島の南辺が、「倭地」であったことをも証明する記事が、前章で取り上げた「韓伝」だ。そこには、その地は「方四千里」であったと明記されている。韓地の西岸と「倭地」で

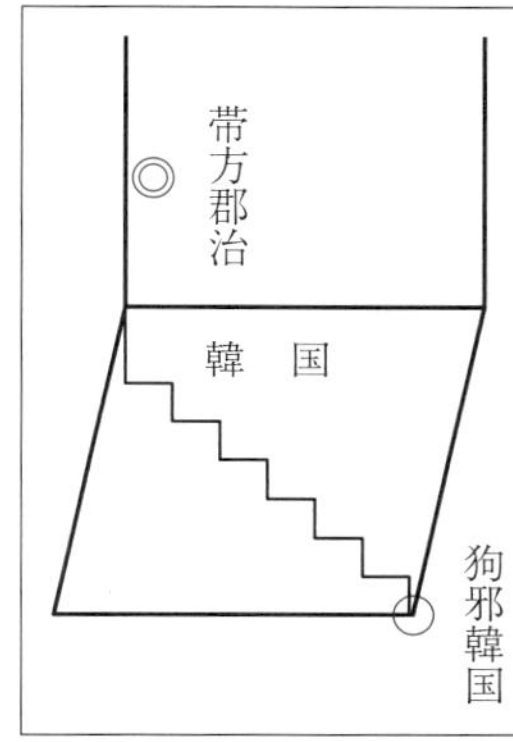

ある半島南岸を、「全水行」すれば、「八千里」となってしまい、「帯方郡治─狗邪韓国」間七千余里を越えることとなって、矛盾が生じることになる。このように、古田の「韓国内陸行」説は正しいことが、幾重にも論証することができるのである。この見解もまた、女王国に至るための貴重な道標なのである。

これまで、「陸行一月」はさまよってきた。「陸行一月」を〝合理的〟に解釈するために、畿内説も九州説も、原文の真意を著しく歪めて解釈してきた。そのいずれもが、苦肉の策でしかなかった。原文を忠実に読み抜く。その姿勢が貫けなかったのである。

魏使は、どうして「韓国内陸行」を敢行したのか。その真意は、当時の国際情勢――覇権をめぐって激しく争う魏・蜀・呉の中国三国の動向と、その動向の周辺地域、朝鮮半島への影響などと無縁ではない。東アジア全体が動乱の坩堝《るつぼ》と化していた時代である。そのような激動の時代にあっての、「韓国内陸行」なのだから、少なくとも、その目的は、〝物見遊山〟のためではない。

「乍《あるい》は南し乍は東し、その北岸狗邪韓国《こやかんこく》に到る」。魏使は韓国内をこのように「陸行」しているのだから、それは、右図に示したように階段式に進む順路となる。〝さまよえる「陸行一月」〟は、これで全面的に解決した。

韓国内陸行の順路

韓国に上陸した魏使は、韓国の西北隅から東南隅へ「階段式」に進み、狗邪韓国（釜山辺り）に到着していた。その距離についても、古田が鮮やかに割り出している。それは、韓国の地形に基づく、きわめて論理的な算出方法となっている。

氏の論証はこうだ。韓国の実地形は「方形」となっていて、それは相対する角が六〇度と一二〇度の菱形をなしている。そこでまず、辺BCを「四」（四千里）として、それぞれの数値比率を積算すると、それは右図のようになる。

この図で、魏使が韓国の西北隅から東南隅へと、「階段式」に進んだいわゆる「韓国陸行」の距離は、BD＋DEとなる。その距離を算出すれば、このようになる。

BE（階段式）$=2+2\sqrt{3}=5.46 \fallingdotseq 5.5$（5500里）

なお蛇足ながら、この計算式中の$2\sqrt{3}$は、“BC^2（16）$-CD^2$（4）”の平方根である。

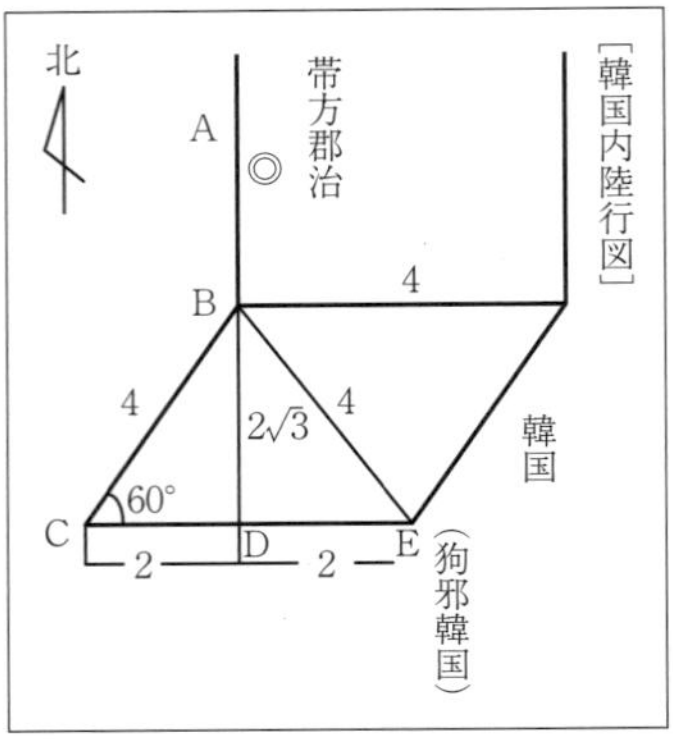

帯方郡治から狗邪韓国までの距離七〇〇〇余里は、この図ではAB＋BEに当たるが、「韓国陸行」の距離が五五〇〇里なのだから、帯方郡内水行を示すABは、一五〇〇里（七〇〇〇余里―五五〇〇里）となる。この論証も完璧である。わたしが、古田武彦の見解を忠実になぞっている理由の一つが、この論証にある。

「陸行一月」の大半は、「韓国陸行」に費やされていた。その距離は、五五〇〇里である。

「島めぐり読法」

ところが、「陸行一月」問題は確実に解決したが、それは別言すれば、帯方郡治から狗邪韓国までの距離七〇〇〇余里の内訳を、明らかにしただけである。しかしなお、解決に至る問題は残ったままだ。「最終行程0《ゼロ》の論理」ですでに示したように、帯方郡治から邪馬壹国の玄関・不弥国までの里数は、一〇六〇〇余里だ。

(1)七〇〇〇余里　（帯方郡治―狗邪韓国）

(2)三〇〇〇余里（狗邪韓国―末盧国）
(3)五〇〇余里（末盧国―伊都国）
(4)一〇〇余里（伊都国―不弥国）

郡より女王国に至る総里数「一万二千余里」には、なお「一四〇〇余里」足りない。なぜか。不足のこの数値は、どこにあるのか。それが分からない。どれほど考え、苦しみ続けたのか。それを知るのは本人のみだが、その隠された数値を発見した状況から、その苦闘の軌跡の一端が想像できるようだ。

「魏志倭人伝」は、対海国《たいかい》・一大国《いちだい》をこのように記していた。

1対海国（対馬）に至る。…方四百余里ばかり。
2一大国（壱岐）に至る。…方三百里ばかり。

〝秘密の暗号〟を解読する鍵は、「方四百余里」と「方三百里」にあった。陳寿のこの表記に、氏は気づいたのである。

「〝この二島は、『正方形』でとらえられている。それぞれの一辺四百里と一辺三百里だ。とすると、二辺で各、八百里と六百里。あわせて、あッ。――千四百里だ！〟こう気づいたとたん、わたしは飛びあがって、思わずアパートの外に飛び出していました。真夏の裸に近い恰好だったのも忘れて。下で洗濯をしていた妻に告げに走っていたのです。――このとき、わたしにとってはじめて倭人伝の骨組みが〝見えた〟のです。そしてそのときが、わたしの『「邪馬台国」はなかった』の誕生開始の一瞬でした」（古田『邪馬一国への道標』）と、氏は当時の様子を述懐している。

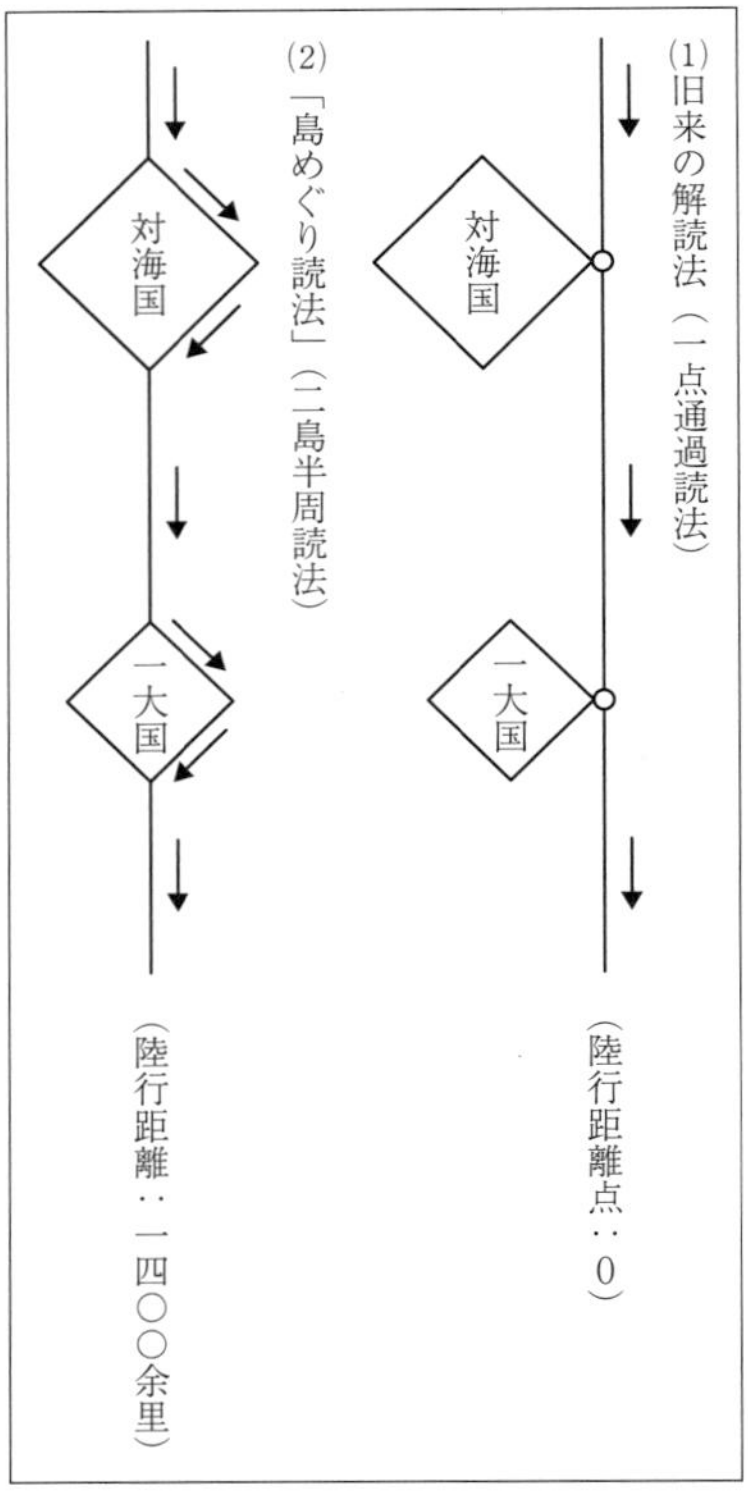

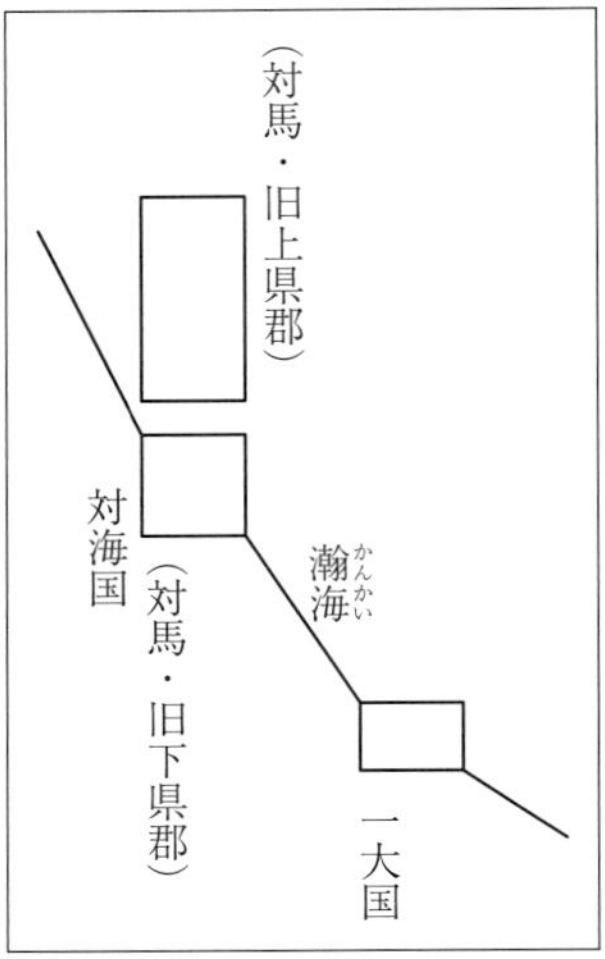

古田の指摘するように、従来の「邪馬台国」研究者が、「倭人伝」行路記事の解釈において、この二個の重大な「読み落とし」をし、この「読み落とし」によって、この島を行路計算から除外してきていたのである。

氏はこの解釈を、「島めぐり読法」、あるいは「半周読法」と呼ぶ。それを図示すれば、上図のようになる。旧来の解読法との違いは、歴然としている。

その実際についても、氏は厳密に検証を重ねている。まず、「対海国」についてである。この「対海国」については、これまで「対馬国」の誤りと訂正されて、北島の旧上《かみ》県《あがた》郡と南島の旧下県《しもあがた》郡の全体と見なされてきた。しかし、この島は、南島（旧下県郡）だけを指している。それは以下の理由による。

①南北二島を合わせた対馬全体であれば、南北の長さは、四百里（三〇km前後、四〇〇里×七・五m）を大幅に上回る

ことになる。しかも全体の形状においても、南北と東西とでは、その長さが違い過ぎるため、とても「方四百余里」では表現できない。これに対して、南島だけであれば、その形状において、南北二島ほどの違いはなくなり、ほぼ一致する。

②「対海国」は、「瀚海《かんかい》（広大な海）に対する」という意の漢字表記だから、南島の方がより適切となる。実際に、狗邪韓国からこの島を経て、一大国（壱岐）に向かうには、対馬の南島の西北端から東南端付近までの半周が、自然な経路となるようだ。「対海国」は、中国側の地名だ。それを、対馬全体に比定してはならなかったのである。

こうして、対馬・壱岐二島に隠されていた「一四〇〇余里」は、適正に算出された。紛れもなく、この「方」は、行路記事解釈上、致命的な盲点となっていたようだ。

ようやく解けた「一万二千余里」

古田武彦の緻密な究明によって、ようやく「一万二千余里」の内実が判明した。それを次に示す。

（部分里程と総里程）［「余」は省略］

①七〇〇〇里（帯方郡治—狗邪韓国《こやかんこく》）「水行一五〇〇里、陸行五五〇〇里」

五〇〇〇里（倭国周旋）
- ②一〇〇〇里（狗邪韓国—対海国《たいかい》）「水行」
- ③八〇〇里（対海国）「陸行」
- ④一〇〇〇里（対海国—一大国《いちだい》）「水行」
- ⑤六〇〇里（一大国）「陸行」
- ⑥一〇〇〇里（一大国—末盧国《まつろ》）「水行」
- ⑦五〇〇里（末盧国—伊都国《いと》）「陸行」

「⑧　一〇〇里　（伊都国―不弥《ふみ》国）　　「陸行」
（総計）一二〇〇〇里

これが、各部分里程と総里程の全容である。ここで、古田の「発見」になる(1)「主線行路」と「傍線行路」の区別（「傍線行路」の解読法を、古田は「道行き読法」と呼ぶ）、(2)「最終行程0《ゼロ》の論理」、(3)「島めぐり読法」という解読法が、結実した結果にほかならない。それはとりもなおさず、この三解読法が正しかったことの、証明ともなっているのである。

ところで、右に示した「五〇〇〇里」とは、〝魏使の倭国内移動距離〟である。「倭人伝」は、「倭の地を参問するに、海中州島の上に絶在し、あるいは絶えあるいは連なり、周旋五千余里ばかりなり」と伝えている。「周旋」とは、字義どおり〝すみずみまで周り旋《めぐ》る〟意だ。この「周旋」には、当然のこととして、対海国（対馬・南島）と一大国（壱岐）の半周をも含んでいるから、ここでも「島めぐり読法」の正しかったことが裏付けられているのである。

ここで、さらに注視すべきは、次の三里程だ。

(1)　七〇〇〇余里　（帯方郡治―狗邪韓国）
(2)　一二〇〇〇余里　（帯方郡治―邪馬壹国）
(3)　五〇〇〇余里　（狗邪韓国―邪馬壹国　…　倭国周旋）

ここに、陳寿の正確を期した几帳面な性格を、見て取ることができる。この点、すでに古田の指摘のとおりである。(2)一二〇〇〇余里から(1)七〇〇〇余里を差し引けば、五〇〇〇余里となる。簡単な計算法である。

それなのに、さらに確認の意味を込めて、あえて最後に、「周旋五千余里」を明示していたのである。解決した問題は、「周旋五〇〇〇里」だけではない。ここに至って、「水行十日・陸行一月」の内訳も、はっきりしてきたことになる。これは、〝水行すれば十日、陸行すれば一月〟ではなかった。「郡より女王国に至る」総日数を示していたのである。

(1)水行距離　計四五〇〇里（一〇日行程）
①一五〇〇里「帯方郡治―郡西南端」
②一〇〇〇里「狗邪韓国―対海国」
③一〇〇〇里「対海国―一大国」
④一〇〇〇里「一大国―末盧国」
(2)陸行距離　計七五〇〇里（一月行程）
①五五〇〇里「郡西南端―狗邪韓国」
②　八〇〇里「対海国半周」
③　六〇〇里「一大国半周」
④　五〇〇里「末盧国―伊都国」
⑤　一〇〇里「伊都国―不弥国」

この内訳で明らかなように、「水行」一日の距離は、四五〇里（四五〇〇里÷一〇日）となる。これを短里で算出すれば、三三・八kmとなる。妥当な数値のようである。

他方、「陸行」の場合であれば、一日の移動距離は二五〇里（七五〇〇里÷三〇日）、短里では一八・八kmとなる。ただし、「陸行」では、「道路は禽鹿《きんろく》（鳥や鹿…著者注）の径《こみち》の如し」（対海国）、「草木茂盛し行くに前人を見ず」（末盧国—伊都国間）とあるように、当時の道路事情を考慮する必要があるから、この数値もやはり妥当と思われる。

几帳面な算出法はここにもあった

先述の「七千余里」「万二千余里」と「五千余里」の明示に見られるように、陳寿の示した行路記事における里程算出表記は、丁寧で几帳面であった。ところが、陳寿の算出法は、これだけではなかった。それを全行程の総日数・総里程併記に、見ることができる。

南、邪馬壹国に至る。女王の都する所、水行十日陸行一月。
…郡より女王国に至る、万二千余里。

これは、すでに示した行路記事である。一方で「水行十日・陸行一月」という全行程の総日数を表し、他方で、「万二千余里」の全行程の総里程を併記していたのである。この両行程併記の発見者もまた、古田武彦である。氏はそれを、陳寿が史書の先例とした「漢書西域伝」によって示している。

（難兜《なんとう》国）西南、罽賓《けいひん》に至る、三百三十里。
（罽賓国）東北、難兜国に至る、九日行。

この罽賓国は西域都護（治所）に属していないが、大国である。そのために、その直前の西域都護に所属する難兜国に対して、「里程」と「日程」とを、あえて併記したようだと、古田は見た。

同様のことは、魏と邪馬壹国についても当てはまるようだ。魏もまた、邪馬壹国が東アジアの一隅に位置していても、軍事上重要な国家と見なした。そのための「遣使」であり、陳寿も、その重要な国家へ至るまでの所要日数と総里程を、併記していたのである。陳寿の行路記事における所要日数と総里程の算出法は、どこまでも几帳面である。

ところが、この全行程の総日数・総里程併記に対しても反論が起こった。批判の主は、どこまでも「至」と「到」の峻別にこだわる張明澄《ちょうめいちょう》氏だ。それは、陳寿の表現に起因している。

右に引用したように、総日数「水行十日・陸行一月」と総里程「万二千余里」との間には、「その余の旁国」記事と、「狗奴国」に関する記事などが挿入されていて、総日数と総里程の記事の間が、大きく開いている。氏の批判の根拠は、ここにある。

「全道程の距離を原文では、ちゃんと〝自郡至女王国万二千余里〟とまとめており、〝水行十日、陸行一月〟が全道程の所要時間を示すのなら、やはり、〝自郡至女王国〟のところに載せられるべきである。投馬国と邪馬台国との間にこの句をはさむはずがないだろう。例えば、〝自郡至女王国、万二千余里、水行十日、陸行一月〟と記せば、非常にすっきりして分かりやすい。この程度のことも知らないほど陳寿はバカだったのだろうか。語学的におかしいだけでなく、この読み方は、常識的にいっても非常におかしいのである」（張『誤読だらけの邪馬台国』）と指弾し、威勢のよい批判が展開されている。陳寿を批判しながらも、その矛先が古田の解釈に向けられていることは、明白だ。だが、非常識的な解釈はどちらか。

繰り返しになるが、帯方郡治から不弥国まで、魏使が次第に女王国に接近してくる。これが陳寿の採用した表現方法であった。それにこの行路記事は、結構長い。そこでまず、総日数「水行二十日・陸行一月」を示し、ここて、陳寿は〝第一の読者〟である西晋朝の天子に、〝中間報告〟を行っていたのである。それも日程で。

それはなぜか。里程よりも日程の方が、より具体的に理解できるからだ。これは、陳寿の気配りなのである。京都―東京間を距離で示されても、ピンと来ないが、新幹線での乗車時間が三時間弱と言われれば、その遠近は、即座に理解できる。この例と同じことなのである。

張明澄氏に付き合う　せっかくの機会だから、ここで、自信に満ちた張明澄氏の「邪馬台国」論を、前掲『誤読だらけの邪馬台国』に従って、追跡してみることにする。この著作には、「中国人が記紀と倭人伝を読めば…」との副題がある。

妙なところで〝やたら厳密〟である張氏は、総里程「万二千余里」の内訳についても、以下のように弾き出した。

①帯方郡治から末盧国まで約一〇〇〇〇里。②末盧国から女王国まで約二〇〇〇里。

このように、「魏志倭人伝」に記載のない「約二〇〇〇里」を勝手に算出した上で、「女王国の位置は、末盧国から水行十日（二千里）くらいの南にあって、末盧国が決まれば、女王国もおのずから決まるようになる」と考えた。そうして、末盧国を特定するための絶対条件を挙げる。

①一大国から見て対馬国とほぼ同距離の位置にあること。②東南へ五百里も陸行できること。③南へ水行できること。

これをすべて満たす地は、佐世保だという。これで末盧国は決まったのだから、後は、佐世保を「起点」とすればよいことになる。そうなると、氏の目指す女王国はどこに存在するのか。

女王国は、佐世保市から水行十日（二千里）ほど南に下がったところにあるのだから、それは東北に出水《いずみ》平野のある阿久根市（鹿児島県）だという。泉を表す出水は、「水が豊かな地域であり、多くの人口を受け入れることができる」から、この地は「邪馬台国にふさわしい」そうだ。いずれにしても、これで女王国も決まった。

では、末盧国に上陸した魏使は、その後どのように行動したのだろうか。ここで、博学な氏の真骨頂が、如何なく発揮される。そこには、誰でもア然とする「学説」が披瀝されていた。

ここで張氏は、魏使に「水行組」と「陸行組」の二集団に分けて、行動させたのである。「水行組」は佐世保から一路阿久根へ。そして「陸行組」は、佐世保から塩田、有明湾岸の諸富《もろどみ》・柳川、さらに大牟田、熊本、水俣を経て、目的地へ。

なぜ、二集団に分かれたのか。その理由が振るっている。「早く着きたいなら水行を選び、倭国の観光を兼ねてなら、陸行でゆっくり行ったのだろう」というのだから、驚きだ。〝骨を骨折〟したといった同義反復の類いの「陸行で…行った」との表現はさておき、「陸行組」は、のんびりと〝物見遊山〟をしていたのである。かくして、わたしは、とんでもないところまで付き合わされてしまった。

古田が証明したように、「至」と「到」との間に違いはなかった。「従」「始」「又」といった文字も、「起点」の根拠にはならなかった。

張明澄氏の個性

批判とは、相手に悪罵を放ってやり込めたり、ケチをつけたりすることではないはずである。万人が納得する根拠を示して、その見解の非を指摘し、誤りを正すことに、その目的がある。それには、相手の見解を正確に認識することから始まる。どうやら氏は、古田への批判を急ぐあまり、古田の著作を、正しく読み抜いてはいなかったようである。

「いまの邪馬台国研究者たちの語学レベルでは、もう読める読めないの問題ではなく、自分が読めないことすら分からないひどさである。（中略）もともと実証的なものに乏しいため、プロすら十分に参加しにくいのに、それが反対に、アマチュアでも十分参加できると考えている。結果的には、学際知識の欠如、証明義務の放棄、こじつけの習慣、強引論法の横行という四大欠点がやたらと目立ち、世にもまれな泥沼論争になっている」と、張氏は嘆く。他者を嘆く前に、まず自らの足下を見つめた方がいいのでは……。

張氏の個性は、鼻息が荒く威勢がいいだけではない。おもしろい一面もある。こんな「論文」も残している。「論理と方法の問題がしっかりしていないため、もう正しさでは勝負が決まらず、悪乗りした方にかならず軍配が上り、（中略）プロの学者はすべて十両以下」だと、氏はのたまう（張明澄「一中国人の見た邪馬台国論争」、『季刊邪馬台国』11号所収）。そうして、このような「番付」まで編成している。

古田武彦先生　──　横綱
松本清張先生　──　大関
原田大六先生　──　関脇
宮崎康平先生　──　小結

つまり、この「番付」は、「邪馬台国」論争において、マスコミに悪乗りしていると、張氏の眼に映った「在野の先生」たちの、それも多分に嫌味を含む序列なのである。

安本美典氏は自著『古代九州王朝はなかった』ばかりか、謝銘仁『邪馬台国　中国人はこう読む』の解説にも、この「番付」を引用しているほどである。当の張氏や、それを援用する安本氏にとっては、これらの論者に対して痛烈な皮肉・嫌味を放っているつもりなのだろう。ところが、古田武彦を「横綱」としているのだから、この「番付」は正しいと言えそうである。

邪馬壹国へ至る道

張氏に長々と付き合ったのも、古田の労をいとわぬ論証の正当性を、傍証するためである。古田の比定する邪馬壹国はどこか。障害は消え去っている。いよいよ、末盧国

表4-1　里数の変化

四〇〇〇里	三〇〇～三六〇km
一〇〇〇里	七五～九〇km
五〇〇里	三七・五～四五km
一〇〇里	七・五～九km
一里	七・五～九m

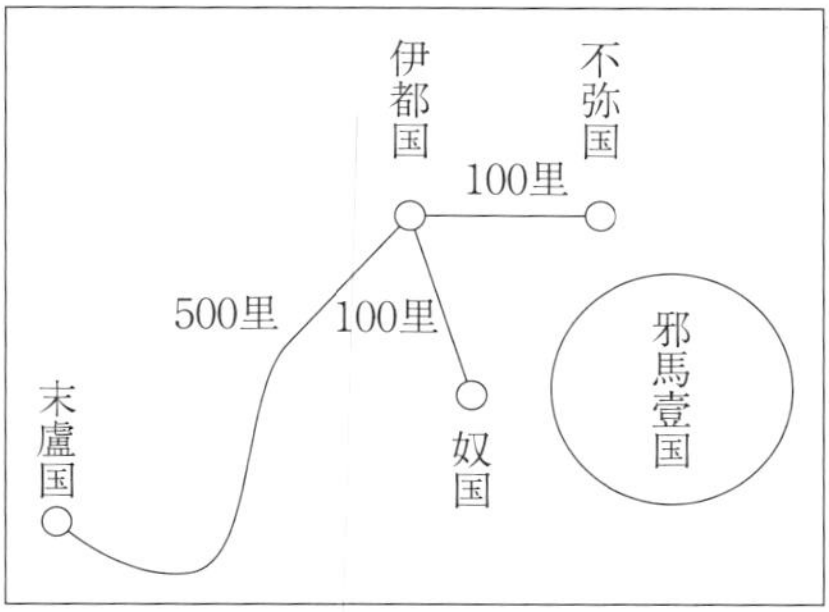

図4-1　邪馬壹国位置図

から邪馬壹国に向かって出発することになる。そこで、氏は最終目的地に向かうための、確定手順を明記している。

(1)『三国志』の示す「一里」と現在のkmとの数値関係
(2)末盧国以後の各国間の方位と関係図
(3)右の各国間の地図上における測定とその確定

(1)については、これまでの論証により、すでに確定している（表4-1）。

(2)については、末盧国から女王国までの道程を、「主線行路」と「傍線行路」、「最終行程0《ゼロ》」の論理に従って、古田は邪馬壹国とその関係国を、図4-1のように図示している。古田の提示したこの概略図によって、以下の事項を確認することができる。

①邪馬壹国は、その北で不弥国に接し（国間距離0《ゼロ》）、奴国にもほとんど接している。

②伊都国から、「邪馬壹国の玄関」・不弥国までの距離が、一〇〇里（七・五～九km）であることを考えれば、邪馬壹国は伊都国から見て東隣に位置している。

③不弥国が、投馬国の傍線行路の分岐点となっていることから、不弥国は、海岸部（博多湾岸）にあった港湾国家と考えられる。

④伊都国から邪馬壹国に至るのに、「伊都国―奴国―邪馬壹国」という順路がとられていないことから、これよりも「伊都国―不弥国―邪馬壹国」の海岸沿いが、順路としては便利であったと思われる。

⑤「伊都国―奴国」間、「伊都国―不弥国」間の距離がいずれも「百里」（七・五〜九km）で示されているので、伊都国と奴国、伊都国と不弥国とはほとんど接していることになる。

次は(3)についてである。ここでまず、魏使が初めて九州の地に上陸した末盧国と、その上陸地点を特定しなければならない。古田はその地点を、末盧国が佐賀県松浦郡（現唐津市）と関連していることはほぼ疑いないとして、このように見立てた。

①上陸してから以後、東南・東・南の行路で行動していることから、上陸地点は、東松浦半島以東の地点、「呼子《よぶこ》―唐津―浜崎」の間が有力な候補地となる。

②この中で、壱岐から最も近いのは呼子である。しかし、「対海国――大国」間、「一大国―末盧国」間が、ともに千余里なのだから、呼子では短距離となり、適さない。

③浜崎は、一大国からの距離としては妥当する。しかし、ここからだと、「東南陸行」という「始発」方向が合致しないから、浜崎も不適当である。

④上陸地点として適切な地は、唐津である。ここであれば、壱岐からの距離とも矛盾しないばかりか、「東南陸行」の「始発」方向にも、適合する。

「倭人伝」の方位を確認する

魏使は唐津に上陸し、そこから邪馬壹国に向かって進んで行った。その初めの国が、「東南陸行五百里」の伊都国だ。伊都国は糸島半島の旧前原市《まえばる》（現糸島市）近辺と見なされている。そうなると、旧前原市は、唐津の「東北」に当たることになる。「魏志倭人伝」は、それを「東南」と記しているのだから、その方向記事は、「九〇度前後」のズレが生じることになる。このために、従来からこのズレが、「倭人伝」の方位は、信用できないという根拠の一つとなってきた。

従来のこの解釈に対し、古田は、原文面にある「東南陸行」の「陸行」の二字を無視し、「『三国志』全体の表記法にしたがわない、『あまりにも粗放な読み方』」だと批判した。氏の指摘しているとおり、「『三国志』は、実地の地形に則した、実際的な正確性を目標とした記述法をとっている」書である。

実際に、『三国志』は、敵に攻撃を仕掛ける記事で充満している。そこには当然、遠征する軍人たちの活動も、現地の実際の地形に則して描写されている。これも、『三国志』の特徴の一つでさえある。

だから、「東南陸行」についても、魏使の現地における実際の行動の記録だということを念頭に置いて、解釈すべきなのである。「東南陸行」とは、唐津から伊都国への「直線方向」ではなく、唐津を出発した時の方向を表しているのである。これが事実であることを何よりも示している表記が、「陸行」の二文字である。

これに対して、「（伊都国より）南、奴国に到る」の記事は、どうか。重複をいとわずに、改めて、この点を確認しておきたい。移動を表す動詞を伴わない、したがって〝傍線行路上の奴国〟は、伊都国からの〝「直線方向」が、南〟であることを示している。これが、この記事の内容である。動詞を伴う記事との違いは、明瞭である。「東南陸行」とともに、「倭人伝」の〝方角のズレ〟の例証として、従来から挙げられてきた記事だ、「対海国——一大国」間のそれである。一大国（壱岐）の位置は対海国（対馬）の「東南」であるのに、「倭人伝」は「南」と記していることが、その根拠となっていた。この批判に対しても、古田の解釈に厳密で、従来の批判が誤読に基づくものであることを、ここでも指摘していた。

　始めて一海を度《わた》（渡）る千余里、対海《たいかい》国に至る。… また南一海を渡る千余里、名づけて瀚海《かんかい》という。
　一大《いちだい》国に至る。… また一海を渡る千余里、末盧《まつろ》国に至る。

この中で、特に問題となる個所が、「また南一海を渡る千余里、名づけて瀚海という。一大国に至る」の章句である。この章句によって、従来から、対馬の南に壱岐があると判断してきていたのである。ところが、古田だけは違った。「『南』は『渡る』という動詞を修飾している。すなわち、『対海国の南』とされているのは、『一大国』ではなく、『瀚海』なのである」と解釈した。

そうしてさらに、「南」が「瀚海」の修飾語であることは、「『狗邪韓国―対海国』間、『一大国―末盧国』間に『方向指示』のないことによっても証明される」と、問題の核心を突いた。「方向指示」のない記事は、これだけではない。「『対海国―一大国』間においても、『両島間の方向記事』そのものは、存在していない」という事実もある。

では、陳寿は、「狗邪韓国―対海国―一大国―末盧国」という航路上無視しえない方位を、書き漏らしていたのか。とんでもない。陳寿は一方で、それを明確に示していた。それが、この二つの記事である。

（対海国）舟に乗りて南北に市糴《してき》す。

（一大国）また、南北に市糴《してき》す。

対海国の「南北市糴《してき》」は、狗邪韓国と一大国との「市糴《してき》」（物々交換などの交易のこと）を、一大国のそれは、対海国と末盧国との交易を表している。この二つの「南北市糴」についても、古田がすでに明らかにしているように、「朝鮮半島と九州との間の交通路の大方向」を表しているから、一大国は対海国の「東南」とする「方角のズレ」は、成立しないことになる。「南北市糴」には、意外にも、重要な要因が隠されていたのである。

これで、「倭人伝」の方位も、正確であることを確認した。唐津港から虹の松原付近へ進み、そこから浜崎を経て、その後は、「北上、東北行」といった「陸行」によって、伊都国へ、そして最後は、邪馬壹国に至ることができるのである。

古田による邪馬壹国の比定

ついに、邪馬壹国の地が明らかにできる地平へ到着した。ここで、各国間の測定が可能となった。測定の出発地点は、唐津港である。ここを基点として、短里に基づいて実地に測定すれば、第二地点（伊都国）及び第三地点（不弥国）が求められることになる。

表4－2　実測による伊都国と不弥国の比定地（一里七五mと九〇mの場合）

末盧国	末盧国―伊都国間五百里	伊都国	伊都国―不弥国間百里	不弥国
唐津港（出発点）	三七・五km	波多江付近（前原―周船寺間）	七・五km	姪浜《めいのはま》付近（生之松原《いきのまつばら》―西新《にしじん》町間）
	四五・〇km	室見川河口付近	九・〇km	博多港付近

これが、古田の実地測定によって明示された第二地点（伊都国）・第三地点（不弥国）である。ただし、氏は「末盧国―伊都国」間の実測値を、どこにも明記していないが、この伊都国比定地から判断して、その実測値が正確であることに、驚きを覚える。

わたしに、この間の距離を実測する能力はない。しかし、ここで参考になる数値が、一つある。JR筑肥《ちくひ》線の営業距離だ。

(1)西唐津駅―前原駅　…　三二・一km
(2)西唐津駅―周船寺《すせんじ》駅　…　四一・一km
(3)西唐津駅―姪浜駅　…　四四・八km

(1)の三二・一kmは別にして、(2)の四一・一km、(3)の四四・八kmは、五〇〇里の短里、三七・五～四五kmの間にピッタリと納まっているのである。ということは、これらの数値は、古田の伊都国比定地が、正しいことを意味していることになる。

伊都国のこの比定から、古田は不弥国については、「現在の博多港・福岡港より、やや西寄りの一帯に存在した」と考えた。不弥国も特定された。邪馬壹国は不弥国に接しているのだから、その地は必然的に、現在の福岡市域を中心とし、博多湾を前にした平野部とその周辺丘陵地一帯となる。

古田は、さらにその地を絞り込んだ。その第一の候補地は、「長垂山《ながたれ》―叶山《かのう》―飯盛山《いいもり》―王丸山―西山」の線を西限とし、「西公園―大濠《おおほり》公園―鴻《こう》ノ巣《す》山―片縄山」を東限とする、室見川流域と周辺山地である。そして、その第二候補地として、那珂《なか》川と御笠《みかさ》川の流域を指定した。長い道程であったが、こうして、ようやく目指す目的地に到着した。

古田による行路記事の解釈について、武光誠氏は、「よくここまで複雑な計算を考えたものだ」（武光『テラスで読む邪馬台国の謎』）と呆《あき》れているが、本当にそうだろうか。

①帯方郡治 ＋ ②狗邪韓国（七〇〇〇里）＋ ③狗邪韓国～対海国（一〇〇〇里＋対海国・半周八〇〇里）＋ ④対海国～一大国（一〇〇〇里＋一大国・半周六〇〇里）＋ ⑤一大国～末盧国（一〇〇〇里）＋ ⑥末盧国～伊都国（五〇〇里）＋ ⑦伊都国～不弥国（一〇〇里）＋ ⑧女王の都する地（〇里）＝一二〇〇〇里

これが、古田の「複雑な計算」に基づく〝主線行路の骨格〟である。複雑どころかきわめて分かりやすい。古田は畿内説・九州説とを問わず、既存の見解が冒《おか》した過ちの一つひとつに対し、『三国志』原文に基づきながら、丁寧に、しかも労をいとわずに、その非を指摘している。

そのような古田の論証を、武光氏は複雑と感じたためか。しかし、その執拗なほどの検証が積み重ねられているからこそ、逆に信頼できるのである。氏の論証の正しいことをさらに証明するために、「周旋五千里」と「投馬国」についても、わたしの見解を補足しておきたい。

「周旋五千里」に隠された秘密

これまでに論じたように、「周旋五千里」とは、「参問」した「倭の地」を、魏使が実際に巡り回った距離が五〇〇〇里という意である。ところで、この五〇〇〇里を、「倭人伝」の行路記事に則して考えれば、「倭の地」は、狗邪韓国から不弥国までということになってしまい、その中心の女王国が排除されることになる。これではまるで、主人公のいない映画や物語と同じで、おかしなことになる。

「周旋」とは、実地にすみずみまで周り巡ることである。『三国志』では、この用語は繰り返し使用されている。古田は『「邪馬台国」はなかった』の中で、「周旋」の使われている章句を四例紹介しているが、ここでは、その二例だけを引用する。

千余人を得、淮《わい》・泗《し》の間を周旋す。〈魏志九・曹仁《そうじん》伝〉

魏の曹仁が千余人の味方を得て、淮水《わいすい》・泗水《しすい》の間を周旋、すなわち暴れ回ったという意味である。淮水・泗水とは中国中部の河川名である。

遂に三郡を周旋し、不服を平討す。〈呉志十・程普《ていふ》伝〉

これは、呉軍の程普《ていふ》たちが遂に三郡（会稽・呉・丹楊《たんよう》）を駆け巡って、服従しない者を、討伐し平定したという内容である（古田の引用では「平討」が「平定」となっているが、誤記のようである）。

「周旋」の用語が「倭人伝」にも使われているのだから、それは具体的には、正始元（二四〇）年、来日した魏の梯儁《ていしゅん》一行の行動が下敷きとなっている。この時、梯儁は実際に「倭王」に会っている。ということは、女王国の中心にも足を踏み入れていることになる。「周旋」は、この時の行為・行動が中心になっていると考えるべきなのである。そうなると、「周旋五千里」は、実は〝公然たる事実〟を伝えていたことになる。

古田が「最終行程0《ゼロ》」で論証していたとおり、不弥国と邪馬壹国とは接していた。倭の地を実際に訪れて調査をすることが、「倭地参問」であり、「周旋五千里」は、その調査結果の一つなのである。「倭地参問」に、倭の地の中心を欠くということはありえないから、「周旋五千里」には、女王国が含まれていて、当然なのである。「周旋五千里」もまた、不弥国は、「邪馬壹国の玄関」であることを証明していたことになる。

九州の北岸に沿う「一線」

末盧国は、一大国から一海を渡ったところにある。逆に、末盧国は一大国の南に、一大国は末盧国の北に位置している。つまり、魏使の寄港したところは末盧国の北岸ということになる。そうすると、「(不弥国の)南、投馬国に至る水行二十日」とあるように、投馬国の起点となっている不弥国もまた、北で海に面していることになる。

末盧国と不弥国の間にある伊都国は、どうか。伊都国から不弥国へは、「東行百里」だから、不弥国から伊都国へは「西行百里」となる。このことは、北で海に面している不弥国の真西七・五〜九・〇㎞のところに、伊都国があることになる。そうすると、伊都国もまた、北で海に面しているか、あるいは北方にある海に近いことになる。この事実は、従来から気づかれないまま、今に至っているけれども、邪馬壹国の所在地を特定する上で、大きく寄与していたのである。

〝末盧国―伊都国―不弥国〟の三カ国は、海に面している。あるいは、その一部は海に近いということは、この三カ国を結ぶ「一線」は、全体として北を向いている。つまり「九州の北岸」に沿っていることを、暗に、しかし〝しっかりと〟示唆していたのである。

末盧国以降、魏使の「周旋」したところが、「九州」内にとどまっていることを確固として示している記事が、「倭人伝」にある。それがこれだ。「女王国の東、海を渡る千余里また国あり。皆倭種なり」。この「千余里」も短里だから、この個所の文意は、女王国の東に海があり、その海を渡った七五〜九〇kmのところにも国があって、やはりそこでも、倭人が生活をしているということになる。

すでに女王国は比定されている。ここでも、JR鹿児島本線の営業距離が参考になる。

博多駅—下関　…　八〇・〇km（新幹線では八六・二km）

この八〇・〇kmは、「千余里」に一致する。中国側は、女王国の所在地を〝島〟、それも、本州とは別の島の中にある国と捉えているのである。女王国が畿内であれば、海に面していないのだから、このような記述は生まれない。この一文だけでも、畿内説は瓦解せざるをえなくなるのである。

「女王国の東、海を渡る千余里」（七五〜九〇km）の数値から、「皆倭種」の国が、本州であることは明らかだ。そうなると、不弥国・投馬国の存在するところは、必然的に九州に限定されてくるのである。投馬国を山陰地方や山陽地方に求めた説もまた、畿内説とともに、ここに確実に崩壊することになる。

不弥国と投馬国の位置関係

不弥国と投馬国とは、「南、投馬国に至る水行二十日」の位置関係で示されている。この記事もまた、邪馬壹国を特定する上で、重要な要素を含んでいた。不弥国がその南で海に面していれば、容易に「南下」はできるが、しかしこれでは、投馬国は、不弥国とは異なる島に存在していなければならなくなる。それなのに、「倭人伝」には両国が、互いに別個の島に存在していたといった表現はない。

そうなると、「南、投馬国に至る」の記事は、どのように解釈すべきか。それも、この記事と矛盾を来たさない解釈が求められる。

　　女王国より以北、その戸数・道里、得て略載すべきも、その余の旁国は遠絶にして、詳《つまび》らかにするを得ず。

この記事の「女王国より以北」（自㆓女王国㆒以北）は、「女王国より北にある国々」と解釈されてきている経過がある。この解釈だと、投馬国は「女王国より以北」の国に含まれないことになる。ところが、北で海に面している不弥国の、「南」にある投馬国については、「官は弥弥といい、副を弥弥那利という。五万余戸ばかり」と、「その戸数・道里」などが、「得て略載」されている。だから、原文に従う以上、投馬国は、「女王国より以北」の国の一つとなる。このように、この解釈も、無視できない問題を含んでいるのである。

この答えも、古田が割り出していた。「自㆓女王国㆒以北」（女王国より以北）とは、「『自（より）』の字の示すように、『女王国以北』の『行路』をさしている。だから、この句を訳せば、『女王国より北の国々』ではなく、『女王国より北の、行路の国々』となるのである」（古田『「邪馬台国」はなかった』）。これが古田の答えである。

ついで古田が述べているように、この行路上の国々とは、まずその一つが「狗邪韓国―邪馬壹国」の「主線行路」上の国々（狗邪韓国―不弥国の六カ国）であり、二つ目が、「主線行路」から外れた、「傍線行路」上の奴国と投馬国の二カ国だ。

投馬国は、不弥国を起点とする傍線行路上の国だ。その地形に沿って、魏使が実地に「水行」して、赴いていたのではない。「南」という方向指示は、実際に「水行」した場合の方角ではなく、頭に描いた〃地図上〟での「直線方向」を表していることになる。

「倭人伝」は、不弥国とその傍線行路の投馬国とは、同一の島の北端と南端の両極にあることを、言外に伝えている。したがって、「南…水行二十日」とは、北端の不弥国を発《た》って、南端の投馬国へ向かうには、どうしても港から出なければならないのだから、まず北へ針路をとり、ついで東周りか、西回りで進み、南下することになる。この両極の位置関係から、不弥国と投馬国は同一の、それも南北に長く伸びた島であることを、現実的に想像できるように、陳寿はその記述において、細かく配慮していたのだ。ただ、従来の学者たちは、陳寿の卓越した表現力に気づかずに、それを読み取れなかっただけなのである。

投馬国はどこか。ここで、「水行一日」で進む距離を、再度確認しておく必要がある。「帯方郡治―邪馬壹国」間の航海に必要な日数は、「水行十日」である。この「水行十日」に対応する里数は、すでに論じたとおり、「四五〇〇里」である。

(1)帯方郡治―郡西南端（郡・韓国国境）　…　一五〇〇里
(2)狗邪韓国―末盧国　…　三〇〇〇里

これが、その内訳である。したがって、「水行一日」で進む距離は、「四五〇里」（三三・八〜四〇・五km）となる。これも、すでに述べたとおりである。

この数値を、不弥国―投馬国間「水行二十日」に適用すれば、「約九〇〇〇里」（六七六〜八一〇km）となる。それも不弥国の南に位置するから、そこは鹿児島県南部、それも鹿児島湾を深く入り込んだ、その深奥部ということになる。これで、「邪馬台国」論争の中心となる根本問題は、すべて解決した。邪馬壹国の所在地は、すでに〝発見〟されている。

第Ⅱ部　邪馬壹国と狗奴国

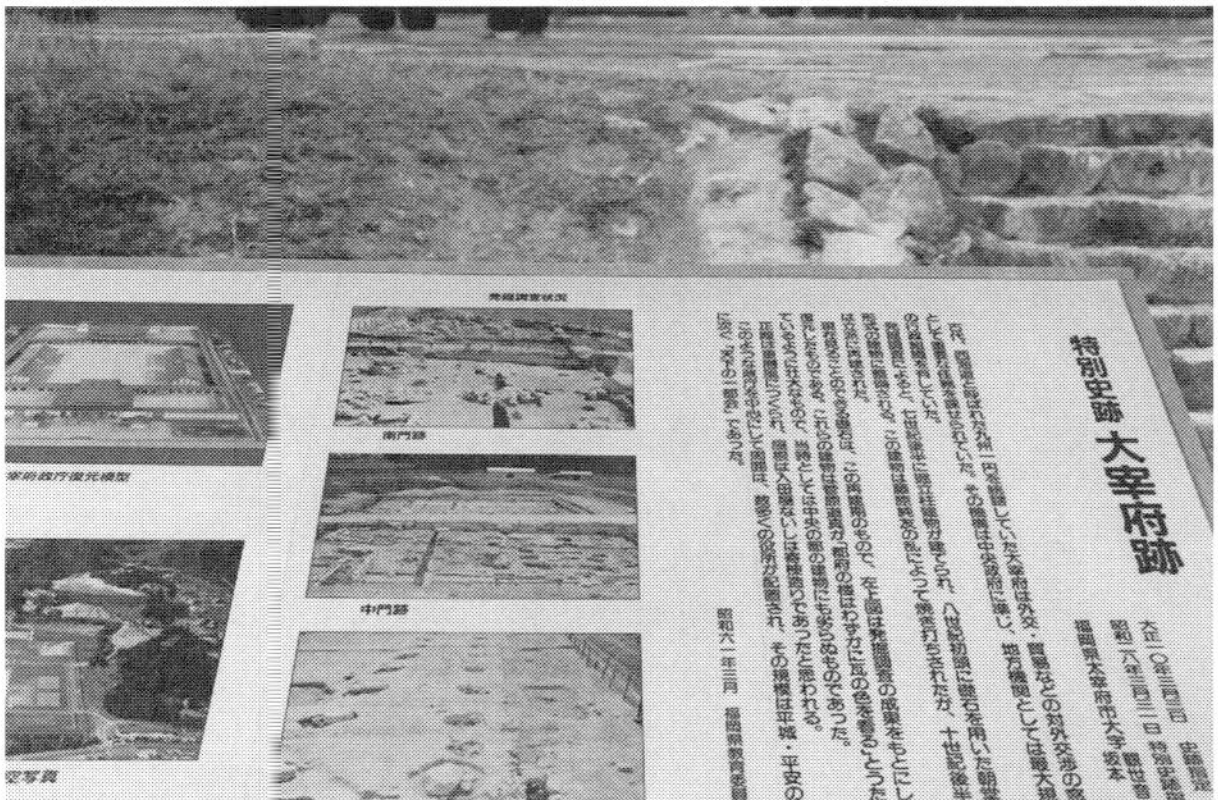

太宰府政庁跡（福岡県太宰府市観世音寺）

第五章　姿を現した邪馬壹国

またしても新たな疑問が

畳み掛けるような論証によって、古田は女王の都した地を、博多湾岸を望む福岡市に見出だした。これで完璧である。一点の非の打ちようも、付け入る隙《すき》もないと確信した。そして、『「邪馬台国」はなかった』を信じて、数年が過ぎた。

ところが、「邪馬台国」論の中心となる所在地の決定は、終わったはずなのに、いくつかの疑問が鎌首をもたげ、断続的にわたしを悩ませるようになった。やがて、この疑問は日を追って膨らみ、とうとう頭の中を占拠するまでになってしまった。

頭の中を占拠した疑問点は、二つあった。

(1)邪馬壹国の使者と魏使は、どうして博多湾への直接入港を回避したのか。

(2)狗奴国は一国だけで、邪馬壹国とその同盟国二九カ国に敵対したという。それほど、この国は強大だったのか。それなのに、その所在地も特定されてはいない。

(1)については、誰でも思う素朴な疑問である。女王国が福岡市であるのに、どうして魏使は、一大国（壱岐）から博多湾に直接入港しなかったのか。この行為は、明らかに博多湾直接入港の回避、ないしは忌避だ。ことに「末盧国—伊都国」間は、「草木茂盛し、行くに前人を見ず」といった「悪路」だ。「草木茂盛」とあるから、季節は秋や冬ではない。少し歩けば汗ばむ初夏の頃か。魏使の「物見遊山」というノー天気な説もあるが、この文面からは、そのような楽天的な気分は伝わっては来ない。

唐津港に入り、そこから「陸行」では、無駄な時間と労力を費やすことになる。それが分かっていても、魏使を引率する邪馬壹国の使者たちは、あえて「陸行」を決行しているのである。古田によって提示された数々の道標は、確かだ。それなのに、なぜ博多湾への直接入港を避けたのか。氏の示した帰結の中で、これは無視できない謎だ。

次の疑問が、(2)だ。狗奴国は、邪馬壹国とその他の国々に対して、本当に一国だけで戦いを挑んだのかどうか。邪馬壹国側は総勢三〇カ国だ。この三〇カ国が、束になってかかっていかなければならないほどの国とは、どんな国なのか。よほど強大な国家でなければ、無謀とも思える戦争を仕掛けられるはずはない。散々苦しんだところで、一条の光が射してきた。わずか一文字によって、局面がガラリと変ってきたのである。

国家総数の激減は事実か

隣国史料は、古代の日本の国数をこのように記している。ここには、無視しえない共通性がある。

1楽浪海中倭人有り、分かれて百余国を為《な》す。歳時を以て来り献見すと云う。〈漢書地理志〉

2倭人は帯方の東南大海の中にあり、山島に依りて国邑をなす。旧百余国、漢の時朝見する者あり、今使訳通ずる所三十国。〈魏志倭人伝〉

「魏志倭人伝」のこの記事は、従来から、時間の推移による国家数の変動記事と捉えられてきた。すなわち、「旧百余国」とは、「もと百余国」のことであり、〝昔は百余国であったが、今は三十国に統合されている〟と、解釈されてきた。

たとえば、中国人学者の謝銘仁氏だ。「その昔、およそ百余りの小国家群があって、漢の時代には、使者をつかわして漢廷に朝見していた。魏朝の今では使者・訳者が彼我を往来し、直接接触によって誼《よしみ》を結んでいる国の数は三十カ国である」（謝銘仁『邪馬台国　中国人はこう読む』）と、氏は解釈した。この解釈に、「漢書地理志」の「分かれて百余国」が下敷きとなっていることは、明らかである。同様の解釈は、謝氏に限ったことではないのである。

班固が『漢書』を著した時代には、倭が一〇〇余国に分かれていたことは事実であろう。しかし、その一〇〇余国が二〇〇年前後には、一挙に三一カ国へと激減する。どのように考えても、「魏志倭人伝」の記す国の総数の減少は、異常ですらある。

ところが、このような解釈に疑問を抱かせる記事が、これだ。

3倭は韓の東南大海の中にあり、山島に依りて居をなす。凡《およ》そ百余国あり。武帝、朝鮮を滅ぼしてより、使駅漢に通ずる者三十許国《ばかりのくに》なり。

〈後漢書倭伝〉

武帝は、前漢第七代の天子である。その在位期間（前一四一～前八七年）は、五四年にも及ぶ。前に述べたように、南朝劉宋の范曄《はんよう》（三九八～四四五）は、陳寿（二三三～二九七）よりも一五〇年余り後世の史家である。しかし、その執筆対象とした時代は、三国時代の前の後漢である。したがって、「使駅漢に通ずる者三十許国」とは、漢代から後漢時代の日本列島の様子を述べた記事と見なさなければ、その直前の記述「武帝、朝鮮を滅ぼしてより」と整合しなくなる。では、この記事はどのように理解すればよいのか。

武帝以前、日本列島には「凡《およ》そ百余国」があったけれども、その時代には、「使駅漢に通ずる者」は〟いなかった〝。しかし、武帝が「朝鮮を滅ぼしてより」、日本と中国との間は〝風通し〞がよくなって、「凡《およ》そ百余国」のうち、駅を次々に利用して、中国を訪れる国が〝三十国ばかり〞になった。それが後漢の今も続いている。舌足らずの表現の感は否めないものの、これが、この文脈の趣旨だ。どう考えても、范曄の歴史認識の誤りなどではない。

だが、中国文献の研究を専門とする学者は違った。『魏志倭人伝　他三篇』（岩波文庫）の編訳者・石原道博は、この記事は、『魏志』によっていることは明らかであるとした上で、「郡（帯方郡）を韓とあらため、『前漢書』地理志・燕地の条を参照し、三国時代のことを後漢時代のこととして『使駅（訳の誤）、漢に通ずる者…』としたのは范曄造作の誤りである」と、手厳しく批判した。

石原は「魏志倭人伝」が正しく、「後漢書倭伝」は著しく改変されていると考えたのである。果して、正しい解釈は、石原をはじめとする世の学者たちか。それともわたしか。

自明のことと考えられてきた「旧」

倭国は、一〇〇余国（漢書地理志）から三一国（魏志倭人伝）へと、一挙に激減したのかどうか。しかし、最も知りたい肝心のことが、曖昧になっている。なぜこのような事態が生まれたのか。その根本原因は、旧字の解釈にある。この文字は『三国志』では頻出するが、「倭人伝」での使用は一度きりだ。それなのに、ここに深く注意を払うことをしなかったばかりか、その意味を自明のごとく一面的・一義的に捉え、「昔」のことと理解して、一向に疑うことをしなかったのである。ところが、これがとんでもない誤訳だった。

「旧」には、大別して二とおりの意味がある。

(1)古くにその事実が発生したものの、

①今日では、それがほとんど使われなくなっている状態・状況

②その事実が跡形もなく、消滅した状態
(2)古くにその事実が生まれ、それが現在もなお存続している状態・状況

一例として、(1)—①は學（学）、權（権）、驗（験）などの旧漢字、「てふてふ」（ちょうちょう）のような旧かなづかい、あるいは、火吹き竹・火鉢・タライなどの家財道具を上げることができる。(1)—②の事例については、おびただしい数に登る。今、問題にしている邪馬壹国や狗奴国がそうだ。歴史事実の大半がこれに属す。

これに対して、(2)の例では、「旧人」（昔なじみの人、旧知の仲）、「旧友」（昔からの友だち）、「旧交」（昔から続いている親しい交際）、「旧山」（ふるさと、故郷）、「旧家」（昔から続いている家）、「旧作」（以前に作った作品）、「旧態」（物事の、昔の古いままの状態。旧態依然）、「旧聞」（昔から聞き伝えられてきた話）といった言語が、これに相当する。

「昔」「過去」は(1)に属し、「古いこと」は、(2)の場合を指している。このように分かりきったことを、ここで改まって、なぜ執拗に説明したのか。それはほかでもない。実はこれまで、一度として顧みられることのなかった「旧」は、歴史の真実を解き明かす鍵を、その内に秘めていたからである。

『三国志』中の「旧」は、すべて(1)のみであって、(2)の場合がなければ、「倭人伝」に使用されている「旧」の意味も、当然(1)ということになる。本当に(1)のみであって、(2)はないのか。そこで、古田の手法に倣《なら》って、『三国志』の中の旧字を調べてみた。

ただし、その傾向が確認できればよいのだから、すべてを抽出する必要はない。それにこれは、標本点数の示す数値によって、その傾向を推測する統計学上の処理には馴染まない問題でもある。つまり、(1)の意味が圧倒的に多いから、「倭人伝」の旧字も、そうだという決め手にはなりえないのである。

意外な事実が…

そこでまず、旧字の抽出範囲を、「魏志・武帝紀」から「后妃紀」に限定し、陳寿がこの文字をどのように使っているのか。それを確認してみた。それは一五例あった。これだけあれば、それぞれの旧字の意味も判別できるはずである。

1軍事に及ばず、但、京都の旧故《きゅうこ》を説く。手を拊《ふ》して歓笑す。

不レ及二軍事一、但説二京都旧故一拊レ手歓笑。　〈魏志一・武帝紀〉

馬超《ばちょう》・楊秋《ようしゅう》らは、曹操に反乱を起こす。韓遂《かんすい》はその仲間の一人だが、曹操は韓遂とは旧知の仲であった。そこで、曹操は韓遂と会見をする。この時二人は、馬を交えて、しばらく語り合ったが、戦いのことには触れないで、京都での昔の交流などを語り、手を打って笑い、楽しんだという場面の描写である。したがって「京都旧故」とは、〝京でのかつての付き合い〟の意であり、今に連続していないことを表している。

2我が京畿を造り、官を設けて祀《し》を兆《きざ》し、旧物を失わず…。

造二我京畿一、設レ官兆レ祀、不レ失二旧物一…。　〈魏志一・武帝紀〉

わが首都を造営し、官職を設けて、祀を兆し（祭を復興し）、「旧物」（旧くから伝えられてきた制度・文化）を失うことなく… の意である。

3旧徳・前功、咸《みな》秩とせざるなし。

旧徳前功、罔レ不二咸秩一。　〈魏志一・武帝紀〉

曹操は旧来からの徳（人徳）、かつての功績を、それにふさわしいように、すべてしかるべく処遇した。陳寿は、「旧」と「前」とを明確に使い分けている。ここの「旧」は〝今に至る古き徳〟、「前」とは〝かつて、昔の功〟の意である。

4旧列侯、関内侯と凡《およ》そ六等、以て軍功を賞す。

与二旧列侯、関内侯一凡六等、以賞二軍功一。　〈魏志一・武帝紀〉

領地も官職もない、ただ名称のみの名号侯《めいごうこう》から、五大夫に至るまでの爵位を設置して、これに〝旧来の〟列侯、関内侯とを合わせて六等級とし、それによって戦功を評価し、褒美を与えたという意である。

5旧悪を念《おも》わず。

不レ念二旧悪一。　〈魏志一・武帝紀〉

曹操は各人の持つ才能を利用し、才能のある者に官職を授けた。過去に犯した悪事には眼をつぶったという一節である。この「旧」はかつて、以前の意である。

6天下大乱に遭い、百祀《ひゃくし》堕壊《だかい》す（数知れぬ廟社が崩壊した）。（孔子の）旧居の廟毀《やぶ》れしも、修めず。

遭二天下大乱一、百祀堕壊、旧居之廟毀、而不レ修。　〈魏志二・文帝紀〉

「旧居」とは孔子がかつて住んでいて、今もある住居の中の廟（みたまや）の意である。

7魯郡《ろぐん》をして、旧廟《きゅうびょう》を修起《しゅうき》せしむ。

令下魯郡一、修中起旧廟上。　〈魏志二・文帝紀〉

これは、その古くなった廟を、魯郡に修復させたという一文である。

8公、先帝の旧処を以ちて、避け、西廂《せいそう》に止《とど》まる。

公、以二先帝旧処一避、止二西廂一。〈魏志四・三少帝紀〉

文帝・丕《ひ》の孫・高貴郷《こうききょう》（諱《いみな》は髦《ぼう》）は、天子として不適切とされた斉王・芳《ほう》の後を継ぐことになる。その即位式のために、高貴郷が玄武館に赴いてきたところ、群臣は前殿に宿泊するよう要請をした。しかし、高貴郷は、前殿が先帝（明帝）の旧処であることから、そこを避けて、西廂（かたわらの建物）に泊ったという逸話である。「旧処」が、明帝の時から今に至るまで現存する前殿の意であることは、明らかである。

9左右曰はく、「旧より輿《くるま》に乗りて入る」と。

左右曰「旧乗レ輿入」。〈魏志四・三少帝紀〉

即位式当日の高貴郷は、西掖門《せいえきもん》の前で輿から降りて、式場へ歩いて行く。これはその当時の場面である。「左右」（側近の者）が高貴郷に伝えた。「天子は昔から西掖門は輿に乗ったまま入ったものです」と。しかし、まだ天子になっていないことを理由に、高貴郷は輿から降りたのである。これは、謙虚な高貴郷の性格・人柄を表す逸話とも言える。

10その戦いに力《つと》め、死事し者は皆旧科の如くす。

其力レ戦、死事者皆如二旧科一。〈魏志四・三少帝紀〉

科とは「等級」「序列」。死事とは戦死。旧科とは、〝古くから定まっている序列〟のことである。

11「…昔、相国《しょうこく》、大司馬征討す。皆、尚書《しょうしょ》と行《こう》を倶《とも》にす。今宜《よろ》しく旧《もと》の如くす」。

「…昔、相国、大司馬征討。皆与二尚書一倶レ行。今宜如レ旧」。〈魏志四・三少帝紀〉

相国（政治上の天子の補佐官）、大司馬（軍事の最高位）・尚書（政治の重要な職務を担当する役人）は官職名である。大将軍（司馬昭＝文王）が征討する。そこで〝旧来のしきたり〟に倣い、散騎常侍の裴秀《はいしゅう》と給事黄門侍郎の鍾会《しょうかい》は、「尚書」（大将軍）と行動をともにした。これが、この一文の内容である。

12臣等、平議す。以て燕王の章表の為すを、聴《ゆる》して旧式の如《ごと》くすべしと。

臣等平議。以為二燕王章表一、可三聴如二旧式一。　〈魏志四・三少帝紀〉

驚くことに、燕王（曹操の三男・曹宇《そうう》）が、わが子である帝（曹奐《そうかん》）に臣と称した。「いにしえの王者には臣下の扱いをしない人物も存在」した実例があるので、燕王の実の息子である帝は、実父が臣と称するのが適切なのかどうか。その検討を命じた。その結果がこれである。「旧式」とは、〝古くから今に続くしきたり〟の意である。

13王子、王女、王孫、爵命の号は旧儀《きゅうぎ》の如くす。

王子、王女、王孫、爵命之号如二旧儀一。　〈魏志四・三少帝紀〉

「旧儀」とは、〝古くから続いているしきたり〟をいう。王子・王女あるいは王孫が、領地と官職を与えられた時の名称は、古くからのしきたりに従うという意である。

14魏は漢法に因りて、母后の号は皆旧制の如くす。

魏因二漢法一、母后之号皆如二旧制一。　〈魏志五・后妃紀〉

「旧制」とは、〝もとからある制度〟の意である。

15后の旧陵の痺下なるを以ちて … 。

以二后旧陵痺下《ひか》一 … 。〈魏志五・后妃紀〉

后とは明帝の母で甄《しん》后のことである。甄后の〝旧い御陵〟は痺下（低地）にあるために、明帝が甄《しん》后の親族である甄像《しんぞう》を使って、朝陽陵に改葬したという記事である。

わずか一五例に過ぎないが、この中で、その事実が跡形もなく消滅した状態(1)―①を示す旧字は、1と5の二例のみで、それ以外の一三例は、〝古くからあって、それが今もなお存続していること〟を示している。

「烏丸鮮卑東夷伝」の中の旧字は

ここでさらに範囲を広げ、「烏丸鮮卑《うがんせんぴ》東夷伝」（魏志三十）についても調べてみた。この中で、旧字を含む章句は四例のみである。

16広甯《こうねい》を治《おさ》るに、旧《もと》の如くす。

治二広甯一、如レ旧。

烏丸校尉《うがんこうい》の閻柔《えんじゅう》は、曹操の河北平定を機に、烏丸・鮮卑を引き連れて帰順してきた。そこで曹操は、引き続き閻柔に広甯を統治させた。この「旧」とは、帰順以前の統治形態のことである。

17旧夫余の俗《ぞく》は、水旱《すいかん》にして、（天候は）不調。五穀熟せずば … 。

旧夫余俗、水旱不調。五穀不レ熟 … 。

俗とは、風俗習慣、慣例といった意のことであり、水旱とは水害・干ばつのことである。古くから今に至る夫余の慣例では、天候が不順で、農作物が不作になった時は、その責めを王に求め、退位すべきだとか、殺害すべきだといった意見が起こるのが、常であったという記事の一節である。

18東夷の旧語の以て、（高句麗を）夫余の別種と為すに、言語・諸事は多く夫余と同じくするも、その性気・衣服に異有り。

東夷旧語以為二夫余別種一、言語諸事多与二夫余一同、其性気衣服有レ異。

「東夷の旧語」とは、高句麗についての、古くから東夷に伝わる伝承のことである。高句麗は夫余の別種であるだけに、多くのことで以通っているが、気質と衣服だけは異なっている。これが「東夷の旧語」の内容である。

19その耆老の旧《ふる》くより自ら謂う。句麗と同種と。

其耆老旧自謂、与二句麗一同種。

「その耆老」とは、濊《わい》の老人のことである。したがって、この「旧」とは、〝濊の古くからの言い伝え〟となる。

「烏丸鮮卑東夷伝」四例中、〝その事実が跡形もなく消滅した状態〟の「旧」は、ゼロである。一九の用例中、「昔、過去、かつて」を示す用例は、一例のみである。これで、〝古い事実が今もなお存続している状態〟を表す用例が、圧倒的に多いことが改めて判明した。

この顕著な傾向は、「魏志倭人伝」の旧字にも、当然再検討を迫ることになる。日本だけでなく、中国の学者たちも見落とした旧字ではあるが、その示している意味は、ことのほか重いようだ。

一文字の重み

「漢書地理志」「魏志倭人伝」と「後漢書倭伝」の三史書の完成年次は、どうか。『漢書』の完成は七八年、『三国志』は二八〇～二九〇年、『後漢書』は四二六年頃となっている。

この中で、最も遅くに完成した歴史書が、『後漢書』である。その『後漢書』の視点は、五世紀に置かれている。范曄は「魏志倭人伝」を引用しつつも、自らの生きた五世紀の視点から、倭国の状況を詳述していたのである。

「漢書地理志」と「魏志倭人伝」の、それぞれの記す「百余国」は、表現こそ異なるものの、同じ歴史事実を述べていたことになる。つまり、「後漢書倭伝」は「漢書地理志」と「魏志倭人伝」の、ともに正しいことを証明していたのである。

この記事において、陳寿の意図したところが、ようやく見えてきた。「魏志倭人伝」の「旧百余国」とは、〝旧《もと》からある百余国〟の意であって、三世紀における日本列島の総数を述べていたのである。そうなると、「今使訳通ずる所三十国」の示すところは、〝旧《もと》からある百余国〟の中で、魏と「使訳通ずる国」は、わずか「三十国」に過ぎなかったことになる。これを逆に言えば、七〇余国は、魏と「使訳通ざざる国」ということになる。

邪馬壹国は、日本を代表する大国ではなかった。旧字から得られる帰結は、いやでもこうなる。この視点から、改めて「魏志倭人伝」を考えれば、それは歴然とする。陳寿は、「百余国」が「三十国」へ〝統合〟した趣旨のことは、どこにも記してはいない。旧字を読み誤った学者たちが、勝手に、このように解釈してきただけなのである。

これで従来の「学説」が一挙にひっくり返ってしまったのだから、わずか一文字ではあっても、旧字の重みは絶大である。これまでの「邪馬台国」研究は、出発時点でいきなり旧字という一文字に躓《つまず》き、こけていた。その後も、依然としてこけたままである。いつまでもこの状態に気づかないのだから、不幸である。わたしが文献を通して知る中国人学者も、例外ではない。畿内説・九州説を問わず、一人の例外もなく、旧字を読み誤っていた。

わたしには古代の謎を解く上で、鉄則が二つある。一つは「原文尊重」である。これは、古田の文献を通じて、徹底して学んだ。もう一つが、渺《びょう》たる存在に見える一文字といえども、決しておろそかにしないことである。この鉄則を頑固に守り通したから、古代のいくつかの謎が解けたものと確信している。

不弥国を問い直す

古田は、邪馬壹国を福岡市のほぼ全域に比定した。氏の論証から、不弥国と邪馬壹国が筑紫にあることは、一〇〇％確実である。ところが、旧字を通して、これまで見えていなかった真実が見えてきた。当時の大国は邪馬壹国ではなくて、狗奴国の方だった。邪馬壹国は、絶えず狗奴国に圧倒されていたのである。従来の解釈は、多少の皮肉を込めて言えば、猫を虎と見誤っていたということになる。

古田の比定した不弥国は、博多港（博多区）から姪浜（西区）までの、東西に長く伸びる一帯であった。これは〝面〟というよりも、むしろ〝線〟に近い。この比定だと、国としては、極めて狭いということだけではない。さらに看過できないことは、海から狗奴国に攻撃されれば、ひとたまりもないということである。いわば〝危険地帯〟だ。古田の比定した「不弥国」の領域を除く福岡市域についても、やはり〝危険地帯〟であることに変わりはない。

それはすでに、伊邪那岐《いざなぎ》を失った筑紫のその後が、物語っている。伊邪那岐は筑紫の中心的存在であった。伊邪那岐生存中は、吉武高木を拠点に、スサノオ率いる伯耆・出雲軍の猛攻を、どうにか防いでいた。しかし、伊邪那岐没後、スサノオ軍の猛攻に耐えきれず、天照《あまてる》が「高天原《たかあまがはら》」（壱岐）へ避難したことで、それが分かる。その状況を『記紀』が、辛うじて書き残していた。

室見川という天然の掘割があっても、結局、筑紫軍は持ちこたえられなかったという歴史がある。いわゆる「神話時代」のことだ。この前史が証明しているように、「国防」という至上命題からすれば、福岡市域は女王国としては、まるで適していないのである。

古田が立っていた福岡市域。そこは女王国の奥座敷ではなく、実は玄関なのである。『三国志』のみならず、『漢書』など、中国の文献を幅広く渉猟して構築された氏の方法は、他の追随を許さないほど、卓越していた。鶏群の一鶴と評してもいい。

その古田にしても、女王の都した地に、いまだ足を踏み入れたことはなかったのである。とは言っても、それはあくまでも、「魏志倭人伝」という文献解釈上のことであって、実際には、氏がそこへ足を運んだのは、一度や二度ではないはずである。

邪馬壹国の所在地を解く鍵は、不弥国をどこに求めるか。これに尽きる。不弥国の領域が特定できれば、おのずと邪馬壹国の所在地も特定できることになる。その手掛りは、記紀神話に隠されていた。この手掛りの発見は、いつまでも記紀神話造作説にもたれかかっている間は、まず不可能なことであった。

筑紫の大王・伊邪那岐の埋葬された地は、「淡海《あふみ》の多賀《たか》」（古事記）、「淡路《あふみ》の州《くに》」（神代紀・第六段本文）である。そこは、現在の福岡市西区の吉武高木《よしたけたかぎ》だ。「多賀《たか》」はキの省略地名である。やがて、伊邪那岐の葬られた地名は、なおざりにできないほどの価値を持っていたことに気づいた。

「淡海の多賀」「淡路の州」は、ともに古代、福岡市は「アフミのクニ」だったことを伝えていた。これは、当時の博多湾も、「淡海《あふみ》」と呼ばれていたことの証しである。吉武高木の地が「淡海《あふみ》」（博多湾）に面していたから、その高台が「淡海の多賀」、そしてその国が「淡路の州」と、それぞれ呼ばれていたのである。

「アフミ」　　第1巻（第Ⅱ部第六章）で論じたように、「淡海」には二面性があった。ところがその後、

と「フミ」　　「フ」も蛇の古語であることが、おぼろげながら見えてきた。それを、あえて漢字で示せば、

「蝮《ふく》」（マムシの意）となる。

「フ」の意味が判明したことから、「アフミ」にも再考を迫られることとなった。より適切な表記は、このようになる。

(1)海の名称　…〝阿浦海〟(大きな浦のある海)→〝阿蝮海〟(修正後)
(2)地上の名称　…〝阿皐曲〟(曲がりくねった丘の地)→〝阿蝮曲〟(修正後)

〝阿蝮海〟とは、大蛇の泳ぐ海のこととなる。これは、美保湾と中海の間に横たわる「夜見の島」(現夜見ヶ島半島)を、大蛇に見立てた地名か。この解釈であれば、博多湾にも通用する。ここにも、蛇の島である能古島《のこのしま》が浮かんでいる。もっとも、能古島はいくぶん肥満体の大蛇ではあるが…。これで、「アフミ」(阿蝮海)は解決した。

この解釈は、陸の地形を示すもう一つの「アフミ」にも、当てはまる。大蛇のように、丘陵・山塊の縦横に走る地形に、その起源を求めることができる。先に示した〝阿蝮曲〟が、それだ。

つまり、〝阿蝮海〟と〝阿蝮曲〟とは、古代にあっては、同音異義語ならぬ同音異地名であったようである。この事実から、次のことが考えられる。

(1)「アフミ」を、中国側がア音を欠落させて、「フミ」と音訳した。
(2)魏使の訪れた三世紀には、「アフミ」から「フミ」へと地名音が変化していた。

(1)については、どうか。「末盧国」「伊都国」「邪馬壹国」、そして「その余の旁国」の示しているように、中国には日本の地名を、できるだけ正確に音訳している姿勢がうかがえる。したがって断言はできないが、ア音を欠落させたということは、想定しがたいようである。

(2)の場合は、歴史的に考えられる。その先例があるためだ。そこは、中海・美保湾に面した米子市北部だ。ここには、かつて「布美庄《ふみのしょう》」(現車尾《くずも》・観音寺・長砂町・宗像・兼久《かねひさ》・福市《ふくいち》にかけての地域)という地名が、存在していた。

この「布美庄」については、①荘園の発生と同時に生まれた地名。②すでに「布美」と呼ばれていたので、その地名をそのまま使って荘園名としたという、二つの仮説が考えられる。

夜見ケ浜半島が現在のような姿ではなく、大小の島々が浮んでいる状態にあった古代にあっては、中海と美保湾は一つの海を形成し、それは「安不美《あふみ》」と呼ばれていた。ここで注目すべき点は、「布美庄《ふみのしょう》」が「淡海」沿岸に存在していた事実だ。「布美」の地名起源は不明だが、その地形上の位置と類似の地名音から、「淡海」と関係があると見なすことができる。むしろ、そのように捉えるべきかと思われる。

「布美庄」の領域中には、いくつかの山塊が存在する。中海に面した湊山《みなとやま》山塊、勝田《かんだ》神社（勝田《かんだ》町）一帯の小丘陵地（ただし、今ではほとんど開削されてなくなっている）、そして福市・青木丘陵などである。このように複雑に蛇行した地形から、フミのフは、蛇を表していると考えられる。ミは地名接尾語である。

①北見（北海道）、②氷見《ひみ》（富山県）、③熱海・相模《さがみ》（神奈川県）、④渥美《あつみ》（愛知県）、⑤和泉《いずみ》（大阪府）、⑥伊丹《たみ》・香住《かすみ》（兵庫県）、⑦久美浜《くみはま》・網野《あみの》（京都府）、⑧岩美（鳥取県）、⑨津久見・国見（大分県）、⑩出水《いずみ》（鹿児島県）

第1巻（第Ⅱ部第六章）で示したこれらの地名は、すべて海に近いという共通性がある。この共通性から外れる地名が、内陸部に位置する多治見（岐阜県）であり、安曇《あずみ》（長野県）であり、加美《かみ》（宮城・兵庫県）である。

曲・廻・回と表記されるミは、「山や川や海が入り込み曲がっている所」（北原編『全解古語例解辞典』）なのだから、多治見・安曇・加美のミとは、山塊・丘陵地によって生じたミである。これは宇美町（糟屋郡）にも当てはまる。宇美は「海」とは無縁、これらと同類の地名なのである。

それではどうして、「アフミ」から「フミ」への音韻上の変化が起こったのか。この問いに的確に答えることは難しい。それでも、一つだけ考えられることがある。海も陸も、その地名音が同じ「アフミ」では、実生活上、紛らわしくて不便である。そのために「アフミ」に対して、「フミ」の地名が生まれたのではないか。これと同じことが、博多湾岸でも起こっていた。これが考えられる答えの一つである。

「淡海《あふみ》の多賀《たか》」、「淡路《あふみ》の州《くに》」と呼ばれていた西区の吉武高木は、不弥国の領域内だった。福岡市域が不弥国であれば、邪馬壹国はおのずと決まってくる。目指す女王国は、福岡市域に接して存在していることになる。

「女王の都するところ」

真実が扉を叩く。その音はいつも静かだ。気がついたら解けていた。そんな感じだ。〝出雲国の東南にあった宮〟（南部町馬場）、オロチの君臨した〝占領国軍総司令部〟の地（米子市岡）、ついで、スサノオの造営した「須賀宮《おかのみや》」（松江市大草町）を探し当てた時も、そして今度も。真実はいつも向こうから、静かにやってくる。

「倭人伝」正始元年（二四〇）の記事に、「倭国に詣《いた》り、……倭王に拝仮《はいか》」したとあるように、「女王の都するところ」とは、漠然とこの辺りが当該個所だといった、広域を示す概念ではない。魏使の目的は、まさにこの一点に到達することにある。そうなると、その一点とはどこか。

古田の示した数々の道標によって、わたしたちはすでに福岡市域へ辿り着いていた。しかし、そこは邪馬壹国ではなくて、不弥国だった。『「邪馬台国」はなかった』から一三年後の一九八四（昭和五九）年一一月、古田はこのようにも述べている。


……考古学上の出土物が圧倒的に集中するところ、それは、志賀島から朝倉までの線上、そのゴールデン・ベルトの上にある。もっとちぢめれば、春日市を中心として、博多駅から太宰府までの間にある。

そこは日本列島の弥生遺跡の最密集地域だ。だからこの線上に、女王の宮室の存在した可能性、それははなはだ大きい。

〈古田『古代は輝いていたⅠ』〉

しかし、福岡市の南、弥生の墳墓群・「須玖岡本《すぐおかもと》遺跡」のある春日市も、目指す目的地ではない。丘陵地帯が広がっているとはいえ、春日市もその地形から判断して、敵国の攻撃を防ぐことは不可能だ。春日市も、不弥国の主要な一部ということになる。それでは、目指す地とはどこか。そこは、大国主の都のあった南部町馬場と違って、日本国民にとっては、著名な地である。

二つの視点の先が一点で交わる

「BC三八〇〜BC二二〇年」。これは、水城《みずき》の中から出土した杭の測定値である。とんでもない測定値である。この測定値は、何を示しているのか。断続的に考え続けた。出張のため、和歌山市内のホテルの一室に泊まっていたこの日の夜、ベッドの上に仰向けにひっくり返って、しばらくこの数値を考えていた。突然、わたしの頭の中を閃光が走った。連立方程式が解けた一瞬だった。

①水城から出土した杭の測定値「BC三八〇〜BC二二〇年」
②「不弥国 … 。南、邪馬壹国」（魏志倭人伝）

これが、その連立方程式である。では、その交点（答え）とは … 。「太宰府政庁跡」である。一九九八（平成一〇）年六月一九日は、わたしにとっては、〝「邪馬台国」問題解決記念日〟となった。

「BC三八〇〜BC二二〇年」の数値は、水城の築造時期を示している。その築造主体は、いうまでもなく邪馬壹国である。水城とは、北から攻撃をしてくる敵に対する砦である。そうなると、邪馬壹国―「女王の都するところ」は、水城の前（北部）ではなくて、背後（南部）に存在していなければならない。「太宰府政庁跡」こそ、卑弥呼の都した邪馬壹国の心臓部であり、日本国民が、その発見を渇望していた地である。

ここから、新しい事実が見えてきた。「笠狭之碕《かさのさき》」──「太宰府政庁跡」に拠点を構えたニニギの、次に起こした行動が、水城の築造であった。「BC三八〇～BC二二〇年」の数値は、その築造時期を示していたのである。

太宰府政庁跡は日本でも有名な地であるのに、いつ訪れても人影はなく、ガランとしている。私鉄の太宰府駅から吐きだされた人々は、「太宰府政庁跡」のある左ではなく、例外なく右へ曲がる。学問の神である菅原道真を祭る太宰府天満宮に、参拝するためだ。勉強嫌いのわたしと違って、日本人は「学問」が好きなのである。

わたしがこの地を初めて訪れた時期は、曇天でしかも肌寒い一九八九（平成元）年一一月、それも終わりに近い日だった。折からの悪天候によって、中央に三柱の石碑が建っているだけの、だだっ広い空間は、より閑散とした雰囲気に包まれていた。その中を、〝枯れ草や　つはものどもが　夢の跡〟……、などと、名作を勝手に改変しながら、隅から隅まで歩き回った。その間、このだだっ広い空間には、わたし一人。一人で、この著名な地を占有していたことになる。贅沢《ぜいたく》な行為ではある。「国鉄・太宰府線」も、まだ〝健在〟だった時代のことである。

当時のわたしには、ここが邪馬壹国の中心地だとの認識は、まるでなかった。太宰府政庁跡は、古田の力説する「九州王朝」の地にほかならない。それが、どのような土地柄なのか。一度、この地をわが眼で確認しておきたい。これが、太宰府政庁跡を訪れた動機だった。

しかし、この探訪は無駄ではなかった。現地を実際に歩き回って、確認する。この行為がやがて生きてきた。太宰府政庁跡の第一印象が、〝三方を山に囲まれた都〟だった。この第一印象は、邪馬壹国の都発見だけではなく、大国主が都とした南部町馬場の発見にも、大いに役立ったことは言うまでもない。

第六章　巨大なる物証——水城の論理

邪馬壹国の都は、「太宰府政庁跡」に実在していた。これが事実であることを示す「物証」が、これである。

「大夫」の論理

(1)「大夫《たいふ》」の名称
(2)ニニギの最終目的地「笠狭《かさ》の碕」
(3)〝巨大なる物的証拠〟の存在

(1)の名称は、『日本書紀』「魏志倭人伝」のいずれにも記されている。その「大夫」という名称が、「太宰府政庁跡」の一点で交わっていたのである。(2)の「笠狭の碕」については、前の本で、すでに「太宰府政庁跡」であることを突き止め、論証している。「太宰府政庁跡」に到着したニニギが自ら陣頭に立ち、指揮をした事業とは。それを明らかにしている物証が、(3)である。

いずれも、邪馬壹国が筑紫に存在し、その中心地が「太宰府政庁跡」であったことを証明する根拠となっている。これから、この三項目について詳述していくことになる。

邪馬壹国の所在地は太宰府とまでは言えないが、少なくとも、筑紫にあったということを補強する材料がある。それが、「大夫」という称号である。

1古より以来、その使《つかい》中国に詣《いた》るや、皆自ら大夫と称す。
2倭の大夫掖邪狗《えきやこ》
3汝の大夫難升米《なんしょうまい》
4使大夫伊声耆《いせいき》・掖邪狗
5壹与、倭の大夫率善中郎将《そつぜんちゅうろうじょう》・掖邪狗等二十人を遣わし……。
6……武甕槌神《たけしおおつちのかみ》有《ま》す。此の神進みて曰《まう》さく、「豈唯経津主神《あにただふつぬしのかみ》のみ大夫《ますらを》にして、吾は大夫にあらずや」とまうす。

1～5は、すべて「魏志倭人伝」に記載されている記事である。この中で、異色の称号が、5の「率善中郎将」である。だが、この記事の前に、「掖邪狗等、率善中郎将の印綬を壹拝す」とあるから、「率善中郎将」は、中国から授けられた称号である。邪馬壹国による称号はあくまでも、「大夫」である。

6は「倭人伝」ではなく、『日本書紀』（神代紀・第九段本文）の記事である。武甕槌が経津主《ふつぬし》に代わって、自ら死地に赴く「国譲り神話」の場面の描写であった。「猛し大蛇《おおつち》」を表す武甕槌（『記』の建御雷は猛《たけ》き怒《いか》蛇《づち》）は、天照の側近、つまり筑紫の武将であった。

筑紫では、いわゆる紀元前の昔から、権力の中枢を担っていた人物の「官職名」が、「大夫」であったようだ。天照の有力な部下は「大夫」であり、天照を遥かに下った邪馬壹国の女王・卑弥呼の時代に至っても、その有力な部下は、やはり「大夫」であった。ここでも、記紀神話と「魏志倭人伝」とが、時間を超えて、ピタリと重なったようである。

「大夫」という称号は、邪馬壹国が、筑紫に存在したことの根拠の一つとなりうる。しかし、これから示す物的証拠に比べれば、これはささやかな根拠でしかなく、その導入部に過ぎないと言える。

「邪馬台国」の所在地については、今後考古学上の遺跡・遺物など、よほどの物的証拠が発見されないかぎり、分かりようもないといった松本清張の悲観的な見方もあるが、そのようなことはない。すでに現地には、邪馬壹国の都＝太宰府を証明する〝巨大な物証〟が存在しているのである。

その物証は、いわゆる「天皇陵」のように、柵で物々しく囲われ、立ち入り禁止とはなっていないから、現地へ行けば、誰でも自らの足で、直接確認することもできる。ところが、その巨大な物証の前には、この遺跡の本来の姿を消すために、古くに、しかも〝権威ある虚偽の説明板〟が立てられている。このために、真実が見えなくなって、今に至っているのである。

〝小山脈〟を築く

ニニギ率いる軍隊は、事前に、かつ周到に練られた計画に従って、行動を起こす。まず、高祖山《たかすやま》の西から日向峠《ひなたとうげ》を越え、吉武高木を横目に、そこから、「神代紀」（第九段本文）の明記する「吾田長屋」（和田の日佐《おさ》の奥…福岡市南区）を経て、最終目的地である「笠《かさ》の先」（笠の前・入口付近）へ到着していた。

「カサ」（現都府楼跡・太宰府政庁跡）の地の最大の特徴は、北の福岡平野と南の筑紫平野を結ぶ頸部《けいぶ》状の地形となっていることにある。この地は、北西に聳える大野山（別名四王寺山《しおうじやま》、標高四一〇m）と、南西に広がる牛頸山《うしくびやま》（標高四四八m）丘陵に挟まれている。

「降臨」の最終目的地・「カサ」に辿り着いたニニギ軍にとっては、ここからが正念場だった。伯耆・出雲軍は、確実に北から攻めてくる。博多湾岸とその周辺の沿岸部では、その猛攻は到底防ぎ切れない。防衛上、最も適した地。それが「カサ」だ。そこは三方を山に囲まれていて、自然の要害を形成する格好の地形となっている。そのために、ニニギ軍は、内陸部の「カサ」へと退いていたのである。

ニニギの行動の第二段階が、この地に砦を築くことだった。長い辛苦の末に、ようやく故国を奪回したニニギ・筑紫勢力にとって、以後は「防衛」が至上命題となる。しかし、それは一刻を争う問題であるだけに、必死だった。死に物狂い、わき目も振らず、一心不乱、昼夜兼行、老若男女を問わず。これで十分か。いやまだ足りない。子どもも使って、敵の襲撃に怯えながら、国民総出で、来る日も来る日も掘り続けた。土を掘っては、その残土を土塁として、南側の平地に盛り上げ、突き固めていったのである。一石二鳥の現実的妙案である。

ＪＲ博多駅から、鹿児島本線を南下する。大野城駅を過ぎてしばらくすると、車窓の両側から〝小山脈〟が近づいてくる。それが「水城《みずき》」だ。特急や快速電車ではなく、各駅停車の鈍行であれば、必ず眼にすることができる。「カサ」の地で、ニニギたちがいち早く着手した事業が、水城の築造である。

水城は太宰府政庁跡の西北、約二kmのところに位置する。全長は一・二km（御笠川東側の延長は三二〇m、西側の延長は七〇〇余m）、基底部の幅員は八〇mで、高さは一三mもあるから、やはり〝小山脈〟と呼ぶにふさわしい。

水城の特徴は、これだけではない。水城とは、〝水による砦〟の意である。すでに博多湾側（北側）に、堀の遺構の一部が検出されていることから、水城が、堀を有する砦であることが確認されている。ただし、誰が、いつ築いたのか。外敵はどこかといった肝心のことは、一切明らかにされてはいない。

その堀の規模は、ほぼ想定できる。水深は一三m、幅は八〇mであろう。なにしろ〝小山脈〟になるほどの盛土である。単純計算をすれば、土を掘ったところは、〝小山脈〟とはほぼ逆の形になる。その幅は広く、しかも相当に深い堀であったことになる。

さらに注目すべき点が、二つある。それは、防衛上の観点からの設計になっていることである。一つは、この砦の底部には、いくつかの木樋が埋設されていた事実だ。つまり、内側が水浸しにならないための排水装置なのである。敵の攻撃に対して、迅速に行動できることが、その目的である。

もう一つは、この〝小山脈〟の外面（北側）は、急斜面となっていて、敵の侵入がより困難になっていることである。これに反し、その内側（南側）には、二段築成の配慮が施されているのである（鏡山猛『北九州の古代遺跡』）。

二段築成の目的は、〝小山脈〟の尾根に登るためだ。その配慮は、これだけにとどまらなかったであろう。〝小山脈〟の尾根に、素早く登るための「階段」も、必要に応じて設けられていたと考えられる。尾根からの監視と、〝小山脈〟の尾根での、弓矢による攻撃のためだ。

水城は、ニニギの造った砦であり、伯耆・出雲の攻撃から国を守るための、いわば倭国版「万里の長城」だったのである。水城の完成までに、どれほどの時間を要したことか。これには、一つの試算がある。

元九州芸術工科大学教授で、古代建築の専門家・沢村仁氏らの試算では、「土量は三十八万四千立法メートル。十トンダンプで六万四千台分」にも達し、「築造に動員された作業員は延べ百十万人は下らないだろう」という。これは、内倉武久氏が『太宰府は日本の首都だった』の中で紹介している内容である。水城が、途方もなく巨大な国家事業であったことは、誰が見ても即座に分かる。

大国主の宮は、〝出雲国の東南にあった〟。その宮は、やはり三方は山、その南は天然の掘割となる法勝《ほっしょう》寺川《じがわ》だった。外敵から身を守る。堀は古代の昔から、そのための不可欠な軍事施設であったようだ。

この水城は、「小水城」と区別するために、別名「大水城」と呼ばれている。その「小水城」は、五カ所に設置されていたようだ。現存する水城は、表6−1のようになっている。

数値が不明となっているところは、すでに崩落していて、実際の規模が確認できないためである。比較的保存状態のよい天神山水城でも、この数値は現存の規模であって、当

表6−1　「小水城」の存在（規模の単位はｍ）

名称（所在地）	規模（長さ・幅員・高さ）
①天神山水城（春日市）	七〇・二〇・三
②大土居水城（春日市）	七五・四〇・？
③上大利水城（大野城市）	八〇・？・？

（注）古都大宰府を守る会編『大宰府の歴史2』による。

時はもっと大きかったのではないかと、推測されている。この点で、ほぼ完全な形状を保っている「大水城」に比べ、やはりこれらの砦は、「小水城」なのである。

〝だから素人は……〟。当然、こういった嘲笑・失笑は湧き起こる。わたしにとっては、そんなことは、折り込み済みである。真実は、嘲笑や失笑で消え去ることはない。記紀編纂者は、時間を大幅に変えている。それは「特技」というよりも、他の追随を許さぬ「お家芸」となっている。

不可解な『書紀』の記事

この性癖については、記紀神話を解明する際に、執拗なまでに指摘してきた。その及ぶ領域は、記紀神話にとどまることはなかった。白村江での大敗以後、天智朝は筑紫を中心に、急速に国防体制の整備・強化を進めている。勢いに乗じた唐・新羅連合軍の、日本本土攻撃という非常事態に備えるためである。これが、学界の「常識」である。

ところが、『日本書紀』には、首をかしげたくなるような記述が目立つ。それを時間を追って、左に示す。

1 (天智二年—六六三年) 秋八月……、大唐《もろこし》の軍将《いくさのきみ》、戦船《いくさふね》一百七十艘を率て、白村江に陣烈《つらな》れり。……日本不利《ま》けて退く。

2 (天智三年—六六四年) 夏五月……、百済の鎮将《ちんしょう》劉仁願《りゅうじんがん》、朝散大夫《ていさんだいぶ》郭務悰《かくむそう》等を遣《まだ》して、表函《ふみひつ》と献物《みつき》とを進《たてまつ》る。

3 (天智三年) 冬十月……、郭務悰等を発《た》て遣《まだ》し、勅《みことのり》を宣たまふ。

4 (天智三年) 十二月……、郭務悰等罷《まか》り帰りぬ。

5 是歳《ことし》、対馬《つしま》嶋・壱岐嶋《いきのしま》・筑紫国等に、防《さきもり》と烽《すすみ》とを置く。又筑紫に、大堤《おほつつみ》を築《つ》きて水を貯《たくは》へしむ。名づけて水城と曰う。

6（天智四年―六六五年）秋八月……、達率答炑春初《だちそちたふほんしゅんそ》を遣《まだ》して、城を長門国に築《つ》かしむ。達率憶礼福留《だちそちおくらいふくる》・達率四比福夫《しひふくぶ》を筑紫国に遣《まだ》して、大野及び椽《き》、二城《ふたつのき》を築かしむ。

一連の記事中、5の「是歳《ことし》」とは「この年」の意で、天智三（六六四）年を指す。時間の流れから、冬十二月のことかとも思われるが、季節は不明である。水城の着工が十二月であれば、白村江で大敗した一五カ月後のこととなる。あれだけの巨大な築造物であるにもかかわらず、水城に関する記事は、『書紀』中わずかにこの一行だけである。素っ気ないとはこのことだ。「推古記」で終わっている『古事記』には、水城に関する記事はない。

ついで、天智四年の6の記事である。「大野及び椽《き》」とは、大野山と基山《きやま》のことである。水城を築いた翌年には、さらに二城《にき》の山城《さんじょう》建設である。それも筑紫の地においてである。天智は屋上屋を重ねるような工事を、続行していたことになる。

筑紫の地は、「城」だらけである。ここから見えてくる事実は、ただ一つ。ひたすら太宰府を守るために、前門のトラ・後門のオオカミに備えるがごとき城塞の配置となっているということである。つまり、前門のトラを防ぐ砦が大野山、後門のオオカミを防ぐ砦が、基山ということになる。

この配置で太宰府を守ることができても、ほったらかし状態にある肝心の大和盆地は、どうなるのか。これでは、天智とその側近たちには、危機管理能力が著しく欠如していたことになる。

一方、占領した百済を拠点とした占領司令官・劉仁願の命により、敵国・唐の武将である郭務悰は天智三年に、来日している。ところが、右の引用で分かるように、この時期は、水城着工時期に当たる。水城、大野山・基山は、唐・新羅連合軍の来襲に備えるための城塞であるはずなのに、これでは、戸締まりをする前に、強盗が入ってきたということもになりかねない。

しかも、勝利した側が、外交文書（表函《ふみひつ》）と土産（献物《みつき》）まで持参してである。果して、これらの防衛施設は、唐・新羅連合軍の来襲に備えるためだったのだろうか。それなのに、なぜか、肝心の『書紀』には、その理由が一切明らかにされてはいないのである。

不可解な現象は、これだけではない。「水城」や砦を築いているのに、唐・新羅連合軍と一戦を交えた記事は、まるで見当たらないのである。一体、何のために築いた砦なのか。まさに「無用の長物」だ。それに、「水を貯《たくは》へしむ」との記事にも疑問が残る。

御笠川をせき止めて水城を築いたのなら、太宰府一帯は水浸《みずびた》しになる。これはこれで、自縄自縛の愚行と化す。要するに、天智による国防体制の整備・強化策は泥縄式で、矛盾だらけなのである。

水城はやはり、ニニギとそれに続く政権によって築かれていたとの裏付けとなる。それだけではない。大野山の城《き》も基山の城《き》も、ともに「カサ」を守るために、ニニギたちが着手した防衛施設ということになる。

標高四一〇mの大野山の山城《さんじょう》は、尾根に沿って土塁が築かれ、谷には石を積んだ石塁が巡らされていて、延長約六・二〜六・五kmにも及ぶ。城内の面積は約一八〇ha。山城としては、最大規模である。土を固めて築く版築による土塁の基底部の幅は一一・四m、高さは三・七mで、外側は急斜面、内側は緩やかな傾斜となっている。斜面のこの造りは、水城の構造とそっくりである。

土塁とともに城を構成している施設が、谷部の石塁である。城の北には、石塁中最大規模の「百間石垣」を主体に、「小石垣」「北石垣」が、南側には「大石垣」などが設けられている。

基山・基肄城《きいのき》の〝軍事施設ぶり〟は、どうか。この城《き》は、太宰府政庁跡の南七kmほどのところにある。土塁の延長は約四・二km、城内の面積は約六四haである。その規模において、大野山の山城のほぼ三分の一となっている。この格差は大野山が主、基肄《きい》城が従という位置づけのためか。

「測定の鬼」と「実証の鬼」の交差

「測定の鬼」と呼ばれた人物が、筑紫にいた。筑前前原《まえばる》にあって、古代史の究明と発掘に執念を燃やし続けた原田大六は、周りから「糸島の鬼」と呼ばれていた。筑紫は、「鬼」の名産地のようである。

「測定の鬼」とは九州大学で冶金学を専門にし、その生涯を古代鋳鉄の研究、ことに、考古学的出土物の自然科学的測定に、精力的に取り組んでいた坂田武彦のことである。そのような坂田を、「実証の鬼」である古田は、「鬼才」とも「学問の鬼」とも、「測定の鬼」とも呼ぶ。その「測定の鬼」が、「実証の鬼」に宛てた私信がある。それも公表を前提にした私信だ。古田はその全文を、自著『ここに古代王朝ありき』（一九七九年刊）の中で紹介している（三三一頁）。

「大宰府は、いつ誰れが造ったのか、それがわからない。大宰府という名をつけたのは誰れか、それもわからない。
菅原道真だけが天満宮として残されているだけであって、道真前のことは古事記にも記されていない。古事記には邪馬台国が記してない。歴史上倭朝廷（大和朝廷のこと…著者注）に都合の悪いのは、のこらずカットし、古事記は書かれているといっても過言ではないでしょう。
古事記に書いてないものは、それでは無かったのか、そうではないらしい。」

坂田の書簡は、このように始まる。そして、この前置きの後に、とんでもない数値が列記されていた。

① KURI　0005
　KURI（九州大学ラヂオアイソトープの略号）

筑紫郡大宰府町池田鬼面
古代製鉄登釜の木炭
1950年より1570年前　±30年（RIの測定値は1950年を基点とする—古田注）
発掘者、福岡県教育委員会

② KURI　0030
大宰府町都府楼、基礎石下の炭
1950年より2840年（前—古田注）　±60年

年代は木炭の樹齢であって、遺跡の実年代ではありません。仮に樹齢1000年としても、1840年前の遺跡となります。

③ KURI　0102
大宰府町都府楼
現在ちいさこべ幼稚園裏
ちいさこべ製鉄製銅所跡と名づく。
1950年より→2140年前　±50年
発掘者、福岡県教委
出土物、銅滓、鉄滓、土器、木炭。

これは明らかに、鉄や銅を溶かした跡である。タタラ式フイゴの口発見されず。わたしは冶金学的に見て、2140年前に、この地で何者かによって、銅や鉄の精錬がすでに行われたものと考えている。すると、初期大宰府は西暦140年頃ではないだろうか。（これは「西暦前140年」のミスか—古田注）

④ KURI　0112

大宰府町水城堤防の中の杭
1950年より2250年前　±80年
発掘者、福岡県教委
杭は人工的なもの。
木の樹齢を50年として、B.C. 200年頃にはすでに水城が増堤されている。水城の基礎は天然の地山であって、それを人工的に一貫したものに仕上げたものである。板付水田の農業用溜池として築かれていたものと考えられる。
（注）私信中の丸数字は、著者による。

②のＲＩ測定値には、一九五〇年を基点とした紀元前の年代を示すとの、古田の注が付されている。いずれも、思考停止に陥りそうな数値が並ぶ。しかし、これが坂田による測定値なのである。私信の終わりに、坂田はこのように補足している。「日本史にだまされると、古代史は解けませんね、倭朝廷は、讃、珍、斉、王からでしてね、実在している、大宰府が解からんで、なんで邪馬台国が解かりましょう（後略）」。

これに対する古田の感想と見解は、こうだ。「これは驚くべき内容だ。現代の考古学者たちが扱いかねているのも、無理はない。もちろん、わたしにも、この測定自体が真か否か、それを判定する力はない。この点、一般の考古学者にとっても、同様であろう。（中略）ことにわたしにとって興味深いのは、次の点だ。坂田氏は、右の文面からすると、『倭の五王』については、通説通り、近畿天皇家と見なしておられるようだ。にもかかわらず、太宰府の遺構及び近辺の（木炭の）測定値は、いずれもそれが『倭の五王』、さらに『邪馬一国』とそれ以前の時代に溯ることを証言していたのである。すなわち、坂田氏は決して自家（自己の誤記か…著者注）の主観的意図によって、この測定値をえたのではない。──この一点が重要だ」（古田・前掲

表６－２　坂田の測定による絶対年代

測定遺物	絶対年代
①古代製鉄登釜の木炭	三五〇～四一〇（三八〇±三〇）
②都府樓、基礎石下の炭	一一〇年頃
③ちいさこべ製鉄製鋼所跡	ＢＣ二四〇～ＢＣ一四〇（一九〇±五〇）
④水城堤防の中の杭	ＢＣ三八〇～ＢＣ二二〇（三〇〇±八〇）

書）。
この測定値を示された当の古田も驚き、戸惑っている。戸惑って当然である。水城は、天智天皇の命によって造られた。『日本書紀』には、そのように記されている。ところが、坂田による測定値は、『紀』の記述を粉々に破壊してしまうことになる。

水城は紀元前に築かれていた

坂田武彦の測定による絶対年代は、表６－２のようになる。その年代には、極端なばらつきが生じている。出土地点・出土遺物を異にしていることが。その原因である。

①は紀元後の遺物である。「登釜」とは、「上窯《のぼりがま》」のことか。②についても、年代は木炭の樹齢であって、遺跡の実年代ではなく、「仮に樹齢１０００年としても、１８４０年前の遺跡」となると、坂田が断っているように、この仮定に基づけば、それは１１０年頃（１９５０年－１８４０年）の物ということになる。ところが、③と④になると、驚くべきことに、その年代は激変する。それは、いずれも紀元前の世界の遺物を示しているのである。

水城は、天智天皇によって造られたという知識のある者から見れば、これほど常軌を逸した、横紙破りな数値もない。これでは、世の中に受け入れられることは難しい。それなのに、なぜ、この「非常識」な数値は検出されたのだろう。答えはいたって簡単だ。『紀』の記述に合わせて測定値を割り出す。そんな本末転倒した態度を、坂田が採らなかっただけである。つまり、自然科学者らしく、事実を事実として見ようとしただけである。この測定値の検出は、その結果である。

この破天荒な数値の中で、ことにわたしの眼を引きつけたそれが、④の「ＫＵＲＩ　０１１２」だ。これは、太宰府水城堤防の中の杭の測定値だ。その杭から、水城はＢＣ三八〇～ＢＣ二二〇年の間に築かれた公算が、大きくなっているのである。『紀』の記す「六六四年築造」を軽く突破して、紀元前の世界へ突入している。

水城がいつ造られたのか。福岡市に在住し、しかも何度も太宰府に足を運んでいたであろう坂田が、その「公式見解」を知らないはずがない。古田への私信の中で、「大宰府が解からんで、なんで邪馬台国が解かりましょう」と述べている。太宰府と水城は相当に古い。測定を通じて得た、その手応えの表白ではなかったか。換言すれば、氏は太宰府と水城については、『紀』を信用していなかったということになる。

貴重な測定値をしたためた坂田武彦の、古田への書簡の日付は、昭和五二年二月一七日となっている。古田の坂田訪問は、昭和五二年一月である。そしてその翌年、一九七八（昭和五三）年三月に、坂田は六四歳で亡くなっている。結果として、古田宛の書簡は〝遺言〟となったようだ。しかし、氏が私信でありながら、公表を認めたことは、もって僥倖とすべきである。

坂田の死因について、長男・隆一氏は過去に患った肺炎の影によって、肺ガンの発見が遅れたことにあったと言う。いささか早い死ではある。熊本県では、融通の利かない頑固者を「肥後もっこす」と呼ぶ。一九一三（大正二）年一二月に熊本県玉名市で生まれた氏は、良い意味で、〝真実にこだわり通した肥後もっこす〟ということになる。

「実にいろいろな方が、父のもとを訪れていた」と、隆一氏は言う。その中の一人が松本清張であり、古田武彦であった。類は友を呼ぶ。古田に対する私信の公表の容認には、この心理が働いたためか。事実は事実として尊重するという古田の姿勢を、坂田が見込んだことによる容認だったとも思われる。年代測定によって、当該遺物の時代を正確に割り出していた氏は、また人を見る眼もあったということになる。

図らずも、二人の名前の違いは一文字のみ。専門分野を異にする二人の「武彦」氏ではあるが、その交点は、こうして、水城―倭国版「万里の長城」の築造年代を、これ以上ない確度で教示してくれたのである。ＢＣ三八〇～ＢＣ二二〇年。これが水城の造られた時期である。つまり、「天孫降臨」（ニニギによる筑紫奪還事件）は、これより少し前に起きた事件ということになる。これは動かしようのない事実である。これで、日本列島における紀元前の世界が、ようやく一つの指標、それも正確な指標を伴って見え始めたようである。

水城を計画し、築造を指示した中心人物は、ニニギとニニギの岳父・高木だ。その目的は、怒濤のように押し寄せる伯耆・出雲軍の猛攻から、ようやく奪還した「筑紫」を守るためである。邪馬壹国の都は太宰府政庁跡。水城は、これを証明する物的証拠である。これ以上の巨大な根拠はない。

水城築造は、「天智」の時代を遠くさかのぼる。唐・新羅連合軍に対する防衛施設などでは、なかった。それにもかかわらず、書紀編纂者は、どうして「天智紀」に放り込んだのか。一見、無謀とも思われる書紀編纂者の態度だが、実は、先をよく読んでいる。

巨大な水城は、物理的に除去不可能な遺跡であるだけに、とにかく目立つ。そんな遺跡を、自家の正史たる『日本書紀』において、一切触れないで「放置」しておくことは、かえって危険と、「大和朝廷」は感じたのである。そこで、「白村江の戦い」を利用して、その敗戦を機に築造したと、堂々と『紀』に記載したのである。言うまでもない。その方が、真実を隠すのに好都合と判断したためである。その結果、まるで先手必勝を絵にしたかのように、この方法は見事に功を奏した。

（注）水城と大野山・基山の山城《さんじょう》については、鏡山猛『北九州の古代遺跡』、森貞次郎『北部九州の古代文化』、田村円澄『古代を考える　大宰府』、古都大宰府を守る会編『大宰府の歴史』（１・２巻）、九州歴史資料館『甦《よみがえ》る遠《とお》の朝廷《みかど》　大宰府』を、主に参照。

歴史の皮肉

平日のため、入館者のほとんどいない福岡市美術館で、「金印」を心行くまで観察した後、今にも泣き出しそうな空模様の下を、地下鉄・藤崎駅に向かって歩いていた。そこから路線バスで、吉武高木遺跡と日向峠《ひなたとうげ》を訪れるためである。その途次、予期しない発見があった。

西南学院大学の裏手に差し掛った時、「元寇防塁跡」の標識が眼に止まった。元寇防塁はここから西へと延びている。かつては、この近くまで海であったことが、これで分かる。元寇防塁は歴史用語としては知っていたが、実際に、この軍事施設の一部を眼にするのは、初めてだった。

敵を防ぐことに変わりはないものの、その立地をまるで異にする防衛施設が、同一領域内に併存している。どの地点で、敵を防ぐか。相異なる防衛施設の間には、極度に異なる発想がある。それが水城・山城と元寇防塁である。

一二七四（文永一一）年一〇月二〇日、二万八千人の元軍は、博多湾西部の今津・百道原《ももじばる》に上陸し、日本軍との間に激しい戦闘を繰り広げ、優勢に戦いを進めていた。ところが、この夜、大暴風雨、いわゆる「神風」が吹き荒れた。これで壊滅的打撃を受けた元軍は、日本から退却した。

元軍の再来襲を警戒した鎌倉幕府は、異国警固番役《いこくけいごばんやく》を配置して博多湾岸防衛の強化を図る一方で、一二七六年三月から、博多湾岸の香椎―今津間二〇kmに、石築地《いしついじ》を築いていった。これが、現在も残る元寇防塁である。元寇防塁跡とともに、福岡市中央区に「警固《けご》」の地名が遺存している。字面で分かるように、この地名は「異国警固番役」の名残である。この二つの「遺跡」だけでも、当時の鎌倉幕府にとって、元寇が最大の政治課題となっていたことを、知ることができる。

鎌倉幕府の予期したように、一二八一（弘安四）年五月、フビライは総勢一四万人もの大軍をもって、ふたたび日本に襲撃を仕掛けてきた。しかし、七月三〇日夜から暴風が九州を襲い、またもや元軍は壊滅した。文永・弘安の役である。

文永の役以後の鎌倉幕府の防衛方針は、一貫して、元軍を海岸部で食い止める「水際作戦」に徹している。そのために、元軍の来襲を予測して、筑紫・肥前には厳戒態勢を敷いている。だから、敵軍の来襲が数日前なのか。それとも、数時間前なのかは明確ではないにしても、敵軍の上陸が即座に把握できることを、前提として築かれている。

つまり、元寇防塁に兵士たちが常駐していなくても、緊急時にはそこへ集結し、敵を迎撃するための施設なのである。北部九州が元軍に占拠されれば、どうなるか。元軍に日本本土攻撃への足掛りを与えることになり、そこを拠点として、元軍の東方への侵攻開始は容易となる。そのためには、上陸阻止は至上命題だったのである。鎌倉幕府の防衛方針は間違ってはいない。日本全土を元寇から守る。これが、まがうかたなき、鎌倉幕府の防衛方針である。

他方、水城はどうか。敵軍の水城までの上陸は、やむをえないことを認めているということになる。それは換言すれば、敵軍は水城で必ず食い止めることの決意の表明であり、権力の中枢である一点だけは、どんなことがあっても守るという堅い意志の下に、築かれている。

勢力比は、七〇余対三〇である。軍事力において、圧倒的に優位に立つ狗奴国の攻撃は、元軍のそれと根本的に異なっている。その違いは、〝攻撃の予測不能〟にある。元軍と違って、狗奴国は日本列島の中の大国である。しかも、常に〝そこにいる〟。だから、いつ攻撃を仕掛けてくるのか、事前に、その動向が把握できない難しさがある。

水城や山城《さんじょう》についての研究者の一人が、倉住靖彦《くらずみやすひこ》氏である。氏もまた、水城や山城は天智朝が築いたという『紀』を、どこまでも信じる見地に立っている。そのために、白村江で敗戦した日本は、日唐間の国交回復を目指しつつも、唐・新羅を依然、将来における仮想敵国と見なして、水城や山城を築造したと推測したのである。この文脈からは、「天智紀」と巨大防衛施設との整合性を、遮二無二図ろうとしていることが、伝わってくる。あるいは、その見解は通説の骨格とも言える。

その倉住氏にあっても、「国防上の見地からすれば、元寇防塁《げんこうぼうるい》のように、水際で敵軍の上陸を阻止するのが最も効果的であり、このように、内陸部に防衛線を築くことは必ずしも得策とはいいがたい。また国防関係施設を造るためだけであれば、適地は他に多く見られる」（倉住「大宰府の成立」、田村円澄『古代を考える大宰府』所収）と、水城が唐・新羅連合軍に対する防衛施設であることに、慎重に疑義を呈しているほどである。

元寇に対する「水際作戦」は、わたしの立場からすれば、当然過ぎるほどの見方なのである。このような見地に立てば、水城は外国の敵―唐・新羅連合軍ではなく、日本列島内の敵―狗奴国軍に対する防衛のための砦という結論に、落ち着かざるをえなくなる。

水城と元寇防塁とは、相反する砦である。それなのに、それが福岡県に存在しているのだから、どうしてもここに、歴史の皮肉を感じてしまう。『紀』の歴史記述の虚偽を暴《あば》く。そのためには、元寇防塁も、なくてはならない遺跡ということになる。

「会稽の東治」

女王・卑弥呼の都は筑紫・太宰府政庁跡。ここから、「会稽の東治」の是非がはっきりと見えてきた。

男子は大小となく、皆黥面《げいめん》文身す。古より以来、その使中国に詣《いた》るや、皆自ら大夫と称す。夏后少康《かこうしょうこう》の子、会稽に封ぜられ、断髪文身、以て蛟龍《こうりゅう》の害を避けしむ。今倭の水人、好んで沈没して魚蛤《ぎょこう》を捕え、文身し、また以て大魚・水禽《すいきん》を厭《はら》う。後やや以て飾りとなす。諸国の文身各々異なり、あるいは左にし、あるいは右にし、あるいは大に、あるいは小に、尊卑差あり。その道里を計るに、当《まさ》に会稽の東《とう》治《ち》の東に在り。

「魏志倭人伝」のこの記事でも、「原文改定」が堂々と行われている。「会稽の東治」が、「会稽の東冶《とうや》」と改定されてきていたのである。たとえば石原道博だ。この東冶《とうや》を「県の名。今の福建省閩侯県《ふくけんしょうびんこうけん》附近。東冶、とするものあるは東治の誤」（石原編訳『魏志倭人伝　他三篇』）としている。ここは中国南部に位置し、その東の海上は、ほぼ台湾北部に当る。

したがって、「会稽の東治」を「会稽の東冶《とうや》」に改定すれば、ここから二とおりの解釈が生まれてくる。

(1)会稽から東冶《とうや》に至る東
(2)会稽郡の中の東冶《とうや》県の東

これに対しても、古田が疑義を挟んだ。(1)だと、倭国は九州南端から沖縄・南西諸島にかけての一帯に存在することになるから、この解釈は成立しない。古田の指摘は正しい。(2)についても、いわゆる「分郡」という歴史事実が立ちはだかるから、この解釈も成立しないと、氏はやはり批判する。「分郡」とはどういうことか。

（永安三年）会稽南部を以て、建安《けんあん》郡と為す。
（永安三年）以㆓会稽南部㆒、為㆓建安郡㆒。　〈呉志三〉

今日の福建省は、もとは会稽郡に属していた。ところが、永安三（二六〇）年になると、会稽郡南部のこの地は、「分郡」されることになる。その郡名が建安郡である。『三国志』「列伝」（個々人の伝記）は、当該人物の出身地から書き始められている。その地名表記法は、「山陽郡高平県」「琅邪《ろうや》郡陽都《ようと》県」のように、「郡名＋県名」が基本だから、永安三年以前は「会稽東冶《とうや》」だが、以後は「建安東冶《とうや》」となっていることを、古田は『呉志』から突き止めた。

氏はここでも『三国志』全体から、「会稽」「東治」「建安」を一つひとつ抜き出して検証している。「永安三年」を境に、その表記は驚くほど厳密に区分されていた。その結果がこれだった。

(1)「会稽」(「分郡」以前)…七例
(2)「建安」(「分郡」以後)…六例

「会稽東治《とうや》」と「建安東治《とうや》」の行政区分は、永安三年―二六〇年という一線によって画されている。「分郡」に関わっての、この厳密な区分表記から、古田は「会稽の東治」を「会稽東治《とうや》」と改変すべきではないことを、指摘した。

具体的には、「これは著者の陳寿が地理的認識をのべた文だ。つまり、『地の文』なのである。だから、『三国志』の執筆時を当の時点とする文章だ。それは三世紀末、魏をうけつぎ、呉を併合した晋の時期なのである。もちろん、永安三年よりあとだ。そして、晋もまた呉の『分郡』をうけつぎ、会稽の南部を『建安郡』と呼んでいた(晋書)」(古田・前掲書)との指摘である。

すなわち、「東治」が、「東治県」の誤りであれば、執筆時点である三世紀末の事実に基づいて、陳寿は、「会稽(郡)東治(県)」ではなくて、「建安(郡)東治(県)」と表記しているはずだと、古田は強く注意を促しているのである。

「会稽」「建安」についての個々の文例は、古田『「邪馬台国」はなかった』に掲げられているので、省略するが、前頁の(2)の中には「建安に送りて、船を作らしむ」(呉志八)も含まれている。

古田の原稿がそのようになっていたためか。古田『「邪馬台国」はなかった』では、これが「呉志三」と誤っていた。この誤りを安本氏が槍玉に挙げ、「壹」は「臺」に誤ることもありうる例示として、揶揄したのである。もとより、問題の本質とは、まるで関係のない揚げ足取りである。

ところで、「当在㆓会稽東治之東㆒」の章句を、研究者たちの多くは、「当《まさ》に会稽の東治《とうや》の東に在るべし」と読み下してきている。「当に…べし」の慣用句と見なしているためである。だが、ここは、「当に会稽の東治《とうち》の東に在り」と読み下す方が、適切かと思われる。日本列島に「当《まさ》に…在るべし」と、強く〝要求〟するような解釈には、どこか抵抗を感じる。「会稽の東治」。ここには、陳寿の記述の正確性とともに、深い歴史が流れている。

断髪文身の風習とその由来

陳寿は、会稽の民に伝わっているという「断髪文身」の風習が、「黥面《げいめん》文身」（入れ墨を刻んだ顔と体）として、倭の漁師の間にも見られることを書き添えている。その風習の共通性に、中国と倭の間には密接な関係があることを見抜いたためか。夏后少康《かこうしょうこう》の子が会稽の地を与えられると、そこで、住民に「断髪文身、以て蛟龍《こうりゅう》の害を避けしむ」ことを教えたという。そして今、倭の水人（漁師）も、「好んで沈没して魚蛤《ぎょこう》を捕え、文身しまた以て大魚・水禽《すいきん》を厭《はら》う」という。

水禽《すいきん》とは水鳥のことである。捕えた魚貝類を狙って飛来してくる水鳥を、追っ払うためか。蛟《こう》とは、想像上の蛇である「みずち」のことであり、したがって、蛟龍《こうりゅう》とは、「みずち」と「龍」のこととなる。それなのに、あえて「蛟龍《こうりゅう》の害」と強調されていることを考えれば、それは人間に害を与える動物、それも人間にとっては手強い動物のこととなる。その地理的位置から、揚子江ワニと考えたこともあったが、違うようだ。揚子江ワニは体長こそ二mにもなるが、性格は大人しく、人間を襲うことはないという。

ところが、揚子江ワニとは別種の獰猛なワニがいることを、実吉達郎《さねよしたつお》『動物から推理する　邪馬台国』で知った。そのワニは海ワニ、別名をイリエワニ（入江鰐）という。成長すれば、六～七mにもなり、中には一〇mを超えるものもあるようだ。海岸、河口に棲《す》むが、川伝いに内陸部にも進み、湖沼に棲みつくこともある。それだけではない。イリエワニは海岸から遠く沖合へも泳ぎ出ることもあり、その棲息《せいそく》分布は広く東南アジア全域に及んでいると、実吉氏は述べている。

ついで、イリエワニは人間に対しても、「たぶん、海中を潜水したり、泳いでいる漁夫を見つけたなら、襲いかかねない」と言い、人間に害を与える蛟龍とは、「確率九〇パーセント以上で、このイリエワニであろう」（実吉・前掲書）と、自信を持って述べている。

秦始皇帝が万里の長城を築くために、レンガが大量に製造された。そのために想像を絶する樹木が伐採され、これによって、多くの森林が消滅した。これが今日の中国の砂漠化の、一因となっていると言われている。このような局地的な自然破壊はあったものの、地球全体から見れば、今日の比ではない。「絶滅危惧種」などという、地球の未来に暗い影を落とす言語など、必要としない時代である。

人間によって自然が激しく破壊され続けているために、大半の生物の個体数が減少傾向にある現代と異なり、三世紀、あるいはそれ以前にあっては、このイリエワニの棲息数も、比較にならなかったであろう。このような環境であれば、その人間に及ぶ被害についてもまた、同様である。

「蛟龍」の正体はイリエワニ。これが正解のようである。ワニは蛇（蛟）と竜を足して二で割った姿そのものであり、まさしく恐竜の生き残りを思わせる。

ここで、「断髪文身」に関わる読み下しについて、触れておきたい。原文は、「夏后少康之子封於会稽、断髪文身、以避蛟龍之害」となっている。従来から、この文脈を、「夏后少康《かこうしょうこう》の子会稽に封ぜられ、断髪文身、以て蛟龍《こうりゅう》の害を避く」と、読み下してきた。つまり、夏后少康の子（会稽王）が蛟龍の害を避けるために、自ら髪を切り、体に入墨《いれずみ》をして、漁をしたかのようにしか読めない解釈を、してきたのである。まず、石原編訳『魏志倭人伝　他三篇』が、そのようになっている。

これに対して古田は、「以て蛟龍《こうりゅう》の害を避けしむ」と、使役形として読み下すべきであり、従来の読み下しは誤りであると指摘している。

「夏后少康」とは、殷に先立つ夏（正式の国号は「夏后」）王朝第六代の天子であり、夏の中興の祖と言われている人物である。その息子が、会稽の地に君臨することになったのである。いわば貴族だ。そのような人物が、会稽を統治するためとはいえ、蛟龍の害を避けるため、自ら「断髪文身」したとは考えがたい。古田の解釈に妥当性がある。

この風習は、一過性のものではなかった。その後も受け継がれていたことを証する故事がある。それは、司馬遷『史記』「呉太伯世家《ごのたいはくせいか》」に記されている。それを、「夏后少康」の息子の教化との関連で、古田が『「邪馬台国」はなかった』の中で紹介し、論じている。

周の大王（古公亶保《ここうたんぽ》）には、太伯・仲雍《ちゅうよう》（虞仲《ぐちゅう》）・季歴《きれき》という三人の子供がいた。三男・季歴の息子が昌《しょう》（西伯《せいはく》）である。昌は、徳の厚い大王として、孔子にも慕われた後の周の文王である。幼少時から、その片鱗を表していたためか、孫の昌をことのほか大切にした周の大王は、〝季歴—昌〟を大王の後継と考えていた。このような父親の意志を察した長男・太伯は仲雍とともに、呉の地（会稽山付近）に退き、身を隠した。

しかし、太伯を慕う忠臣たちから、都へ連れ戻される可能性は残っている。そのような動きを断ち切るために、太伯は堅く決意をする。それを示す一文が、「文身断髪して、用ふ可《べ》からざるを示す」だ。体に入墨を刻み込んで、これからは会稽の一私人として生活を送り、都へ復帰することを拒絶する意志を示している章句なのである。その結果が、「荊蛮之を義とし、従いて之に帰す」（荊蛮義レ之、従而帰レ之）である。太伯のこの潔い姿勢に共鳴した会稽の民たちは、彼に親しみを持ったという。

「荊蛮」とは蔑称である。中国華南の長江流域に住んでいた人々を指している。北方の中国人が、この地の人々を侮蔑して、このように呼んでいたのである。その「荊蛮」の地には、「文身断髪」の風習があった。太伯と仲雍があえて「荊蛮」の地を選んだ理由も、この風習のためかとも思われる。

いずれにせよ、この説話には、周代の会稽の民の間には、「文身断髪」の風習が存在していたことが示唆されている。これが古田の見方だ。『史記』「周本紀」にも記されている故事である。会稽に封ぜられた夏后少康の子（会稽王）の蒔《ま》いた「文身断髪」という種子が、その後順調に育っていたことになる。会稽王の教えは、太伯の時代には会稽一帯に広がっていたようである。

伝統文化となっていた「文身断髪」

この故事についての古田の関心は、ここで終わる。しかし、わたしの関心はここから始まる。それは、以下の一連の記事にある。

1自ら謂う、太伯の後と。〈晋書倭人伝〉
2倭は自ら云う太伯の後と。〈梁書倭伝〉
3その旧語を聞くに、自ら謂う、太伯の後と。〈『魏略』逸文〉

右の三史書は、「呉の太伯の子孫」であることを、倭人自ら主張していると、伝えている。倭人のこの主張については、第1巻（最終章）で述べたとおりである。

中国にとって会稽は由緒があり、故事来歴のある地だ。

(1)長安付近に都した夏王朝の禹《う》が、当方の地を巡幸して浙江《せっこう》省紹興市の東南の地に諸侯を集めて善政を行うよう命じた。「〝会稽せよ〟と。会稽は会計なり」（司馬遷『史記』「夏本紀」）。会稽（会計）は、諸侯にとって、善政を図る基点のような地なのである。
(2)禹《う》の七世の孫（夏后少康の子）・会稽王の、現地の人々に対する「断髪文身」の教化
(3)周王朝太伯の「断髪文身」による会稽への隠棲
(4)呉の太伯の末裔と主張する倭人の、「断髪文身」に類似した「黥面文身《げいめんぶんしん》」

会稽は、倭人にとっても因縁の深い地である。〝中国—山陰—皆生《かいけ》〟。一連のこの地名は、伯耆・出雲圏の人々が、中国から来ていたことを暗示している。

「黥面文身」の風習もそうだ。「黥面」は、広く日本列島に普及していたようである。その痕跡を、土器や埴輪などによって知ることができる。考古学者の森浩一は、顔面に線で刻まれた文様は二種、あるいは三種に分類できると述べている。

①鼻上翼形入墨《びじょうよくけいいれずみ》（鼻の両側に翼のように刻まれている入墨）。②顔面弧状入墨（顔面の左右に、いくすじもの弧が対称に刻まれている入墨）。③顔面環状入墨（顔面の周りに、環状に刻まれている入墨）。これが、その分類である。

森浩一『図説日本の古代1　海を渡った人びと』によって、それを列挙すれば、以下のようになる。

(1)入墨のある顔を線刻した壺形土器　…　愛知県安城市の亀塚遺跡（弥生後期）から出土。文様は②型
(2)石棺蓋石に線刻された入墨のある顔　…　香川県善通寺市の仙遊《せんゆう》遺跡（弥生後期）から出土。文様は②型
(3)入墨のある人面土製品　…　下関市綾羅木《あやらぎ》郷《ごう》台地遺跡（弥生時代）から出土。文様は②型
(4)入墨のある人物埴輪　…　奈良県橿原市四条古墳（古墳時代後期）から出土。文様は、①型と③型の二種
(5)入墨のある人物埴輪　…　奈良県磯城郡三宅町石見遺跡（古墳時代後期）から出土。文様は、①型と③型の二種
(6)入墨のある人物埴輪　…　和歌山市井辺《いんべ》八幡山《はちまんやま》古墳（古墳時代）から出土。文様は、①型と③型の二種

もとより、入墨のある顔の描いてある古代遺物はこれだけではない。これはその一例に過ぎない。

一九九二（平成四）年、旧淀江町（現米子市淀江町）・井手《いで》挾《ばさみ》三号墳の溝から、多量の埴輪が出土した。その中に、やはり入墨が施されている盾を持つ武人埴輪（盾持人《たてもちびと》埴輪）三体が出土している。入墨の文様は、

森浩一の分類する①・③型の二種となっている。

　この埴輪から、この地でも、「黥面」の風習があったことを確認することができる。この埴輪が出土した古墳は、その盛り土が削られているだけではなく、石室なども残っていないのに、五世紀終わり頃に築かれた、全長二九mの大型帆立貝式古墳と推定されている。その推定は、周りに残っていた溝からだという。

　盛り土と石室が消失した状態の古墳の築造時期を、五世紀終わり頃と推定する。この推定は大胆過ぎはしないだろうか。わたしは素人だから、できるだけ口幅ったい言い方は避けたい。それでも、水城の例がある。それに、森の見方も「埴輪に代表される古墳時代の入墨例は、力士などには見られるものの、武人にはまれか、あるいは入墨の遺習ともいうべき、祭礼や葬儀などある時にだけ顔料で彩色《さいしき》するようになっていて、しだいに消滅している」（森・前掲書）と、慎重である。

　井手挟《いでばさみ》三号墳の溝から出土した「盾持人埴輪」は、森の言う「しだいに消滅している」古墳時代のそれである。何が言いたいか。「盾持人埴輪」が出土した井手挟三号墳は、本当に五世紀終わり頃の古墳であったのかどうか。墳丘の中心が欠落しているにもかかわらず、その古墳の年代を測定する。しかも、その古墳の形式は、前方後円墳ではなく、帆立貝式古墳だと推測されている。それであればなおさらだ。年代測定についても、どこまでも慎重であるべきだ。

　「黥面文身」の奥行は深い。先に引用した中国三史料は、筑紫との関連で記されているようだから、筑紫もまた、「呉の太伯の後」と主張していたことになる。一方、伯耆・出雲圏は、〝亡命中国人〟との繋がりが濃厚な地である。そうなると、相対する二つの政治圏の祖先は、ともに〝元亡命中国人〟ということになる。

　ここで、一つの疑問がいやでも生まれてくる。祖先は同じなのに、この日本列島の中で、どうして伯耆・出雲圏と越・筑紫圏とに分裂し、伯耆・出雲圏が越《こし》・筑紫圏に支配されたのか。この不可解な疑問だ。本国を捨て、日本に渡ってきた「中国人」の間に、何が起こったのか。その歴史的経過は分からない。

「『呉太伯世家』が伝える太伯を呉の始祖とする話は、歴史的事実ではなく、呉が強国になってからうまれた伝説」、それも文化水準の高い「漢民族と非漢民族を関係づけるために生まれた伝説」と考える一説がある。論者は上野武氏である。氏は「倭人を太伯の後裔とするのは、中国人にとって常識だったとみてよい」と主張し、その根拠として、わたしの知らなかった金仁山《きんじんざん》『通鑑前編《つがんぜんぺん》』の一つの章句を引用していた（上野武「倭人の起源と呉の太伯伝説」、森浩一編『日本の古代1　倭人の登場』所収）。

引用されたその章句を読んで、驚いた。「日本いう、呉の太伯の後なりと。けだし呉亡《ほろ》んでその支庶《しし ょ》（傍流）、海に入って倭となる」。これが、その引用文である。

金仁山（一二三二〜一三〇三）は、陳寿・范曄よりも遥か後代、宋末・元初の史家である。しかし、『通鑑前編』のこの記事を、どのように解釈すればよいのか。果して、〝中国人の常識〟で片付けることのできる問題だろうか。

火のないところに煙は立たない。魚豢《ぎょかん》『魏略』から金仁山『通鑑前編《つがんぜんぺん》』に至るまで、〝倭人の素姓〟は一貫している。

ふたたび「会稽の東治」とは

明言は避けているものの、倭人が、呉の太伯の子孫と主張していたことは、陳寿も認識していたであろう。①夏王朝・禹《う》による東巡と東治。②会稽王による海浜の民への「断髪文身」の教化。③「断髪文身」した呉の太伯の会稽への隠棲。④「呉の太伯の後」と主張する「黥面文身」の倭人。これが陳寿の理路ではなかったか。

「当《まさ》に会稽の東治の東に在り」は、その認識の裏付けでもあるようだ。そのために、陳寿は「会稽」を基点としたのである。「会稽」は、中国人にとっては由緒ある地だ。

中国人にとって倭人とは、「歳時を以て来たり、献見」するという殊勝な民族だ。それが蔑視すべき異蛮ではあっても、礼節をわきまえていることから、その由緒ある地を基点としたのである。それだけではない。

倭人の、「断髪文身」に類似した「黥面文身」が、大きな要因となっている。陳寿はここに、中国人と倭人の風習の共通性を見出していたのである。

　東シナ海を挟んでいるにもかかわらず、両国の風習が共通する。陳寿は、これを偶然の産物とは考えなかったのである。正しい表記は、やはり原文「会稽の東治」ということになる。日本列島に逃げてきた人々は、「会稽」を拠点とする呉の人々、それも上層部の人々だったものと思われる。古田が正しいと強調する原文「会稽の東治の東」を、わたしが重視する理由も、この一点にある。

　ところで、「夏の始祖」禹《う》が治績を大いにしたところこそ、都の長安付近の東に当たる会稽山である。古来、それが「東巡」「東治」で示されていることから、古田はこの「会稽の東治」を、禹の治績の及んだ領域と考えて、その領域の南北を北緯三〇度（会稽）から三五度の間とした。九州はこの範囲に含まれるから、一理ある解釈ではある。しかし、いささか恣意的。そのようにも思われる解釈である。

「治」には、「天子の居るところ。都」の意味があると、諸橋轍次『大漢和辞典』は記している。その例として、「秦中に治《みやこ》す」（「漢書高帝紀」）、「治《みやこ》を櫟陽《やくよう》［陝西省…著者注］に徙《うつ》す」（「史記秦本紀」）が挙げられている。「治」のこの用例からすると、会稽王の都が、「東治」ということになる。

　夏の禹《う》が都したところは長安付近だと言われている。長安から見れば、長江（揚子江）下流域は「東」に当たる。この地理的位置関係からすれば、長安付近は〝西の都〟となり、その〝東の都〟とは、まさに「会稽の東治」となる。

　中国から見た倭国の位置―帯方郡治から邪馬壹国に至る行路記事については、古田の解読以前にあっては、難解だと思われてきた。ところが今、それは正確にまとめられていたことが、古田の厳密な解読によって、判明した。

　この行路記事の後、「倭人の黥面文身」のまとめとして綴られた記事が、「その道里を計るに、当に会稽の東治の東に在り」だ。これは、中国から見た倭国の位置である。北緯三〇度（会稽）と三五度（邪馬壹国・筑紫）の違いはあるが、おおむね正しいと言える。少なくとも、通説の「東冶県《とうやけん》」よりは、遥かに正確である。「会稽東治之東」（会稽の東治の東）。わずか六文字の章句ではあっても、この奥行は意外に深い。ここには、倭人の祖先をも明らかにする過去の真実が、包み隠されていたことになる。

神々の「生存」した時代

わが国の歴史の中で、最も早くに人名が明らかになる人物は、誰か。現在のところ、それを確認できる方法は、日本側にではなく、中国側にある。

安帝の永初元年、倭の国王帥升等、生口百六十人を献じ、請見《せいけん》を願う　〈後漢書倭国伝〉

その人物とは「帥升」だ。「スイショウ」と読まれている。一〇七年頃の倭国の国王である。目下のところ、「帥升」こそ日本人として、初めてその名前が明らかになった歴史上の人物ということになる。そういう意味では、〝記念すべき人物〟なのである。

では、「帥升」についでその後に登場する人物は、誰か。これを確認できるのも、やはり、中国側の史書「魏志倭人伝」だ。それは、卑弥呼や壹与や難升米たちである。帥升に関する記事は、きわめて簡略化されているために、その人物像については確認のしようがないから、実質的には、卑弥呼たちが、最も早い段階で、歴史に登場した人物ということになる。

こういった背景があるから、三世紀以前、誰がどこで生活をし、どのような事件があったのか。この日本列島には、その記憶のまったくない特異な世界と化しているのである。この異様とも思える世界を、古代史学者たちの誰もが、異様と思わないのだから、異常である。

日本史の教科書では、縄文・弥生時代にあっても、出土物や遺跡や遺構などの説明はあるから、そこに日本人が住み、日常生活を送っていたであろうことは、一応想像はできる。しかし、想像はできても、そこで起こった歴史事実を認識することまでは不可能となっている。物質はあっても、人の姿の見えない世界。それが今日までの日本列島の姿であった。

神話は史実であることを、古田の著作『盗まれた神話』と『古代は輝いていたⅠ』を通じて、確信した。スサノオによる「ヤマタのオロチ」退治の深奥が見えてきた時、この確信は不動のものとなった。日本神話の神々は、紛れもなく「実在」していた。そして今、その「生存」の絶対年代の大枠も、また見えてきた。坂田武彦の測定値のたまものである。

「天孫降臨」時、ニニギは若かったようだから、二〇代前後か。ニニギを基準に、世代間の年齢差を、二〇年前後として推計すれば、「神々」の年齢も、推定可能となる。

(1)ニニギ　…　二〇代前後
(2)父親・忍穂耳　…　四〇代前後
(3)祖父・伊邪那岐　…　六〇代前後（スサノオもほぼ同世代であろう）
(4)祖母・天照　…　六〇代前後（伊邪那岐の方が若干年上か。むしろ大国主と同世代か）

水城築造を紀元前三〇〇年頃と仮定すれば、日本列島のその後の歴史を大きく変えることになるスサノオによるオロチ退治（伯耆・出雲の、越からの独立戦争）は、ニニギの祖父・伊邪那岐の時代のことだから、紀元前三六〇年頃の一大事件ということになってくる。わが国の歴史において、個人名が明らかにされて登場する最初の人物は、「帥升」ではなかった。それは〝国内史料〟に明記されていた。それもおびただしい人数が、記されていた。

記紀神話は、本来生身の人間の行動記録である。だから、そこには躍動感があふれ、絶えず緊張感がみなぎっているのである。中国人の血を引く日本人もまた、歴史上の事件を克明に残していた記録民族だったことになる。

ここで、ニニギとその祖父母である伊邪那岐・天照の年齢差がほぼ判明したことから、記紀神話を形成する神々の活動と、その生存期間もまた、明確な輪郭を伴ってきたようである。それを一覧表にすれば、おおむね表6-3のようになる。

表6-3　神々の活動とその生存期間

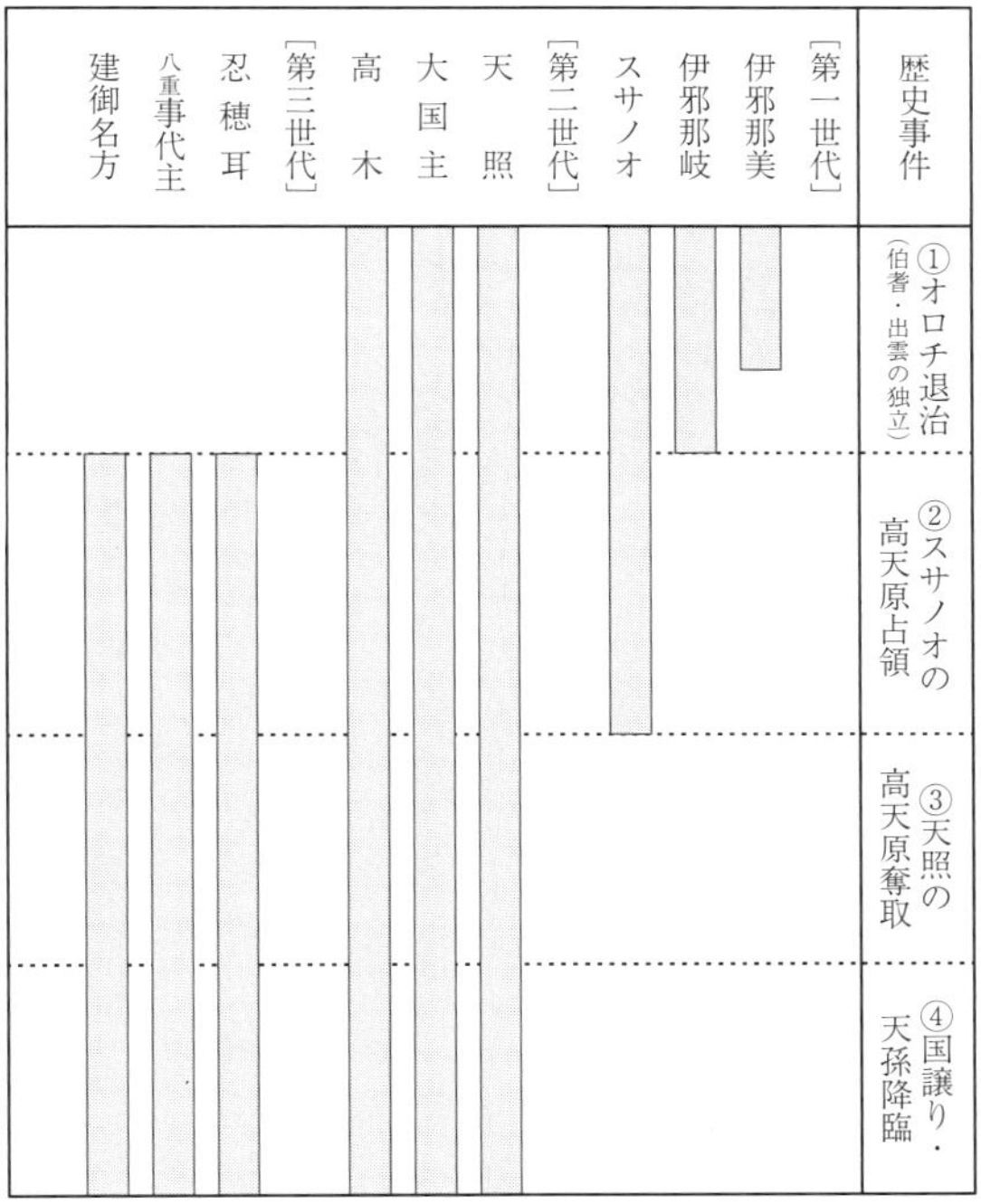

もっとも、問題もなくはない。それは①「オロチ退治」、②「スサノオの高天原占領」、③「天照の高天原奪還」、④「国譲り・天孫降臨」の、それぞれの事件との時間差が分からないということである。

たとえば、①と②の事件との間の時間は、一〇年なのか。あるいは、それ以上開いていたのかといった問題である。これは②と③、③と④との間についても、同じことが言える。しかし、それでも、以下のことは指摘できる。

『記紀』の伝える神々の活動した時代と、その間に起こった相互の歴史的事件との関わりについて、時間上の矛盾は見られない。

(1)伊邪那美は伊邪那岐よりも早く死亡しているものの、ともに同世代と見なすことができる。記紀神話では、スサノオは天照の弟とされている。ところが、「天孫降臨」時には、スサノオの姿は見えないことから、実際はスサノオの方が天照よりも年長であったと思われる。天照は年齢的には、スサノオよりも、むしろ大国主に近いのではないか。

(2)「国譲り」の時点でも、天照と大国主は生存している。一方、スサノオは、既に鬼籍に入っている。スサノオの死因も死期も不明だが、事故死―不慮の死といったことは考えられないようである。

(3)「天孫降臨」の命を下した天照は、すでに高齢となっている。そんな彼女を支えていた人物が、ニニギの岳父・高木である。大国主も第一線から退き、隠居生活を送っている老人の風情が漂っている。

こうした大国主の状態から、政治の決定権は、彼の息子に移行し、その息子の八重事代主と建御名方が、第一線に立って活動していたことを物語っている。『記紀』の内容は、実際にそのようになっている。七〇歳を「耆《き》」(『礼記《らいき》』)と言い、第一線を退く年齢である。この例に準拠すれば、大国主はすでに七〇歳を超えていたことになる。

(4)大国主は、スサノオの娘・須勢理比売と結婚している。このことから、大国主は、スサノオの子どもの世代に当たるものと考えられる。

記紀神話は作り話にあらず。その実相は、大きく歪められてはいるものの、日本歴史の始発点となる貴重な叙述なのである。

第七章　ここが狗奴国だった

「女王の境界の尽くる所」

「狗奴」は「クナ」と読まれている。熊本県南部の球磨《くま》に当てるために、強引に読まれているだけである。それなのに、畿内説・九州説を問わず、この地名音解釈とその比定は、揺るぎないほど根強い。

狗奴国は、七〇余国を統率していた大国だった。それなのに、その大国がどこに存在したのか。その所在地が分からないままである。大国なのに、なぜ軽視されたのか。まず致命的な誤読があった。それに、邪馬壹国に比べて、狗奴国に関する記事量が極端に少ない。これが、狗奴国軽視の決定的要因である。邪馬壹国と狗奴国の所在地が明らかにならない間は、日本古代史の全体像が解明されることはないのである。

邪馬壹国と狗奴国の二定点のうち、すでに一方の所在地は定まっている。こうなると他の一点を特定することは、比較的容易だ。太宰府政庁跡が邪馬壹国の中心地であることが判明した段階で、すでにその答えは出ていた。

故国奪還に成功したニニギが、まず着手したことは水城の築造だった。体制を整えて、ふたたび襲ってくる敵の猛攻に備えるためだ。伯耆・出雲と筑紫の対立という記紀神話を貫く主題から考えれば、狗奴国は、伯耆・出雲ということになる。この答えは、「魏志倭人伝」と「後漢書倭伝」に照らして、果して正しいのかどうか。ここでは、その確認作業ということになる。

そこでどうしても触れておかなければならない記事が、「魏志倭人伝」のこの記事である。

次に奴国《どこく》あり。これ女王の境界の尽くる所、その南に狗奴国あり。

これは、旁国二一カ国の最後の奴国に続く記事である。この記事で明らかなように、狗奴国が存在したところは、〝邪馬壹国の女王を中心とする政治圏の南〟であって、〝邪馬壹国の南〟ではない。

石原道博は、この奴国は「重出」であって、伊都国の次に記されている奴国のことだという。旁国二一カ国は、女王国から「遠絶」だと、陳寿は強調している。初めの奴国は、女王国の西に所在していた。中心国家に隣接する国が、「遠絶」であるはずがない。

そうなると、この奴国はどこか。それは、「女王国の境界の尽きるところ」であり、「その南に狗奴国がある」ということだから、この国は、八《は》束《し》水《す》臣《おお》津《つ》野《ぬ》が国引きをした隠岐島だ。三世紀、隠岐は筑紫の領土となっていたようである。

記紀神話の「稲羽《いなば》の素兎《しろうさぎ》」は、伯耆・出雲と筑紫の間で起こった隠岐島争奪戦の、顚末を物語っていた。両国にとって、この島は、軍事上極めて重要な海上基地であった。筑紫にとっては、壱岐・対馬と能登を結び、〝日本海軍事ライン〟を形成するためには不可欠の島である。他方、伯耆・出雲にとっても、壱岐・対馬に攻撃を仕掛ける前線基地となる。

隠岐島の存在意義

出雲の北方に位置する隠岐を、『出雲国風土記』は「北門《きたど》」と記していた。「北門」は伯耆・出雲を視点とする名称なのである。実は、この「北門」は『日本書紀』にも記されている。それも伯耆・出雲の領土としてだ。

即ち日神の生れませる三の女神《みはしらのひめかみ》を以《も》ては、葦原中国《あしはらのなかくに》の宇佐嶋に降《あまくだ》り居《ま》さしむ。今、海の北の道の中に在《ま》す。〈神代紀・第六段一書第三〉

これはスサノオに連行される「宗像三女神」の、動向を記した一場面である。日神とは天照のことである。宇佐島は例によって、大分県の宇佐が通説となっている。高天原から伯耆・出雲に強制連行されているのに、途中経過地でもない大分県の宇佐に、どうして立ち寄らなければならないのか。理解できない。宇佐島の所在地は、葦原中国の中になければならない。葦原中国は伯耆・出雲政治圏の代名詞、それも、その中心地の代名詞である。

宇佐は、通説のとおり「ウサ」である。宇には、オオキナリの古訓の示しているように、大きいという意味がある。サはスサノオ（朱蛇王）のサ、すなわち蛇のことと思われるから、宇佐島は〝大蛇島〞となる。

宇佐島は、隠岐島の別名である。ここから逆に、隠岐島の地名起源が明らかになってきた。宇佐とは〝大蛇〞のことだから、隠岐も、大蛇を表していると考えることができる。ではオキとは。〝大虵〞である。これは島全体が一つの山、それもとぐろを巻いた蛇の姿に見える島後《どうご》に、視点を置いた島名のようである。「オキのシマ」は、通例「沖島」と表記されている。

全国に分布する「オキのシマ」

(1)沖　島　…　琵琶湖、田辺市（和歌山県）の沖、玄海灘（福岡県）に浮かぶ小島
(2)沖の島　…　宇和海（愛媛県）、上甑島《かみこしきじま》（鹿児島県）の沖合に浮かぶ小島
(3)沖ノ島　…　和歌山市の沖の小島、有田市（和歌山県）の沖の小島
(4)沖之島　…　小豆島（香川県）の西に浮かぶ小島

このように、圧倒的に多い表記は「沖島」、もしくは、それに類似する表記である。〝沖の島〞の地名は、字面どおり〝沖に浮かぶ島〞に由来しているのだろうか。そんな表記の中にあって、隠岐島は異質である。

山陰本土の平野部では、確認することのできない隠岐島を、〃沖の島〃と呼ぶことが、ふさわしいかどうか。どうしてもためらいを感じる。字面に地名起源を求めることは、危険である。隠岐島は〃沖の島〃ではない。こうして、隠岐の異質な表記が、沖島と隠岐島の地名起源を考えるきっかけとなった。

オキには、二つの原義が考えられる。①文字どおり、〃沖に浮かぶ島〃の意の「沖の島」。②小さな蛇のような島の意の〃小虵島〃。玄海灘の沖島は、九州本土から確認することができない。それほど離れている島を、〃沖に浮かぶ島〃と見なすことは、隠岐島と同じように、ためらいを感じてしまう。玄海灘に浮かぶ沖島は、〃小虵《おきの》島〃かと思われる。これに対し、隠岐島は、〃大虵島《おきのしま》〃が正しいようである。

「宇佐嶋」が隠岐島であることを、さらに証明する語句が、「海北道」である。「海の北の道」も誤読である。これは、〃海の北道《きたど》〃であって、『出雲国風土記』の記す「北門」のことと思われる。やはり隠岐島のことである。天照の娘三人は、隠岐島経由で、米子市宗像へ連れ去られてきたようである。これは、常識で考えられる経路である。

ところが、邪馬壹国（筑紫）は、「海北道」の地名を採用しなかった。隠岐島は、筑紫の北に位置していないことが、その理由である。位置している方位は、東北、もしくは東である。そのために、筑紫・壱岐・対馬から見て、「手前」の三島を「島前」、その向こうにある東の一島を「島後」と呼び、四島を一括して、「奴国」と呼んでいたのであろう。

伊都国の南にあった「奴国」と、この「奴国」とはどのような関係か。「重出」といった陳寿の過ちではない。これは、前者の分国ということになりそうだ。二万余戸の大国である「奴国」は、伊都国と並ぶ邪馬壹国政治圏の中心地だ。そのために、隠岐島の統治を任されていたのだろう。隠岐島は、〃邪馬壹国の女王を中心とする政治圏〃と〃狗奴国政治圏〃の境界となっていた。それだけ重要な一点であったことを、この記事は告げている。

狗奴国を特定する㈠

狗奴国の位置をより的確に表している記事が、「後漢書倭伝」だ。陳寿の記述が、正確であることを証言している史家は、裴松之《はいしょうし》だけではない。『後漢書』の著者・笵曄もまた、そうだ。「魏志倭人伝」の内容を、「後漢書倭伝」に大量に引用していることで、それは明白だ。「魏志倭人伝」の記事が正しいと判断したから、それらの記事に多少の訂正を加えつつ、利用していたのである。情報が間違っているのに、それをそのまま引用するほど、人間は愚かではない。

「倭の五王」の朝貢で知られるように、南朝劉宋の史家・笵曄にとって、倭国の情報は、陳寿の西晋の時代と比べ、さらに増えている。それらの情報の適・不適の取捨選択は可能だ。笵曄の執筆態度も、また誠実であることをうかがわせる。彼もまた、信頼を寄せることのできる史家である。

一方で、ほとんど「魏志倭人伝」の「文面の換骨奪胎」、まさに「公然たる盗作」（古田『「邪馬台国」はなかった』）との指摘も、首肯せざるをえないところではある。「その道里を計るに、当に会稽の東冶に在り」。これは前章で検討した「魏志倭人伝」の記事だ。ところが、この記事が「後漢書倭伝」では、「その地、大《おお》較《むね》会稽の東冶《とうや》の東にあり」と改変されているのである。

この後に、「朱崖《しゅがい》・儋耳《たんじ》と相近し。故にその法俗多く同じ」と続く。朱崖・儋耳とは、現在の海南島（ベトナムの東海上に浮かぶ島）に設置されていた郡の名称のことである。この章句が、「魏志倭人伝」の換骨奪胎であることは、否定できない。その換骨奪胎の力点が、「魏志倭人伝」の一節「（風俗・習慣や産物など）有無する所、儋耳・朱崖と同じ」に置かれていたための、過ちであったようだ。

「魏志倭人伝」に対する同様の過ちが、笵曄の採用した里程にそのまま現れている。「郡より女王国に至る万二千余里」（「魏志倭人伝」）。これが「後漢書倭伝」では、「その大倭王は邪馬臺国に居る。楽浪郡徼《きょう》はその国を去る万二千余里、その西北界拘邪韓国を去る七千余里」となる。これは、「大較《おおむね》会稽の東冶《とうや》の東にあり」の直前の記事だ。「帯方郡治」（京城付近）が、「楽浪郡徼」（帯方郡の北に位置する楽浪郡の南の境、あるいは南の城塞）に改変されている。

確かに、この個所も「魏志倭人伝」の著しい改変のようにも思われる。しかし、これは「公然たる盗作」ではなく、范曄は、この「万二千余里」を長里と考えた。そこで、帯方郡と楽浪郡の境界へと書き改めていたのである。里数を稼ぐためである。

しかし、范曄が、他方で陳寿の書き漏らした史実、陳寿の認識の埒《らち》外にあった事実、あるいは、彼の没後に日本列島で起こった事件を、「後漢書倭伝」に収録していることも、また否定しがたい事実なのである。

狗奴国を特定する㈡

「後漢書倭伝」には、范曄の歴史認識が正確であることを示す個所もある。その一つが、すでに論述した「凡そ百余国あり。武帝、朝鮮を滅ぼしてより、使駅漢に通ずる者、三十許国」であった。そして、狗奴国の位置が特定できるこの記事も、それに該当する。

> 女王国より東、海を渡ること千余里、拘奴国に至る。皆倭種なりといえども、女王に属せず。
> 〈後漢書倭伝〉

これに似た記述が「魏志倭人伝」にある。

> 女王国の東、海を渡る千余里、また国あり、皆倭種なり。

「魏志倭人伝」では「狗奴国」であったのに、「後漢書倭伝」では「拘奴国」となっている。つまり、ケモノヘンがテヘンに変えられ、狗が拘に書き改められているのである。「狗邪韓国」についても、そうである。「拘邪韓国」と表記されている。

ところが、この二つの記事は、似て非なるものである。「魏志倭人伝」では、東に海を渡った千余里に国があることまでは分かるが、その国名までは明らかにしていないのである。それにこの「千余里」は、短里だ。ところが、「後漢書倭伝」で示されている国は、「拘奴国」である。明らかに、范曄の認識の下に記された記事となっている。

「後漢書倭伝」のこの記事から、女王国（邪馬壹国）と狗奴国とは、海路による通行が可能であり、同じ海に面していることがうかがえる。邪馬壹国が面している海は、日本海である。そうなると、狗奴国の面している海もまた、必然的に日本海ということになる。

中国にあっては、これまでに長里と短里とは交錯しながら、使用されてきている。

周―秦―漢―（新）―後漢―魏―西晋―東晋―南朝劉宋

これは、周以後の中国歴代王朝の変遷である。このうち、短里を採用した王朝は、周と魏と西晋である。西晋の後を継いだ東晋以降は、長里に復帰している。したがって、南朝劉宋の史家・范曄の採用した里数も、長里である。当然、「後漢書倭伝」のこの「千余里」も、長里（一里・四一五～四三五m）だ。

長里の観点からすれば、太宰府政庁跡から、東へ、それも海を渡った四一五～四三五kmのところに、狗奴国の首都は存在したことになる。ところが、凡人の悲しさ。わたしには、この間の海路を測るだけの資金も術《すべ》もない。このために、これをどうやって測ろうかと、真剣に悩んだ時期もあった。

しかし、窮すれば通ずだ。わたしの本棚に、国鉄時代の古い時刻表が、一冊残っていた。その背表紙を見て、〝これなら、ほぼ近い数値が得られるかも〟と、即座に閃《ひらめ》いた。海路と陸路の誤差は多少生じるものの、鹿児島本線も山陰本線も、ともに海岸線に沿って走っているから、鉄路は一つの目安となる。そこで、旧国鉄（ＪＲ）の営業距離数で測定してみた。この方法を初めて適用した事例が、実は、この邪馬壹国―狗奴国間の距離である。

邪馬壹国―狗奴国間の距離

(1)水　城　―　米　子　…　四四三・九km

（内　訳）

①水　城　―　門　司　…　八三・三km

②門　司　―　下　関　…　六・三km

③下　関　―　米　子　…　三五四・三km

(2)博　多　―　米　子　…　四三三・三km

（内　訳）

①博　多　―　門　司　…　七二・七km

②門　司　―　下　関　…　六・三km

③下　関　―　米　子　…　三五四・三km

女王国から狗奴国までの距離「千余里」は、〝四一五～四三五km＋α《アルファ》〟となる。これは、ＪＲの営業距離で見れば、ＪＲ鹿児島本線・水城駅、あるいは博多駅から山陰本線米子駅までの距離に相当する。

(1)は、〝水城―博多〟間の陸路（一〇・六km）を含む距離数である。(2)はそれを含まない距離数である。(1)と(2)では、いずれが適切な数値か。

「女王国より東、海を渡ること千余里」とある原文を尊重すれば、陸路を含む〝水城―米子間〟よりも、

〝博多―米子間〟の方が適切ということになりそうである。ところが、この仮説だと、問題が生じることになる。博多駅のある福岡市域は不弥国であって、邪馬壹国ではない。つまり、邪馬壹国は、海には面していないのである。しかし、邪馬壹国にとって、現実に利用する港は博多湾である。この観点から、「後漢書倭伝」の記事は書かれているとも言える。

狗奴国の宮都も、邪馬壹国からの攻撃を避けるために内陸部にあったと思われるから、長里であるこの里程を考える時、水城―博多間一〇余kmと、米子―馬場間一〇余kmの計二〇余kmの里程は、「女王国より東、海を渡ること千余里」から捨象しても、支障はなさそうである。

狗奴国の確認作業は終わった。その地は、記紀神話で、筑紫・「高天原」を圧迫し続けていた伯耆・出雲である。こうして見ると、水城と山城に守られた邪馬壹国の宮都は、ニニギ以来五〇〇年前後もの間、微動だにしていなかったことになる。考えてみれば、当たり前である。遷都となれば、水城と山城という巨大な引っ越し荷物ができることになる。

これに反し、狗奴国の宮都はどうか。七〇余：三〇の勢力比の威力は、絶大である。ここが、絶えず守勢に回っていた邪馬壹国との違いである。馬場の地は狭いだけではない。内陸に奥まっているから、邪馬壹国を攻撃するには不便だ。広大で、行動に便利な地が、宮都にふさわしいことになる。そのために、淡海に近いところへ遷都していても、おかしくはない。それも、米子市を中心とする一帯であった可能性は高い。この点については、第3巻で詳述したい。

二大国家の特徴は湾岸にあり

「女王国の東、海を渡る」。この文面の持つ意義は大きい。今、改めてそのように思う。

邪馬壹国―狗奴国間の移動は、「陸行」ではなく、「水行」で可能であり、直接、海で繋がっている国家であることを、教唆している。より明確に言えば、邪馬壹国も狗奴国も、ともに海に面し、港湾都市を備えた国家であったことを告げているのである。

この文面の持つ意義は、他にもある。邪馬壹国を、海に面しない大和盆地に比定してきた畿内説のみならず、阿蘇山中説、四国山上説はもとより、狗奴国を、方位も里程も大きく異なる熊本県や和歌山県に比定してきた九州説も畿内説も、ともにこの短文の前に、拝跪せざるをえなくなる。しかも、この文面こそ、中国史書の中で狗奴国の所在地を探る唯一の手掛りであった。この意味でも、この一文は貴重な事実を含んでいたのである。

都市が都市として、国家が国家として「発展」するためには、港を設置できる地が、その条件でなければならない。海はどこまでも続く回廊であり、この回廊によって、他都市と自由に交流できることを可能にする。港こそ、新しい知識を外国から吸収する門戸となるところである。

ところが、海を介した国家間交流にも、さまざまな形態がある。友好的関係だけとは、限らない。激しい敵対的関係もある。それが、邪馬壹国と狗奴国の関係であった。では、「魏志倭人伝」の記す「女王国の東、海を渡る千余里。また国あり。皆倭種なり」の一文は、どのように理解すべきか。女王国と「皆倭種の国」とは、やはり一つの海路で繫がっている。

ことに、「魏志倭人伝」冒頭に、「倭人は帯方の東南、大海の中に在り」と記しているのだから、九州は倭人の住む国であって、倭種の住んでいるそれではない。したがって、「皆倭種の国」は、九州の外になければならないことになる。そうなると、「皆倭種の国」は本州ということになる。

この記事は、魏使が女王国に到達した後に記されている。したがって、以後は女王国の記述が中心となるから、当然、その機軸は女王国となる。この千余里は、短里で示されているから、その距離は七五〜七七km余りとなる。

しかし、この個所では厳密に言えば、女王国は海に面していないのだから、前述したように、実際の基点は不弥国となる。

不弥国の中心が、現福岡市なのだから、ここでも、ＪＲの営業距離を適用することができる。そうなると、どうなるか。博多—門司間は、七二・七km。これでは少し足りない。しかも、門司は九州の中だ。これが九州の外の下関だと、博多—下関間（門司—下関間六・三km）は、七九・〇kmとなって、「千余里」にピタリと一致する。「皆倭種の国」とは下関以東の国々、つまり〝狗奴国政治圏〟ということになってくる。

「魏志倭人伝」の記事は正しい。それだけではない。古田武彦が、ことあるごとに強調してきた魏晋朝短里説は、やはり成立するのである。

侮蔑から生まれていた「侏儒国」

「魏志倭人伝」の記す「女王国の東、海を渡る千余里。また国あり。皆倭種」の国は、本州の最西端・下関を基点とするそれ以東の国だ。これに続く記事が、「また侏儒国《しゅじゅこく》あり、その南にあり。人の長《たけ》三、四尺、女王を去る四千余里」である。

基点となる下関から、さらに南へ下ったところにある国が、「侏儒国」だ。芥川龍之介の作品の一つに、『侏儒の言葉』がある。「侏儒」とは小人のことだ。「人の長《たけ》三、四尺」は、異例の体躯である。そのために、この国は特記されていると思われる。しかし、そのような小人が、三世紀の日本列島に実在していたのかどうか。

『角川漢和中辞典』の示している魏の一尺は、二四・一二cmだから、身長三〜四尺だと、七二・四〜九六・五cm、一mにも満たない。これではまるで、就学前の子どもの身長である。これが事実であれば、まさしく「侏儒国」である。

この国は、「女王を去る四千余里」にあったというのだから、その距離は短里では、三〇〇〜三〇八kmとなる。邪馬壹国から相当離れている。そこは四国である。博多—小倉—佐伯（大分県）—市棚《いちたな》（宮崎県延岡市）間のＪＲ鹿児島・日豊本線の営業距離は、三〇六・七kmだから、「侏儒国」は九州の対岸の国、それも愛媛県で、まず間違いないようである。そうなると、愛媛県にはかつては、極度に背の低い「人種」が存在していたことになる。

四国も〝倭人の国〟ではなく、邪馬壹国とは敵対関係にある〝倭種の国〟―狗奴国政治圏だ。両国間の距離数も示されているから、これも、魏使の実地踏査による情報と考えがちだ。だが、戸数や風俗・産物などが記されていないところを見ると、どうやら、そうではなさそうである。

三世紀にあっても、邪馬壹国・狗奴国政治圏の双方にとって、周防灘・伊予灘・豊予海峡・豊後水道のすべてが、危険海域だ。特に、邪馬壹国側の佐賀関半島突端の関崎と、狗奴国圏に属す佐田岬との距離は、わずか一四km弱である。四国を実地検分するためだけであっても、魏使たちの動向が見つかれば、〝倭種の国〟からの攻撃は避けられない。そんな緊迫した地域だけに、この海域を航行することには、大きな危険が伴うことになる。魏使は、これらの海域は実地検分はしなかった。これは、倭人からの「伝聞」による記事のようである。「人の長《たけ》三、四尺」が、その根拠だ。

「侏儒」。このような人物が『記紀』中、一人だけ出現する。大国主が常に頼りとした神魂《かみむすび》の息子・少彦名《すくなびこな》（『記』では少名毘古那）だ。谷川健一編『日本の神々2　山陽・四国』の記す愛媛県大洲《おおず》市における少彦名の伝承は、なかなか具体的で、詳細を極める。

道後温泉で病が癒えると、スクナビコナは一五里の道を南へと下り、喜多郡に到着。喜多郡内を転々とした後、最終的に、大洲市菅田《すげた》字西経塚に居を定めている。ところが、ある日、スクナビコナは居所から三五〇mばかり西の川下から、対岸に渡ろうとして転落し、溺れて死んだといわれている。体が小さかったことが、災いを招いたようである。

谷川健一編『日本の神々2　山陽・四国』に、その説明はない。けれども、この川は大洲市内を蛇行する肱川《ひじかわ》だと、大洲市菅田《すげた》の少彦名神社の由緒は伝えている。『伊予国風土記』逸文を含め、愛媛県は、スクナビコナの伝承とその遺物の宝庫である。その伝承の中には、このように死に関するものまでもある。

大国主・スクナビコナを頂点とする伯耆・出雲政治圏に、筑紫は絶えず辛酸を舐めさせられてきた。それは、スサノオの筑紫侵攻以来、三世紀の今日まで続いてきた。筑紫側に、恨み骨髄までの深い気持ちがあっても、おかしくはない。大きな土地・国を表す大洲。その地を拠点に四国を統治していた人物こそ、スクナビコナではなかったか。しかも〝大きな土地・国〟を表す大洲は、「侏儒」に対立する地名の観がある。

筑紫にとって、伯耆・出雲は、ひどく気分が悪くなるほどの「穢き国《きたな》」（記）であった。伯耆の女性・伊邪那美の死に対しても、腐乱し蛆虫《うじむし》の湧いた死体と表現して、侮辱した。「侏儒」と「穢き国《きたな》」「汚き屍《しかばね》」の間には、共通する心理が流れている。これら一連の侮蔑的表現は、筑紫の伯耆・出雲に対する凄まじいまでの怨念の、悪しき産物だと言える。

記紀神話と「魏志倭人伝」とは、繋がっている。『古事記』の「国生み神話」による伊予国は、盟主として四国を統治する島（伊予之二名島＝伊予の尸盟島《しめい》）として、位置づけられていた。その伊予国の支配者が、背の極度に低いスクナビコナだったのである。

大洲の地名と小男のスクナビコナの不釣り合いを、筑紫は積年の恨みを込めて、「侏儒国」とあざけっていたのである。そのような歴史的経過を一切話さないまま、邪馬壹国は魏使に、「人の長三《たけ》、四尺の侏儒の国」と説明していたのである。人騒がせも、はなはだしい。

これは要するに、子ども同士の喧嘩で、負けた子どもの吐《つ》く悪態「オマエのカアチャンデベソ」と同一水準の、それである。三世紀、愛媛県一帯に限って、「侏儒」が生存していたという記録は、今もない。これからも発見されることはない。

鋭く対峙する地名

「侏儒国」の所在地も、判明した。四国と九州を隔てる周防灘―伊予灘―豊予海峡―豊後水道の一線は、二大政治圏の「国境」を形成していたのである。それを、関係する地域の地名が無言のうちに告げていた。その地名とは、大分県の杵築と佐賀関である。

出雲大社の所在地は、杵築である。『出雲国風土記』にも記載されている古い地名だ。その原義は、〝杵《き》（砦）を築く〟意であった。そのために、この地は杵築と呼ばれているのである。筑紫・越《こし》からの攻撃を防ぐことが、その目的である。「杵」だけではない。伯耆・出雲―狗奴国には、「関」も設置されていた。『出雲国風土記』の記すところだ。

国東半島の基部に位置する杵築も、同じ性格の地名である。この杵築にも、中国・四国からの襲撃を防ぐために、砦が設けられていたのである。国東半島の南にあって、遠慮するかのように伊予灘に突き出ている陸地が、佐賀関半島だ。ここにも、「関」が設置されていた。この半島の突端の地名が、関崎である。佐賀関の先という意味かと思われる。そして、その「対岸」が、わずか一四㎞弱の距離しかない愛媛県の佐田岬だ。

「邪馬台国」宇佐説は、富来隆《とみくたかし》氏以来、支持者は少なくないようである。だが、杵築も佐賀関も、国東半島の北に位置する宇佐を守る素振りは、いささかも見られない。狗奴国政治圏の猛攻を受ければ、防御施設のない宇佐はひとたまりもない。杵築・佐賀関の二つの地名だけでも、「邪馬台国」宇佐説を否定するに十分なのである。

消えた牛馬

狗奴国は邪馬壹国を、絶えず圧倒していた。その事実を示す記事が、これだ。ところが、この重大な事実が、いまだ認識されていないから、「魏志倭人伝」の正確性を疑う根拠の一つともなっている。

その地には牛・馬・虎・豹・羊・鵲《じゃく》なし。

虎・豹・羊と鵲（カササギ）は、当時の日本列島には棲息していなかった。これを否定する者はいない。問題は牛馬だ。それが、壱岐・対馬と北部九州にはいなかったという。これが、魏使の克明な観察の結果である。

ところがこの観察結果に、古代史の大家も当惑した。当惑だけならまだしも、苦しい弁明をして間違った。その一人が、東大の井上光貞だ。「トラ、ヒョウ、ヒツジは当然のこととしても、ウシやウマもいなかったというのはおおげさであろう。縄文時代にも、蒙古ウマの骨が発見されている」（井上『日本の歴史1　神話から歴史へ』）として、「魏志倭人伝」を否定する見解を示している。

それなのに、この直後には、「古墳時代以前の遺跡でのウシ、ウマの骨の発見例がきわめてすくないことは、この記事が虚構ではなかった証拠である」（井上・前掲書）と述べて、「魏志倭人伝」を肯定する見解に転じている。ひどい困惑ぶりだ。そうしてついに、弥生時代の日本では、戦争に軍馬を用いることはなかったと断定し、決定的に誤った。

魏使は、壱岐・対馬と北部九州で、牛馬を見ていないと報告しているのである。実際に眼にしていないから、このような報告となっているのである。公孫淵を征討し、ようやく制圧した朝鮮半島は、魏の意志の通ずるところとなった。その地の治安の安定化を図ることに、魏も必死だ。

ことに呉と同盟を結び〝親呉反魏政権〟が日本列島に誕生すれば、公孫淵を征討した意義も半減することになりかねない。そのような状況を想定すれば、日本列島に関する観察力もおのずと鋭くなる。トラ・ヒョウなど人間に害をもたらし、脅威となる動物、逆に有用な動物の確認も、一朝有事を考えれば、重要だ。なぜ、この一帯で牛馬は消えたのか。

スサノオに占領される以前、壱岐（高天原）にも、馬は確かにいた。

1其の服屋の頂を穿《うが》ち、天の斑馬《ふちこま》を逆剝《さかは》ぎに剝ぎて堕《おと》し入るる時に、…。　〈神代記〉

2秋には則《すなは》ち天斑駒《あめふちこま》を放ちて、田中を伏《ふく》せしむ。　〈神代紀・第七段本文〉

「田中を伏《ふ》せしむ」（使〓伏田中〻）とは、田の中を支配させた。つまり、成長した作物を折ったり、倒したりして、荒らさせた意か。

3則ち斑駒を逆剝《さかは》ぎて、殿の内に投げ入る。　〈神代紀・第七段一書第二〉

残虐なこれらの記事は、壱岐（高天原）に侵入したスサノオ軍の、天照たちに対する攻撃と暴虐を描いた一場面であった。すべて、「高天原」で起こった事件である。「高天原」（壱岐）にも、この時点まで、馬はいたのである。その馬がなぜ消えたのか。すべて殺処分となっていたのである。記紀神話には牛のことは書かれていないが、牛もまた、馬と同じ運命を辿ったようである。

スサノオ軍はめぼしいものは、すべてかっさらっていった。武器はもとよりあらゆる金属類も略奪・没収した。筑紫勢力の反抗の芽を徹底して摘み、二度と足腰の立たないようにするためだ。そのために、牛馬もその対象となったのである。

筏《いかだ》に乗せて牛馬を運ぶ。これが北部九州から山口県への運搬であれば、筏は支配下にある現地人に作らせればよいのだから、この方法は可能だ。しかし、これが壱岐・対馬からだと事情は大きく違ってくる。

ここから九州本土へ、あるいは本州へ海上輸送することは、至難の業だ。記紀神話は、「天の斑馬」の運命の全貌を語っていないが、その残虐行為こそ、すべての牛馬に対する〝殺処分〟を示唆しているようである。

これが、邪馬壹国圏における「牛馬なし」の実情である。紀元前三、四世紀の事件の後遺症である。「高天原」で牛馬がことごとく〝殺処分〟されるかたわらで、天照の娘三人と長男の菩比《ほひ》、さらに菩比の息子までもが、「人質」として伯耆・出雲圏へ連行されているのである。その弾圧ぶりは、筆舌に尽くしがたいほど徹底していた。

日本列島に牛馬はいた。ただそれが、当時の政治状況によって、著しく偏在していたのである。その事実を裏付ける記事が、これだ。

1（大国主は）出雲より倭《ゐ》に上りまさむとして、束装《よそひ》し立たす時に、片御手は御馬《みま》の鞍に繋《か》け、片御足はその御鐙《みあぶみ》に踏み入れて、（後略）〈神代記〉

2蜛蝫《たこ》島（現大根島）…即《すなわ》ち牧《むまき》あり。〈出雲国風土記〉

邪馬壹国圏と異なり、狗奴国圏には馬が存在し、しかも放牧場まで整備している。この二つの記事は、スサノオの「高天原」占領から、十数年後のことであり、同時代に属す。

一方、馬を奪われた筑紫勢力は、「天孫降臨」以後、その馬によって、絶えず悩まされることになる。水城の北に、荒々しいひづめの音を聞くことになるためだ。この苦痛は、五〇〇年前後の長きにわたって続いている。

「呼」と「狗」

わずか一文字であっても、古代史解明に、決定的な手掛りを提示していることがある。その典型例が「旧」である。それは表記だけではない。表音の場合もある。「呼」の音は、はたしてコで正しいのか、どうか。

邪馬壹国の女王・卑弥呼は、一部に「ヒメコ」と読まれたりもしているが、「ヒミコ」が通説となっている。したがって、狗奴国大王・卑弥弓呼も「ヒミクコ」と読まれてきている。通説への安易な妥協を嫌う古田武彦は、従来のこの読み方も否定した。これは、古田の通説への批判精神が、むやみやたらと旺盛なためではない。通説の解読法に、疑義があるためである。

「卑狗」（ヒコ）、「卑奴母離」（ヒドモリ）の例があるように、卑はヒである。「弥々」「弥々那利」と記されている投馬国の大官と副官は、それぞれ「ミミ」「ミミナリ」と読まれている。他方、国内史料の『記紀』

でも、「神沼河耳《かみぬなかわみみ》」「当芸志美美《たぎしみみ》」「岐須美美《きすみみ》」のように、「美美」「耳」は頻出するから、弥もミで、間違いなさそうである。

疑義がある漢字が、従来からコと読まれてきた呼だ。この漢字にはコだけではなく、ク、カの音もある。「卑狗」（ヒコ）の例で分かるように、女王の「本名」が「ヒミコ」であれば、その表記を「卑弥呼」ではなく、「呼」よりもさらに卑字と思われる「狗」を当てて、「卑弥狗」としたであろうと、氏は考えた。筋の通った推定である。

では、「卑弥呼」はどう読むべきか。女王の「本名」は、「ヒミカ」。これが、古田の見解である。わたしが中学二年生で習った女王名は、「ヒミコ」である。教科書にも、そのようにルビが振ってあった記憶がある。「邪馬台国」関係の大抵の本も、「ヒミコ」だ。一四歳以来、慣れ親しんだ名前であるだけに、少なからぬ抵抗を覚えたが、どう考えても、「ヒミカ」の方に分がある。

古田の「ヒミカ」論は、氏の古代史第一作『「邪馬台国」はなかった』ではなく、『古代は輝いていたⅠ』で展開されている。ところが、「卑弥呼」が「ヒミカ」であることから、この「卑弥呼」よりも先に、狗奴国大王「卑弥弓呼」の謎が解けた。この大王名はヒミクコではなく、「ヒミクカ」となる。弓字の表している音は、クである。

卑弥弓呼を解く(一)

美久我社《みくがのやしろ》。『出雲国風土記』に記載されている神社の、一つである。現在も「弥久賀神社」（祭神・天乃御中主）として、日本海に近い出雲市湖陵《こりょうちょう》町大池の地に鎮座している。この神社の背後に広がっている樹林帯が、「美久我の林」である。ここは「国引き神話」で、「志羅紀《しらぎ》」（新羅）を引き寄せる際の綱に見立てられた「薗《その》の長浜」の、基部に当たるところである。

「弥久賀神社」については、『全国神社名鑑　下巻』「島根県」が、このように紹介している。「社名については出雲国神社考等には美久我社、とある。松山の南端に美久我の林があり、一帯の長浜に添う陸（くが）

にちなんで美久我と名づけられたと伝えられる」。この説明から、「美久我」が「美陸」であることは明瞭である。このために、「ヒミクカ」という大王名の由来は、この地かと思った時期もあった。

丘陵地帯を分断し、この神社の前を〝無粋〟に走る国道九号線以外、なまじ人間の手が目立って加えられていないから、丘陵地の西に広がる神西湖《じんざいこ》を含むこの一帯は、鄙びた土地柄だけに、今なお美しい自然環境にある。

それから九年後の二〇〇〇（平成一二）年一〇月、二度目に訪れた時には、その鄙びた自然の中に、人の手が大幅に加えられていた。驚くことに、「薗の長浜」が舗装されていたのである。立派に整備されたその舗道に、人影はなく、一匹の猫だけが悠然と歩いていた。さすが、公共事業費日本一の島根県だけのことはあると、変に納得した。

この「美久我」が、「美陸」であることを教示してくれたものの、この地は、大王名の由来とは無関係だった。それは別のところにあった。湖陵町大池から、出雲市を経て大社町へと伸びる「園の長浜」は、「国引きの綱」にはふさわしい。だが、「天の日澄みの宮」（南部町馬場）から見れば、辺境である。その辺境の地を、大王名の由来とすることは、おかしいと気づいた。

一九九九（平成一一）年五月一〇日、初めて〝日本版ヒッサリクの丘〟―馬場を訪れたこの一日、米子駅前の商店街から借りた自転車で、方々を走り回った。島根県伯太町（現安来市）の長江山・母里《もり》まで足を運び、ここからふたたび西伯町・大国橋まで引き返し、手間山の赤猪岩《あかいわ》神社、三崎殿山《みさきとのやま》古墳などを訪れて、鳥取県西部探訪の初日を終了した。すでに日没が迫っていた。

宿を予約した米子市内へ向かっていることは、間違いはないという確信はあったものの、今、どこを走っているのか。まるで検討がつかなかった。この季節は日が沈んでも、午後七時半頃までは明るい。これから始まる田植えのために、道路の両側に広がる田んぼは、ことごとく丁寧に耕されて、水を引くまでになっている。その水のない田んぼのあちこちで、白煙が上がり、辺り一面に漂っている。

田植えが迫ると、農家では空水路など、田の周りに生い茂った雑草を刈り取って、畔道に並べて乾燥させる。田の中の白煙は、すっかり枯れたその雑草を集め、田の中で燃していることによる煙だ。稲の肥料にするためである。田の中に立ち込める白煙は、一木一草たりともおろそかにしないという日本人の伝統的農法が、今もなお生きている。夕日の中に立ち込める白煙を眺めながら、しばらくそこに立ち止まり、その風情の中に浸っていた。

沈みゆく夕日によって、茜色に染められた白煙は、無風状態の空間に広がり、そこに、慌ただしい現実から遊離した小宇宙を作り出していた。田舎で育ったわたしが、長い間忘れていた懐かしい光景であった。

その光景とは、初夏が訪れる頃になると、眼の前に必ず現れる自然の風景であり、唱歌「おぼろ月夜」の世界そのものだった。感動した。どこまでも、この光景が続いてほしいと念じたが、法勝寺川に架かる大《おお》袋《ふくろ》橋に着いた頃には、夜のとばりが辺りを包み始め、幻影的な世界は次第に消えていった。

後で調べると、この道は県道三一六号・米子岸本線、それも、手間神社前―大袋橋間の中間地点であった。この時、「卑弥弓呼」の意味がまるで分からなかったものの、わたしは、すでに「卑弥弓呼」のど真ん中にいたのである。

そして、翌二〇〇〇（平成一二）年、ついに「卑弥弓呼」が解けた。「卑弥弓呼」は、〝日美陸〟である。古田の解読した「ヒミカ」が、その手掛りとなったことは言うまでもない。

卑弥弓呼を解く㈡

二〇〇五（平成一七）年四月二一日付け『朝日新聞』声欄で、未知の人の一つの投書を眼にした。この投書も、「卑弥弓呼」の由来の一端を明らかにしていることになるので、あえて実名で紹介したい。

興味深く眼にした投書は、「好天の中、私は息子を背負い、近所の子供と桜並木の土手に沿って流れる川で魚取りをしました」で始まる。続いて、タモ網を手に、水に入った子どもたちが、水草や岸辺の草陰から、シマドジョウ、ヨシノボリ…などを収穫している時、投書の主の網には、一二㎝はあるヤツメウナギの一種、それも絶滅危惧種のスナヤツメが入っていたという。この投書は、「こんな体験ができる川も今では少なくなったことを思うと、護岸工事や河川改修には自然の要素をもっと採り入れてほしいと感じました」で、結ばれていた。同感である。この投書には、「自然観察指導員・桐原真希」（鳥取県南部町31歳）とある。

南部町とは、二〇〇四（平成一六）年一〇月、西伯町と会見町との合併により発足した自治体名である。「桜並木の土手」とあることから、この川が、旧西伯町を流れる法勝寺川《ほっしょうじがわ》であることは、即座に分かった。「桜並木の土手」は、法勝寺中学校の生徒たちが、通り掛りのわたしに、「こんにちは」と挨拶をしてくれた土手でもある。

これまでに何度も訪れているから、この川の特定についてては自信はあった。分からなかったのが、「桐原真希」という未知の人物の名前だ。それは「マサキ」か、あるいは「マキ」と読むのか。男性か女性か。それが分からなかった。

ところが、この謎が一年後に解けた。この時にかぎって、わたしの頭脳が冴え渡っていたからではない。投書の内容で、判明したのである。やはり、ほぼ一年後の五月一九日付け『朝日新聞』声欄、「絶滅危惧種に出合える日を」の見出しで、自然観察指導員・「桐原真希」さんの投書が、またもや掲載されていた。年齢も三一歳のままではなく、三二歳となっている。間違いなく、歳《とし》を一つ取っている。サバを読んではいない。

この年の投書は、「『おばちゃーん！　大変大変』。そういいながら下校途中の小学2年の女の子がわが家に来ました」で始まっている。「桐原真希」さんは、「マサキ」ではなく「マキ」さん、女性だった。

大変と叫んで、「マキ」さん家《ち》に駆け込んできた小学2年生の女児が見つけたものは、「カスミサンショウウオ」の死体だったという。同じサンショウウオの仲間でも、オオサンショウウオとは大きな違いだ。「カスミサンショウウオ」は、小さなサンショウウオである。

中村健児他『原色日本両性爬虫類図鑑』で確認すると、このサンショウウオは、トカゲの一種カナヘビに似ているようである。この投書から、サンショウウオにもオオサンショウウオだけではなく、他にも異なる種類が棲息していることを、初めて知った。

桐原真希さんの投書で、何が言いたかったのか。それは、鳥取県西部こそ、「卑弥弓呼」―〝日＋美＋陸〟の地だからである。この地には、かつては「淡海」と呼ばれた美しい海がある。滔々と流れる大河・「青垣」（日野川）もある。そして、天を突くかのように聳え立つ美蛇山《みはやま》―大山もある。鳥取県西部の光景には風格があり、威厳もある。まさに〝日美陸〟である。わたしが何度も足を運んだこの地こそ、狗奴国大王の都域なのである。

そのような大地を司る大王名こそ、卑字で表記された「卑弥弓呼」ではなく、「日美陸」がふさわしい。〝太陽の輝く美しい大地〟。これが、卑弥弓呼の意味かと思われる。七〇余国を統率するにふさわしい大王名である。

卑弥呼とは

卑弥弓呼は解けた。では、卑弥呼はどのように解釈すればよいのか。まず、「ヒミカ」の発見者・古田の見解を、概観してみたい。

(1)「ヒミカ」は〝ヒ＋ミカ〟であり、ヒは「日」であり、一種の美称と考えられから、この女王名の実態をなす語幹、中心は「ミカ」にある。
(2)中心名の「ミカ」は、「甕」と考えられる。
(3)「甕」には、大別して二義がある。一つが、もっぱら酒を醸《かも》すために用いた大きなかめを意味する「ミカ」である場合。もう一つが、日常の煮沸用の底の深い陶器を示す「カメ」の場合である。

(4)したがって、「卑弥呼」は「日甕」であり、「太陽の（恵みを受けた）みか」の意となる。

卑弥呼は「ヒミカ」であり、「日甕」である。これが、古田の提起した仮説である。この根底には、「甕依《みかより》姫」の存在がある。「甕依姫」は、『筑後国風土記』だけに、その記憶をとどめている女性である。

昔、此の堺の上に麁猛神《あらぶるかみ》有り。往来《ゆきき》の人、半《なかば》は生き、半《なかば》は死にき。其の数極めて多し。因《よ》りて人の命尽《つ》くしの神と曰《い》ふ。時に、筑紫君《ちくしのきみ》、肥君等《ひのきみら》、之《これ》を占ふ。筑紫君等の祖、甕依姫を祝《はふり》と為《し》て、之を祭《まつ》らしめき。爾《それ》より以降、路を行く人、神に害《そこな》はれず。是《ここ》を以《も》ちて筑紫神と曰ふ。

これが、「甕依姫」に関する記事である。この記事から「依」を〝憑《よ》り代《しろ》〟の意であり、「巫女《みこ》」のことと考える氏は、「甕依姫」と卑弥呼との間には、見逃しがたい共通項があると言う。以下、それを古田の『古代は輝いていたI』から、列挙してみる。

(1)卑弥呼は「筑紫の女王」であったが、甕依姫も「筑紫君等の祖」というのだから、やはり「筑紫の女王」と見なすことができる。

(2)卑弥呼は、実力者たちの共立によって王位に即《つ》いている。甕依姫も筑紫君、肥君等にとって共通の祖先であり、共通の祝《はふり》とされる点で、その性格には相通じるところがある。

(3)卑弥呼は、「鬼道」に精通した巫女の女王であった。甕依姫もまた、その名の示しているとおり、「巫女的能力の卓越によって、従来の子孫たる『筑紫の君』や『肥の君』たちによって共通の宗教的尊崇を受けていた」と考えられる。

(4)卑弥呼・甕依姫ともに、その名前の語幹は「甕」であり、共通している。逆に、「ヒミコ」に比定されている神功皇后・倭姫《やまとひめ》、あるいは倭迹迹日百襲姫《やまとととひももそひめ》が、その名前の上で、「ヒミコ」とは、いささかの共通性もない点で、大きく異なっている。

(5)甕を名前の語幹としていることから、甕依姫が、「甕棺《みかかん》」が盛んに用いられた弥生時代に存在していたことをうかがわせる。この点もまた、甕依姫が卑弥呼と同時代の女性であったことを示唆している。

以上である。「ミカカン」には、多少の説明が必要なようだ。氏は、日常生活で使用される煮沸用の容器が「カメカン」であり、遺体を中に入れる「甕棺」は、「ミカカン」と呼ぶ方が、妥当だとも指摘する。これは、単純化すれば、「甕」を「ミカ」と読むか、「カメ」と読むかによって生まれる違いである。

福岡市博多区に金隈《かねのくま》遺跡がある。古代の広大な共同墓地が、屋根に覆われて、丸ごと展示館になっている遺跡である。ここは福岡平野の東、月隈《つきのくま》丘陵のほぼ中央部に位置する。この共同墓地は弥生前期中頃(紀元前二世紀)から、後期前半（二世紀）までの約四〇〇年間にわたって利用されてきたと推定され、その埋葬方法には、三形態があったことが確認されている。それをその基数とともに、古い順に示してみたい。

(1)土拡墓《どこうぼ》制　：　土を長方形に掘って、その中に遺体を板で覆うか、あるいは木材を組み合わせて埋葬する方法。木材を組み合わせた方法は、組合《くみあわ》せ式木棺墓と呼ばれている。一一九基

(2)甕棺墓制　：　素焼きの甕や壺の中に、遺体を入れて埋葬する方法。三四八基

(3)石棺墓制　：　石を長方形に組み合わせ、その中に遺体を入れて埋葬する方法。二基

ただし、この展示館で実際に見学できる墓制は、土拡墓三四基、甕棺墓九一基と人骨数体だけである。そ

れでも見応えは十分だ。ところが、「ミカカン」では、ここを訪れる見学者に通用しないとでも思ったのか、金《かねのくま》隅遺跡の説明では、「甕棺」は「カメカン」となっている。

金隈遺跡の「甕棺」をきっかけに、古田は現地・福岡市で興味深い体験をしていた。この遺跡に行くために、氏はタクシーに乗った。すると、福岡市内のタクシーであるにもかかわらず、運転手氏はこの遺跡を知らなかった。以下は、古田『吉野ヶ里《よしのがり》の秘密』からの引用と、その大筋である。

「それは、何ばするとこ、ですか」

「甕《かめ》の中に、人の骨が入れてあるんですよ。甕《みか》棺といいますが、ね」

「ああ、甕棺ですか。あれなら、家《うち》にもありますが。何が珍しゅうて、あげなもん、見なさると、ですか」

何か話が変だ。

「うちのおじいさんのときは、その甕棺に入れるのん、見ましたもんね。わたしが、子供んときでしたばい。おやじのときは、甕棺ば、なかった、とです。昭和二十二年の、敗戦のときですもんね。甕棺ば、作る、人がおらんかった、とです」

その後、この運転手氏は、父親の棺《ひつぎ》は木製だったが、それでは、仏は成仏できない感じがしたと言う。

この会話を通じて、意外に思った古田は、すかさず、運転手氏の出身地を尋ねた。

「壱岐《いき》ですたい。対馬《つしま》の、こっちですね。代々、壱岐に住んどりますたい。（後略）」

驚いた氏は、さらに質問を畳み掛けた。

「甕棺へは、どんなにして葬るんですか」

「あれに入れて、穴ば、沈める、とです。それを、みんなして、身内の者、みんなして、左へ三回、右へ三回、まわると、です。（後略）」

貴重な証言である。火葬ではなく、土葬の風習が、壱岐・対馬には、戦後も残っていたようである。それも、「甕棺」に入れての埋葬である。

やはりと言うべきか。福岡県人の大半は、今でもカメをミカと言う。これはわたし自身が、福岡市内の居酒屋で確認した話である。卑弥呼の国にあっては、今もなお、ミカ（甕・瓶）の言語は生きているのである。

古田の分析と体験は、示唆に富む。しかし、卑弥呼を甕依姫の根拠とするには、不安を覚えるだけではなく、牽強付会を否めない側面もある。その根拠を、次の三点にまとめることができる。

(1)ヒミカはヒ＋ミカ。ヒは美称の［日］である。この解釈に間違いはない。それなら「甕依姫」ではなく、単に「甕姫」、より丁寧な表記であっても、「日甕姫」で事足りるはずである。どう考えても依字は不要である。

(2)「甕依姫」を奉ると、それ以降、「路を行く人が、神に害せられることはなくなった」という。これは、すべての争いが終わっているという内容の記事だ。ところが、卑弥呼の時代はどうか。狗奴国政治圏との〃死闘の真っ只中〃にある。

(3)卑弥呼は、なぜか、天照と誤解されるような境遇に置かれている。このために、天照を卑弥呼と見なす研究者は、少なくない。これに反し、「甕依姫」が、天照に取り違えられたような見解は見当たらない。

これが、わたしの推理である。(3)については、後で詳しく説明したい。

誰が甕依姫なのか

甕依姫は誰か。果して、特定できるのか。『筑後国風土記』の当該記事は、史実の極度の誇張と見なすこともできる。その一方で、これをもって、正確な描写ではないと捨象することは、危険だ。ここには、「筑紫君」「肥君《ひのきみ》」「筑紫君の祖」といった、『記紀』にはない貴重な内容が含まれている。その解明については第3巻に回し、ここでは甕依姫に的を絞って、解明を進める。

甕依姫を解明する鍵は、「依」にある。古田の解釈するように、これは「憑《よ》り代《しろ》」の意であり、「巫女」であることを示す語だろうか。「依」は、むしろ字義どおり忠実に解釈すれば、依存、依拠、依る（寄る）、頼りにするといった意味だ。甕依姫は「甕」に依存しきった姫だ。それを示す語が、一族の女性の意の「宗女」である。

甕依姫は卑弥呼ではない。甕依姫は、わずか一三歳（今日の年齢では六〜七歳）で女王に推挙された壹与である。卑弥呼一族の一員である壹与は、年端も行かない少女だった。女王即位直後にあっては、〝卑弥呼の功績〟に依存しっ放しであったと思われる。

卑弥呼の死の直後と、壹与の女王即位までの間を、「倭人伝」は「卑弥呼以て死す。大いに冢《ちょう》を作る。……更に男王を立てしも、国中服せず。更々《こもごも》相誅殺《ちゅうさつ》し、当時千余人を殺す。また卑弥呼の宗女《そうじょ》壹与年十三歳なるを立てて王となし、国中遂に定まる」と記す。壹与が女王に即《つ》くまでは、千余人の犠牲者を出す内紛が起こっているが、女王・壹与の時代には、あらゆる「いさかい」は終わっていることが、この記事で理解することができる。

卑弥呼―壹与―筑紫君・肥君。この系譜だけでも分かるように、この王朝も縦に連なる血統を、ことのほか重んじていたようである。「万世一系」は、政治権力者となる者の必須の条件であったようだ。

卑弥呼を解く

古田の論証にもかかわらず、「甕依姫」は卑弥呼ではなく、壹与だった。古田の「ヒ＋ミカ」解釈の特徴は、「弥呼」を「甕」と見なしたところにある。

「ミカ」（甕）には、古代から二つの用途があったようだ。①水を貯めたり、酒を造るための容器。②遺体を安置するための容器。①と②の用途から、「日甕」を〝太陽のように燦然と輝く聖なる器〟と解釈できるだろうか。

記紀神話の影響によって、人間の死を不浄視する傾向がある。しかし、記紀神話の真相は、筑紫が伯耆・出雲に放った侮蔑・悪罵に過ぎなかった。人の死は不浄ではない。厳粛そのものだ。それであっても、古田の解釈に違和感を覚えるのは、わたしだけだろうか。卑弥呼を「ヒ＋ミカ」と区切ることに、無理があると思われる。この違和感は、ここから生まれている。

そうなると、「ヒミカ」の意味を、改めて検討する必要に迫られてきた。ここで参考になる人物が、敵国の大王である卑弥弓呼だ。卑弥弓呼の読み方を卑弥呼に適用すれば、卑はヒ（日）、弥はミ（美）という美称となるから、「ヒミカ」は〝ヒ＋ミ＋カ〟以外に考えられないことになる。〝ヒ＋ミ＋カ〟であれば、その中心名は「カ」のみとなる。

「カ」の意味するところは、何か。「カ」の意味を究明する前に、もう一度、「甕棺」について検討を加えることにする。甕棺の読みとしては、カメカンが一般的である。ところが、これが、九州ではミカカンに変わる。卑弥呼のミカにも共通するミカカンには、これだけで、邪馬壹国の所在地を暗に伝えている発信力がある。貴重な用語である。しかし、ミカカンの内に秘めた威力は、これだけではなかった。ミカカンには、さらに重要な秘密が隠されていた。

カメカンだと、カメとカンの同義重複語となる。ミカとカンにも、同じ意味の言語の一面はあるものの、他面では、別の概念をも示している。ミカとカンとが別個の概念であることを示している用具が、いわゆる縄文土器である。

縄文土器の文様は、縄と見なされ続けている。この見立ては、根本から誤っている。その文様は縄ではなくて、蛇の姿を表している。ミカとはミ・カ、〝美・蛟〟である。大国主の宮殿の象徴は、その背後に聳える「宇迦能山《うかしやま》」であった。大蛇のような山の意の〝宇蛟し山〟が、宇迦能山である。カは蛟、蛇だった。つまり、ミカカンとは、〝美蛟棺〟のことなのである。三世紀をさかのぼるほどの、古い言語だ。

卑弥呼以前の時代、天照についで存在感のある筑紫の女性は、宇受売である。その素顔は〝渦女《うずめ》〟だった。蛇を名前としていた。宇受売よりも時代をさかのぼる女性名が、「国生み神話」の愛比売《えひめ》だ。伊予国（愛媛県）の別名である。エ（愛）も、蛇の古語と思われる。

ついで、比売だ。「ヒメ」と読まれている比売も、これとは別にヒバと読むことができるから、ヒメも蛇とはゆかりがある言語のようである。日本では古くから、女性も蛇を名前として取り入れている。卑弥呼も、その伝統を受け継いでいたようである。

卑弥呼は「ヒ・ミ・カ」であり、〝日・美・蛟〟である。〝太陽のように美しく輝く蛇〟の意となる。これで、卑弥呼の意味が解けた。「魏志倭人伝」では、コ音は狗字で表記されていた。それなのに、従来から強引にも、卑弥呼をヒミコと読んできた。卑弥呼はヒミコではない。古田が問題提起しているように、「ヒミカ」が正しい。

古代の葬儀

九州の地にあっては、甕棺《みかかん》は遺体を納める容器であった。人は、古くから遺体を大切に扱い、丁寧に埋葬してきた。「魏志倭人伝」にも、古代の葬儀に関する記事がある。

始め死するや停喪《ていそう》十余日、…　喪主哭泣《そうしゅこくきゅう》し、他人就《つ》いて歌舞飲酒す。

人間の死は、厳粛そのものである。それなのに、石原編訳『魏志倭人伝　他三篇』（岩波文庫）の示す文面からは、そんな厳粛な雰囲気はどうしても伝わってはこない。ここで疑問に感じた解釈が、これだ。「始め死するや停喪十余日、…」のくだりを、石原道博は「人が死ぬとまず、喪に服するのを停めて仕事にしたがうこと十余日」と解釈した。氏は、一体何を伝えたいのだろう。

誤りは二つある。一つが、「始め死するや」だ。「始死」は「始レ死」と読むべきで、それは〝死せむや〟となる。始は「始め」ではなく、「せむ」という動詞を表している。

もう一つが、「停喪」だ。「停レ喪」とは、〝喪に服するのを停めて〟ではない。「停」には、「とどまる」の意があるのだから、ここは〝喪に停まる〟と解釈すべきであって、〝喪に服する〟ことだと思われる。石原の解釈は、ここでも誤っているようである。

「魏志倭人伝」の伝える当時の葬儀だと、喪に服する期間は十日余り。その間、喪主の嘆き悲しむ横で、親戚・友人・知人は、呑めや歌えのドンチャン騒ぎを繰り広げていたようである。故人をしのび、遺族を励ますといった目的があったのだろうか。

あるいは、この風習は、今でもなお全国各地に残っているのではないだろうか。「歌舞飲酒」に関連して、「魏志倭人伝」は、「人性酒を嗜《たしな》む」という倭人の嗜好を述べている。三世紀の倭人の風俗と習慣と嗜好は、今と大差はなさそうである。

第八章　二大政治圏とその余の旁国

二大政治圏の領域を特定する手掛かりは

これで、〝卑弥呼＝「ヒミカ」〟の謎も解けた。いよいよ「邪馬台国」論争も、終末を迎えたのではないか。そう思いたいのは山々ではあるけれども、ようやく道半ばといったところである。まだまだ解決しなければならない問題は、山積している。

次は、二大政治圏の特定と「旁国」問題である。記紀神話は、越・筑紫と伯耆・出雲の対立で貫かれている。「魏志倭人伝」の主題もまた、邪馬壹国と狗奴国の戦いの帰趨にある。その勢力比は三〇対七〇余、優位に立っていた政治圏は、狗奴国とその同盟国だ。この勢力比から、その領域の広い方は、明らかに狗奴国圏である。

「女王国の東」、海を渡ったところは「倭人の国」ではなく、「皆倭種《ゐしゅ》の国」であった。四国も、「皆倭種の国」に含まれていた。「皆倭種の国」とは、より分かりやすく言えば、狗奴国とその同盟国─狗奴国政治圏ということになる。それは、「女王国の東」のどこまで広がっていたのか。逆に、邪馬壹国政治圏は、どの範囲に押しとどめられていたのか。すでに、二大中心点は定まっている。それぞれの都を中心にして、その版図はどこまで広がっていたのか。それを知ることのできる重要な手掛りは、考古学上の出土物ということになる。

ここで真っ先に頭に浮かぶ出土物は、数が多い弥生土器である。しかし、同じ紋様のものが全国に分布する弥生土器で、それを推測することは難しい。その手掛りとなる遺物は、青銅器である。

和辻哲郎は青銅器の出土分布から、相異なる青銅器文明圏の存在に気づいていた。それも、戦前の一九二〇（大正九）年のことだ。和辻は、一九三九（昭和一四）年の改稿版『日本古代文化』の中で、筑紫中心の「銅剣・銅矛文明圏」と近畿中心の「銅鐸文明圏」について、論述をしている。

その根拠として、次の四点を概略的に挙げていた。

(1)銅鐸の分布は、近畿を中心として、山陰、山陽の東半、四国、東海道の西半などに及んでいるが、山陽の西部や筑紫からは、いまだに出土していない。

(2)石見、伯耆、但馬、丹後、越前などは、潮流の関係から、朝鮮との交通の容易な土地柄である。しかも、この日本海側の一帯からは、銅鐸が出土しているのだから、山陰から朝鮮への交通路が開けていたことは、ほぼ確実なことである。

(3)前漢様式の鏡や銅剣・銅矛の分布は、筑紫を中心として中国、四国に及んでいる。それは筑紫からの交通が、後漢の初めよりも前から開けていたらしいことを示している。

(4)ここにおいて、山陰より大陸と交通した近畿中心の「銅鐸文明圏」と、筑紫より大陸と交通した筑紫中心の「銅剣・銅矛文明圏」との対峙を確認することができる。

邪馬台国＝畿内説に立つ和辻だけに、銅鐸文明圏の中心を近畿とするなど、誤りがある。しかし、時代の大きな制約がある中で、このような仮説を提起した氏の観察力というか、分析力は問題の本質を突いている。それでも、和辻の炯眼《けいがん》は、いささかずれていた。

それは古代史の全体像が認識・把握できていないことに、起因する。ただし、それをすべて氏の責めに帰すことは、いささか酷な気がしないでもない。その後の発掘調査は、考古学上大きな変化をもたらしていたからだ。

考古学における銅鐸の意義

銅鐸文明圏でも銅剣・銅矛は言うに及ばず、銅戈も大量に製造されている。簸川郡（現出雲市）斐川町の「荒神谷遺跡」は、それを証明している。ここでは銅鐸六個だけではなく、銅矛が一六本も出土している。そして誰もが驚いた出土物が、三五八本もの銅剣だ。それは、一九八四（昭和五九）年七～八月のことである。和辻の改稿版『日本古代文化』の発刊された一九三九（昭和一四）年から、実に四五年後のことである。伯耆・出雲も、武器を製造していたのである。

これは、国民にとってきわめて目立った情報である。これに反し、目立たない情報が、これだ。鳥取市青《あお》谷町《やちょう》の「青谷上寺地《あおやかみじち》遺跡」から出土した木製の「戈《か》の鞘《さや》」だ。「湿地が『戈の鞘』守った」との見出しで、二〇〇三（平成一五）年六月一一日付け『朝日新聞』は報じていた。伯耆・出雲にあっても、銅剣のみならず、銅矛・銅戈も造られていたことになる。

伯耆・出雲は、筑紫と鋭く対立していた。筑紫が金属製の武器を造り続けているのに、そんなことには興味を示さないで、銅鐸ばかり造っていたということになる。誤解を恐れずに言えば、これが、和辻の「銅剣・銅矛文明圏」と「銅鐸文明圏」の定義ということになってくる。

「銅鐸文明圏」の領域設定は、おおむね正しい。根本的な過ちは、「銅鐸文明圏」に、「銅剣・銅矛文明圏」を対置させたことである。戦勝国は敗戦国に対して、ふたたび抵抗しないようにするために、血も涙もない、厳しい占領政策を徹底して貫く。この占領政策については、第十三章（「加茂岩倉遺跡」の謎）で、改めて具体的に説明したい。

それはともかくとして、まずそこで実行することは、武器・戦闘用具類の没収だ。発見した武器類は、現地に一切残さない。すべてそこから、跡形もなく除去する。これこそ、以後の抵抗を許さない最善の方法である。「魏志倭人伝」の「牛馬なし」も、その一つだった。軍事用に使用させないばかりか、農耕用にすら使用させない。これも、敵を疲弊させる効果的な手段となる。

これこそ、勝利を収めた者が手にした〝無限の権利〟である。その行使はどこまでも残虐であり、相手を窮地に追い詰め、その状態の永続化を図る。これが、敗北者に対する勝者の論理である。権力を手にした者が、ほしいままに行使することのできる「絶対的権利」は、当然のことながら、遺物の出土状況を大きく左右する。

遺構・遺物はもとより、出土物も、当時の生活様式・活動状況を実際に知る重要な手掛りではある。しかし、その出土点数を鵜呑みにし、その数量だけで結論を下すことには、慎重であるべきだ。出土物によっては、現地で原料・素材を賄い、現地で製造され、現地の人によって使用された用具・道具などが、その後姿を消す場合がある。ことに武器類については、なおさらである。

その地での出土状況が、その地の生産力と大きく異なる場合も想定して、分析すべきである。出土物を分析する際、忘れてはならない鉄則であり、不可欠の視点だと思われる。この鉄則が、和辻には認識できていなかった。「銅剣・銅矛文明圏」の設定は、日本古代の全体像が、いまだ解明できていないことによって生じた過ちである。

「銅鐸文明圏」は間違ってはいない

狗奴国政治圏—伯耆・出雲政治圏こそ、「銅鐸文明圏」である。これに対置すべき邪馬壹国政治圏は、銅鐸の制作を断念した〝非銅鐸文明圏〟である。武器の生産が急務の邪馬壹国側に、銅鐸を制作するだけの余力のなかったことが、最大の原因と思われる。和辻の設定した仮説・二大文明圏の一つは、結果的に正しかったことになる。

けれども、考古学者の見解は違っている。北部九州でも銅鐸の鋳型が出土したことから、和辻の「銅鐸文明圏」を否定する方向にあるようだ。次に掲げる遺跡は、北部九州における現在の銅鐸の出土状況である。

(1)原形をとどめて出土した銅鐸

①突線帯文銅鐸（高さ一〇・一cm）：福岡県春日市小倉（大南《おおみなみ》遺跡）、一九六〇（昭和三五）年発見

②小銅鐸（高さ一一・八cm）：大分県宇佐市（別府《びゅう》遺跡）、一九七七（昭和五二）年発見

③同右（高さ五・五cm）：福岡県嘉穂町馬見《うまみ》（原田《はるだ》遺跡）、一九八六（昭和六一）年発見

④無文小銅鐸（高さ六・五五cm）・銅舌（長さ五・四cm）：糸島郡前原町（現糸島市）浦志、一九八三（昭和五八）年発見

⑤無文小銅鐸（高さ一三・五cm）：福岡市西区今宿・五郎江、一九八五（昭和六〇）年発見

(2)銅鐸の一部の出土

①無文小銅鐸片（推定高さ六cm）：大分市横尾・多武尾、一九八一（昭和五六）年発見

②銅舌（長さ五・四cm）：佐賀県唐津市宇木汲田《うきくんでん》、一九八三（昭和五八）年発見

(3)銅鐸の鋳型の出土

①無文鋳型片（片麻岩・推高二〇cm）：春日市大谷（大谷遺跡）、一九七八（昭和五三）年発見

②無文鋳型片（片麻岩・推高五・九cm）：春日市岡本（岡本四丁目遺跡）、一九七九（昭和五四）年発見

③横帯文鋳型片（白雲母・推高二〇cm）：佐賀県鳥栖市（安永田《やすながた》遺跡）、一九八〇（昭和五五）年発見

④横帯文鋳型片（砂岩・推高二〇cm）：福岡市博多区席田《むしろだ》（赤穂ノ浦遺跡）、一九八二（昭和五七）年発見

（注）(3)の③及び④は、外縁付き紐式銅鐸の鋳型だと言われている。以上については、小田富士男『倭国を掘る』、工楽善通編『古代史復元5　弥生人の造形』、渡辺正気『日本の古代遺跡34　福岡県』、森浩一編『日本の古代1　倭人の登場』を参照した。

北部九州で、原形をとどめた状態で出土した銅鐸は、わずかに五例のみ。それも最大の高さが、鋳型片も

含めて二〇㎝という小銅鐸だ。銅鐸と言えば、上に伸びている姿を想像するが、別府《びゆう》遺跡のそれは横に広がっている。より正確に表現すれば、銅鐸らしき遺物といった形状だ。このように、邪馬壹国政治圏には、狗奴国政治圏に比べ、銅鐸はほとんどない状態に等しい。

ところが、この貧相な銅鐸、貧弱な出土を前にしながら、考古学研究者の柳田康雄氏は、強引に分析を進める。北部九州でも近年になって、「銅鐸の祖型となる朝鮮小銅鐸とその仿製品《ぼうせいひん》と鋳型」、さらに「銅鐸そのものの鋳型」といった「銅鐸に関する資料の発見が続出」しているという（柳田「発掘された『倭人伝』の国々」、森浩一編『日本の古代1　倭人の登場』所収）。わずかこれだけの出土例をもって、柳田氏は「続出」と言う。牽強付会・我田引水だけではない。誇張も過ぎはしないだろうか。

伝香川県出土銅鐸、神戸市桜ヶ丘四号・五号銅鐸の三個は、全体の大きさ、規格化された各部位・文様・形態のみならず、そこに描かれた絵画とその筆致もまた、酷似している。この類似性から、これらの銅鐸は、同じ場所の同一製作所で、時間を置かずに造られていると見られている（佐原真「消えた銅鐸」、江上波夫・上田正昭・門脇禎二他『続・日本古代史の謎』所収）。なお佐原は、江戸時代中期の文人画家・谷文晁《たにぶんちょう》旧蔵の銅鐸も、この三個に似ていることを指摘しているが、この論文には、その絵画は掲載されていない。

これら三個の銅鐸には、それぞれトンボ、カメ、スッポン、魚、魚をくわえたスッポン、やはり魚をくわえている水鳥、イノシシ、シカ、脱穀場面のほかに、解読できない絵画数点が描かれている（次頁、図8-1）。シカを射止めようとする絵（伝香川県出土銅鐸）、シカを捕獲した絵（桜ヶ丘四号・五号銅鐸）のほかに、イノシシを、五匹の犬が取り囲んでいる絵もある（伝香川県出土銅鐸）。桜ケ丘五号銅鐸のシカは、人と同じほどの背丈で描かれているのに対し、五匹の小動物は遥かに小さい。犬であることは明らかである。狩猟用として、犬はすでに利用されている。なお、この場面には、矢をつがえている狩猟者も描かれている。

興味深い絵は、まだある。放牧場の牛を描いた絵もある（桜ヶ丘四号銅鐸）。三匹の動物は、草を食《は》んでい

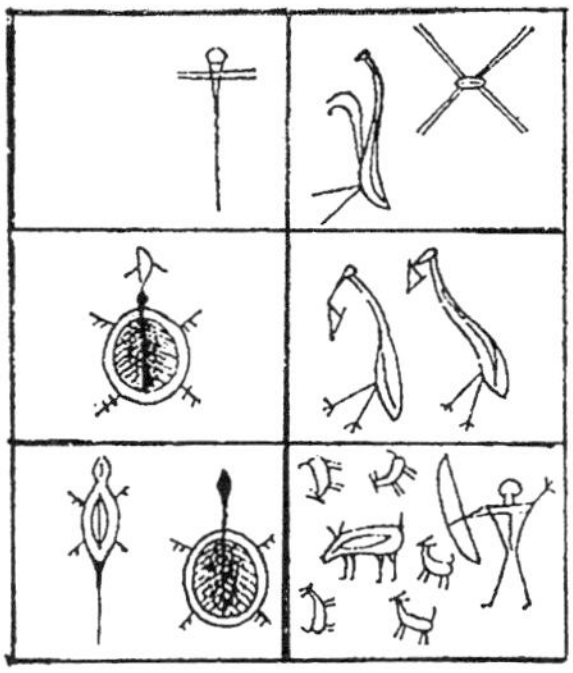

伝香川県出土銅鐸

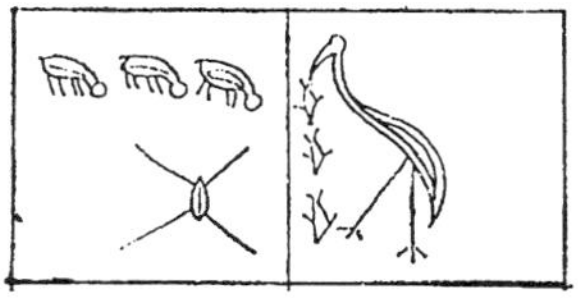

神戸市桜ケ丘4号銅鐸

図8−1　銅鐸の絵画

（佐原真「消えた銅鐸」、『続・日本古代史の謎』所収より）

る牛である。「田植えをしている人」との見方もあるが、この三匹の動物には、尻尾がある。人ではない。放牧場を示している図が、クモ・アメンボに見立てられている「⊗」である。これは、柵を表しているようである。

なぜ、これが柵なのか。従来、カマキリと考えられてきた生物は、馬を表している。それも、後ろ足で立っている馬の姿だ。四本の足は長く、首も長い。「三頭の牛」との違いは、一目瞭然である。これは、三個の銅鐸に共通して見られる絵である。その絵のいずれにも「⊗」があしらってある。牛と馬の絵に共通しているのだから、「⊗」は、柵と見なしうる。

銅鐸の表面を、画布《カンバス》とするには限られている。それにもかかわらず、そこに描かれている絵画は多彩であり、これらの絵画には、人間が自然とともに生きる思想すら感じさせる。

銅鐸は、わが国の古代における至高の芸術品である。それは単純化された造型美にある。そのような造型美を生み出した「銅鐸文明圏」には、それを生産するだけの技術があったということになる。それをもたらした絶対条件は、極端に異なる勢力比という時代背景である。

狗奴国政治圏は、和辻の造語を借用すれば、「銅鐸文明圏」ということになる。この文明圏の統治者は、伯耆・出雲を拠点とする狗奴国大王である。その大王の一人が、「倭人伝」に記された卑弥弓呼（日美陸）である。日美陸の由来が、鳥取県西部の美しい大地にあるにしても、自らの統治する全領域もまた、「日美陸」であることを自負していたことであろう。類似性の強い一連の銅鐸の絵画の意図したところは、〝日美陸〟の具象化、その反映と考えられなくもない。

その余の旁国

「女王国より以北、その戸数・道里は得て略載すべきも、その余の旁国は遠絶にして、詳《つまび》らかにするを得ず」として、「魏志倭人伝」には、「その余の旁国二一カ国」の国名だけが、列記されているだけである。理由はただ一つ、「遠絶」だからである。

次に①斯馬国あり、次に②已百支国あり、次に③伊邪国あり、次に④都支国あり、次に⑤弥奴国あり、次に⑥好古都国あり、次に⑦不呼国あり、次に⑧姐奴国あり、次に⑨対蘇国あり、次に⑩蘇奴国あり、次に⑪呼邑国あり、次に⑫華奴蘇奴国あり、次に⑬鬼国あり、次に⑭為吾国あり、次に⑮鬼奴国あり、次に⑯邪馬国あり、次に⑰躬臣国あり、次に⑱巴利国あり、次に⑲支惟国あり、次に⑳烏奴国あり、次に㉑奴国あり、これ女王の境界の尽くる所なり。その南に狗奴国あり、男子を王となす。

これが、「その余の旁国」二一カ国である（丸数字は著者による）。「女王国より以北の国」八カ国と「その余の旁国」二一カ国、これに邪馬壹国を合わせれば、三〇カ国となる。この三〇カ国は、「今、使訳通ずる所三十国」と同じだ。つまり、魏と友好関係にある国は三〇カ国と言っているのである。陳寿は旁国を一国ずつ列記して、それを律義に示していたのである。ここにも、厳格な執筆姿勢が貫いていることを知ることができる。

言うまでもなく、「邪馬台国」論争の中心は、その所在地究明にある。けれども、この二一カ国の「旁国」

についても、学者・研究者たちには魅力ある問題と映っているようだ。そのために、従来の古代史研究者の中には、この「旁国」比定にも、惜しみなく労力を注ぎ込んできた。これは内藤湖南以来、連綿と続く「伝統」である。

この「伝統」に反し、「その余の旁国」二一カ国を比定する根拠は、あまりにも少ない。手掛りと言えば、裸のまま放り出されている国名だけである。しかも、その音は不明である。それなのに、学者たちは、確固とした裏付けを提示することもなく、その比定に挑戦し続けているのである。無謀と言うか。あるいは、大胆と言うべきか。

混乱の原因は、はっきりしている。その原因は二つある。肝心の狗奴国・邪馬壹国の二定点が解明できていないこと。そして、もう一つは「旧百余国」の誤読による、それぞれの定点を核とする七〇余対三〇の勢力比が、まるで理解できていないこと。この二点に尽きる。だから、その行き着く先は、出発時点から見えていた。

先に概観したように、狗奴国政治圏は、本州の大半と四国全土を占めていた。いわゆる銅鐸文明圏だ。一方の政治・文明圏が明確になると、邪馬壹国と「その余の旁国」二一カ国の領域の輪郭は、消去法によって、いやでも定まってくる。邪馬壹国の政治・文化の及ぶ領域は、九州全域と北陸・関東と東北に限定されてくる。

「女王国より以北」の八カ国は、邪馬壹国と隣接、あるいは近接していた。ところが、「旁国」二一カ国は違った。これらの国はすべからく「遠絶」、遥か彼方に存在する国でなければならないこととなる。ここで、「遠絶」の二文字を尊重する以上、二一カ国の「旁国」は、九州の外に求めなければならないことになる。

ところが、馬耳東風。注意を喚起した陳寿の「遠絶」は無視され続けた。この「旁国」比定について、よりひどいのは九州説だ。その悪例を二、三見ることにする。

〝「遠絶」飛ばし読み旁国比定法〟

まず、どうしても取り上げなければならない人物が、宮崎康平だ。鬼気迫る執念で『まぼろしの邪馬台国』を著した氏は、「島原の子守唄」の作詞作曲家でもある。

失明・離婚という絶望の淵からはい上がり、新しい夫人との二人三脚で、宮崎は、「邪馬台国」を自らの足下である雲仙岳と多良岳の間の島原に、「発見」した。そうして八代市に比定した狗奴国を、球磨川河口の三角州地帯に栄えた国と見立てた上で、その「旁国」については、球磨川以北にちりばめた。

宮崎によるそれぞれの「旁国」の領域設定は、具体的である。たとえば、「蘇奴国」については、これを「ソヌのクニ」と読み、熊本県阿蘇郡の「大阿蘇火口原にひろがる白川上流域の水田地帯」に当てている。氏が「ツルソのクニ」と読む「対蘇国」についても、同様だ。「ツルソ」とは「蘇奴」に連なる国の意であって、その範囲は「熊本県上益城《かみましき》郡の緑川上流一帯と、阿蘇郡の東南部、蘇陽《そよう》町付近から宮崎県西臼杵郡五ヶ《ご か》瀬《せ》町および高千穂町にわたる一帯」だと言う。ビックリすることに、太宰府市は、二〇番目の旁国「烏奴国」に当てられていた。

国名の読み方といい、「旁国」の領域設定といい、宮崎の見解は詳細を極める。だから正しいことにはならない。氏にあっては、「遠絶」の二文字は、すっかり無視されている。氏の根底にある発想は、古田の指摘する〝地名音当て中心主義〟一辺倒にある。熊本県以北の領域にかつてあった、あるいは今も残っている地名に、個々の「旁国」を当てはめる方法に過ぎなかった。

この方法をさらに「昇華」させた研究者が、地名学者の楠原佑介《くすはらゆうすけ》氏だ。氏は『「地名学」が解いた邪馬台国』で、文字どおり「地名学」に基づき、縦横に「邪馬台国」と「その旁国」を論じている。

氏の「邪馬台国」比定地は、佐賀県の大和町東山田だ。「邪馬台」は「ヤマダイ」ではなく、「ヤマダ」だと強調する。この地には、「甘南備《かんなび》」と呼ばれている富士山型の、春日山が存在しているようだ。この山の存在が、楠原氏の思考に多分に影響していることは疑えない。

その結果、楠原氏は、この山田とは「山の中の田んぼ」のことではなくて、「山になった所」「山のある方向」だと、推測した。そうしてついに、「つまり『山田』とは、神聖な山が神々しい錐形に見える地のことではないか」と、誤った問題提起をするに至ってしまう。

楠原氏も、ありもしない「邪馬台国」にこだわり続ける一人だ。氏の『「地名学」が解いた邪馬台国』は、二〇〇二（平成一四）年二月に出版されている。一九七一（昭和四六）年に古田武彦が『「邪馬台国」はなかった』、と世に忠告してから、すでに三一年も経過している。それなのに、この〝ありがたい忠告〟を無視しての「邪馬台国《やまだこく》」論である。

〝ありがたい忠告〟を無視したツケは大きい。これは、わたしが二〇代後半に実際に経験しているから、自信を持って言えることなのである。

楠原氏による「その余の旁国」の領域は、宮崎と同じように、熊本県以北の福岡、佐賀、長崎、大分の四県に押し込められてしまった。氏も熊本県全域を、狗奴国と考えたためだ。こうして楠原氏にあっても、「遠絶」は無視されてしまった。

「邪馬台国」九州論者は、「その余の旁国二一カ国」を、きわめて限定された領域に閉じ込めてきた。「邪馬台国」を佐賀・三養基《みやき》郡に比定した武光誠氏も、やはり〝「遠絶」飛ばし読み比定法〟に徹している一人だ（武光『テラスで読む邪馬台国の謎』）。

九州説による「旁国二一カ国」の比定は、「遠絶」とはほど遠い領域内に、チマチマと当てはめた〝箱庭的旁国比定〟でしかなかった。蜀・呉と中原に覇を争っている魏が、日本列島の一隅で起こった局地紛争に、ムキになって首を突っ込む。そんな姿だ。この比定から見えてくる光景は、極度の矛盾だけである。

他方、九州説に対する畿内説はどうか。「邪馬台国」を畿内大和に比定した元祖・内藤湖南は、これらの二一カ国を確かに「遠絶」の地に比定した（内藤『卑弥呼考』）。大和の四方、ことに東西は広い。だから比較的自由に、それも〝遠方〟まで足を延ばして該当しそうな地名を探すことができる。

しかし、畿内大和は、狗奴国政治圏の中、それも副都心と呼ぶべき地である。最も重要な中心が、根底から間違っているのだから、論評すること自体が無駄である。

対立させてきた「遠絶」と「旁国」

「旁国二一カ国」の比定、ことに九州説による〝箱庭的旁国比定〟は、どうして生まれたのか。それは「旁国」だけを採用し、「遠絶」を無造作に斬って捨てた結果だ。

「遠絶」の示すところは、一義しかない。それは、〝通行が途絶えるほど遠い〟の意だけだ。

「遠絶」と「旁国」の二語は、相対立する概念なのかどうか。従来はこの二つの概念は両立しないとの暗黙の了解があったためか。そこで、「遠絶」の二文字を徹底して無視したのである。

他方、「旁国」についても、例外なくすべての論者が、「遠絶」に対して接したように、全員右へ倣って、一面的な解釈しか与えようとしなかったのである。そうして、「旁」を「かたわら」とのみ理解してしまった。「かたわら」と理解した瞬間、「旁国」と「遠絶」との間には、調和しがたい軋み音が生じてくることは避けられなくなる。ここで、「遠絶」「旁国」の二者択一が行われたのである。

ところが、これがとんでもない過ちだった。わずか「旁」の一文字に、格別の注意を払わなかったためだ。例の旧字と同じような扱いを、ここでも行ってしまったのである。「遠絶」と「旁国」は両立しないどころか、〝立派〟に両立する。陳寿は「かたわら」の意味だけで、旁字を使用してはいなかった。

諸橋轍次『大漢和辞典』には、『楚辞』「九章・惜誦」から引用された一文が、紹介されている。「曰ク有リテ二志ノ極マルコト一而無シレ旁。[注] 旁ハ、輔ケ也」（曰く、志の極《きわ》まること有りて、旁なし。[注] 旁《ぼう》は、輔《ほ》なり）。これがその一文である。「旁」には「輔（助）ける」という意味があることを、ここで確認することができる。漢字を熟知する陳寿は、むしろこの語義を重んじていたようだ。

「輔（助）ける」ことに重心を置けば、「旁国」とは〝同盟国〟の意となる。それも、邪馬壹国から遥か遠くにあっても、〝献身的に支える同盟国〟であることを表していたのである。「遠絶」の地にあるものの、どこまでも女王国を支える同盟国。物心両面にわたって支える国。これが、陳寿の意図した「旁国」だ。漢字の内に秘めた語義は、深い。

では、「遠絶」の地にある「旁国」は、どこへ求めればいいのか。それは「銅鐸文明圏」の外、北陸と関東・東北に求めなければならなくなる。しかし、その根拠は銅鐸の有無だけだろうか。そんなことを考えていたら、新たに根拠らしきものに遭遇することとなった。

九州弁と東北弁

その手掛りは、古くからこの地上に生まれ、日常生活の中で、頻繁に使われてきている。方言が、それだ。柴田武他『シンポジウム日本語⑤　日本語の方言』という、一冊の本がある。この中の、柳田国男の提起した「方言周圏論」の是非をめぐる議論において、方言研究者である藤原与一氏が「バッテン」について語っている。「バッテン」は九州の代表的方言と思っていたが、そうではなかった。「バッテン」は、関東にも東北にもあるという。

第1巻（第二十一章）で述べたように、「方言周圏論」とは、都で生まれた言語が遠い地方へも伝わり、やがて中央では使われなくなったにもかかわらず、地方には、そのまま残っていることもあるという一つの法則性である。「バッテン」も、畿内から遠く離れた東西の地に残っているのだから、「方言周圏論」は成立しそうにも考えられるが、藤原与一氏は慎重だ。

「『バッテン』ふうのものの場合、あまりにも両極に、それこそ双方孤立しておりますから。もう少し、途中に、何かがいくらか見当たりますと、周圏論を立ててもよかろうかと思うんですけれども、いまのところは警戒気味です」（柴田他・前掲書）と述べている。都と九州、都と関東・東北の中間地帯に、「バッテン」に類似した言葉が、見当たらないのである。

「バッテン」が九州だけではなく、関東・東北でも使われていたことだけでも驚きだが、九州と東北に共通する方言は、まだある。「暑いナモシ」「寒いナモシ」の「ナモシ」も、そうだ。そして「オチル」だ。この方言について、柴田武氏が興味深いことを話している。

「東北地方に『オリル』『オチル』というのがありますね。ところが佐賀にも、それから長崎にも『オチル』があるんです。これは全く形だけ見ると、周圏的事実ですけれども、それは周圏論で説明できない。かつて京都で『おりる』ことを『落ちる』といったということはとうてい考えられない」（柴田他・前掲書）と述べている。柴田氏も「方言周圏論」には、やはり慎重である。

九州と関東・東北の言語は似ている。その貴重な例が、柳田『蝸牛考』に示されていた。米を洗った白水《しらみず》（白濁した水）を、九州の北部と関東・信州では「ニゴシ」という。シとは水の古語だから、これを漢字で表せば、〃濁水〃となる。近畿では、まったく使われていない言語である。

「バッテン」「ナモシ」、「オチル」、それに「ニゴシ」の空白部分が、ほぼ「銅鐸文明圏」に重なることは明白だ。もっとも、方言に関しては不可解な現象もある。北陸に九州弁の痕跡がないことである。「国生み神話」では、北陸は九州の本家筋に当たっていた。それなのに、どうして北陸に九州弁が残っていないのか。あるいは逆に、九州に北陸弁が残っていないのか。

福井・石川・富山の北陸三県は、地理的に見て、京都・大阪の影響を受けやすい。むしろ言語も含め、京都・大阪の文化を積極的に吸収できる地であったことを、その原因の一つに挙げることができる。言語学者たちが、この地に九州弁と共通する痕跡を見出だせないのも、このためか。

古代、北陸と九州とは強い絆《きずな》によって結ばれていた。この政治的・文化的繋がりを考えると、九州に北陸弁が残っていないのではなく、残っているけれども、それに気づかないだけとの仮説は、成り立つ。そして、この逆の仮説もまた成立する。しかし、その解明は今後の課題である。

「遠絶」の二文字を尊重すれば、「その余の旁国」二一か国は、「非銅鐸文明圏」に求めなければならないことになる。これが絶対条件である。しかし、この二一カ国をすべて正確に比定することは、現実的に難しい。それを阻む障害が、幾重にも立ちはだかっている。

「その余の旁国」比定

(1)今日なお、該当する地名が遺存しているのかどうか。

(2)「その余の旁国」は、いわば裸のまま、国名だけが放り出されている状態にある。しかも、ふんだんに「卑字」が使用されているから、「倭人伝」の表音表記は、どこまで正確なのか。その判読・判断の難しさがある。

(3)国名を特定するにしても、「非銅鐸文明圏」という漠然とした領域しか、判明していない。それが日本海側なのか。それとも太平洋側なのか。それすら分からない。

このように、八方塞がりの状態にある。そんな状況下ではあっても、かすかな手掛りが残っている。旁国は、「遠絶」を克服しながら、宗主国・邪馬壹国とは、どんな状況であっても、「連携」に努めようとしたであろう。そこで「連携」を図ろうとすれば、残された方法はただ一つ、障壁のない回廊―海の活用だけである。

このように考えれば、二一カ国が、日本海と太平洋の沿岸部に存在していた可能性は高まってくる。そうなると、海に面していない関東の群馬・栃木・埼玉、あるいは山梨県方面を、対象から外すことも、一つの方法となってくる。

以上の観点から、旁国二一カ国の探索を始めることにする。手始めに、比較的分かりやすいと思われる旁国から考えてみたい。以下は順不同である。まず④の都支国は、「トキ」か。この「支」は「伎」で、イ

（イトヘン）の省略形かと思われる。そこは、能登半島西岸の富来町《とぎ》（石川県羽咋郡）一帯ということになる。

⑧の姐奴国は「サド」か。姐《しゃ》の示す音は、あるいはサカ。佐渡島かと思われる。⑯邪馬国は邪馬壹国の例から考えても、「邪馬」はヤマ、山だ。しかし、この国の比定は難しい。日本列島は山だらけだ。ところが、古いという観点からみれば、『和名抄』には、陸奥国《むつのくに》に「耶麻郡」の郡名が見える。これは現在の福島県、それも猪苗代湖の北側が、その地である。問題は、相当に内陸部にあることである。

日本海側はどうか。まず山形県がある。ヤマカタとはヤマ・カ・タで、カとタは地名接尾語のようである。山形と新潟・福島・宮城県との境には、蔵王をはじめ、出羽三山（鳥海山・月山・湯殿山）など、一〇〇〇mを超える山々が軒並み連なっている。まさに〝山のある地〟—山形にふさわしい。

郡名ではないが、古代、「出羽国」最上《もがみ》郡内に、「山方郷」が存在していたことが、『和名抄』で確認できる。ここは山形県の東北部に当たり、相当内陸部に位置している。茨城県那珂郡の山方町も、そうである。

この二つの地は、候補地から外してもよさそうである。日本は山岳列島だ。山には事欠かない。下総国埴《はに》生《ゆう》郡内にも「山方郷」（現成田市の一部）が存在していたことが、やはり『和名抄』で確認できる。後で述べるように、「邪馬国」は「埴生郡山方郷」かと思われる。もっとも、山形・山方の地名音が、地名誕生の当初から「ヤマカタ」であったとの保証はない。山鹿《やまが》（熊本県）の地名が示しているように、〝ヤマ＋カ〟の可能性もある。カは、ところ・場所を示す地名接尾語である。

太平洋沿岸はどうか

ここまでは、日本海側に存在したと思われる国々について、その比定を試みた。それでは、太平洋沿岸ではどうだろう。まず、②の「巳百支」についてである。この国名はどうか。巳はイ、百はハク、支が、伎のイ（イトヘン）の省略形であれば、この地名は「イハキ」となる。福島県の旧国名は「磐城」だが、県全域が「巳百支」ではなく、現いわき市を中心とする一帯か。

⑤の弥奴国は〝巳《み》・土《と》〟、あるいは〝水《み》・土《と》〟の意のミトか。そのものズバリの地名は、茨城県の水戸で

ある。後で触れる躬臣国と蘇奴国との位置関係から、弥奴国は水戸かと思われる。
⑭の為吾国は「イグ」か。為はイ、吾はグ、もしくはゴである。宮城県南部に伊具《いぐ》郡がある。ともに「イグ」で、共通するばかりでなく、珍しい地名なので、「為吾」はこの伊具郡を中心とする地であろう。
⑰の躬臣国も、それに該当する地名は残っていた。躬の音はク、クウ、キュウ、臣はシン、ジンと、その音は限定されているから、これは「クシ」か。「チクシ」の「クシ」と同じ意味だろう。岩手県北部に久慈市、茨城県北部に久慈郡がある。いずれか。
後者の久慈は、『和名抄』のみならず、『常陸国風土記』にも記されているほどだから、その地名は古い。已百支国、弥奴国との位置関係から、躬臣国は、茨城県久慈郡の方が該当するように思われる。
⑩蘇奴国の読み方は、「ソト」か。中心となる音はソである。東北地方の太平洋岸には相馬が点在する。「ソウマ」のマは、播磨・有馬などに見られる地名接尾語である。馬とは関係はない。マと読まれているが、もとはバ（場）であった可能性もある。中心地名はソウだが、あるいは単にソであったとも考えられる。ソに相を当てたために、ソウへの変化が起こったということは、十分にありえる。当てた漢字によって、地名が変わる例は少なくない。このソも、蛇の古語と思われる。
茨城県には、霞ヶ浦が存在する。その南には利根川が流れている。ここは、日本でも有数の水郷地帯であり、湖沼・河川と海洋のもたらす水産資源の宝庫だ。ここで、一つの事実が見えてきた。旁国の一部は、この周辺に一大拠点を形成していた。これが、ここで見えてきた新しい事実である。

そうなると、蘇奴国は茨城県南部の北相馬郡から、東京湾岸の船橋から千葉市にかけての一帯に比定してもおかしくはない。実は、前述の「邪馬国」を、下総国埴生郡内の山方郷に比定したのも、この相馬との関連においてである。

では、蘇奴国はどこか。相馬と言えば、民謡「相馬盆歌」の福島県が有名だ。蘇奴国は福島県の相馬で間違いないと思いつつ、念のためにと思って、相馬の地名を調べてみた。すると、相馬の地名は意外に多く、千葉県から福島県に及ぶ太平洋岸に分布していたのである。

　福島県北部の相馬郡、この相馬郡と接する福島県の相馬市、さらに茨城県南部には北相馬郡がある。そして、地図では確かめられないが、『和名抄』に記載されている相馬が、「下総国（千葉県北部）相馬郡相馬郷」だ。この相馬で、「その余の旁国」の一角が見えてきた。

　①躬臣国＝茨城県久慈郡。②弥奴国＝水戸市。③蘇奴国＝茨城県南部から東京湾岸。④邪馬国＝下総国埴生郡山方郷

　この四カ国は、すべて茨城県に集中している。この傾向は、蘇奴国は福島県の相馬ではなく、千葉県北部にあった相馬郡相馬郷を、有力視する根拠となりうる。それだけではなかった。現存地名にも、蘇奴国の痕跡は残っていた。それが、太平洋に面している「匝瑳郡」（現匝瑳市）だった。

　この地名を即座に読めるのは千葉県人、それも、その土地に関係した人だけだろう。「匝」はこれまでお目に掛ったことのない漢字だから、わたしには読めなかった。けれども、読めなくても、今後に支障が生じたりすることはないものと思い、そのまま放っておいた。要するに、手抜きをしたのである。

　ところが、蘇奴国の比定で考えを巡らしていた時、一、二年ほど放っておいた「匝」は、「ソウ」ではないかと直感した。やはり、この直感は当たった。匝瑳は「ソウサ」だった。サは例のカサ（笠狭）、ミササ（三朝）のサで、地名接尾語だから、匝瑳の中心地名はソウ、もしくはソとなる。これで、蘇奴国の比定も揺るぎないものとなった。

　千葉県の北は下総国《しもふさのくに》、中間部は上総国《かずさのくに》、そして南部は安房国《あわのくに》と呼ばれてきた。これらの地名で分かるように、房総半島は、安房と上・下総を足して二で割ったところから生まれている。これは今でも、全国各地でよく見られる新地名の決定方法である。東京都大田区は、大森区と蒲田区の合併によって生まれた地名で

ある。なにしろ、「蜛蝫《たこ》島」が「大根《だいこん》島」に化けてしまう国である。〃シモ・ソ〃が「シモ・フサ」に、〃カミ・ソ〃が「カズ・サ」に化けても、一向に不思議ではない。むしろ、この化け方こそ、わが国の地名の変遷に合致している。

関東にもあった装飾古墳

霞ヶ浦周辺は、「その余の旁国」の一角を占めている。この比定から、遠く離れた二つの遺跡が、驚くことに、有機的に結び付くこととなった。それが装飾古墳である。装飾古墳と言えば、福岡県と熊本県が著名だ。それが、霞ヶ浦周辺にも点在しているのである。それは、方言の「バッテン」にも照応している観がある。どうして、このような共通性が生まれたのだろうか。

ここで、霞ヶ浦周辺の装飾古墳の図文の特徴について検証してみたい。全面的に日下八光『東国の装飾古墳』（一九九八年）によった。他に適当な参考資料がないことと、氏には、九州の幾多の装飾古墳を実際に眼で見、確認しながら、模写してきた実績があるためだ。

氏が模写を手掛けた、関東の装飾古墳に共通して見られる図文が、矢を入れる武具の靫《ゆぎ》（靭）である。その靫《ゆぎ》は、九州の装飾古墳の図文から、三類型に分けることができると言う（図8-2）。

(1)奴凧《やっこだこ》形　…　袖を広げた奴凧のような形のもの
(2)臼《うす》　形　…　袖がなく、太く短く桶か臼のような形のもの
(3)筒　形　…　同じく袖がなく、ジョッキか竹筒のような形のもの

〈日下八光『装飾古墳の秘密』〉

この三類型は、霞ヶ浦周辺の装飾古墳を認識するための予備知識である。

(1)吉田古墳（水戸市元吉田町）

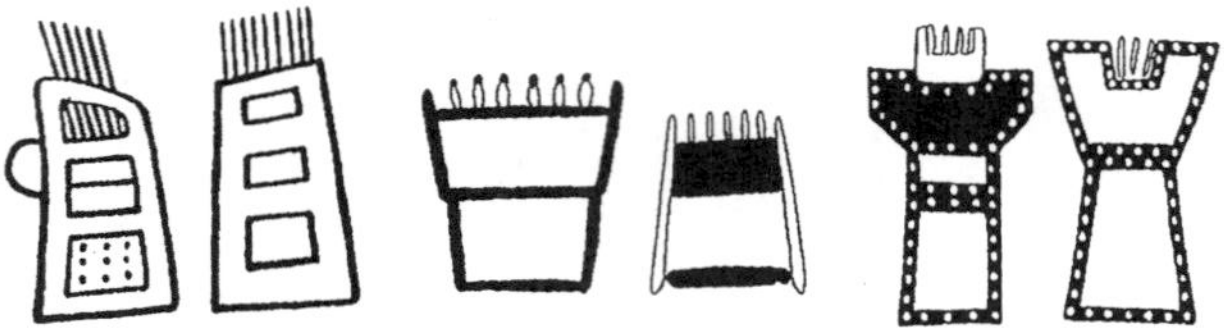

図8－2　三種の靫

（日下八光『装飾古墳の秘密』より）

①奥壁の全面には、鋭利な刃物による肥瘦《ひそう》のない線によって、装飾が施されている。

②壁面中央には四本の矢を収めた靫《ゆぎ》のほかに、二本の刀子《とうす》なども描かれている。

③靫の上部が傾斜している。このような形のものは稀で、いずれも筑後川流域に存在する福岡県浮羽町（現うきは市）の珍敷塚《めずらしづか》古墳と、その近くの原《ばる》古墳の二例だけである。「これと同型のものが東国にあることは注目に値する」と、日下は述べている。

(2) 船玉《ふなだま》古墳（茨城県真壁郡関城町）

①鬼怒川東岸の段丘上に残る一辺三五mの方墳。長い間開口していたために、風雨にさらされていたばかりか、浸水などもあって、この古墳は荒れ果てていた。そんな惨めな状態にあったが、「もしこの古墳の壁画が完全に残っていたとしたら、石室の規模の大きさ、壁画の華麗さは東国はもちろん、全国でも有数の装飾古墳」であっただろうと、日下が残念がるほどの古墳である。

②その中にあって、ようやく確認できた図文が、奴凧型の靫である。これは、福岡県桂川町《けいせんちょう》の王塚古墳に描かれた靫に似ている。

③壁面全体に白土を塗る方法は、船玉のみならず、以下に述べる花園、大師唐櫃《だいしかろうど》古墳と虎塚古墳でも採用されているという。これは、茨城県内の装飾古墳のみに見られる独自性のようである。壁面に塗布された白土は、暗い古墳内部を明るくする効果がある。そのため、壁面の絵画が、明瞭かつ美

しく見えるようになるという。これが、白土使用の理由である。「どこからこの方法を導入したかについては、現在のところ不明」としつつも、熊本市の釜尾《かまお》古墳で、一部にこの方法が用いられていることを、氏は付言している。

(3)花園古墳（茨城県西茨城郡岩瀬町）

①前方後円墳一基（すでに消滅）、円墳六基、方墳一基の花園古墳群のうちの一つである。壁画は、周濠を備えた方墳から発見されているが、その発見は悲劇的だ。一九八三（昭和五八）年、この古墳は、宅地造成のために破壊され、その石材が、土地所有者の庭石として使用されていた。その後、装飾のあることが分かり、大騒ぎの末に、ようやく、わずか三個の「石材」だけが、岩瀬町役場に収容されることになった。それでも、不幸中の幸いというべきか。同町教育委員会には、その「石材」に描かれていた壁画の模写が、保管されていた。

②模写は、原寸の約二分の一である。奥壁と推測される石材は、不定形の五角形となっている。その上段右側に、筒型靫が二つ描かれている。この筒型靫は福岡県浮羽町（現うきは市）の塚花塚《つかばなづか》古墳の奥壁に数多く認められると、日下は指摘している。

③その下段には、船玉古墳に類似する靫が、四個並べて描かれている。このうち、左側の二個の靫の間には、6字形の図文が描かれている。この図文は、福岡県うきは市の重定《しげさだ》古墳にも認められるようである。6字形の図文は、鞆《とも》をヒモで靫に連結した状態の表現と考えられている。鞆《とも》とは武具の一種で、弓を射る時、弦《つる》で手首を打つのを防ぐために、左手につける丸い革製の道具のことである。

この「石材」は三カ月もの間、土地所有者の庭石として使用されていた。古墳自体も、以前から開口していて、壁画はすでに薄れていたものと想像される。しかし日下は、「もしこの奥壁の模写図のように鮮明な絵であったとしたら、どんなに鈍感な人でも、庭石には使用しなかったであろう」とあえて口にし、自らの心情を吐露している。破壊され尽くしたこの古墳と、その壁画に寄せる氏の無念さを、ここに読み取ることができる。

日下八光の模写は、直接、対象とする図文に紙を当てて、写し取る方法で行われている。これに対して、保管されていた花園古墳の模写は、臨模《りんも》といって、実物を見て写す方法が採られている。したがって、この模写図から、その当時はまだ、この「石材」の図文は、鮮明だったと考えられる。庭石として風雨にさらされ続けた三カ月間で、褪色は急激に進んでいたのである。

(4)大師《だいし》唐櫃《かろうど》古墳（茨城県新治郡出島村）

①全長六〇mの前方後円墳であったと言われている。しかし、実際には、墳丘は削られて、民家の敷地の一部になっている。そのため、現在では、径約四m、高さ一m余の円墳状になってしまい、当初の形は分からない状態となっている。

②この古墳でも、装飾図文を描くに当たって、丁寧に石壁全体に白土を塗り、その上にベンガラで珠文が描かれている。珠文は、大正時代に大野延太郎によって確認され、その見取図も残されてはいるものの、現在では、それも判別できない最悪の状態となっている。このような状態だから、九州の装飾古墳との類似性を確かめることは、すでに不可能となっている。

(5)虎塚古墳（茨城県ひたちなか市中根）

①那珂川下流の東岸、台地上に位置する全長五六・五mの前方後円墳である。この古墳には、幅約三・五mの盾形の周濠が付設されている。保存状態の良い古墳である。一九七三（昭和四八）年、勝田市史編纂事業の一環として、大塚初重氏らによって発掘調査が行われている。

②この古墳もあらかじめ、白土で石室内部は塗りつぶされており、その上に、壁画が描かれている。色はすべて朱である。奥室壁面には、一五本の鉾か槍と、やはり二種類の靫と二個の鞆が描かれている。

この壁画についての日下の評価は、手厳しい。「ここで改めて不思議に思うのは、（中略）壁画全体の企画も良く、仕事も丁寧に行っているこの古墳の壁画作者の、器物に対する表現力の稚拙さである」と指摘しているほどである。

その一方で、「虎塚古墳では、武器、武具の他に、装飾古墳の題材としては最も初現的な三角文、円文を大らかに取り入れるなど、六世紀代初頭の壁画題材をほとんどすべて動員して、独自の華麗な壁画を構成している」との評価も与えている。

以上が、茨城県内の装飾古墳五基に関わった日下の観察である。

氏は、装飾古墳の茨城県と九州との繋がりについては、慎重な姿勢を崩してはいない。だが、そのような姿勢を取りつつも、壁画の綿密な分析から、茨城県内の装飾古墳にも、九州との類似性が多いことは認めている。

やはり、事実は小説よりも奇だ。九州の影響力の下に、茨城県内の装飾古墳は生まれている。これが事実である。

霞ヶ浦周辺は、「その余の旁国」の一角を占めていた。それは、とりもなおさず、この一帯は、北部九州との密接な政治的・文化的繋がりがあり、北部九州の影響を強く受けていた地帯ということになる。装飾古墳が築かれた時代には、本国との間の通交は、頻繁に行われていたであろう。その通交の中に、〝装飾古墳築造の手引書〟があっても、おかしくはない。

新聞記者出身の玉利勲氏は、「装飾古墳ブームの火付け役」とされている。その氏に、『装飾古墳紀行』という著作がある。氏自身が、実際に現地に足を運んで著しているだけに、〝装飾古墳への案内書〟ともなっている。玉利氏の見立ても、日下と大きく変わることはない。

「ではなぜ、装飾古墳は九州と、そこからはるかに遠い東国の、しかも太平洋岸に限って営まれたのであろうか。諸説ある。だが、それは装飾古墳にとって、いまだに解き明かされていない大きな謎のひとつである」（玉利・前掲書）と、現状を述べている。この著作は、一九八四（昭和五九）年一一月に出版されている。その状況は今も変わることはない。

壁画は古墳だけではなかった　九州と関東・東北における装飾古墳の類似性・共通性は、当時の政治状況が解明されなければ、いつまでも永遠の謎となる。関東・東北にあっては、絵画の描かれている遺跡は、古墳だけではない。死者を葬る点で共通する施設「横穴」にも、それは描かれている。

ここでも、日下八光『東国の装飾古墳』に基づいて、その類似性・共通性を説明したい。

(1)羽山《はやま》横穴（福島県原町市中太田）　：　玄室中央部の高さ一・八〇m、幅一・七九m。左・側壁の長さ二・九五m、右・側壁の長さ二・八五mとなっている。

（奥壁画、右から順に）

①二つの渦巻文　：　直径三〇cm前後の、五重の渦巻文が描かれている。

②盾　：　縦二八cm×横一二cmの長方形状の紋様。日下はこれを、「九州地方の装飾古墳でよく見られる盾を表現したものであろう」と見ている。

③白鹿　：　ほぼ中央部に位置し、体長は一五cm。「日本の装飾古墳の壁画を通観して、これ程精巧な写実的絵画は類がない。模写のため間近でみると、デッサンもしっかりしているが、そのすばらしい技術には驚嘆した」と、日下が絶讃するほどの佳作である。それだけ、この白鹿の出来栄えは素晴らしいのである。

氏は続いて、「従来、古墳壁画に使用された筆や刷毛について、粗末な筆しか無かったように言われているが、著者は先にも王塚古墳の燈明台の靫の図の描写をみて、極めて精巧な筆の存在を強調したが、この白鹿の図をみて更に、その感を深くした」と、再確認しているほどである。要は、〝弘法筆を選ぶ〟ということか。

この横穴壁画にも、九州との類似性を確認することができる。ここで、もう一つ見逃すことのできない特徴が、白色と赤色二種の「珠文」である。その大きさは、四㎝大が大半を占めるようだが、この珠文は奥壁にも左右の側壁にも、ちりばめられている。とくに奥壁上部には、白色の珠文四七個、赤色の珠文が、一一〇個も確認されている。

(2)清戸迫《きよとさく》横穴（福島県双葉郡双葉町新山）　…　一九六七（昭和四二）年一一月、小学校校舎移転のために、造成工事が行なわれていた敷地内で発見されている。

①中央に渦巻文。その右に〇・七四ｍに及ぶ人物が描かれている。それは兜を被った武人と見なされている。さらにその右には、小さく騎馬像が描かれている。左側にも人物が描かれているが、それがどのような人物かは不明である。

②これらの人物画の周りには、犬、牡鹿に加え子鹿と見なすことのできる動物も配置されている。

③この壁画にも五郎山古墳など、福岡県の装飾古墳と多くの類似点が認められる。この横穴壁画で特筆しておかなければならないことは、大人物像だ。装飾古墳・横穴壁画の中で、最大規模であり、しかも、その描写力も優れているという。

(3)泉崎横穴（福島県西白河郡泉崎村）　…　一九三三（昭和八）年、県道拡張工事に伴って発見された。幅二・〇ｍ、奥行二・二ｍ、高さ一・一二ｍの玄室のみが遺存する横穴である。

①ａ奥壁正面　：　左から右へ向かって、横一列になって両手に物を捧持して歩む三人の女子の姿。続いて、互いに手を取り合い、踊っていると見られる四人の男子。さらにその上には、馬上で弓を引く

人物と、その前方に獲物かと思われる耳の長い動物が描かれている。

b奥壁天井　：　三つの渦巻文。三角状の天井には、左に楕円形をした四重の渦巻文、真ん中に直径二五cmで三重の、右端には直径一七cmで二、三重の渦巻文が描かれている。

②a左側壁正面　：　奥壁寄り（右側）に、直径三〇cm前後の渦巻文とその左側に数頭の馬が描かれている。

b左側壁天井部　：　直径二三cmで三重の小渦巻文と鼓《つづみ》（⊠状の文様）を、二つ横に並べたような一種の連続三角文があしらわれている。

③a右側壁正面　：　約一〇個の珠文。全身の描かれた馬と首だけの馬など。

b右側壁天井部　：　天井の左寄りに長径五七cm、短径四〇cmという、大きな四重の渦巻文が描かれている。このほかに、直径一二〜一四cmの小円文八個が描かれている。

日下八光は、「この壁画は他の壁画に比べて、極めて難解なものである」と述べている。そして、これに追い討ちを掛けていたのが、この行為だ。左側壁の壁画について、「余談ではあるが」と前置きした上で、氏はあえて書きとどめている。

「この横穴の落書きほど悪質なものはない。奥壁もそうであるが、よほど時間をかけてゴシゴシとやったらしく、実に深刻なものである。しかもそれが画面の一番大事なところをやっているのである。模写中、何度も怒りを超えて、情けない思いをしたものである」。

氏の『東国の装飾古墳』一二四頁に掲載されている左側壁画面を、眼を凝らし、なお拡大鏡で見ると、その悪質ぶりが、まさに手に取るように分かる。そこには、左から右に向かって、片仮名で「カナザワ」と書かれている。これだけではない。カ字の左にはさらに数点、やはり片仮名らしき文字が、しっかり刻まれている。

まだある。七頁のカラー口絵の奥壁壁画のほぼ中央部、四人の男子のうち三人の上に、右から左に向かって、下手な平仮名で「たかぎ」と、これまたしっかりと大書されている。それだけではない。「たかぎ」の右、動物の上にも、左から右に向かって、しかも画数の多い漢字が無遠慮に刻み込まれている。滑字ははっきりと読み取れる。それに続く漢字は岩の落剝によるためか、正確に判読できる状態ではないが、「里」あるいは「野」とも読めるようだから、「ナメサト」もしくは「ナメノ」となる。これも苗字かと思われる。出入自由な泉崎横穴にやってきて、壁画を傷つけた不心得者は、最低でも三人はいたようである。

関東・東北には、これ以外にも横穴壁画は遺存している。奥壁、左右の側壁と前壁に、三角文だけで装飾されている中田横穴（福島県いわき市平沼ノ内）。珠文と同心円が描かれている山畑横穴（宮城県志田郡三本木町蟻ケ袋）などだ。やはり、九州の装飾古墳に共通する紋様ばかりである。

関東・東北における装飾古墳・横穴壁画の広範な分布は、わたしの「その余の旁国」比定が、的を外していないことを裏付けている。

北陸の空白

「筑紫国は白日別《はくひのわかれ》」だと、「国生み神話」は伝えている。筑紫の本家は白日、今日の石川県羽咋市だった。筑紫にとって、北陸は繋がりの深い地である。そのようなところが、「その余の旁国」二一カ国から漏れるだろうか。それが遺漏していたとなれば、信じられない事態だ。

「魏志倭人伝」は、「卑字の大海」である。改めて、この眼で見ると、ここに異例の表記があることに気づく。それが、「好古都国」である。「魏志倭人伝」が女王の国・邪馬壹国の「ヤマ」でさえ、「邪馬」と表記しているほどだから、この表記は、例外的ですらある。卑字どころか、むしろ好意的である。文字どおりだと、〝好《よ》き古き都のあった国〟の意となる。

「好古都国」は、どのように読むべきか。これが、ここでの問題である。今日の漢和辞典に明記されている音に従えば、「好古都」は〝コウコト〟〝カウコト〟、もしくは〝コウクト〟〝カウクト〟くらいにしか読めない。これらの地名音の中で、まず日本語として頭に浮かぶ音は、〝カガト〟だ。〝カガト〟をあえて漢字表記すれば、〝加賀土〟となる。加賀とは、石川県の旧国名だ。「好古都」が〝カガト〟であれば、古字はク、コよりも、むしろカに近い音を表していたとも思われる。

中国語をまったく知らないわたしには、中国語の上古音についても、まるで分からない。だから、「倭人伝」に用いられた好字が、三世紀の中国では、どのような音を表していたのかは、分からない。中国上古音についてはすべて未知の分野に属す。

しかし、日本音表記の〝加賀土〟が、中国側の「好古都」であれば、好も古もともに、カに近い音を表しているということになる。「好古都」は現在の石川県を中心とする一帯に、比定することができるようだ。

北陸にあったと思われる「旁国」のもう一つが、⑳の「烏奴国」である。「烏合の衆」といった慣用語の示しているように、烏はウが一般的だから、これを「ウド」と読んで、熊本県の宇土に比定する見解もあるが、「邪馬台国」を筑後山門などに比定する九州説から見れば、宇土は「遠絶」ではなく、「近隣」の地だ。明らかに該当しない。

烏にはオ音もあるから、「烏奴」は〝オト〟、〝オオト〟となる。中心地名はオ、オオだ。福井県東部に、大野市がある。大野は、『和名抄』にも記載されている郡名である。

大野市は、内陸部に位置している。ところが、当時は現在の福井市・鯖江市・武生市などをも含む領域であった可能性もある。福井県西部には大飯《おおい》、小浜《おばま》、遠敷《おにゅう》の地名で明らかなように、ここもまたオ、オオの地である。あるいは、「烏奴国」は、この地をも含む「旁国」であったとも考えられる。

「魏志倭人伝」の記す「その余の旁国」の一つ、「好古都国」は、〝加賀土《かがと》国〟であった可能性がある。〝加賀土〟を表している「好古都国」は、狗奴国の官名・狗古智卑狗に

狗古智卑狗も蛇

ついて、一つの示唆をもたらしてくれた。

卑狗はヒコで、疑う余地のない安定した読みである。この卑狗（ヒコ）から、狗古智卑狗は〝ココチヒコ〟の読みが、適切なようである。言うまでもなく、この官名も、中国側による漢字表記である。狗古智卑狗は、日本人であれば、基本的に理解できる言語でなければならない。

それが解明できなくなっている原因は、①倭国の固有名詞に対し、中国側では正確な音訳ができなかった。②現代人には、古代日本語がいまだ正しく理解できていない。この二つの要因が、複雑に絡まっているために、正確な解釈が望めなくなっているのである。

「狗古智」は〝ククチ〟と読むこともできる。「狗古智」を「久久智《くくち》」と読み、現熊本県菊池（市・郡）と関係のある官名と見なす見解もある。狗奴国は、九州とは敵対関係にあるのだから、「狗古智」を「キクチ」と結び付けて解釈することは、疑問だ。と言うよりも、明らかに誤りだ。

狗古智卑狗の表記には、二つの経過が考えられる。

(1)カガシを、魏使はココチと聞いた。これに、陳寿が卑字を適用し、狗古智と表記した。

(2)カガシとは別に、日本にはカガチの言語もあった。このカガチを、魏使はココチと聞き、陳寿が狗古智と表記した。

福岡市西区の小呂島の「小呂」が、蛇の古語であったように、オロチの「オロ」も蛇、それも大きい蛇の意だ。と言うことは、チも、やはり蛇を表す語ということになる。オロチもまた、〝オロ＋チ〟（蛇＋蛇）の同義重複語なのである。

〝カガチ〟はどうか。カガもチも、ヘビの意味だから、〝カガチ〟は、〝カガ＋チ〟の同義重複語ということになる。蛇を意味する古代の日本語には、カガシと並んで、カガチの語もあったことになる。大国主はもとより、伯耆・出雲の上層部に属する人物の名称として、蛇は用いられていた。狗古智卑狗は、「魏志倭人伝」にも記載されているほどだから、政治・軍事上重要な官職だ。その官職に蛇が採用されていても、少しも奇異なことではない。

第九章　演出された女王

1　無視できない「一年」のズレ

狗奴国と邪馬壹国の所在地だけではなく、「その余の旁国」の姿も、おぼろげながら見えてきた。強敵が眼の前にいるのに、頼みとする親戚（その余の旁国）の住む地は、遠く離れた北陸や関東・東北だった。

景初二年か三年か

このように厳しい国内事情に加え、東アジアの政治的混乱が、なお邪馬壹国を窮地に追い込んでいたようである。その窮状ぶりを伝える記事が、「魏志倭人伝」の女王による魏への遣使だ。その第一回の遣使は明帝の「景初二（二三八）年六月」である。この遣使を、古田は「戦中の使者」と呼ぶ。当時の中国の混乱と、その混乱の東アジア世界への波及の現実を把握できなければ、卑弥呼による第一回遣使の意義を読み解くことは、難しい。

古田はここでも、勝手に原文を改定する姿勢を戒めている。問題の記事が、「魏志倭人伝」のこれだ。

景初二年六月、倭の女王、大夫難升米等を遣わし、郡に詣《いた》り、天子に詣りて朝献せんことを求む。

ところが、石原編訳『魏志倭人伝　他三篇』（岩波文庫）では、「景初二年」は「三年」の誤りとなっている。

『紀』の引用する『魏志』及び唐代の歴史家・妖思廉《ようしれん》「梁書東夷伝倭伝」が、「三年」としていることを、その根拠とした。「邪馬壹国」を、『後漢書』の「邪馬臺国」から「邪馬台国」と修正したように、後代の文献によって、『三国志』を改定するという例の方法が、ここでも顔を出している。一度芽生えた「魏志倭人伝」に対する不信感は、容易に消えることはないようである。

『紀』（神功紀）の問題の個所は、「明帝景初三年六月、倭女王　…　朝献」となっている。これは「魏志に云《い》ふ」とあるから、「魏志倭人伝」に基づいていることは明白だ。実際に「倭女王　…　朝献」までは、原文のままだ。当該個所では、「明帝」が新たに書き加えられてはいるものの、「二年」が、どうして「三年」に改められたのか。その根拠となる記事が、先述の「梁書東夷伝倭伝」である。

魏の景初三年公孫淵《こうそんえん》誅せられて後に至り、卑弥呼始めて使を遣わし朝貢す。

至二魏景初三年公孫淵誅後一、卑弥呼始遣レ使朝貢。

「公孫淵誅せられて後」。妖思廉の原文改定の動機が、ここに如実に現れている。魏と遼東（現遼寧省）の公孫淵との間の、「緊迫した戦闘と外交の火花の中の史的真実は、七世紀唐代の『太平の史家』だった妖思廉（『梁書』の著者）にとって、すでにあまりにも遠くなってしまっていたのである」（古田『「邪馬台国」はなかった』）。

「景初二年六月」は、魏と公孫淵との間で激戦が始まる時期に当たっている。そのような危険な時期に、あえて中国へ使者を派遣するはずはない。これが、妖思廉の下した「安全な判断」だった。この「判断」に、書紀編纂者も従ったのである。書紀編纂者だけではない。今日の研究者も、この改変に従ったままだ。

それでは、なぜ、「景初二年六月」でなければならないのか。原文がそうなっているのだから、説明責任はないが、それでも、「景初二年六月」を、合理的に説明できなければならない。

「景初二年六月」を支持する古田は、「戦中の使者」について、「従来、公孫淵の勢力下におかれていた倭国は、戦いまだ終わらぬこの時点で、すばやく魏に使を送った。明日の東アジアの動向を見きわめた、機敏な外交である」（古田・前掲書）と見た。要するに、敗色濃厚な公孫淵を、邪馬壹国は見限って、「勝馬」に乗るためには、「機敏な外交」は、どうしても必要だったと捉えたのである。

氏の見解は是か非か。さらに氏の見解で見逃すことのできない点が、「機敏な外交」の動機となった情報をどこから、どのようにして入手したのか、だ。邪馬壹国は日本列島を統治する大国ではなかった。同盟国である「その余の旁国」とも切断され、ひたすら狗奴国政治圏からの攻撃に耐えていた弱小国家である。そのような国家に、外国の政治事情を収集できるだけの機関が、整備されていたのかどうか。

「景初二年六月」の中にも、これまで解明されてこなかった日本古代の真相が秘められている。その解明の鍵は、古田の表現する「戦中の使者」にある。「戦中の使者」とは、この時代の混乱ぶりを端的に描き、その核心をも突く造語である。したがって、以下、そのまま借用する。

東アジアも混乱の地と化す

ここで、後漢末の一八四年に起こった黄巾《こうきん》の乱から景初二（二三八）年六月を経て、正始元（二四〇）年に至るまでの中国・東アジアの政治状況と、それ以後に変容した世界について、概観しておきたい。「景初二年六月」は、東アジア世界が大きく変わる節目の年に当たっている。

（東アジアの政治状況）

一八四年　黄巾の乱起こる。中国全土に起こった大規模な農民一揆。適切な指導者を欠いたことで、その後の群雄割拠の素地を形成した。しかし、当時の後漢末の支配層の屋台骨を揺すったことも、また事実である。

一八九年　公孫度《こうそんど》が、後漢末の有力な指導者・董卓《とうたく》の部下である徐栄《じょえい》の推挙により、遼東郡太守に任命される。度の息子が康《こう》である。
二〇一年　曹操《そうそう》が、河北（黄河の北）一帯を支配する。
二一二年　（二〇八年、赤壁の戦い。蜀・呉連合軍が魏を破る。曹操敗走）
二一二年　呉の孫権《そんけん》が建業に移る。
二二〇年　曹操の息子・曹丕《そうひ》が後漢の献帝を廃し、皇帝を称す。後漢の滅亡、魏の建国（〜二六五年まで）。
二二二年　孫権による呉の建国（〜二八〇年まで）。
二二八年　公孫康の息子・淵《えん》が、実の叔父・恭《きょう》（康の弟）からその地位を強奪し、遼東を支配。
二二九年　孫権が皇帝を称する。以後、遼東への接近を図るが、失敗に終わる。一方、魏は、公孫淵の呉との二股を掛けた行動を把握。
二三八（景初二）年正月　明帝が公孫淵討伐の詔勅を発布。軍指揮者は司馬懿《しばい》（宣王。西晋朝初代皇帝・司馬炎の祖父）。
二三八（景初二）年六月　司馬懿率いる軍隊が遼東に到着。邪馬壹国による「戦中の使者」の帯方郡への派遣。
二三八（景初二）年八月　司馬懿により公孫淵殺害される。
二三八（景初二）年一二月　明帝の卑弥呼への詔書の授与（下賜品目録の贈呈のみ。その実行はなし）。明帝、急に病に付す。
二三九（景初三）年正月　明帝他界（享年三六歳。ただし裴松之は三四歳と推定）、斉王《せいおう》が立つ。
二四〇（正始元）年　帯方太守・弓遵《きゅうじゅん》、梯儁《ていしゅん》等を邪馬壹国へ派遣。斉王による明帝の約した下賜の実行。

この間、邪馬壹国の中国への通交は大きく制約されていた。その行く手を阻止していた勢力が、度・康と淵の父祖三代の公孫一族であったようだ。東アジアの政治状況を語る上で、この一族の存在は欠かせない。

公孫三代の歴史

一八九年、公孫度が遼東太守に任命されたことから、この一族は遼東を拠点として、歴史の表舞台に立つことになる。以下の記事は、主に「魏志八・公孫伝」「魏志三十・韓伝」と「呉志二・呉主伝」による。

(1)度の時代　：　遼東太守となった度は、遼東郡を二分して直接支配を行い、やがて対岸の山東半島北岸を占領し、魏から自立して「遼東侯・平州牧」を名のる。

小役人からの成り上がり者であったために、度は周りから軽視されたり、冷淡に扱われていた。この時に培われた感情が、出世の階段を登るにつれて、「復讐」となって爆発する。後漢末の群雄割拠という時代背景もあってか、その態度は、ますます専横的に進化を遂げていったようである。

(2)康の時代　：　度の息子の康《こう》の時代になると、楽浪郡をも支配下に治め、ここも二分して支配。南を帯方郡とした。康はまた、楽浪郡の統制から離れていた韓・濊《わい》をも攻撃して、支配している。

二〇七年、曹操に追われ、遼東に逃げ込んだ袁尚《えんしょう》を殺害し、その首を曹操に送り届けている。この功績によって、康は襄平侯《じょうへいこう》に取り立てられている。

康が亡くなった時、その子晃《こう》・淵らはまだ幼かった。そこで、康の弟の恭が遼東太守に就任する。文帝(曹操の長男・曹丕)の即位した二二〇年には、恭は平郭侯《へいかくこう》となっている。

(3)淵の時代　：　成長した淵は、二二八年に実の叔父である恭の地位を奪って、遼東太守に就くと、明帝はこれを認め、淵を揚烈《ようれつ》将軍・遼東太守としている。淵の時代になると、混乱はさらに激化することになる。

二二九年五月、呉の孫権が皇帝に即位すると、張剛《ちょうごう》と管篤《かんとく》の二人の部下を遼東に派遣する。この時は、公孫淵の方が国交を結ぶことを拒否している。しかし、その後、公孫淵に心境の変化が起こる。二三二年三月、孫権はふたたび淵のもとへ、周賀《しゅうが》と裴潜《はいせん》を派遣する（呉志二）。淵はこの使者を受け入れる。しかし、ここで孫権と淵の双方にとって、不測の事態が生じる。

冬十月、殄夷《てんい》将軍田予《でんよ》衆を帥《ひき》いて、呉の将周賀を成山に討つ（魏志三）。

秋九月、魏の将田予要撃す。賀を成山に斬る（呉志二）。

「魏志三」は「冬十月」、「呉志二」は「秋九月」とある。「秋九月」から「冬十月」に掛けての事件だったのだろう。周賀は、魏の武将・田予の要撃（待ち伏せ）を受けて、山東半島の突端・成山で戦死する。魏に対して身の危険を感じたためか。淵はその一〇月に、宿舒《しゅくじょ》と孫綜《そんそう》を呉に派遣し、呉の藩国（皇室を守るための垣根となる国）となることを申し出る。孫権は大いに喜んで、淵に爵位を授けているほどである（呉志二）。

二三三年三月、孫権は宿舒《しゅくじょ》と孫綜《そんそう》を帰国させるために、張弥《ちょうび》・許晏《きょあん》らを使者として、遼東に遣わし、財宝を届け、淵を燕王に遇した。こうして、淵は密かに孫権と友好関係を結ぶことになる。しかし、孫権の思惑どおりに、ことは進まなかった。土壇場で、淵が裏切ったのである。

欲しいものを手に入れた淵は、張弥・許晏らの使者を殺害し、その首を魏に送り届けている。この「功績」によって、淵は明帝から大司馬に任命され、楽浪侯に取り立てられている。二三三年一二月のことである。

だが、魏はやがて、淵が二股を掛けていることを察知することとなる。

二三七（景初元）年、明帝は毌丘倹《かんきゅうけん》を遣わして、淵を都へ召喚しようとした。この措置に危険を感じたため、淵は兵を発動させ、逆に毌丘倹と遼隧《りょうすい》において戦う。形勢不利となった毌丘倹は退却し、淵は自立して燕王を僭称《せんしょう》する。

獅子身中の虫。あるいは、喉元に刺さった小魚の骨か。魏にとって淵は、常に神経を逆撫でする存在であったようだ。そんな淵に対し、魏は改めて決意を固める。

二三八（景初二）年春、「大尉司馬宣王を遣わし、淵を征《う》たしむ。六月、軍遼東に至る」（魏志八・公孫度伝）という、決定的局面を迎えることとなる。

一方、淵は歩兵・騎兵数万を遼隧に駐屯させ、その周りに二〇余里にわたる塹壕を巡らし、司馬宣王を迎撃する体制を整えている。しかし、繰り返される激しい戦闘の末に、淵の軍勢はことごとく敗れ、淵は襄平城《じょうへいじょう》（現遼寧省遼陽市）に退却する。こうなると、攻撃する方は格段に有利になる。

自然も、司馬宣王に味方した。「遂に軍を進めて城下に造《いた》（至）り、囲塹《いざん》（城を囲繞《いにょう》する塹壕）を為す。霖雨《りんう》（長雨）に会うこと三十余日。遼水（現遼河）暴長し、船を運ぶに遼口より、徑《ただち》に城下に至る」状態になったという。

折から降り出した雨は三〇余日に及び、遼水は急激に増水し、そのために、武器・食糧・医薬品などの物資は、遼水の河口から城下まで、直接船で運ぶことができるようになったのである。

「雨霽《は》ると、土山を起こし、櫓《やぐら》を修め、為《な》すに石を発する弩《ど》（石弓）を連ね、城中を射る」。「為発石連弩射城中」の返り点は、「為発レ石連レ弩射二城中一」とすべきか。雨が上がると、すぐに土山を築き、その上に櫓を組み立てて、石を連発する弩を櫓に並べて、城中に射込んだという。ようやく長雨がやんだと思ったら、今度は石が降ってきたのである。

その結果が、「淵窘急《きんきゅう》す」である。淵はなす術もなく、お手上げ状態に陥ってしまった。「糧は尽き、人相食《あいく》らい、死者は甚だ多し」という極限状態を迎え、有力な部下は、司馬宣王（司馬懿《しばい》）に投降することとなる。

その年の八月七日夜半、大きな流れ星が、襄平の東南に落下した。直後の八月二三日、淵は子どもの修《しゅう》とともに、魏の包囲網を突破し、逃亡した。すかさず、司馬懿の軍は淵親子を追った。まさに大流星の落下した地点で、この親子の命運も尽きた。魏の軍勢は数千の首級を上げ、淵の首は洛陽に届けられた。かくして、遼東郡のみならず、淵が支配していた帯方・楽浪・玄兔の各郡はすべて平定された。

公孫淵の言動によって、中国三世紀の混乱期はさらに混乱したといっても、おかしくはない。度重なる裏切りに会い、最後は激怒した孫権ではあるが、対魏戦略上、淵に対しては徹底した取り込み・同盟関係構築志向にあった。

魏と呉の間を巧みに遊泳するために、公孫淵は、この二大国家を翻弄し、手玉に取った男、いや取ろうとして失敗した男ということになる。これが公孫淵の素顔か。公孫度は横暴で独立心の強い個性だった。その祖父の気質を受け継いでいる淵にとって、身を寄せることのできる安全な此岸《しがん》は、初めからなかったのかもしれない。

魏と楽浪・帯方郡

公孫度―康―淵による父祖三代にわたる遼東支配は、邪馬壹国にとって、北方に立ちはだかる大きな障壁だった。光武帝によって、一度は開かれた中国への通路が、公孫度の出現によって、また閉ざされてしまっていた。

韓国と楽浪・帯方郡とは陸続きだけに、その交流も複雑である。その複雑な関係を、「魏志韓伝」から見て取ることができる。

(1)桓帝から霊帝末期間（一四六～一八九）、韓と濊《わい》の力が盛んとなり、楽浪郡やその配下の県では、それを制止することができず、民衆の多くが韓国に流れ込んでいった。

(2)建安年間（一九六～二二〇）、公孫康は楽浪郡を二分して帯方郡を作り、これまで取り残されていた中国の移民たちを結集し、軍隊を組織し、韓と濊を討伐した。その結果、韓に流入していた移住民も、郡内へ徐々に戻ってくるようになった。これ以後、倭と韓とは、帯方郡の支配を受けるようになった。

(3)景初年間（二三七～二三九）、明帝は帯方太守に任じた劉昕《りゅうきん》と、楽浪太守の鮮于嗣《せんうし》とを送り、秘密裏に海から入って、二郡を平定させた。この後、魏は統治を円滑に進めるために、韓の諸国の臣智《しんち》（実力者・有力者を示す身分名）たちに、「邑君」の印綬を授け、それに次ぐ実力者たちには、「邑長」の位号を授けている。

(4)部従事《ぶじゅうじ》（官職名）の呉林は、楽浪郡がもとは韓を統治していたことから、辰韓八カ国を楽浪郡に併合しようとしたが、郡役人の通訳が正確に韓側に伝わらなかったために、臣智がこれらの地の人々の怒りを扇動し、帯方郡の崎離営《きりえい》に攻撃を仕掛けた。この時点で、帯方太守は劉昕から弓遵《きゅうじゅん》に、楽浪太守も鮮于嗣から劉茂《りゅうぼう》に交代している。

(5)韓のこの抵抗に対し、帯方太守の弓遵と楽浪太守の劉茂は、兵を出動して、その沈静化を図り、結局、韓を滅ぼす。だが、この征討で、弓遵は戦死する。それは、二四六～二四七年のことと推定されている。「魏志倭人伝」に、「其の八年、太守王頎《おうき》官に到る」と記されているように、この年に、帯方太守が弓遵から王頎へ交代しているからである。「其の八年」とは正始八年、二四七年のことである。

断片的ではあるが、この流れから分かるように、韓にあっても、中国の混乱による被害を避けられないばかりか、直接被っている。このような歴史的経過があるためか。韓の中国に対する感情は、不信感ばかりで、少しも好感を持っていなかったのではないかと思われてくるほどである。

これは、「魏志韓伝」から読み取れる、韓側の一つの心理的現象である。それでは、朝鮮と中国との関係は、どうだったのか。よかったのか。悪かったのか。これについては、「後漢書倭伝」の冒頭の記事が明らかにしている。

倭は韓の東南大海の中に在り、山島に依りて居を為す。凡《およ》そ百余国有り。武帝、朝鮮を滅ぼしてより、使駅（訳）漢に通ずる者、三十国許《ばかり》なり。

漢に逆らって敗れた燕《えん》王・盧綰《ろかん》の家臣であった軍人の衛満《えいまん》は、燕の人々を率いて、箕《き》氏朝鮮へ亡命した。やがて、実績と実力を蓄積していった衛満は、恩人である箕準《きじゅん》を排斥し、箕氏朝鮮を滅ぼして、新たに衛氏朝鮮を建国する。まさに、庇《ひさし》を借りて母屋を乗っ取るやり方である。

この古代朝鮮王朝は、紀元前一九四〜一〇八年までの八〇余年間続く。だが、衛満の孫・右渠《うきょ》が、漢への入朝を拒み続け、それが原因となって、漢との間に事件を起こしてしまう。このために、武帝の逆鱗に触れて、徹底した攻撃を受け、その間に、右渠は部下に殺害されるという悲劇を迎えて、衛氏朝鮮は滅亡する。その後は、武帝のなすがままだ。前一〇八年、韓を除く朝鮮には、玄兎《げんと》・楽浪・臨屯《りんとん》・真番《しんばん》の四郡が設置され、中国の支配下に置かれる運命を辿ることになる。

他方、衛満によって排斥された箕準は、側近たちと海に浮かび、韓の地に定住すると、そこで韓王を名のった。その系譜は途絶えたが、漢の時代には、やはり楽浪郡の支配下に置かれていたのである。

「後漢書倭伝」はここで、さらにもう一つの事実をも明らかにしている。武帝が衛氏朝鮮を滅ぼした結果、倭の「使駅（訳）漢に通ずる者、三十国許《ばかり》」になった状況が、新たに生まれている。ということは、衛氏朝鮮の存在が、邪馬壹国から中国への使者の派遣を遮《さえぎ》っていたことになる。極めて簡略な記事ではあるが、「後漢書倭伝」は、この間の朝鮮と中国・倭国との友好関係、あるいは敵対関係の経緯を、正確に描いている。

なおここで付言すれば、先に述べた四郡のうち、前八二年に臨屯・真番の二郡は廃止され、玄兎郡も縮小されたため、楽浪郡が中国東方の拠点として、ますます重要な位置を占めるようになる。やがて、この行政区画にも変化が起こる。度の死後、息子の康が後を継ぐ。二〇四年のことである。康によって楽浪郡は二分され、帯方郡が設置される。

（注）衛満から右渠《うきょ》に至る経過は、「史記朝鮮伝」「漢書武帝紀」「漢書朝鮮伝」及び「魏志韓伝」に、概略的に記されている。

以上の経過の示すところは、何か。箕氏朝鮮も衛氏朝鮮も、邪馬壹国とは友好的関係にはなかった。「後漢書倭伝」の文面から、その背後をこのように読み取ることができる。

朝鮮と邪馬壹国

(1)邪馬壹国と朝鮮とは敵対的関係にあった。

(2)邪馬壹国と狗奴国とは敵対的関係にあった。

(1)、(2)から導き出される帰結は、狗奴国は、邪馬壹国の敵である朝鮮・韓とは友好関係にあったことになる。「敵の敵は味方」という論理である。記紀神話、『出雲国風土記』の「国引き神話」に、この歴史事実を確認することができる。逆に、「後漢書倭伝」からも、この事実を確認できるのである。

1建武中元二年（五七）、倭奴国王、奉貢朝賀す。…光武賜うに印綬を以てす。

2安帝の永初元年（一〇七）、倭国王帥升等、生口百六十人を献じ、請見を願う。

「建武中元二年」「安帝の永初元年」で分かるように、邪馬壹国の中国への対応は機敏である。ということは、この時代にあっても、邪馬壹国は中国の動向を正確に把握していたことになる。光武帝は後漢第一代の、安帝は第六代の天子である。

翻って、景初二年の場合はどうか。魏による公孫淵征討のための大部隊の派兵と、その遼東への到着に呼応するかのように、「戦中の使者」を帯方郡治へ派遣しているのである。危険を承知で、あえて帯方郡治に使者を送り込み、その使者は魏の都・洛陽まで赴いている。それだけ、邪馬壹国は追い詰められていたことになる。

このように危険な状況を知らないで朝鮮半島へ渡ったのであれば、前途に起こった危険を察知した段階で、もと来た道を引き返したであろう。ところが、その形跡はない。それどころか、その行動は逆だ。一路、危険地帯へと突き進んでいるのである。

卑弥呼の使者は、どうして、このような無謀な行動に出たのか。それ以上に、理解できないことがある。卑弥呼の時代にあっても、邪馬壹国と中国の国交が途絶えていたと思われるのに、中国の動きを素早く察知し、それに対応するかのように、機敏に行動を起こしていたという事実である。なぜなのか。

邪馬壹国は一体どこから、どのようにして魏の動向に関する情報を入手したのか。これは「戦中の使者」中、最大の謎だ。その謎を解く鍵は、倭の北岸にあったという「狗邪韓国」にある。

「狗邪韓国」の意味するところ

「狗邪韓国」は、その国名の示しているとおり、韓の南辺に存在していた。「韓は帯方の南に在り、東西は海を以て限りと為《な》し、南は倭と接す」と「魏志韓伝」の伝えるように、韓の南辺は倭地だった。

これが事実であったことは、やはり「魏志韓伝」で再確認できる。「魏志韓伝」には、「弁辰は辰韓と雑居す。… 其の涜盧国《とくろこく》は倭と界を接す」と記されている。改めて言うまでもない。涜盧国《とくろこく》は、明らかに韓国内の一国である。

この事実は、「魏志倭人伝」によっても裏付けることができる。そこには、「郡より倭に至るには … 韓国を歴《ふ》るに…其の北岸狗邪韓国に到る」と記されている。「其の北岸」とは、この文脈から（帯方）郡でもなければ、韓国でもない。〝倭の北岸〟のことである。狗邪韓国は倭国領の一部である。「魏志韓伝」と「魏志倭人伝」から、朝鮮半島の南辺に倭地が存在したことは、疑いようがないのである。

狗邪韓国は、「今使訳通ずる所三十国」の一国だから、邪馬壹国政治圏に属している。この三〇国から狗邪韓国を除き、それに代えて狗奴国を入れる説もあるが、とんでもない解釈である。正確に三〇羽のハトが揃っているのに、そのうちの一羽を外して、タカと取り替えるようなやり方である。「魏志韓伝」と「魏志倭人伝」を正確に読めば、このような解釈の生まれる余地は、ないはずである。

「狗邪韓国」は、この国の歴史とその性格を知っているがゆえの、陳寿の漢字表記となっている。巧みで、しかも的確である。スサノオは息子の五十猛とともに、一時期新羅に滞在していたことを、「神代紀」の一書から知ることができる。

是の時に、素戔嗚尊《すさのをのみこと》、其の子五十猛神《いとたけるのかみ》を帥《ひき》ゐて、新羅国《しらぎのくに》に降到《あまくだ》りまして、曽尸茂梨《そしもり》の処《ところ》に居《ま》します。…『此の地《くに》は吾《を》居らまく欲《ほり》せじ』とのたまひて、…出雲国の簸の川上に所在《あ》る鳥上《おか》の峯に到る。初め五十猛神、天降ります時に、多《さは》に樹種を将《も》ちて下る。然れども韓地《からくに》に殖《う》ゑずして尽《ことごとく》に持ち帰る。

〈神代紀・第八段一書第四〉

スサノオにとって、新羅国は居心地のよいところではなさそうであり、息子の五十猛にいたっては、この国から樹木の種子を持ち去り、倭国で植林を行っているほどだ。ところが、新羅国に植林する意思は見られない。なぜか。

右の記事は、スサノオの行動とその経路を示す『紀』の一部である。『記』と違って、『紀』のこの記事は、一見不可解である。高天原（壱岐・天ケ原）を追放されたスサノオの行動は、「神代記」では、〝高天原 ↓ 出雲国の肥の河上の鳥髪〟だった。ところが、「神代紀」では、〝高天原 ↓ 新羅国 ↓ 出雲国の簸の川上の鳥上峯《をか》〟とあって、スサノオは出雲国へ天下る前に、息子とともに新羅国に立ち寄っているのである。

それも、この親子にとって、新羅国は必ずしも印象のよくない地として描かれている。ここから、何が推測できるか。スサノオ親子を中心とする〝新羅国征服譚〟ではないかという、驚くべき局面だ。

『記紀』ともに、あろうことか、スサノオの行動を一八〇度もひっくり返して、歴史を捏造していた。〝高天原 ↓ 出雲国〟ではなくて、〝出雲国 ↓ 高天原〟が、実際の経路だった。そうなると、〝出雲国 ↓ 高天原 ↓ 新羅国〟が、より正確なスサノオの行動経路となってくる。すなわち、「高天原」を制圧したスサノオ率いる伯耆・出雲軍は、勢いに乗じて、「新羅国」をも支配下に治めていたことになる。

当時の詳しい状況の説明がないから、この記事の全体像は把握できないけれども、少なくとも、伯耆・出雲と朝鮮半島との繋がりがあったことだけは、確認できる。そして、『記紀』とは別に、すでに述べた『出雲国風土記』の「国引き神話」がある。八束《はし》水《す》臣津野《おおつぬ》が、新羅などを引き寄せたという説話だ。奪われたら、奪い返す。これが、この説話の本質だった。伯耆・出雲と朝鮮・韓国との間に繋がりのあったことは、否定できない事実である。

有為転変、目まぐるしく領有者の変わる歴史に照らして考えれば、「狗邪韓国」の表記の由来も、すでに明らかだ。「狗」とは「狗奴国」を、「邪」とは邪馬壹国を表していたのである。陳寿のこの表記を、巧みで、的確と評した所以である。

ここには、深い歴史が織り込まれていたことになる。狗奴国と邪馬臺国の政治力学によって、その帰属が左右されてきたのである。狗邪韓国と同じ運命を辿ったと思われるところが、隠岐島である。

「狗邪韓国」とは、その支配者が絶えず交代する国だ。そのような不安定な国の国民は、どのような政治姿勢を取ってきたのだろう。信念を曲げることもなく、旗幟《きし》を鮮明にしただろうか。そんなことをすれば、命は、いくつあっても足りないことになる。この地で生き延びる方法はただ一つ、その時の権力者への迎合である。権力者が代われば、その権力者に迎合する。〝現実的で柔軟な対応〟こそ、この地で求められた生活の知恵である。

狗邪韓国は、三世紀には、邪馬壹国と同盟関係にあった。「魏志倭人伝」に「船に乗りて南北に市糴《してき》す」と記されているのも、そのためである。狗邪韓国と対海国（対馬）間の交易も、支障なく行われていて、その関係は良好だった。「市糴」の中身が、はたして魚や塩や穀物といった日常生活用品に限定されていたのかどうか。

「市糴」の中には、隣国の朝鮮・韓国はもとより、さらに中国に関する「情報」も混じっていた。このように考えなければ、「戦中の使者」は理解できないことになる。その一つが、〝魏が公孫淵を滅ぼすために、大規模な征討を仕掛けた〟という「情報」だ。そして、この「情報」が、邪馬壹国に決断を促したのである。狗邪韓国は、闇の情報収集屋が混在する世界でもあった。それも、邪馬壹国だけに情報を運ぶ収集屋ばかりではない。狗奴国側の間諜《スパイ》も、密かに暗躍していたのではないか。

窮地に立っていた邪馬壹国　女王・卑弥呼の派遣した「戦中の使者」。この危険を顧みない決断から推測できることは、いくつかある。

(1)魏の攻撃対象は公孫淵の遼東、そして、その支配下にある楽浪・帯方二郡であった。しかし、公孫一族が遼東と楽浪・帯方の二郡を支配している間は、邪馬壹国は中国との国交を閉ざされていた。

(2)そうなると、魏の敵視した公孫淵とその影響下にあった韓諸国と、狗奴国とは友好的関係にあったと思われる。狗奴国の築いた近隣諸国との友好関係は、反面では、邪馬壹国が、東アジア世界の孤児であったことを物語る。

(3)ところが、その友好関係の元締めである公孫淵に、魏の武力が加えられる時が来た。この征討で、邪馬壹国は両手《もろて》を挙げて喜び、逆に、狗奴国は深刻な危機感に襲われた。その危機感の顕在化が、邪馬壹国への猛攻である。邪馬壹国を滅ぼし、日本列島からの敵対勢力一掃が、その目的である。

(4)公孫一族―韓―狗奴国。この三カ国は、あるいは、〝鉄の団結〟で結ばれていた可能性も否定できない。このような東アジアの政治地図に、呉と高句麗が加われば……。高句麗の裏切りによって事なきを得たものの、呉は公孫淵のみならず、高句麗にも触手を延ばしていた。北方には烏丸《うがん》と鮮卑《せんぴ》が、それぞれ勢力を張っていて、絶えず魏を悩ましていた。

魏と蜀との関係も、悪化の一途を辿っている。これに対し、呉と蜀との関係は良好だ。下手をすれば、日本列島も含めた〝魏包囲網〟が完成する恐れは、多分にある。

当時の国際情勢が、このように動いていれば、魏の取る態度は一つだ。まず公孫淵と高句麗を徹底的に叩き、返す刀で、烏丸と鮮卑をも攻撃し、〝魏包囲網〟をズタズタに切り裂くことに、照準を定めていたのである。周りの敵を、ことごとく撃退してきた魏が、日本列島の動向に無関心であるはずがない。

一方、狗奴国は、邪馬壹国を激しく追い詰めていた。この猛攻の前に、邪馬壹国は首の皮一枚の状態で、辛うじて生き残っていた。水城がそれを支えていたのである。しかし、敵は武力で優る。水城だけでは限界もある。そこで、座して死を待つことを避けるために、水城の外に活路を求めた。

身を捨ててこそ、浮かぶ瀬もあれ。一か八か。伸《の》るか反《そ》るか。邪馬壹国は、この局面で乾坤一擲《けんこんいってき》の大勝負に出て、あえて、火中に身を投じたのである。「魏志倭人伝」のどこにも、このようなことは書かれていないが、紛れもなく、この危機的状況が、「戦中の使者」の背景にはあった。

機を見るに敏。邪馬壹国の判断は的中した。ここで、魏と邪馬壹国の利害は一致した。「遠交近攻」が、その利害の一致点である。裏を返せば、九死に一生を得た外交であったと言える。「景初三年」では間に合わなかった。狗奴国の猛攻の前に、邪馬壹国は間違いなく滅亡している。どうしても、「景初二年六月」の「戦中の使者」でなければならなかったのである。

「東夷伝」序文の深層

これまで述べてきたことは、実は、「魏志東夷伝」序文に要約されていることなのである。

この序文には、日本列島の政治状況を知る上で、見逃すことのできない歴史事実が書き記されている。以下に、それを全文掲載する。

（「東夷伝」序文）

書に称す。「東、海に漸《いた》り、西、流沙《りゅうさ》に被《およ》ぶ」と。其の九服の制、得て言うべきなり。然《しか》して荒域の外、重訳して至るも、足跡・車軌《しゃき》の及ぶ所に非ずして、未だ其の国俗・殊方《しゅほう》（風土の異なる地方）知る者有らざるなり。虞《ぐ》（舜《しゅん》帝在位の国号、有虞《ゆうぐ》のこと）より周に暨《いた》るに、西戎《せいじゅう》、白環の献有り。東夷、粛慎《しゅくしん》の貢有り。皆世を曠《むな》しうして至る。其の遐遠《かえん》なるや、此《かく》の如し。

漢氏の張騫《ちょうけん》を遣《つか》わして西域に使いせしむるに及び、河源《かげん》を窮《きは》め、諸国を経歴し、遂に都護を置き、以てこれを総領（すべての地の統治）せしむ。然《しか》る後、西域のこと具《つぶ》さに存す。故に史官詳載するを得。魏興り、西域尽《ことごと》く至る能はずと雖《いえど》も、其の大国、亀茲《きじ》・于眞《うてん》・康居《こうきょ》・烏孫《うそん》・疎勒《そろく》・月氏《げっし》・鄯善《ぜんぜん》・車師《しゃし》の属、歳として朝貢を奉《たてまつ》らざるなし。略《ほぼ》漢氏の故事の如し。

而《しか》るに、公孫淵父祖三世に仍《よ》りて、遼東を有す。天子其の絶域のために委《ゆだ》ぬるに、海外の事を以てせしも、遂に東夷を隔絶し、諸《しょ》（東夷諸国の意）の夏（中国、ここでは魏）に通ずるを得ざらしむ。

景初中、大いに師旅《しりょ》（遠征軍）を興して、淵を誅す。また、潜《ひそか》に軍を海に浮かべ、楽浪・帯方の郡を収む。而《しか》して海表謐然《かいひょうひつぜん》（静かで、平穏な状態）、東夷屈伏す。其の後、高句麗背叛《はいはん》す。また偏師《へんし》（軍の一部）を遣わし、討窮《とうきゅう》を致し、（高句麗王・位宮《いきゅう》を）極遠に追い、烏丸《うがん》・骨都《こっと》を踰《こ》えて、沃沮《よくそ》を過ぎ、粛慎《しゅくしん》の庭を践《ふ》み、東、大海に臨む。長老説くに、「異面の人有り、日出ずる所に近し」と。遂に諸国を周観し、其の法俗（制度・風俗）を采《と》るに、小大区別し、各《おのおの》（国の）名号有り。得て詳紀すべし。夷狄《いてき》の邦《くに》と雖《いえど》も、俎豆《そとう》の象（儀礼・礼儀の形）存す。中国礼を失するも、これを四夷に求むるに、猶信有り。故に其の国を撰次して、其の同異を列し、以て、前史の未だ備えざる所に接せしむ。

（「東夷伝」序文大意）

(1)書（尚書。書経ともいう）に、夏《か》の始祖・禹《う》による「五服」の制によって、中国の教化は「東、海に漸《いた》り、西、流沙《りゅうさ》に被《およ》ぶ」と、記されている。「五服」の制を拡充した「九服」の制にあっても、それは変わることはなかった。しかし、さらにその外部にある地については、その使者が通訳を重ねながら、中国にやってくることはあっても、中国人の足跡や馬車の轍《わだち》の跡の残るところではなかった。そのために、それらの地について、知る者はいなかった。

(2)舜《しゅん》帝の虞《ぐ》の時代から周代に至る間に、西戎《せいじゅう》、東夷の国が朝貢してくることがあっても、久しく年代を経て、ときたまやってくるだけである。このような朝貢の様子から、その地が遠絶にあることが分かる。

(3)漢代に、張騫を西域に派遣した。張騫を指導者とする調査団は、たとえば川の源を調べるなど、諸国を渡り歩き、ついに都護を置き、ここを拠点に西域を統治した。その結果、西域のことは詳しく知ることができるようになった。それとともに、これらの国々の朝貢も今に続いている。

(4)ところが、公孫一族が三代にわたって、遼東を支配するようになる。天子も、その地が絶域であるために、その支配を認めた。こうして、遼東を海外のこととして放置した。その結果、中国と東夷の間は遮断され、東夷の諸国が中国へ使者を派遣することができなくなってしまった。

(5)景初年間、大遠征軍を遼東に派兵して、淵を滅ぼす。また、敵軍に気づかれないように、その軍の一部を、密かに楽浪・帯方郡に侵入させ、この二郡をも平定した。この結果、海を隔てた遠い国々は、平穏な状態になって（海表謐然《ひつぜん》）、東夷は屈伏した。その後、高句麗が反逆する。そこで、軍隊の一部を遣わして、徹底的に討伐し、高句麗王・位宮《いきゅう》を極遠に追い詰めた。

(6)こうして、ついに東夷諸国を巡って、その国の様子が観察できるようになり、その制度・風俗などのほか、各国の国名なども詳しく記録できるようになった。夷蛮の国であっても、礼儀を重んじる国も存在する。中国が礼節を失っても、四夷の諸国では守られているので、なお、信頼を置くことができる。

そのため、その違いをも明確にしながら、これらの国々を記録し、これをもって、前史のいまだ備えていないところを、補足しようと考えた。

（注）読み下しと、その解釈に当たっては、古田『「邪馬台国」はなかった』と今鷹真ほか訳『三国志』を参考にした。

これが、序文とその内容である。その骨子は、〃東夷重視〃にある。「烏丸鮮卑伝」とは対照的だと、古田は指摘している。烏丸・鮮卑は中国の外患である。その姿勢は、「歳時を以て来り、献見す」倭とは、まさに対照的だ。

〃東夷重視〃を表している序文ではあるけれども、その真意は、「海表謐然」と「東夷屈伏」にある。倭の「歳時を以て来り、献見す」行為を妨げていた最大の要因こそ、父祖三代にわたる公孫一族の存在だった。その阻害要因を除去したために、「海表謐然」「東夷屈伏」の結末を迎えた。これが、「東夷伝」序文の真意である。

それでは、「海表謐然」「東夷屈伏」は、どのように解釈すればよいのか。「海表」とは、〃遠く隔たっている海外（の国々）〃の意だから、中国とこれらの国々を分かつ海は、渤海《ぼっかい》・黄海だけではない。日本海も含まれている。そして、「東夷」には朝鮮半島ばかりか、日本列島も含まれている。海を隔てた遠い国々（海表）

は、平和な状態（謐然）になった。「海表謐然」「東夷屈伏」。この表現の示す意味は、限りなく深い。

2　「陸行一月」の謎

帯方郡治から女王の都する地までの総里程は、一二〇〇〇余里。この総里程に対応する日程が、「水行十日・陸行一月」であった。一二〇〇〇余里のうち、水行里程は四五〇〇里だから、陸行里程は七五〇〇里となる。これに一カ月を要したのだから、一日の陸上移動距離は、二五〇里（七五〇〇里÷三〇日）となる。したがって、韓国内五五〇〇里を移動するために必要な日数は、二二日（五五〇〇里÷二五〇里・日）となる。

魏の深慮遠謀

このように、「陸行一月」のうち、「韓国陸行」にその大半が費やされている。二〇余日も費やしての韓国陸行の目的は、どこにあるのか。この動機についても、古田の答えは明快だ。魏使は、韓国を倭国に至るための、「単なる通過地」と見なしていたのではないと、氏は否定した。その上で、「〃中国正統の、魏の天子に対する礼を守って、朝貢してきた倭国の忠節を賞美する、威儀正しい答礼使と、莫大な下賜品を連ねた行列〃によって、韓人に対するデモンストレーションを行いつつ、行進した」（古田『「邪馬台国」はなかった』）と考えた。

端的に言えば、魏使の「韓国陸行」の目的は、韓人に対する「デモンストレーション」のためである。今後の韓国統治を円滑に進めるためには、その権勢を韓国内に誇示したい。さらに、魏の冊封体制下に入れば、莫大な品々が手厚く下賜される。それを、強烈に見せつけるための「デモンストレーション」であったということになる。

景初二（二三八）年当時の魏にとって、緊急の課題は、呉を中心とする東アジアにおける魏包囲網の破壊にあった。そのための最も手っ取り早い方法は、遼東の公孫淵を滅ぼすことだった。魏が淵の征討に、四万もの兵力を投入したのも、うなずける。この結果、淵を征討した魏は、遼東と呉との連携という、将来にわたる災いの芽を摘み取ることができたばかりか、これを機に、ふたたび朝鮮半島をも手中に収めている。ここで魏は、当初予想していた以上の戦果を手にしたようだ。

ところが、戦果は、これだけにとどまらなかった。ここで魏にとっては、予期しない収穫が転がり込んできたのである。邪馬壹国の朝貢が、それだ。魏は、この朝貢を最大限に活用する計画を立てることになる。

この問題の核心に迫る前に、「韓国陸行」の時期とその背景について説明しておきたい。難升米を代表とする「戦中の使者」は、景初二（二三八）年六月に帯方郡治に至り、「（魏の）天子に詣《いた》りて朝献せんことを」申し出た。この申し出を受けた帯方太守・劉夏《りゅうか》は早速、郡の役人に命じて、難升米たちを護衛しながら、洛陽まで案内させているほどだから、〝丁重な待遇〟と言ってもいいほどである。

遼東の公孫淵を征討するために、四万の大部隊を率いる司馬懿は、明帝の「往還幾日《おうかんいくか》」の質問に、「往《ゆ》くに百日、攻めるに百日、還《かえ》るに百日。六十日を以て休息と為す」と応えている。武器・食糧などの運搬を伴う四万人の大部隊と、難升米一行とを同一に論ずることはできないが、それでも、帯方郡治―洛陽間の移動には、九〇日程度（三カ月）は要したであろうか。難升米一行は、六月に帯方郡治を訪れているのだから、仮にその月の初旬と考えれば、洛陽到着は九月初旬頃となる。

明帝の「制詔」から推定すれば、難升米たちが帰国を予定していた時期は、翌年の一月頃である。そうなると、景初二年一二月に下賜されるはずだった莫大な豪華品の準備期間は、三カ月程度となる。この間に、「韓国陸行」計画は練られていたと思われる。

「制詔」を読み解く

ここで、改めてこれまで深く考えられてこなかった明帝の「制詔《せいしょう》」を、吟味する必要がありそうだ。ここに、邪馬壹国の窮状を、垣間見ることができる。その全文を、以下に掲載する（文頭の数字は著者による）。

1親魏倭王卑弥呼に制詔す。帯方の太守劉夏、使を遣わし汝の大夫《たいふ》難升米・次使《じし》都市牛利を送り、汝献《けん》ずるところの男生口四人、女生口六人、班布《はんぷ》（木綿の布）二匹二丈を奉《たてまつ》り、以て到る。

2汝がある所踰《はる》かに遠きも、すなわち使を遣わして貢献す。これ汝の忠孝、我甚だ汝を哀れむ。今、汝を以て親魏倭王となし、金印紫綬《しじゅ》（紫色の紐を通した金印）を仮《か》し、装封《そうふう》して帯方の太守に付し、仮授せしむ。汝、それ種人《しゅじん》（同一種族の人々、ここでは国民のこと）を綏撫《すいぶ》し（安らかに落ち着かせ）、勉《つと》めて（力を尽くして）孝順をなせ。

3汝が来使難升米・牛利遠きを渉《わた》り、道路に勤労す（骨を折る）。今、難升米を以て率善中郎将となし、牛利を率善校尉となし、銀印青綬を仮し、引見《いんけん》（呼び入れて会見すること）労賜《ろうし》し（ねぎらって、ものを与え）、遣わし還《かえ》す。

4今、絳地交竜錦《こうちこうりゅうきん》（絳は濃い赤色、地はつむぎの意の綈《てい》。交竜《こうりゅう》は蛟竜）五匹・絳地縐粟罽《こうちすうぞくけい》（粟紋の入ったちぢみの毛織物）十張・蒨絳《せんこう》（蒨は茜色）五十匹・紺青《こんじょう》（深い青色）五十匹を以て、汝が献ずるところの貢直《こうちょく》（貢ぎ物の値）に答う。また特に汝に紺地句文錦《こんちくもんきん》（句は鉤の意）三匹・細班華罽《さいはんかけい》五張・白絹五十匹・金八両・五尺刀二口・銅鏡百枚・真珠・鉛丹各々五十斤を賜い、皆装封して難升米・牛利に付す。

5還《かえ》り到らば、録受《ろくじゅ》し（目録どおり受け取り）、悉《ことごと》く以て汝が国中の人に示し、国家汝を哀れむを知らしむべし。故に鄭重に、汝に好物を賜うなり。

この「制詔」を一貫して流れる魏の、卑弥呼に対する心情は、「汝の忠孝、我甚だ汝を哀れむ」「国家汝を哀れむを知らしむべし」とあるように、魏の邪馬壹国女王に対する「いたわり」である。「哀れむ」とは不憫、気の毒、かわいそうに思うことである。

魏軍と公孫淵軍との激突が起こった戦火の地を、あえて危険を冒しながら、男女の生口一〇人と班布二匹二丈という、〝貧者の一灯〟を携えて、卑弥呼の使節はやってきている。このために、明帝は感動する一方で、卑弥呼を不憫に思ったのである。しかし、これでは見方が一面的・皮相的となる。邪馬壹国の置かれていた状況が分かった今、さらに深く考えてみたい。

当時の邪馬壹国の置かれていた状況を端的に示す章句が、「汝、それ種人を綏撫《すいぶ》し」である。「綏撫《すいぶ》」とは、なだめて落ち着かせることだから、ここでは、〝卑弥呼の統治する国民を、安らかに落ち着かせる〟意となる。なぜ、明帝はここまで踏み込んで、助言したのか。邪馬壹国政治圏は、狗奴国圏からの波状的に繰り返される攻撃に、大きく揺れ動いていた。そのために、まず、その動揺を静める必要があった。

明帝の卑弥呼に与えた称号は、あの金印に刻された「漢委奴国王《かんのゐどこくおう》」と同列の、「魏邪馬壹国王」や「魏倭王」などではなく、「親魏倭王」となっている。「親」には、親友、親善、親睦のように親しい意味ばかりではない。子どもに対する「親」の意もある。だから、「詔勅」の冒頭で「親魏倭王」と、卑弥呼の立場を明確にし、魏と卑弥呼との間柄を、まず規定していたのである。〝親・魏―子・邪馬壹国〟。以後はこのような親子関係に立つ。「詔勅」は冒頭において、このように宣言していたことになる。したがって、この「詔勅」は以下、両者のこの間柄に基づいて語られているのである。

このように解釈してこそ、「汝の忠孝」「勉めて孝順をなせ」が、初めて生きてくる。「忠孝」とは忠実で、親を大切にする意であり、「孝順」とは、親孝行で従順な態度を表している。いずれも、親子の間に適用される語である。「忠孝」「孝順」を、明帝が卑弥呼に対し重ねて使用していた理由も、ここにある。「綏撫《すいぶ》」は、この脈絡の中で理解すべきなのである。

「親魏倭王」と「忠孝」「孝順」とは、密接不可分の関係にある。わが子に「孝順」を求めれば、「親」には、「子」をしっかり守る義務が生じる。魏はその義務を自覚しているからこそ、卑弥呼に「孝順」を求めたのである。「親魏倭王」と「孝順」とは、一対をなす用語となっていたようである。

ここで、改めて「我甚だ汝を哀れむ」の章句を考えてみたい。先に述べたように、子どもが親を頼りにするために、海を渡り、遠い道に骨を折り、苦難を超えて、親を頼って尋ねてきた。そのような子どもの、必死の姿に接した「感動」だけではない。明帝は難升米・牛利と直接面会し、邪馬壹国の窮状、それも長きにわたる苦難に満ちた歴史を、難升米たちの説明によって認識した。そのために、明帝は「哀れ」に思ったのである。

「韓国陸行」の深い意図

「制詔」中、魏王朝の邪馬壹国に対する気持ちがにじみ出ていると思われる章句は、「(国家)汝を哀れむ」だけではない。「引見労賜」も、そうである。

「引見」とは、直接当人と面会することである。明帝は難升米・牛利と直接面談をしている。破格の扱いだ。その具体的行為は、魏の邪馬壹国への全面支援となって現れる。その時期についても、やはり、「制詔」から読み取ることができる。その日程は、景初二年一二月〜翌年一月か。難升米・牛利を水先案内人にして、魏志が邪馬壹国を訪れる日程が組まれていたようだ。

ところがここで、予期しない非常事態が起こる。景初二年一二月に、当の明帝が病に倒れ、翌景初三年一月に急死する。ここで下賜の実行も含む魏の邪馬壹国への支援が、一年延期されることになってしまう。この緊急事態について、古田は服喪期間により、朝廷の公式諸行事が停止したためだと言う。「魏志二一・劉《りゅう》邵《しょう》伝」に、公式諸行事が中断・停止された記事があるから、妥当な判断だと思われる。

魏使の邪馬壹国への〝激励〟実行の一年間凍結。邪馬壹国にとっては、大きな打撃ではあっても、後盾の確約を得たことは、心理面で、計り知れないほどの成果ではあった。一年後には、魏は必ずその確約を実行する。この安心感があるから、国民は現在の境遇にも耐えることができる。

一年後の魏使の、邪馬壹国訪問と下賜の実行については、帯方郡を仲立ちにして、両国の間で緊密な連絡が行われたことだろう。魏使一行の人員の確認と、それを帯方郡治から邪馬壹国まで案内・警護する人員の決定。下賜品の、馬あるいは馬車といった運搬方法の検討。そして何よりも、「韓国陸行」の目的の共通認識と確認だろう。そこには韓人に対するデモンストレーションのほかに、もう一つ深い意図が隠されていた。魏による深慮遠謀だ。

それは武器を使用しないで、相手をたじろがせる情報戦と形容してもよい。つまり、魏が邪馬壹国を支援したという情報を、できるだけ広範囲に流布するための方法である。かくして、その目的を内に秘めて、「韓国陸行」は、正始元（二四〇）年に実行された。

その行進・行軍の模様が、わずか四文字による「乍南乍東」（韓国を歴《ふ》るに、乍南東乍、其北岸狗邪韓国に到る）だ。これが「韓国陸行」の描写ということになる。問題は、「乍南乍東」をどのように読み下すかにある。

ここで古田は、「乍A乍B」の文形を、「〝AとBをたちまち小刻みにくりかえす〟意義の熟語」だと解釈した。この解釈から、従来の「あるいは南し、あるいは東し」を、「たちまち南し、たちまち東し」と、慌ただしいことこの上ない読み下しをしてしまった。それほど先を急ぐなら、なぜ魏使一行は、西岸・南岸全水行を中止してまで、一カ月近くを要した「韓国陸行」にこだわったのか。明らかに古田の読み下しと、その解釈とは矛盾する。

珍しいと言うべきか。あるいは、信じられないと言うべきか。「乍南乍東」の読み下しは、ここでは、通説の方が正しかったのである。〝慌てず、騒がず〟。これが、邪馬壹国へ向かう魏使一行の思惑であった。無論、この行動は魏からの指示だ。こうして、魏使一行とそれに同行する邪馬壹国の兵士たちは、「あるいは南し、あるいは東し」、韓国内を「示威行進」していたのである。

その目的は二つあった。一つは、古田が明らかにしていた。もう一つが、情報戦である。できるだけ、韓国内の人々の密集する地を選んで、これみよがしに、狗邪韓国まで行進していたのである。

「韓国陸行」は間違いなく、実行されている。それを示す史料が、「魏志韓伝」である。

「魏志韓伝」の背後を読み解く

魏使の眼は、韓国内を鋭く観察している。ここには、馬韓《ばかん》・辰韓《しんかん》と弁辰《べんしん》の三カ国について、統治機構から家屋数、風俗習慣、暮らしぶり、歴史・地理、自然だけではなく、その国の特色がこと細かく記載されている。なかでも、馬韓・辰韓と弁辰のそれぞれに属す国名が列記されている記事には、眼を見張る。

西部の馬韓ではその五五カ国が、労をいとわずすべて記録されている。中部の辰韓と東部の弁辰に属す国についても、やはり同じように扱っている。その国数は、それぞれ一二カ国となっている。それを、念を入れるかのように、「弁、辰韓、合わせて二四カ国」と明記までしているほどだ。そして、やはりここでも、この二四カ国について、すべてを記載しているのである。

魏は韓国の内情については、正確に把握していた。これこそ、「韓国陸行」の産物である。魏は実地に確認したこと、あるいは現地での伝聞であっても、それが正確でなければ記録しなかった。「魏志韓伝」中の国名記録に、この厳格な姿勢を読み取ることができる。それは日本列島について見れば、なお歴然とする。魏と使訳通ずる国は三〇カ国だった。それはすべて記録されていた。

ところがこれに反し、狗奴国政治圏はどのように取り扱われているか。その国名が記されている国は、七〇余国の宗主国・狗奴国のみだ。それ以外は関心がなかったから、記録に残らなかったのではない。関心は大いにあった。邪馬壹国政治圏の三〇カ国に対し、相手が七〇余国であることも認識していた。しかし、その国名を記録しなかったのは、邪馬壹国側に確認しても、明確な回答が得られなかったからではないか。当該国の情報収集は、実地踏査に基づく。これが魏の基本方針となっていたようである。

「魏志韓伝」には、現地を実地踏査しなければ書くことのできない記事が、ほかにもある。その中には、韓国と当時の日本列島との繋がりを明らかにしている記事もある。弁辰で興味を引く記事が、これだ。「国、鉄を出だす。韓・濊・倭、皆従いてこれを取る」。この倭は、狗奴国と邪馬壹国のいずれをも指していると思われる。

もとより、この記事の言わんとしていることは、狗奴国と邪馬壹国が同じ時期にやってきて、鉄を取り出していたということではない。同時期における両国の行為であれば、ここで争いが起こることは避けられなくなる。狗奴国・邪馬壹国のいずれかの国が、狗邪韓国を領有していた時期に、その国がやってきていたことを示している。

日本列島と弁辰との繋がりは、馬韓・辰韓以上であったようだ。それは「弁辰涜盧国《べんしんとくろこく》、倭と境を接す」とあるように、弁辰と倭の領土である狗邪韓国とは接していたという地理的関係にある。そのためか、ここには弁辰狗邪国といった国名もある。ただし、この国が、狗邪韓国と同じように、狗奴国、邪馬壹国のいずれとも関係があったのかどうか。そこまでは分からない。

魏使の「韓国陸行」は、韓国に向けられた「デモンストレーション」。その行動には魏の韓国への力の誇示（デモンストレーション）と、魏の邪馬壹国への全面支援の宣言という二つの目的があった。ところが、これだけではなかった。さらにもう一つあった。韓国内における情報収集・情勢掌握という目的である。

一見無駄と思える「韓国陸行」ではあるが、魏の狙いは二方向へ向けられていた。一つが韓国、他の一つが日本列島である。その背後には、深く計算された「読み」があった。韓国に対する狙いは、先述したとおりである。もう一つの狙いは、狗奴国とその同盟国に向けられていた。

魏使の「韓国陸行」による「デモンストレーション」の背後には、狗奴国に対する威嚇と攪乱の目的があった。そのように考えなければ、この行動は理解できない。情報を伝達させ、狗奴国圏を揺さぶる。狗邪韓国に潜む狗奴国側の情報員が、この顚末を必ず本国へ伝えるという期待と確信によるためである。換言すれば、情報作戦・心理作戦である。「韓国陸行」には、多分にこの目的が含まれていた。

女王・卑弥呼の都は、現太宰府政庁跡である。この地から最も近い港を求めれば、それは博多湾内の港だ。一大国（壱岐）を出発すれば、魏使一行を先導した邪馬壹国側の使者は、一大国から、一路博多湾への直接入港を目指すはずである。ところが、この航路は採らなかった。「魏志倭人伝」では、この常識が粉々に砕かれる。魏使は、一大国（壱岐）を出発した後、末盧国（現唐津港）へ上陸させられてしまうのである。

回避された直接入港

末盧国に上陸した後、魏使一行は、伊都国・不弥国を経て、邪馬壹国へ至るという、とんでもない迂回を強要されることになる。それればかりか、末盧国―伊都国間は、「草木茂盛《もせい》し、行くに前人を見ず」といった悪路となっている。しかも、六〇〇里（短里。末盧国―不弥国間四五〜五四・〇㎞）の道程である。むろん、〝倭国内デモンストレーション〟などではありえない。

「…魏使は末盧国（唐津付近）においてはじめて九州本土に上陸した。…〝ではなぜ、ストレートに舟のまま博多湾岸に来て上陸しなかったのか〟中学生や一般の読者から、しばしばこう聞かれたことがある。これは至当の問いだ」（古田『邪馬一国の証明』）と、古田自身が述べている。まさに「至当の問い」であり、誰しも抱く素朴な疑問だ。

莫大な下賜品を携えての訪問であることを考えれば、この行動は異様である。なぜ、これほどの無駄な時間と労力を費やしたのか。これをそのまま丸呑みすれば、古代人には、著しく合理的精神が欠如していたということになる。

だが、この見方は皮相的である。魏使一行を先導した邪馬壹国の首脳は、慎重だった。邪馬壹国の敵は、公孫淵だけではない。その最大・最強の敵は、海の向こうではなく、〝そこ〟にいる。その最強の敵からの猛攻に、邪馬壹国は慌てふためき、混乱に陥って、魏に救いを求めていた。それが〝貧者の一灯〟を携えた、景初二年の「戦中の使者」だ。

「陸行一月」のうちの大半は、「韓国陸行」に費やされていた。それを見破った古田ではあったが、その本質を見逃していた。前述したように、古田の「韓国陸行」説は、混乱を重ねた「邪馬台国」問題を解決する大きな要因となっている。しかし、その古田にしても、邪馬壹国最大の敵である狗奴国の姿が見えていなかった。そのために、なぜ魏使を先導した邪馬壹国の使者たちは、博多湾に直接入港しなかったのか。この動機が、見えてこなかったのである。

そこは危険海域だった

〝魏使の来日〟は、中国歴代王朝にあって、初めて日本に使節を派遣したという記念すべき重大な事件である。それなのに、この使節団を迎える邪馬壹国は、あろうことか、〝倭国内迂回陸行〟という異例にして、非礼の態度で対応した。この対応については、強い関心が寄せられてしかるべきなのに、敵国内に「邪馬台国」を比定した畿内説は論外としても、古田以外の九州説論者でも重要視した形跡はない。

ところが、どんなことにも例外があるように、ここで、合理的精神を発揮した論者もあった。不敵にも、壱岐から直接、宗像郡玄海町（現宗像市）の神湊《こうのみなと》へ上陸させたのである。周りが見えなければ、人間は〝せっかち〟になるだけではなく、大胆になって、危険をまるで顧みなくなる。敵とさらに近くなる神湊では、博多港よりもなお危険だ。魏使をこのような神湊に上陸させた「邪馬台国」論は、この一点だけで、破綻している。

邪馬壹国側と魏使は、どうして無駄な経路を選択したのか。当時の険悪な状況は、壱岐から博多湾への直接入港を許さなかった。考えられる結論は、これしか残されていない。

この答えは、すでに述べている。狗奴国とその同盟国による脅威を、切実な問題として、邪馬壹国は日常的に体験している。「女王国の東、海を渡る千余里（七五〜七七㎞）」の至近距離に、敵は存在している。その敵は東の海上から、必ず攻めてくる。壱岐から博多湾に至る海域は、〃危険海域〃と化していたのである。

景初二年の「戦中の使者」は、このような緊迫した情勢下で強行されていた。魏はその「戦中の使者」の報告によって、日本列島で進行している状況を、十分に認識している。だから、それが迂回だとは分かっていても、黙々と倭国内を陸行したのである。

当然ここで、新たな疑問が生まれてくる。陳寿はなぜ、それを詳述しなかったのかと。しかし、それは「旧百余国（旧《もと》からの百余国）。…（その中で）今、（中国に）使訳通ずる所三十国」という「魏志倭人伝」の冒頭記事で、すでに説明済みなのである。

中華思想によって、夷蛮諸国を蔑視してきた大国・中国が、夷蛮の攻撃を恐れて、その地をむざむざ迂回したなどとは、口が裂けても言えることではない。それこそ、〃大国の沽券《こけん》〃に関わる。そのために、陳寿はあえて、そういった時代背景の記述を割愛したのである。これが、「魏志倭人伝」に記録として残さなかった真相であろう。

ところで、正始元年派遣の魏使が、邪馬壹国を訪れた季節はいつか。それが分かるように、陳寿は配慮していた。素晴らしい歴史家だと、改めて思う。「季語」を、こっそりと挿入していたのである。その季語とは、「草木茂盛」だ。魏使が訪れた季節は、正始元年の春から夏、今日で言う「ＧＷ《ゴールデンウイーク》」の終わった頃か。一年を通じて、最も美しく感じられる季節を選んでいる。

「韓国陸行」〃倭国内迂回陸行〃の果てに、ようやく魏使は、「水城」の間を通り抜けて、目的地に到着した。

魏使の見た都

宮室・楼観《ろうかん》・城柵、厳《おごそ》かに設け、常に人有り。兵を持して守衛す。

これが、魏使の眼に映った倭国の都の姿であった。しかし、ここを流れる空気は重々しく、どう見ても平和な雰囲気ではない。敵の攻撃に備え、常にピリピリした空気が張り詰めている。短文ではあるが、写実的だ。当時の都の様子が生々しく記録されている。実際に眼で見て確認したから、文字にできる光景だ。しかし、従来の解釈は違った。

伊都国から「邪馬台国」までは遠いと倭人に騙《だま》された魏使は、都まで行くことをしないで、伊都国で倭人からの情報を集めただけといった見解がある。この見地に立てば、この写実的記録も、大きく歪められることとなる。

「話に聞く、女王の都するところには、たくさんの家々も集まって、役人も整備しているらしいとの判断から、それならば相当に大きな政治的社会をなしていたところであろうというふうにうけとめ、倭人伝記述のような表現をとったのであろう」となる。これは、和歌森太郎の見解（松本清張編『邪馬台国99の謎』）である。中国天子の「制詔」と莫大な下賜品を携えて来ているのに、その国の最高権力者にも会わず、「制詔」と下賜品とを、伊都国において、そそくさと帰っていった。そのような魏使であれば、中国天子の使者としては失格である。まるで子ども騙しの解釈だ。

女王は水城の南、「兵を持して守衛す」宮室の中にいた。魏使は、ここで「制詔」を説明し、下賜品を直接卑弥呼に手渡したのである。これで、魏使の任務の一つは終わった。

そして、もう一つがこれだ。今後の、狗奴国に対する戦略と戦術についての検討だ。魏使と難升米たち邪馬壹国の重鎮との間で、狗奴国に確実に勝利するための方策が、練られたものと思われる。「戦中の使者」が帯方郡に赴いた時期は、景初二年六月、それから丸二年が経過している。この間に、日本列島は、大きな渦に巻き込まれようとしていた。

それにしても、「魏志韓伝」と「魏志倭人伝」については、微に入り細にわたった記録となっている。魏はなぜここまで細部にこだわったのか。魏のこだわりは、日本列島に対する警戒のためである。

仮に、邪馬壹国が滅んだ場合、その後の日本列島が〝反魏列島〟、さらに進んで〝反魏親呉列島〟一色へと統一されることである。そうなると、その影響は朝鮮半島へ波及する。魏の想定した最悪の事態が、これだ。

そのような事態になれば、魏は帯方郡治を拠点に、狗奴国を攻撃する計画を立てていたと思われる節がある。それを、「魏志韓伝」と「魏志倭人伝」に見て取ることができる。そこには〝地理誌〟のみならず、〝軍事地理誌〟〝軍事行動計画書〟の側面が強くにじみ出ている。魏はどこまでも慎重であり、用意周到だった。そこで魏は、両国についての必要な情報を収集するために、自国の軍人、測量・動植物の専門家たちを、韓と倭に送り込んでいたのである。

二千字ほどの「魏志倭人伝」で、このように邪馬壹国に至る主線行路上の国々と傍線行路上の国々の情報が、克明に記録されていることに、改めて驚きを覚える。几帳面この上ない記録は、初めて踏査する土地に対する強度の関心のためだけではない。ことに、朝鮮半島を発って、最初に足を踏み入れることになる対海国（対馬・下県）については、「道路は禽鹿の径の如し」と、その道路事情にまで記録は及んでいる。それは、整備された大道ではない。ケモノ道に毛の生えたような道だ。それなのに、あえて記録に残しているのである。

万が一、狗奴国を攻撃することになった場合、対海国と一大国は、必ず通らなければならない「飛び石」となる。この二島の地理が、道路事情を含め、詳しく記録されているのも、このためだ。すべて軍事上のためである。

魏使はのどかな季節を選んで、物見遊山に来たのではない。逆に、重大な任務を負っていた。末盧国上陸後、伊都国・不弥国を経由しての「陸行」を厭《いと》わなかったのも、一つには、この重大な軍事上の任務が課せられていたからだ。

眼にした光景、耳にした情報。おのが五感に触れた現実。魏使は記憶の薄れないうちに、すべてを文字化していたのである。この貪欲な観察力によって、日本列島の半分は丸裸にされていたことになる。ここに、曹操以来の魏の国土拡大、国家権力形成・維持の秘訣を見る思いだ。魏が、後漢の滅亡により混乱した中国

表9-1　「魏志倭人伝」に詳述されている主線・傍線行路上の国々

国　名	官名（左は副官）	面積、戸・家数	地　形	道路事情・暮らしぶりなど
①狗邪韓国	—	—	—	—
②対海国	卑　狗 卑奴母離	方四百余里千余戸	山険しく深林多し	道は禽鹿の径の如し。良田なし。海物を食して自活。南北に市糴
③一大国	卑　狗 卑奴母離	方三百余里千ほどの家	竹木・叢林多し	やや田地あるも、食するに足らず。南北に市糴
④末盧国	—	四千余戸	—	山海に沿って居住。好んで魚鰒を捕え、皆沈没してこれを取る。
⑤伊都国	爾　支 泄朓觚 柄渠觚	千余戸 —	—	—
⑥奴　国	凹馬觚 卑奴母離	二万余戸	—	伊都国の南一〇〇里
⑦不弥国	多　模 卑奴母離	千余家	—	—
⑧投馬国	弥　弥 弥弥那利	五万余戸	—	不弥国から水行二〇日

を統一したことと、夷蛮諸国ではあっても、その情報を丁寧に収集した姿勢とは、無縁ではなさそうである。

表9―1が、魏志によって収集された主線・傍線行路上の国々の情報である。

その読み方も意味も、解明できた。それでも、卑弥呼については、分からないことの方が圧倒的に多い。まさに謎の女王である。というよりも、〃謎だらけの女王〃だ。それでも明言できることは、卑弥呼は、筑紫の宮殿（現太宰府政庁跡）に君臨していた女王であり、三〇カ国の頂点に立つ女王であったということである。

謎の女王

筑紫にとって、女王・卑弥呼はいわば救世主だ。その女王の記録が、国内にまるでない。倭人が文字を知らなかったからではない。歴史書やそれに類する記録はあった。そこには、この女王について、〃好意的〃に詳述されていたと思われる。

だが、その記録はすべて失われた。そのために知りたい情報は消滅し、隣国史料である「魏志倭人伝」だけが、卑弥呼を知る手掛りとなっているのである。このような経過があるから、どうしても〃謎だらけの女王〃となる。

『記紀』中の特徴ある女性に比定されることになった原因は、すべてここにある。しかし、当たり前のことではあるが、卑弥呼は卑弥呼であって、神功皇后などではない。

それにしても、卑弥呼は摩訶不思議・不可解な女性である。女王に即位した後の統治方法は、一風変わっている。

年已《すで》に長大、夫婿《ふせい》なく、男弟あり。佐《たす》けて国を治む。王となりしより以来、見る者有るも少なし（少レ有二見者一）。婢千人を以て、自らに侍《はべ》らしむ。ただ男子一人あり。飲食を給し、辞を伝え居処に出入りす。

この後に、「宮室・楼閣……」の記事が続く。前述したように、この一連の光景は、魏使の眼を通して語られているだけに、信憑性は高い。

今一歩退いて、この記事を吟味すれば、王位に即《つ》く以前にあっては、卑弥呼の姿を見る者は少なくなかったということであり、卑弥呼の住居の前にいれば、比較的容易に、その姿を眼にすることができたということになる。そうであれば、卑弥呼は人間嫌いでもなく、極度に人見知りする性格の持ち主でもなく、市井の一女性だったことになる。

ところが、女王になった途端、その環境は激変する。それは、周りから隔離されるという異様な環境だ。しかも、卑弥呼が女王に擁立された時、それは戦乱の最中《さなか》にあった。それなのに、ここで不思議に思うことは、卑弥呼の能力だ。それは、「鬼道に事《つか》え、能《よ》く衆を惑わす」という能力であった。「魏志倭人伝」のこの一文から、卑弥呼は「シャーマン」、現実と心霊の世界とを結び付ける、能力を備えた宗教的あるいは予言的職能者・霊能者であったという。これは学者たちの一致した見解である。そうなると、卑弥呼は、特に優れた軍事的能力のある政治家ではなかったことになる。

そのような能力しかないにもかかわらず、卑弥呼は女王に推挙されているのである。摩訶不思議・不可解という理由は、この点にある。

その国、本また男子を以て王となし、住《とど》まること七、八十年。倭国乱れ相攻伐すること歴年、すなわち共に一女子を立てて王となす。

その当時の国内状況を、「魏志倭人伝」はこのように伝えている。倭国が戦争状態に突入した時期は、男王の晩年のようだ。その戦闘は、男王の亡くなった後も続いていたようである。男王名は不明である。「住《とど》

表9-2　卑弥呼関連年表

年	出来事	期間
220	後漢滅亡、魏建国	男王在位（35～40年）
（時期不明）	男王逝去	倭国戦乱歴年（7～8年）
（時期不明）	卑弥呼即位	倭国戦乱歴年（7～8年）
238	卑弥呼第一回遣使（景初二年）	倭国戦乱歴年（7～8年）
240	魏使来訪（正始元年）	倭国戦乱歴年（7～8年）
247	張政来訪、戦乱激化（正始八年）	倭国戦乱歴年（7～8年）
（時期不明）	卑弥呼逝去。	
（時期不明）	壹与、女王に即位	
（時期不明）	張政帰国	

ること七、八十年」とあるから、王としての在位期間が、七〇～八〇年だったことになる。「住《とどま》る」とは、ある状態・行為が、止まって動かなくなることをいう。ただし、この「七、八十年」は、一年に二回歳を取るという「二倍年暦」による数値だから、今日の計算法だと、その二分の一の三五～四〇年となる。

その男王が在位した「七、八十年」（三五～四〇年）の間に、「倭国乱れ相攻伐すること歴年」という危機状況に直面する。「歴年」は一〇年未満、七～八年程度であることが、『三国志』の中から「歴年」を抜き出した古田によって、確認されている。

この戦乱の続く中、男王は亡くなる。しばらくして、卑弥呼が共立され、女王に即位する。こうして国内の混乱を背景に、卑弥呼は政治の表舞台に現れた。それも「共立」という特異な形態での即位だ。「共立」の語義から推測するに、どうやら彼女は、

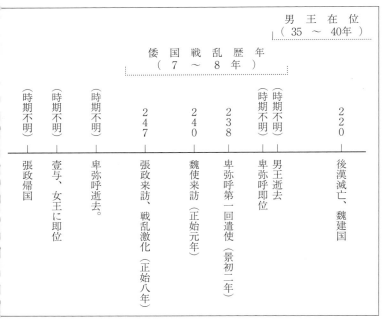

「多数決原理」に基づいて選出されたようである。

卑弥呼が男王の死亡後に即位し、即位の直後に「戦中の使者」を派遣したのであれば、その年は二三八年。「戦中の使者」を派遣した景初二年の一年前であれば、二三七年となる。残念ながら、その即位年は分からない。いずれにせよ、景初二年六月をわずかにさかのぼる時期に、即位したものと推測できる。

さまざまな事件が錯綜して分かりづらい面もあるので、ここで、この一連の事件を、「年表」にしてまとめておくことにする。その要点は次のようになる。

(1)男王在位と倭国戦乱とは、一部重なっている。その戦乱は、正始八年以降も続いていた。

(2)卑弥呼即位は、あるいは景初二年の直前か。

(3)戦乱の終わった直後、卑弥呼は亡くなる。国民はその死を悼み、女王にふさわしい墳墓を造って葬る。張政は、それを確認して帰国した。

演出された女王

卑弥呼はこれまでから、神功皇后など、『記紀』の女性の誰かと見なされてきた。その中でも、卑弥呼と天照を同一視する見解は、根強い。〝卑弥呼＝天照〟の推定は、「邪馬台国東遷」説の素地ともなっている。この説は、早くに白鳥庫吉・和辻哲郎が示唆し、栗山周一が深化させている。その後、和田清《せい》・市村其三郎・坂本太郎・井上光貞の各氏らに受け継がれ、安本氏も全面的に支持をしている。

その安本氏が、卑弥呼と天照の共通性について、このようにまとめている（安本『研究史邪馬台国の東遷』）。

(1)年代的にみて、『古事記』『日本書紀』の伝える天照大御神の活躍の時期は、卑弥呼の活躍の時期と重なりあう。

(2)日本神話の伝える天の岩戸事件〔正しくは岩屋戸事件…著者注〕は、「魏志倭人伝」の伝える卑弥呼の死、宗女台与の奉戴などの一連の事件とモチーフが酷似している。

(3)卑弥呼も天照大御神も、ともに、女性で、シャーマン的で、宗教的な権威をもち、夫がなく、男弟がある。

(4)天照大御神と素戔嗚《すさのお》の尊との戦争談は、卑弥呼と狗奴国の男王なる卑弥呼［明らかに卑弥弓呼の誤り…著者注］との戦争に似ている。

安本氏がどんなに強調しても、右記(1)～(3)の共通性を、『記紀』と「魏志倭人伝」から読み取ることはできない。

㈠天照には、八、九人の息子と娘があったばかりか、孫までいた。彼女は未婚の母ではなく、れっきとした夫があった。夫は伊邪那岐だ。天の岩屋戸に軟禁された時は、白髪で腰の曲がった老婆だった。

㈡天照とスサノオとの間には、姉弟の血縁関係はなかった。それどころか、二人は激しい敵対関係にあった。このために、「岩屋戸事件」は起こっている。

㈢天照と卑弥呼との間には、五五〇～六〇〇年ほどの時間差がある。

これが、その根拠である。卑弥呼から五五〇～六〇〇年もさかのぼった時代の天照が、同一人物であるはずがない。しかし、二人には別の共通性があることも、また事実である。①天照直前の筑紫の統率者は、やはり男王・伊邪那岐だった。②卑弥呼と天照が、シャーマンであったとは思われないが、ともに筑紫の女性という共通性がある。

共通性はこれだけではない。特に重要な共通性が、安本氏の挙げた(4)だ。天照とスサノオの争いは、卑弥呼と狗奴国男王・卑弥弓呼との争いに重なると指摘している点だ。卑弥呼共立の最大の疑問は、それまで続いていた男王制を廃止までして、なぜ、女王を担ぎ出したかだ。

「魏志倭人伝」には、「其の国本亦《もとまた》男子を以て王となし……」とある。卑弥呼・壹与以前には、古い時代から、男子が代々王になっていたという意味である。それにもかかわらず、政治にも軍事にも素人然とした卑弥呼を、あえて過去からの制度を変更までして、女王に迎えた理由は、一体どこにあったのか。

　この異変は、天照との共通性と無縁ではなさそうである。むしろ、時空を超えた共通性を重んじたと見るべきである。「倭国乱れ相攻伐すること歴年」。狗奴国の猛攻の前に、邪馬壹国は風前の灯だった。この戦況の中で、邪馬壹国側は絶えず、悪夢に襲われ続けている。状況は、五五〇〜六〇〇年前の再来かと思われるほど、酷似していた。敵国も当時と同じ伯耆・出雲だ。劣勢に置かれている状態も、当時のままだ。全面敗北という悪夢の再現は、必至の情勢であった。

　紀元前の遠い昔、伊邪那岐亡き後、天照率いる筑紫はスサノオ軍に追われ、「高天原」(壱岐)へと逃れていた。しかし、間もなく、壱岐で完全に白旗を掲げて降伏した。死こそ免れたものの、天照は「天の岩屋戸」に幽閉の身となった。それ以後、国民は天照の姿を眼にする機会を、すっかり失っていたのである。

　自国のこの悲惨な歴史を知っていた邪馬壹国首脳は、狗奴国猛攻の中で、当時の危機的状況を再現したのである。その再現とは、長年にわたる男王継承の伝統を、あえて覆すことまでして、実行された卑弥呼共立である。この狙いは、国民を鼓舞し、戦意高揚を促すことにあった。ここで、卑弥呼を、天照になぞらえたのである。

　実権を握る者たちが〝演出した女王〟の置かれた境遇は、まさしく幽閉された天照のそれであった。〝卑弥呼＝天照〟は、偶然の産物ではなかったのである。戦略上、卑弥呼は〝現代における天照〟でなければならなかった。邪馬壹国にとって、これは時代の要請であった。この演出に、後世の学者たちが引っ掛ったのも、無理からぬところがある。それほどこの演出は、遠い過去の歴史事実の再現に迫っていたことになる。

ところで、卑弥呼はどのような血筋なのだろう。すでに、これも難しい問題ではなくなっている。卑弥呼は、伊邪那岐・天照の血を引く女性である。「鬼道」に精通していることが、女王の資格要件ではない。目的が〝幽閉された天照〟の演出にあるのだから、血筋はしっかり重んじられている。卑弥呼共立は、〝血統至上主義〟による人選だったと推測せざるをえない。

「年已に長大」とは

女王に即位した時、卑弥呼は何歳だったのだろう。「老婆」が通説となっている。ここには、「鬼道」という用語も働いているようである。ところが、古田の見方は、この問題でも違った。氏の証明方法は、いつも単純明快だ。だが、それは時間と労力とを要する地道な作業である。やはり氏は、『三国志』の中から、「年已長大」をすべて抜き出して調べていた（古田『ここに古代王朝ありき』）。

その中で、この「年已長大」から、実年齢が確認できる例があった。曹操の長男・曹丕《そうひ》（文帝）だ。

丕《ひ》の業を継ぐに逮《およ》ぶや、年已《すで》に長大。〈呉志七・諸葛瑾伝〉

曹丕は一八七年生れで、二一七年に太子となり、二二〇年に皇帝の座に即《つ》いている。その時すでに三四歳となっていた。曹丕の例で明確になったように、「年已長大」の示す絶対年齢は、三四歳となる。魏使の面会した女王は、白髪で、腰の曲がった老婆ではなく、三四歳前後の女性だった。これが、古田の結論である。

曹丕は四〇歳で亡くなっているから、皇帝在位はわずか六、七年でしかない。そのために、皇帝の座に即《つ》いた時の年齢を、「年已長大」と表現されたとも考えられる。他方、中国から見れば東夷の国ではあっても、卑弥呼も邪馬壹国の女王である。曹丕・卑弥呼は、ともに一国の最高権力者である点で、共通する。この境遇の共通性だけではなく、即位時の年齢も、ほとんど同じだった。この二つの共通性から、陳寿は卑弥呼も、「年已長大」と表現していたのである。

古田の結論から、彼女の死亡推定年齢についても、簡単に割り出せる。卑弥呼の女王在位期間は、十数年間（一三～一五年）に及んでいるのだから、その死亡年齢は、四七～四九歳ということになる。

一年に二回歳をとった倭人

卑弥呼の死亡年齢は高いのか、低いのか。それとも平均値なのか。その判断基準となる数値が、「魏志倭人伝」のこの記事だ。

その人の寿考あるいは百年、あるいは八、九十年。

この「寿考」は、「長生き」と解されてきた。そのために、この個所は、倭人の最高年齢を示している記事と見なされたのである。ここで改めて、「魏志倭人伝」の性格を考えれば、この見解の是非は即座に判断することができる。すでに述べたとおり、魏使には、軍事的視点から倭国を鋭く観察し、必要な情報は細大漏らさず収集し、記録に残すことが、任務として課せられていた。「魏志倭人伝」は、すべて軍事目的のための記録と言っても、過言ではない。

そのような〝軍事地理志〟に、高齢の一〇〇歳、あるいは八、九〇といった例外的な年齢に、魏が強い関心を示すはずがない。魏の関心は、どこまでも邪馬壹国政治圏のみならず、現実の強敵・狗奴国政治圏における戦闘の担い手となる年齢層だ。それを把握するために参考となる数値が、「平均寿命」である。「魏志倭人伝」の、この年齢に関する記事は、そのための記録である。「寿考」は、邪馬壹国の「平均寿命」と見なしうる。あるいは、「寿考」は、歳《とし》の同義重複語とも考えられる。

このように解釈した途端、ここに奇妙なことが起こってくる。「平均寿命」が、八〇～一〇〇歳という途方もない数値に膨れ上がってしまうこととなる。異様な「平均寿命」だ。ところが、この数値が二分の一だと、四〇～五〇歳となる。これが三世紀当時の日本人の「平均寿命」となる。〝一年に二回歳をとる〟という、いわゆる「二倍年暦」による年齢計算法だ。

「二倍年暦」発見の前触れは、異常に長い歴代天皇の寿命にあったようである。まず、岡正雄と江上波夫が、この長寿は、半年を一年としたためではないかと考えた。この見方に、安本氏が刺激を受けた。そこで氏は、歴代天皇の寿命について、『記』から拾い出して、これを検証している。

長寿上位五位（カッコ内の漢数字は「代」を示す）
1崇神（一〇）…一六八歳　2垂仁（一一）…一五三歳　3神武（一）・景行（一二）…一三七歳
5応神（一五）…一三〇歳

一〇〇歳を超える天皇は、このほかにも存在する。一二四歳の雄略（二一）、一二三歳の孝安（六）、そして一〇六歳の孝霊（七）だ。最も長寿の崇神の一六八歳にしても、これが二分の一だと、八四歳となる。ありえない年齢ではない。

ついで、安本氏が眼をつけたところが、天皇の没年月日だ。やはり、『古事記』には、成務から推古に至る天皇一三人について、それが記されている。この一三人の天皇は、一人の例外もなく、その月の一五日以内になくなっている（安本『邪馬台国への道』）。これも、半年を一年とした痕跡と見ることができるようである。岡・江上・安本の各氏の問題意識は、あくまでも歴代天皇の異様な長寿に限定されていた。

この「二倍年暦」を、古田は歴代天皇だけではなく、国民の年齢水準にまで適用した。根拠は、この一文にある。

『魏略』に曰く「其の俗、正歳四節を知らず。ただ春耕秋収を計りて年紀となす」。

これは、「魏志倭人伝」の当該個所に付された裴松之の注だ。この注釈を、「正歳は陰暦の正月、四節は暦の上の春夏秋冬をさす。つまり正歳四節とは陰暦の体系をさしている」と理解した古田は、「この文章は、すなおに理解すれば、倭人は『春耕』と『秋収』の二点を『年紀』とする、つまり『一年に二回歳をとる』という意味だ」（古田『「邪馬台国」はなかった』）と解釈した。古代には、いわゆる「二倍年暦」があったという見解だ。

「年紀」の「紀」には、「はじめ」の意味もある（藤堂編『学研漢和大字典』）。春の田畑の耕作、秋の収穫をもって、それぞれ「年紀」としたというのだから、「年紀」とは年齢のことではなく、〝年のはじめ〟と理解すべきか。この理解だと、裴松之の注とも、古田の解釈とも整合する。当然のことながら、安本氏もこの記事の存在には気づいていたが、これをもって、「二倍年暦」の根拠とするには消極的だった。不可解というほかない。

四季の区分があることが、日本の自然の大きな特徴となっている。そのような倭人に四季の認識がなかったとは考えられない。裴松之は日本人は四季を知らないと言っているが、四季を知らなかったのではない。知ってはいたが、農作業に活用した季節区分の方法が、「春耕」と「秋収」ということだろう。

日本では立春を経て、一カ月後に啓蟄《けいちつ》（三月六日）を迎える。本格的に春が訪れ、動植物が活動を始める時期だ。植物は発芽し、やがて新緑の季節となる。昆虫は産卵し、その卵は成虫となる。植物は、春から夏にかけて実を結ぶ。ところが、夏が終わり秋になる。すると、そこに起こる自然現象は…。秋になると、春と類似の現象があちこちで起こる。

自然界は植物の種類を変えて、春と秋に同じ「行動」を繰り返す。春と秋は新しい生命の生まれる季節なのである。古代の日本人は現代人以上に、その知識を持ち合わせていたと思われる。

『記紀』では、一〇〇歳以上の年齢を、とくに不自然と思っていない。かえって、それが当然という感覚さえうかがえる。だから、誰はばかることなく、〝堂々〟と記載しているのである。そこに見えてくる感覚は、現代人が考えている年齢計算のそれではない。「二倍年暦」の計算法でなければ、一〇〇歳以上の年齢が理解できるはずはないのである。

日本列島に、「二倍年暦」の育つ素地は十分にある。むしろ、「二倍年暦」は、日本の自然におけるあらゆる生命体の営みから生まれていたと、言うことができる。倭人は、「二倍年暦」を採用していた。これが文献学上の、そして、この問題を機に、改めて自然界を観察したわたしの結論である。

金隈遺跡

福岡市板付空港の近く、月隈《つきぐま》丘陵のほぼ中央部に「金隈遺跡《かねのくま》」があることは、すでに述べた。紀元前二世紀から二世紀までの四〇〇年にわたる、弥生の共同墓地だと言われている。丘陵上にそれ相応の「墓地」が設けられている点で、米子市「福市遺跡《ふくいち》」に似ているところがある。

かつてここを訪れた時、福岡市教育委員会作成の「史跡　金隈遺跡」という用紙一枚の資料を、入口で受け取った。そこには、この遺跡から出土した人骨の推定年齢と性別が、一覧表にして掲載されていた。けれども、その時は、ほとんど注意を払わなかった。ところが、後年、これが貴重な数値であることに気づいた。

この資料では、「熟年」（四〇～五九歳）が最も多く、四六人となっていて、全体（一三六人）の三三・八％を占める。ついで多い年齢層が、「成年」（二〇～三九歳）の三五人（二五・七％）だ。これだけで断定できる標本点数ではないけれど、それでも一つの参考にはなる。

卑弥呼の死亡年齢四七～四九歳は、是か非か。つまり、仮説として、適切かどうかである。四七～四九歳は、①金隈遺跡における「熟年」（四〇～五九歳）の年齢層に含まれる。②「魏志倭人伝」の示す倭人の平均年齢「その人の寿考あるいは百年、あるいは八、九十年」（今日の年齢では四〇～五〇歳）にも、該当するということになる。

こうして見ると、「金隈遺跡」の示している数値は、卑弥呼が女王に即位した時の年齢―「年已長大」（三四歳前後）は、正しかったという結論に辿り着く。卑弥呼の死因は、単なる老衰ではなく、心労もあったのではないか。外界から隔離され、十数年間、ひたすら邪馬壹国政治圏の必勝を祈り、安泰を願い続けた生涯である。この特異な境遇も、考慮すべきかと思われる。

「二倍年暦」とは直接関係はないものの、資料「史跡　金隈遺跡」の示す数値を眺めていて、気づくことは、乳幼児（〇～六歳）の死亡率の高さだ。実に二〇・六％（二八÷一三六）という高率だ。当時の医療技術・食料事情が、主な原因かと思われるが、あるいは、長引く戦乱による国民の疲弊といったことも、間接的に影響したためか。そのようなことを、連想してしまう数値ではある。

これが「鬼道」か

卑弥呼に関して、なお興味を引く特性が、「鬼道」だ。学者たちが、卑弥呼を「老婆」と見立てた原因の一つが、この「鬼道」ではなかったか。ところが、これがまるで分かっていない。だが、少なくとも卑弥呼は、卜占《ぼくせん》者ではない。

その俗、挙事《きょじ》・行来《こうらい》に、云為《うんい》するところあれば、輒《すなわ》ち骨を灼《や》きて卜《ぼく》し、以て吉凶を占い、まず卜するところを告ぐ。その辞は令亀《れいき》の法の如く、火坼《かたく》を視《み》て兆《きざし》を占う。

多少難解な文言もあるので、わたしが理解できた範囲内での解釈を、以下に掲げておきたい。

その国の風習として、新しい仕事を始めたり、所用により旅に出たり、あるいは何か事を行う場合には、まず骨を焼いて占い、それによって吉凶を判断し、その占いの結果を告知する。その占いの解釈は、中国の令亀の法によく似ている。それは、焼いてできた骨の割れ目を見て、その前ぶれを占うという方法である。

「魏志倭人伝」のこの記事から、卜占者《ぼくせん》・占い師が別にいたことは明らかだ。同時に、卑弥呼が卜占者・占い師ではないことも、また明らかだ。

「鬼道」は、倭国語の音訳だ。だから、古代のこととはいえ、基本的には日本人に分かる言葉でなければならない。その観点から考えると、「鬼道」は従来から読まれてきた「キドウ」ではなくて、「キトウ」ではないかとの疑いが出てくる。「キトウ」であれば、日本人にも理解できる。つまり「祈禱」だ。

「祈禱」は「神仏に祈ること」（『岩波国語辞典』）と定義されているが、もとより、これは今日的定義だ。三世紀半ばの卑弥呼の時代に、仏教が日本列島に伝播していたのかどうかは不明だから、「仏」の扱いには当惑するが、祈も禱も、ともに「いのる」意の同義重複語である。

苦しい時の神頼み同然に、女王に担ぎ出された卑弥呼に課せられた主たる任務は、「祈禱」にあった。「鬼道」＝「キトウ」（祈禱）から導き出される帰結が、これだ。その主な任務とは言うまでもない、狗奴国から国家を守るための祈り、〝必勝・国家安泰祈願〟だ。卑弥呼はそれを在位十余年にわたり、務めていたことになる。

「鬼道」は、道教に関係していたのでは、といった見解がある。けれども、そんなことは分からない。道教とは別の、中国の占いなどとの関係についても、やはり分からない。「魏志倭人伝」には、そのような記事は一切ない。貧弱な情報の下での解釈は、解明とはほど遠い無用の揣摩臆測《しまおくそく》と化し、さらなる混乱を持ち込むだけである。

「鬼道」が「祈禱」であれば、それは、筑紫の風土から生まれた〝古来の祈り〟といった可能性の方が高い。卑弥呼は、呪術者・妖術者といった「魔法使い」ではなかった。「鬼道」に関して、わたしが言えることは、これだけである。

凡人のわたしは、できるだけ平易に考え、非凡な学者たちは、やたらに難しく考える。著名な学者たちは、「能く衆を惑わす」と伝えられる卑弥呼に、どこまでも振り回されてきた。その原因は、「鬼道」を難しく解釈したことにありそうだ。

第Ⅲ部　明暗——二大政治圏の帰趨

美保湾（淡海）（鳥取県米子市淀江町小波浜）

第十章　風雲急を告げる日本列島

1　暗転した国運

着実に進められた戦闘準備

明帝の制詔は、二年後の二四〇（正始元）年に実行された。この下賜に対して、三年後の二四三（正始四）年に、卑弥呼は魏へ返礼をしている。

倭王、また使大夫伊声耆《いせいき》・掖邪狗《えきやこ》等八人を遣わし、生口《せいこう》・倭錦《わきん》・絳青縑《こうせいけん》・緜衣《めんい》・帛布《はくふ》・丹《たん》・木𤝔《もくふ》・短弓矢を上献す。掖邪狗等、率善中郎将の印綬を壱拝《いっぱい》す。

この記事で、特に眼を引くことは、その献上品が豊富になっていることである。それが戦乱の中で決行されたとはいえ、景初二年の第一回朝貢では、「男女生口一〇人、班布二匹二丈」だけであった。物同然に、生口として中国に引き渡された男女一〇人の、言いえぬ絶望と恐怖に支配された心情は、想像するに余りあるにしても、当時の価値判断からすれば、その内容は貧相・貧弱だ。

それに比べ、二四三（正始四）年では、どうか。わずか五年後には、このように眼を見張るような献上品となっているのである。これは、国力に余裕が生まれたことを物語っているのではないだろうか。日本列島に、〝政治的地殻変動〟が起こってきたことをうかがわせる。

「韓国陸行」は、無駄な示威行進ではなかったのである。情報を意図的に流して、敵陣を攪乱する。魏・邪馬壹国による〝情報流布・攪乱戦術〟の狙いは、当たった。「韓国陸行」の効果が、徐々に現れていたようである。邪馬壹国政治圏は勢いづき、逆に、狗奴国政治圏が動揺を始めたことが、原因であろう。

この間、邪馬壹国側は、敵国に積極的に攻撃を仕掛けていたものと思われる。正始六年の記事が、それを裏付けている。

その六年、詔して倭の難升米に黄幢《こうどう》を賜い、郡に付して、仮授せしむ。

この記事は、難升米が帯方郡治まで赴いて、直接、黄幢を受け取ったという意味ではない。この授与には、狗邪韓国が密接に関係していたと考えられる。魏から授与された黄幢は、一枚や二枚ではない。

「魏志倭人伝」には、倭国から中国への黄幢要求の記事はない。それなのに、中国は黄幢を授けているほどだから、邪馬壹国と帯方郡治との間には、緊密な連携があったことになる。あるいは、景初二年以後、狗邪韓国には、中国・帯方郡治に対する邪馬壹国の窓口・出先機関が設置されていたと、推測することもできる。

「魏志倭人伝」の記す両国の外交は、もとよりその全体ではなく、一部に過ぎない。「黄幢仮授《こうどう》」は、一連の事態の転機となるような外交だから、記録に残されているのである。実務上の連絡は、頻繁《ひんぱん》に行われていたと見るべきである。

黄幢とは、黄色の旗のことである。どうして、魏はこの黄色の旗を、邪馬壹国側に与えたのか。これについては、「魏志三・明帝紀」に付した裴松之の注が、参考になる。木・火・土・金・水の五行のうち、土に当たる魏は黄色を尊重し、これを衣服の色に用いたという。黄色はいわば、魏の象徴的色彩となっていたのである。

そのような黄色の旗は、魏そのものだ。黄幢を掲げる軍勢を攻撃することは、とりもなおさず、魏を攻撃することと同義となる。それは邪馬壹国圏にとっては、「錦の御旗」となる軍旗であり、魏は黄幢によって、「集団的自衛権」をちらつかせていたことになる。実に巧妙な手口だ。

水城の上、あるいはその上に生えた樹木、砦、船……。邪馬壹国圏はこの黄幢を、領土内の要所という要所に掲げたのである。それも、出来るだけ敵の眼に触れるように、目立つような工夫を凝らしたことだろう。黄幢は「韓国陸行」の際にも、積極的に利用され、狗奴国圏にあっても、それは早い段階で周知の旗となっていたと思われる。「韓国陸行」同様、黄幢は意想外の効果をもたらしたようだ。敵の動揺を誘う心理作戦の、巧妙な道具となっていたのである。このような前哨戦を繰り返しながら、やがて日本列島は、激動の時を迎えることになる。二四七（正始八）年が、その時期だ。それを「魏志倭人伝」は、このように記している。

> その八年、太守王頎《おうき》官に到る。倭の女王卑弥呼《ひみか》、狗奴国男王卑弥弓呼《ひみくか》と素《もと》より和せず。倭載斯烏越等を遣わして、郡に詣《いた》り、相攻撃する状を説く。塞曹掾史《さいそうえんし》張政《ちょうせい》等を遣わし、因って詔書・黄幢を齎《もたら》し、難升米に拝仮せしめ、檄《げき》を為《つく》りてこれを告喩《こくゆ》す。

邪馬壹国は必死だった。「載斯烏越」たちは、帯方郡治に赴き、魏に武力による支援を求めたのである。彼らの必死の訴えを聞き、帯方太守・王頎は急遽、塞曹掾史・張政を邪馬壹国に派遣した。張政こそ、対狗奴国戦争の実質的指揮者であったと思われる。

塞曹掾史とは、塞《とりで》を守る役人の意だから、明らかに軍人だ。張政は、難升米に徹底抗戦を指示した。それが、「檄《げき》を為りてこれを告喩す」の内実だろう。最早、両政治圏の激突は、避けられない情勢となっていた。その戦闘規模は、古代における「関ヶ原の戦い」と形容することができる。果して、この大戦争の帰趨と、その後の日本列島の姿を解明できるのかどうか。ここで新たに生じてきた問題が、これだ。

不可解な行動

第一四代天皇・仲哀《ちゅうあい》の行動は、一風変わっている。『記』では、「大和朝廷」第一代天皇・神武を除き、第二代の綏靖《すいぜい》から、その書き出しは統一されている。これは、『紀』と大きく異なる点である。

（第二代綏靖）葛城の高岡宮に坐《ま》しまして、天《あめ》の下治《し》らしめしき。
（第一三代成務）近つ淡海の志賀の高穴穂《たかあなほの》宮に坐しまして、天の下治らしめしき。
（第一六代仁徳）難波の高津宮に坐しまして、天の下治らしめしき。

「近つ淡海の志賀の高穴穂宮」は大津市、「難波の高津宮」は大阪市が定説となっている比定地だから、大和盆地から離れているとはいえ、成務も仁徳も畿内の外に出てはいない。ところが、仲哀はどうか。

穴門《あなと》の豊浦宮《とうらのみや》、また筑紫の訶志比宮《かしひのみや》に坐しまして、天の下治らしめしき。〈仲哀記〉

「穴門《あなと》の豊浦宮《とうらのみや》」の所在地は山口県下関市豊浦町《とようらちょう》、「筑紫の訶志比宮《かしひのみや》」（『紀』では橿日宮）のそれは、福岡市東区香椎であって、ともに畿内ではない。これほど畿内から遠く離れた地に、宮を選んだ天皇も珍しい。仲哀は謎多き天皇である。

仲哀の不可解な行動は、これだけではない。この傾向は、『紀』ではさらに顕著になる。夫の行動が不可解だと、その妻である神功皇后《じんぐうこうごう》の行動も、やはりおかしくなってくる。以下は、『紀』による仲哀と神功の行動の軌跡である。ことに、「穴門の豊浦宮」建設に至るまでの行動は、不可解の一語に尽きる（以下の行動についての絶対年代は、不明）。

(1)仲哀二年二月、仲哀は神功を伴って角鹿《つぬが》に行幸。笥飯宮《けひのみや》に滞在する。
(2)三月、神功を笥飯宮に残したまま、仲哀天皇は南国を巡狩《じゅんしゅ》（巡回視察）。
(3)紀伊国《きのくに》に至り、徳勒津宮《ところつのみや》に滞在する。
(4)朝貢を拒否した熊襲を征討するため、仲哀は穴門へ進出。ここで、神功を呼び寄せる。
(5)夏六月、仲哀は穴門の豊浦津《とうらのつ》に宿泊。
(6)秋七月、神功豊浦津に到着。九月、豊浦宮《とうらのみや》建設。
(7)八年春正月、筑紫へ進出。
(8)秋九月、群臣を集めて、熊襲を討つことを検討させる。
(9)神懸かりした神功が、夫に忠告をする。「天皇、何《な》ぞ熊襲の服さざることを憂へたまふ。「是膂宍空国」（枯れし空国《むなくに》）ぞ。豈《あに》、兵を挙《あ》げて伐《う》つに足らむや。この国に愈《まさ》りて宝有る国　…　有り。　…　これを栲衾《たくぶすま》新羅国と謂ふ」と。
(10)しかし、仲哀はこのお告げを無視し、熊襲の攻撃を開始するが、勝利することもなく、撤退した。
(11)九年春二月、天皇崩御。

ここで是正しておきたい表記が、(9)の記事の「是膂宍空国」である。「是膂宍空国」は、「是《こ》れ膂宍《そしし》の空国《むなくに》」と読まれている。類似の表記が、「而膂宍之空国」（神代紀・第九段本文）である。これは、「しかして、背にしむと」が正しかった。「仲哀紀」のこの表記は、前後の脈絡から判断して、右の(9)に示した解釈になると思われる。是はカ（カクノコトシ）、ロ、リョの音のある膂は、レ音に活用させて使用か。宍は、シ（シシ）を表しているようである。

もう一つの問題が、従来から「タクブスマ」と読まれてきた新羅国の枕詞「栲衾」だ。栲はカウ、衾はフ（フスマ）を表していると思われるから、「栲衾」は高い丘を表す〝高皐〟となる。甲府（山梨県）とは、同一地名である。これも、『出雲国風土記』の「国引き神話」で解明ずみの問題である。

不可解の素地

そこで、まず浮上してくる疑問が、⑴から⑾までの一連の行動である。これを現実的な視点から見れば、少なくともそこには、いくつかの疑問が生まれてくる。

⑴角鹿《つぬが》―紀伊間の移動に関する疑問

①角鹿《つぬが》とは現在の福井県敦賀市、南国は和歌山県と考えられている。ここで、一つの疑問が生じてくる。角鹿へ巡幸するのに、仲哀はどこから出発したのか。なぜか、仲哀の出発地点は明らかにされていないのである。

②それだけではない。敦賀から和歌山までの移動は、現実には簡単ではない。この二定点間の移動では、北は陸路、南は海路となる。つまり、敦賀から和歌山への経路だと、難波（大阪）で船に乗り換えて、そこから紀《き》伊へ赴くことになる。

ところが、その経路は「省略」され、出港地も不明のままである。それに、敦賀から紀伊への巡幸についても、その目的が記されていないことも、不可解である。唐突という感は否めない。

③この記事の主眼が、南国巡狩・紀伊行幸にあったのだから、その経路は「省略」されたとの見方も、成立する。だが、この見方だと、次の疑問は解決できなくなる。

(2)紀伊から穴門への発進に関する疑問

①紀伊から穴門への直接発進。仲哀は紀伊国で、熊襲が朝貢を拒否した報告を受けている。後で述べるように、一説によれば、熊襲が放った矢によって、仲哀は死に至っているほどだから、熊襲は決して侮《あなど》れない敵のはずである。

仲哀の宮が大和、もしくは畿内のどこかにあったのであれば、ひとまず帰国し、戦闘体制を整え、軍団と一体となって征討に向うのが常道だと思われる。武器・食糧の準備、輸送船の調達等々、なすべきことは山ほどあるはずである。

②それなのに、これらの準備に取り組んだ形跡は、まるでない。善は急げとばかりに、紀伊国から穴門へ直行しているのである。大規模な軍隊を引き連れての角鹿への巡幸、ついで角鹿から和歌山への巡幸だったのだろうか。

これらの疑問は、「穴門の豊浦宮」以前の「宮」が明確にされていないことから、生まれている。常識では考えられない行動は、さらに続く。今まさに熊襲との戦端が開かれようとしている時、その危険な地に、どうして妻である神功を呼び寄せたのか。常識では理解しがたい行為だ。

仲哀の急死と熊襲

その最期も、また謎に包まれている。『記』では、神功の体に乗り移った神が、西方に金銀はもとより、眼を見張るような珍しい宝のある国がある。その国を征服したいと、願望を述べた。ところが、そのお告げを、仲哀は無視する。その後、家臣の武内宿禰《たけしうちのすくね》に勧められて、天皇は琴を弾いていたが、ほどなくしてその琴の音が、突然消える。武内宿禰が見ると、すでに天皇は事切れていたという。まるで、〝琴切れる〟に掛けたような説話だ。つまり、仲哀は妻に乗り移った神の怒りに触れて、急死してしまったのである。

どのように見ても、天皇にふさわしからぬ死に方である。しかも、神懸かりした神功の本心は、新羅征伐の感さえある。これでは、まるで刺身のツマ扱いである。この点、『紀』も大筋で変わることはない。不可解な点はまだある。前述したように、一説にある仲哀の戦死だ。熊襲（熊曽とも表記）については、いまだ不明な側面はあるものの、大和朝廷に服属しない南九州（宮崎・鹿児島県が中心）の一大勢力との見解が、通説となっている。ところが、この解釈だと、新たな疑問が生まれてくることになる。

「仲哀紀」では、このように記されている。

1天皇、…熊襲を撃《う》つ。勝つことを得ずして、ここに還る。
2天皇、たちまちに身の痛みし有りて、明日《あくるひ》に崩ず。一に云はく、天皇、親《みづか》ら熊襲を伐《う》つに、賊の矢に中《あた》りて、崩《かむさ》りましぬといふ。
3窃《ひそか》に天皇の屍《みかばね》を収めて、…海路より穴門に遷《うつ》る。しかして、豊浦宮に殯《もがり》して、无火殯斂《ほなしあがり》す。

1では、熊襲征討はかなわなかったが、橿日宮へは生還している。ところが、2では、その局面は一変する。仲哀は戦死したという。熊襲が南九州の一大勢力であれば、右記の2と3について、合理的な説明ができなくなる。

南九州で戦死した仲哀の遺体を、遠く離れた「穴門の豊浦宮」まで運ぶとなれば、そこには、現代人が想像する以上の困難が待ち受けている。天候の問題も、その一つだ。季節によっては、遺体の腐乱といったことにも悩まなければならない。宮崎・鹿児島県から山口県下関市豊浦町へ至る距離であれば、移送中に、敵からの攻撃を受けることも、十分に想定される。これも、避けることのできない現実問題となる。

宮崎・鹿児島県—豊浦町間には、予測しがたい困難が荒波のように押し寄せてくることは、必至である。

現実的には、実行不可能な行為でしかありえないことになる。筆先だけで、真実を変えることはできないのである。「仲哀紀」が、現実に耐えることのできない記述となっていることは、明らかである。

仲哀戦死の地は、橿日宮からそれほど離れたところではなかった。このように考えなければ、遺体を、下関市豊浦町へ搬送することは不可能である。すなわち賊＝熊襲は南九州ではなく、北部九州、それも筑紫を中心とする武装勢力であったことになる。

ついで、これまでからあまり重要視されてこなかった問題が、「无火殯斂《ほなしあがり》」だ。殯《もがり》もそうだが、「无火殯斂」の全体については、まるで分かっていない。无《ほ》はム・ブで、〝ない状態〟を示す語だから、「无火《ほなし》」は、〝火のない状態〟を表していると思われる。「殯斂」の斂は、どうか。斂は、収斂といった用語が示しているように、集める、しまる（引き締める）といった意となるから、当時、すでに火葬に関する儀式が行われていたということは、十分に考えられる。

しかし、火葬は敵・味方陣営を問わず、目立つから中止したとも受け取れる。一国の指導者の死を、敵が気づけば、勢いづく。逆に味方が知れば、意気消沈する。士気に関わる出来事だ。このような場合、死体をいかに「処理」するか。それが問題となる。

「无火殯斂」とは字義どおりだと、派手に火を燃やすこともせず、殯も引き締めた（慎んだ）という意となるかと思われるから、「密葬」がふさわしいことになる。「仲哀」は、味方陣営の思惑から、密かに葬られた。「无火殯斂」という難解な熟語が、それを告げているようである。どうやら、戦死した「仲哀」を、コッソリと埋葬した。これが真実ではなかったか。それにしても、理解困難な記事ではある。

奇怪な記事

ここまで謎解きを進めてくると、どうしても、仲哀の素姓を問題としなければならなくなる。

仲哀の素姓は謎だらけである。『古事記』と『日本書紀』の記す仲哀の行動には、信じられない相違が生じている。それを、〝角鹿関連記事〟に見ることができる。『記』と『紀』では、その順序は、

表10－1　『記紀』における〃角鹿関連記事〃

区　分	記述内容	記述位置
仲哀記	角鹿での太子禊《みそぎ》説話	仲哀記の終わり近く。仲哀没後
仲哀紀	角鹿行幸	仲哀紀の冒頭近く。仲哀健在

なぜか著しく異なっているのである。

　いずれも、〃大和朝廷国史編纂所〃によって作成されているにもかかわらず、このように、記述内容も記述位置も大きく異なる。奇怪な現象である。そこで、「仲哀紀」に記された〃仲哀行幸〃を、二つの視点から見れば、どうなるか。

①角鹿《つぬが》行幸・笥飯宮《けひのみや》滞在　→　②南国巡狩　→　③紀伊国《きのくに》到着・徳勒津宮《ところつのみや》滞在　→　④穴門進出

『紀』による〃仲哀行幸〃の順路は、このようになっている。畿内を拠点とした既成の見解では、〃北の角鹿―南の紀伊の行幸〃、それも多大の困難を伴う陸路・海路の行幸となる。これを別の視点から見れば、どうなるか。その視点とは鳥取県西部、すなわち狗奴国からの視点である。

　これだと、局面がガラリと変わってくる。それは、畿内を拠点とする南北への移動ではなくて、基本的に、海路による東から西への移動となる。この経路だと、「南国」を、通説のように「南海道」（紀伊国と四国全土）と解釈する必要もなくなる。「紀伊」も然りだ。古代出雲にも、「木国」は存在した。八十神《やそがみ》の執拗な襲撃から、大国主を守った大屋毘古（五十猛《いとたける》）が拠点としていた国が「木国」、現在の大田《おおだ》市大屋《おおや》だった。その大田市の東、出雲市の南には木次《きすき》の地名も遺存している。出雲国は、「キ」とは無縁の地ではないのである。

　「紀伊国」が出雲国内に存在した国であれば、日本海を西へと進めばよいのだから、山口県豊浦町へは、一直線だ。この国を和歌山県と考えれば、倉野憲司（岩波文庫本『古事記』校注者）のように、「穴門の豊浦津」を、瀬戸内海に面した下関市長府《ちょうふ》に強引に当てたくもなるのだろう。ところが、下関市の北に、旧豊浦《とようら》郡豊浦町《とようらちょう》の地名が残っているのだから、島根―山口・豊浦だと、自然の経路となる。

紀伊国にあったという徳勒津宮は、どこか。紀伊国は和歌山県と、硬直した姿勢を貫く通説の比定地は、現在の和歌山市新在家だ。しかし、この紀伊国は和歌山県ではない。出雲だ。焦点が定まれば、この問題はそれほど難しくはない。まず、「徳勒」をどのように読めばよいのか。通説の「トコロ」で正しいのかどうか。

地名比定を行うには、その読み方をまず確定しておくことが、不可欠となる。徳の表す音はトク、トコ。勒はロクしかないようだから、「徳勒」はトクロ、トクラ、トコロのいずれかに絞り込むことができる。出雲市南部、稗原川《ひえはらがわ》が神戸川《かんどがわ》と合流する南に、大袋山《おおぶくろ》（標高三五九m）がある。「土椋《とくら》の烽《とぶひ》」が設置されていたと、『出雲国風土記』に記されている山だ。この大袋山の西麓に所原《ところばら》があり、その東南に戸倉（土椋）がある。その位置関係から見て、所原も戸倉も、もとは由来の共通する地名かとも思われる。

しかも、この付近には「神門《かむど》の軍団」も配置されていた。「神門郡」は、古代にあっては軍事上、重要な位置を占めていたことが分かる。地名の類似性と一大軍事基地。この二つの要因を考えると、「徳勒」を、大袋山一帯の地に比定しても大過なさそうである。したがって、「徳勒津」とは、大袋山一帯に近く、日本海に面した地ということになるから、「神戸水海《かむどのみづうみ》」（神西湖）周辺が、有力な候補地となる。

では、仲哀の巡狩した「南国」は、どこに求めればよいのか。大袋山の東を斐伊川が流れている。巡狩を終えた仲哀は、船を利用してこの川を下ってきた可能性は高い。このように考えると、「南国」とは〝出雲国南部〟ということになる。

『出雲国風土記』に、「常に剗《せき》あり」と記載されていたように、出雲国の南部には、関所が設けられていた。「南国」は、常設の関所のあったところである。そこで仲哀は主要な関所を視察しながら、兵士たちに諸注意を喚起し、来たるべき戦いへの心構えを説き、激励をしたのだろう。日本列島は、緊張感が張り詰めた状況となっていたのである。

問題はまだある。〝仲哀の角鹿行幸〟だ。この記事は、実は重大なことを示唆していた。邪馬壹国の本家・北陸で、反乱の火種が燻《くすぶ》り始めたと思わせる記事だ。そのために、狗奴国は、大王自ら軍団を率いて、その鎮火に躍起となったのだろう。一連の〝仲哀の行幸〟の大半は、海路である。畿内を視点とすれば、無駄で、しかも多大の労力を要する行幸も、視点を変えれば、一切の矛盾が解消する行動経路となる。

「熊襲」とは九州側の自称か。それとも本州側の呼称か。熊本、阿蘇のように、「熊」も「襲」もともに、九州の地名に残っているところを見れば、「熊襲」とは、九州側の自称かとも思われる。狗奴国にとって、〝熊襲＝邪馬壹国征討〟は、国家を挙げての一大事業だ。

そういった熊襲の「朝貢拒否」報告を紀伊国で聞き、その征討を紀伊国で決定する。『紀』では、いずれも〝旅行中の事件〟として扱われている。これだけで、取って付けた内容であることが分かる。

「熊襲征討」は、「高天原」を失った時から続く国家の悲願であった。それゆえの「仲哀」の、実は狗奴国大王の行動である。その点、「仲哀」について、いきなり「穴門《あなと》の豊浦宮《とうらのみや》、また筑紫の訶志比宮《かしひのみや》に坐しまして、天の下治らしめしき」と記している『古事記』の方が、まだ〝正直〟だ。「穴門の豊浦宮」は、「仲哀」の前戦基地だ。その前戦基地は、さらに関門海峡を越えて「筑紫の訶志比宮」へと移されている。すでに、日本列島は風雲急を告げていたのである。

矛盾の下地

仲哀亡き後、『記紀』の主人公は神功皇后に移る。新羅を征服した神功は、「倭」へ帰還しようとする。神功と仲哀との間には息子の品陀和気《ほむだわけ》（応神）が生まれていたが、仲哀は別の女性との間にも、香坂王《かごさかおう》・忍熊王《おしくまおう》兄弟をもうけていた。品陀和気とは異母兄弟となる。

その系譜は、図10-1のようになっている。息長帯日売は、神功皇后の別名である。「仲哀」と神功皇后との間に生まれた品陀和気が、後の応神天皇である。

図10-1　仲哀に関する系譜

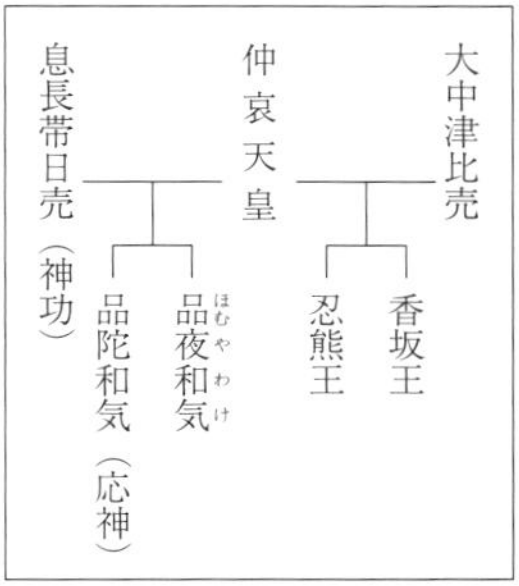

ところが、「倭」へ向かう途中で、神功は異母兄弟である香坂王・忍熊王兄弟の、わが子に対する殺意を察知する。品陀和気は将来は天皇になると、「神のお告げ」のあった大切な息子である。是が非でも守らなければならない。そこで、神功は一計を案じ、すでに、わが子は亡くなったとの偽《にせ》情報を流したのである。

これを聞いた香坂王・忍熊王は待ち伏せして、その情報の真偽を確認しようと思い、「斗賀野」（『紀』は菟賀野。いずれもトガノと読まれている）で、狩りによって吉凶を占った。兄の香坂王がクヌギの木に登って、周りを見渡していると、突然、激しく怒った大イノシシが現れて、そのクヌギを掘り倒し、香坂王を噛《か》み殺した。

占いは凶と出た。しかし、これに構わず、忍熊王は伊佐比《いさひ》を将軍として攻撃を始める。これに対し、神功側も建振熊《たけふるくま》を将軍にして、戦いに挑むことになる。ここまでは『記』も『紀』も、ともにほぼ同じ内容となっている。しかし、これ以降は大きく異なるので、『記』と『紀』の骨子を別々に記して、その異同を確認しておきたい。まず、『記』から確認することにする。

神功軍は、常に優勢に戦いを進める。山代《やましろ》で一進一退の攻防となるものの、敵を逢坂へと退け、さらに攻撃をして、忍熊王の軍団を沙沙那美《さざなみ》へと追い詰める。ここで追い詰められた忍熊王と伊佐比は、ともに「船に乗りて海に浮かび」、辞世の歌を詠《よ》む。

歌い終わると、二人は「すなはち海に入りて共に死にき」という結末を迎える。これが『記』の記述だ。『記』の示す一連の地名は、表10-2のように比定されている。

この戦場は、通説では、京都府南部の山城から琵琶湖南部に広がる一帯と考えられている。その根拠は、『記紀』に記された一連の地名である。次に、『紀』の記述を見ることにする。

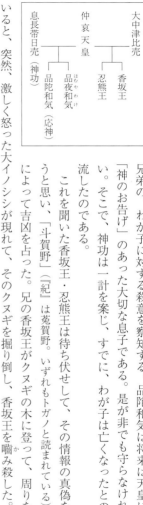

表10-2　『記』の地名と、その比定地

地名	比定地
斗賀野《とがの》	兵庫県武庫郡（岩波大系本） 神戸市灘区都《と》賀《が》川《がわ》辺り、あるいは大阪市北区兎我野町辺り（角川文庫）
山代《やましろ》	京都府南部の山城
逢坂	京都市と大津市との境にある坂
沙沙那美《さざなみ》	琵琶湖南部
淡海	琵琶湖

『紀』で中心となっている場面は、武内宿禰と忍熊王の攻防である。ただし、『記』では、忍熊王追撃の将軍は建振熊なのに、『紀』では、なぜか武内宿禰が中心となっている。

⑴まず、忍熊王が行動を起こす。それを、『紀』は、「住吉に屯《いは》む」「菟道《うぢ》に到りて軍《いくさだち》す」と記す。

この記事は、住吉（大阪市住吉区）に駐屯していた忍熊王が、住吉の北東に当たる菟道（宇治市）に進んで、攻撃の準備を始めたものと解釈されている。その戦闘地はあくまでも、畿内である。

⑵武内宿禰も応戦を決意し、精鋭を選んで山背《やましろ》（京都府南部）を出発した（「ここに武内宿禰等、精兵を選びて山背《やましろ》より出づ」）。やがて、武内宿禰等は宇治に至り、川の北に陣取った（「菟道に至りて河の北に屯む」）。これを見た忍熊王は、陣営を出て、攻撃を始めた（「営《いほり》を出《い》でて戦はむとす」）。

⑶この時、武内宿禰は「菟道河」のほとりで、神功の命令を実行する。またしても敵を欺く作戦である。正攻法で攻撃したことのないのが、神功・武内宿禰陣営の特徴である。

その命令とは、兵士たちにあらかじめ弓弦《ゆみづる》を毛髪の中に忍ばせ、真剣の代りに、「木刀」を身に付けさせた上で、忍熊王に和睦を申し出る。武内宿禰は戦う意志のないことを示すために、兵士たちに命じて手にしていた弓の弦を切らせ、「木刀」を川の中に投げ入れさせた。相手の術中にまんまとはまった忍熊王も、自軍の兵士たちに同じことをさせた。

武内宿禰軍はすかさず、髪の中に隠していた弦を弓に取り付け、真剣も取り出すと、宇治川を渡って攻撃を加えた（「河を渡りて進む」）。こうなると、勝敗は明らかだ。

(4)忍熊王の軍勢は退却を余儀なくされる（「兵を曳《ひ》きて稍《やや》退く」）。勝機とばかり、武内宿禰軍は追撃し、逢坂で大勢は決まった（「適逢坂《たまたまあふさか》に遇《あ》ひて破りつ」）。

(5)忍熊王軍は敗走し、狭狭浪《さざなみ》の栗林《くるす》に追い詰められて、その多くが殺害された。

(6)忍熊王は逃げたが、もはや隠れるところもなかった。行き場を失った忍熊王は部下の五十狭茅《いさち》宿禰とともに、「瀬田の濟《わたり》に沈《おち》て死《まか》りぬ」という不幸を迎える。やがて、その遺体は菟道河に浮き出たという。

『紀』では、神功・武内宿禰と忍熊王の行動は、このように錯綜しているので、これを簡略化して、以下に掲げることにする。

（三者の行動）

(1)忍　熊　王　…　①住吉→②菟道河→③逢坂→④狭狭浪の栗林→⑤瀬田の渡り→⑥菟道河

(2)武内宿禰　…　①山背→②菟道河→③逢坂→④狭狭浪の栗林→⑤瀬田の渡り→⑥菟道河

(3)神　　功　…　①播磨→②紀伊水門→③務古水門《むこのみなと》（尼崎・西宮市の武庫川河口付近）→④紀伊国日高（和歌山県日高郡）→⑤小竹宮《しののみや》（和歌山県那珂郡志野村、現粉河町長田）

ここで、腑に落ちない点が、神功の動きだ。太子を守るためとはいえ、ここに、新羅平定時に率先して陣頭指揮をした勇姿はない。かえって、忍熊王から逃げるかのような行動である。しかも、敵を欺く謀略を命じた神功と、それを実行した武内宿禰との交点はどこにもない。神功は、一人蚊帳の外に置かれている感じだ。驚くことは、これだけではない。忍熊王と武内宿禰との行動だ。追う者と追われる者の行動だから、二人の軌跡は一致する。しかし、これは上辺だけのことであって、武内宿禰の行動の深層には、現地の地形・方位と一致しない矛盾が潜在している。ここには、消された歴史があった。

2　狗奴国滅亡

矛盾はどこにあるのか。問題の章句を、改めて吟味すれば、その矛盾も鮮明に見えてくる。

「菟道河」での混乱

（忍熊王と武内宿禰の行動）

(1)忍熊王、「住吉に屯《いは》む」「菟道《うぢ》に到りて軍《いくさだち》す」。
(2)武内宿禰、「精兵を選びて山背《やましろ》より出づ。菟道に至りて河の北に屯む」。
(3)忍熊王、「営《いほり》を出《い》でて戦はむとす」。
(4)武内宿禰が偽りの和睦を提案し、忍熊王は武器を失う。
(5)武内宿禰、「河を渡りて進む」。渡り終えると、忍熊王を攻撃。

右記(1)では、忍熊王が戦闘準備を始めた地はどこか。宇治川の北か、南か。『紀』はこの点については、何も触れていない。しかし、以下の記事から、忍熊王とその兵士が集結し陣営を設けた地は、宇治川の南だから、「菟道河」は渡っていないことになる。この事実は、「神功紀」を読み解く一つの鍵となる。問題は(2)だ。「山背《やましろ》」、すなわち京都府南部を発《た》ち、その北方の「菟道」に到着した武内宿禰は、「菟道河の北」に陣営を構えている。これはどういうことか。武内宿禰は、ここで一度「菟道河」を渡っているのである。

天ヶ瀬堰堤《ダム》のある今日でも、宇治川は川幅もあれば、水深もある。簡単に渡れる川ではない。まして、堰堤のない古代にあっては、なおさらだ。それなのに、「菟道河」の南岸に陣取っているはずの忍熊王とは、一戦も交えず、武内宿禰は悠然と、無傷で「菟道河」を渡ったことになる。

宇治川流域は広い。だから、この時はお互いを発見できなかったのだろうと仮定しても、矛盾は一向に解決しない。それは(5)に現れる。武内宿禰が兵士に「木刀」を川の中に投げ入れさせた岸は、北岸だ。その北岸から「河を渡りて進む」となれば、行き着く先は南岸だ。忍熊王も南岸にいたのだから、これは当たり前の行為だ。

そうなると、当然のことながら、武器を失った忍熊王が逃亡する先は、宇治川南方の「住吉」方面となるはずである。

ところが、眼が点になるようなことが、ここで起こる。あろうことか、忍熊王軍は簡単に渡ることのできない〝菟道河を渡って〟、北の琵琶湖へと敗走を始めたという。拠点の「住吉」とは逆方向の北に向かって、どうして敗走しなければならないのか。まるで、理解できない。

驚きである。ウッカリして、筆が滑ったといった言い訳が通用するような文面ではない。わたしは宇治川の近くに、三〇余年住んでいるから、その流域の地形はよく分かっている。そのわたしの眼からみると、これほど現地を無視した記事も珍しい。要するに、支離滅裂・デタラメなのである。『紀』のこのデタラメぶりは、方向音痴によって生まれたのではない。この問題の根本原因については、後で詳述したい。

ところが、デタラメぶりは、〝大和朝廷国史編纂所〟だけではなかった。江戸期以後の『記紀』研究者も負けず劣らず、デタラメぶりを遺憾なく発揮する。『記』では、忍熊王の最期は「船に乗りて海に浮かび」「すなはち海に入りて共に死にき」と記されているのに、この海は「淡海の湖《うみ》」のことで、琵琶湖だと解釈してきた。ここに一抹の不安を感じるのは、わたしだけだろうか。

海と湖

この点、本居宣長の見解は、明快である。「（淡海の）海は湖なり、凡《すべ》て古《いにし》へは湖をも、「某湖《ソコノミズウミ》とはいはで、」たゞ某海《ソコノウミ》と云《いへ》る例なり」（本居『古事記伝』十四之巻。平仮名による振り仮名は著者による）と割り切った。「国譲り神話」中、建御名方が建御雷に敗れた地「科野国之州羽海《かやのくにのすはのうみ》」を、氏は、「信濃国《しなののくに》の諏《す》方《は》の湖《うみ》」（長野県諏訪湖）と考えたのである。

このような本居だから、忍熊王が没した「海」を、平然と「湖」に割り切ることができるのである。その論理は一貫している。研究史上、このような経緯があるから、この事件の舞台が、海から湖にすり替えられていても、一向におかしなことではない。それは、本居が「湖は海なり」と強調したからではない。その根本原因は、『記紀』にある。

この戦闘の舞台となった山代・逢坂・沙沙那美（狭狭浪）・瀬田といった一連の地名。そして、「瀬田の濟《わたり》に沈《おち》て死《まか》りぬ」と、やがてその遺体は、「日《ひ》数《へ》て菟道河に出《い》づ」という『紀』の記事が、本居の眼を狂わせたのである。誤読を冒した人物は、本居だけではなかった。やはり、『紀』の記事の影響力は絶大だった。これが強力な根拠となって、『紀』を鵜呑みにする学説が生まれ、この説が今日まで、揺るぎない地位を占め続けてきたのである。

しかし、凡人には、この論理は通用しない。博覧強記の本居が、「湖は海なり」とどんなに強弁しようが、凡人のわたしには、海と湖を同一視することはできないのである。これは、単に文献上の問題ではなく、歴史的・現実的問題であるからだ。

眼にするたびに、琵琶湖は広いと感じる。しかし、海を知っている者であれば、この湖が海でないことは、しばらくそこにたたずんでいれば、分かってくる。海と湖の相違点は、いくつかある。まず波の形と高さが、異なる。海岸に押し寄せる波は高くて、大きい。そして水の色だ。その色合いは、微妙に異なる。それに海には、固有の潮の香りがある。それでも分からなければ、舐《な》めてみれば、即座に判別できる。第1巻（第Ⅴ部第十六章）で、すでに述べたとおりである。「州羽之海」を諏訪湖に誤った感覚が、ここでも幅を利かしているとは思ってもみなかった。

海は知っているが、湖は知らない人間。あるいは逆に、湖は知っているが、海は知らない人間は、交通手段にも移動にも制限のあった古代には、少なからず存在しただろう。このような一面的な人間相手であれば、本居の「湖は海なり」との強引な主張も、通用するかもしれない。

しかし、海も湖も知っている人間には、この見解は通用しない。古代における大事件は湖の近くではなく、すべて海の近くで起こっていた。このために、海字だけが使用され、湖字は使われることがなかっただけのことである。

それに、湖と海を同一視する見解に対しては、別の視点からも疑問は残る。「仲哀紀」に「忽《たちまち》ちに魚沼・鳥池を作り…」との記事がある。岩波大系本は、この「魚沼」をも「ウヲイケ」と読んでいる。とんでもない解釈だ。沼と池とを使い分けているのだから、「ウヲヌマ」と読むべきである。

今日の定義では、池とは、「いつも水のたまっている所。大きな水たまり」（『岩波国語辞典』）のことであり、沼とは、「どろ深い大きな（天然の）水たまり」（同辞典）のことである。つまり、山の中とか、平野部といった地形上の位置とは関係なく、底に大量の泥が積もっているか否かが、その相違のようである。「泥沼」とは言っても、「泥池」とは言わない。

沼と池だけではない。地形上似ている江と浦についても、『記紀』では使い分けている。このほかにも、淵、瀬、河、沢、沖、汀、浜、波、浪など、氵（サンズイ）の漢字をふんだんに使っている。この事例だけでも、古代人が現代人以上に、漢字を熟知していた痕跡を見ることができる。

まして、『記紀』以前から、海も湖もこの地上に存在している。それに関わった人間の生活もあり、その中から言語も生まれている。それなのに、湖の概念だけは、『記紀』編纂以後に生まれた。どのように考えても、本居の所説に成立する余地はない。

記紀歌謡の伝える忍熊王の最期

今日まで、学者たちは例外なく、武内宿禰軍と忍熊王軍とが戦った戦場は、宇治—琵琶湖畔と信じて疑わなかった。『記紀』を読めば、誰でもこのように信じてしまう。むしろ、そのように思い込ませる記述となっている。

しかし、忍熊王最期の地は、『記』では「海」、『紀』では「狭狭浪」「菟遅」と、大きく異なる。この不可解な相違を、どのように考えればよいのか。『記』と『紀』を覆う不可解な相違を生み出している原因は、実は記紀歌謡にもある。

ここでは、まず『紀』の三首の歌謡から確認してみたい。いずれも、追い詰められた忍熊王の、「逃げて入《かく》るる所無し」の状況下での歌である。通説となっている歌謡の読み下しは、このようになっている（いずれも岩波大系本。歌謡の冒頭に付した数字は著者による）。

1伊装阿藝　伊佐智須区禰　多摩枳波屡　于知能阿曽餓　勾夫菟智能　伊多氏於破孺破　珥倍廼利能　介
　豆岐齊奈
　いざ吾君《あぎ》　五十狭茅宿禰《いさちすくね》　たまきはる　内《うち》の朝臣《あそ》が　頭槌《くぶつち》の　痛手負《いたてお》はずは　鳰鳥《にほどり》の　潜《かづき》せな

誤訳の歌をどんなに説明しても意味がないから、岩波大系本による読み下しの解説は、あえてしない。次は、忍熊王たちが瀬田の渡りに落ちて、「溺死」した時の武内宿禰の憤りと、喜びの歌である。

2阿布彌能彌　齊多能和多利珥　伽豆區苦利　梅珥志彌曳泥麽　異枳廼倍呂之茂
淡海《あふみ》の海《み》　瀬田《せた》の濟《わたり》に　潜《かづ》く鳥《とり》　目《め》にし見えねば　憤《いきどほろ》しも

ここでもまだ、「潜く鳥　目にし見えねば憤しも」という状況であった。ところが、忍熊王の遺体が、「日《ひ》数《へ》て菟道河に出《い》づ」という予期しない結末を迎えた。そこで、武内宿禰が喜びの余り作った歌が、これだった。

3阿布彌能彌　齊多能和多利珥　介豆區苦利　多那伽彌須疑氏　于泥珥等邏倍菟
淡海《あふみ》の海《み》　瀬田《せた》の濟《わたり》に　潜《かづ》く鳥《とり》　田上過《たなかみす》ぎて　菟道《うぢ》に捕《とら》へつ

死体ではあるが、忍熊王を宇治川で捕らえたと、武内宿禰が喜んだ歌となっている。岩波大系本の読み下しは、記紀編纂者の読み下しとは大差がなく、ほぼ重なっているようである。「誤訳」という意味においては、記紀編纂者と岩波大系本とは共通している。

次に、この三首についてのわたしの読み下しを、順を追って示す。それは、右に示した岩波大系本の読み下しとは、大きく異なる。

(1)歌謡1についてのわたしの解釈

高潮《たかしお》　偉蛇《いさ》とし　くねぞしがなるに　浴《あ》みしぞ鵜《う》　首打ちしを　立てし馳《は》し　苦しば　鳴きし　潜《かづ》きせし

［大意］高潮が大蛇のように大きくくねり、そのたびに大きな音を立てて怒鳴っている。そんな高潮を、まともに浴びた鵜は、首を打ってしまった。それでも立ち上がり、海上を走っていた。しかし、苦しくなって鳴き出し、海の中に潜ろうとしている。

［解釈の根拠］次に一文字ずつの読み方を示す。その読み方とは、前にも示した〝当該漢字第一音採用法〟である。（　）内の片仮名は、音訓と古訓を、平仮名は名のりを示す。

○伊装阿藝―高潮。伊はタ（名のり・ただ）、装はカ（カサル）、阿はシ（シタカフ）、藝はオ（オキテ）である。○伊佐智須―偉蛇《いさ》とし。伊はイで、大きいことを示す語を、佐はサで、蛇を表していた。〝イサ〟をあえて漢字表記すれば、このようになる。難解な章句である。智はト（トモ）、須はシ（シュ）である。高潮が大蛇のようになっての意である。○區禰多摩枳波屢于―くねぞしがなるに。區禰多摩はくねぞし。區はク、禰はネ、多はゾ（ソコハク）、摩はシ（シタカフ）である。枳波屢于はがなるに。枳はガ（カラタチ）、波はナ（ナミ）、屢はル、于はニを表している。大声で怒鳴る意である。○知能阿曽餓―浴みしぞ鵜。知はア（名のり・あき）、能はミ（名のり・みち）、阿はシ（シタカフ）、曽は強調を示す係助詞のゾ、餓はウ（ウフ）で、水鳥の鵜を表していた。

○勾夫菟智能伊―首打ちしを。勾はク、夫はビ（ヒトヒト）、菟はウ、智はチ、能は今では消滅した音・シである。伊はヲ（名のり・おさむ）である。○多氐於破孺―立てし馳し。多はタ、氐はテ、於はシ（シテ）となっている。破孺は走る意の馳し。破はハ、孺はシ（ジュ）である。古代歌謡にあっては、清音・濁音は、前後の文脈から判断しなければならない。○破珥倍廼利能―苦しば鳴きし。破珥倍は苦しば。破はク（クタク）、珥はシ（ジ）、倍はバ（ハイ）である。廼利能は鳴きし。廼はナ（ナイ）、利はキ（キク）、能はシである。○介豆岐齊奈―潜《かづ》きせし。介はカ（カイ）、豆はヅ、岐はキ、齊はセ（セイ）。この奈も能と同じように、今では失われた音・シを表している。

「伊装阿藝」（高潮）で分かるように、この歌も、戦場は海の近辺であったことを告げている。高潮をまともにかぶって、首を負傷した〝鵜〟は、追い詰められている。優勢に戦いを進めている者の余裕が、臨場感とともに伝わってくる。〝鵜〟とは、改めて言うまでもない。忍熊王に対する侮蔑的表現である。この歌の作者は、忍熊王ではない。

(2)歌謡2についてのわたしの解釈

苦しつしつ　佐陀《さだ》の渡りに　潜《かづ》く鳥　馳《は》しし冷えなば　息萎《いきな》へ　鳴くも

［大意］苦しみながら、佐陀の船着き場に潜る鳥。逃げようとして、海上を必死で走っていた。体はすっかり冷えてしまい、呼吸も苦しくなってきたために、心細くなって、鳴いている。

［解釈の根拠］○阿布彌能彌―苦しつしつ。阿はク（クマ）、布はシキ（名のり・しき）、彌はツ（ツク、ツヒニ）、能はシ、この彌もツである。○齊多能和多利珥―佐陀《さだ》の渡りに。齊はサ（サイ）、多はダ（タ）で、齊多は旧淀江町の地名・佐陀を表していた。能はノ（ノウ）、格助詞である。和はワ、多はタ、利はリで、和多利は、通説のとおり船着き場の「ワタリ」（渡り）を示していた。珥はニ、格助詞である。

○伽豆區苫利―潜《かづ》く鳥。伽はカ、豆はヅ、區はク、苫はト（トマ）、利はリ。岩波大系本は北野本・熱田本・伊勢本によって、「伽豆區苔利」を採用しているが、苔にト音はない。正しい表記は、「伽豆区苫利」である。苔にも、台にもト音はない。「邪馬台国」にも関係してくることなので、この点だけは、はっきりさせておかなければならない。

○梅珥志彌曳泥麼―馳しし冷えなば。梅はハ（バイ）、珥、志はともにシ、この彌はヒ（ビ）、曳はエ（エイ）、泥はナ（ナイ）、麼はバである。○異枳廼倍―息萎《な》へ。異はイ、枳はキ、廼はナ（ナイ）、倍はへ（べ、ヘク）である。○呂之茂―鳴くも。呂はナ（名のり・なが）、之はク（名のり・くに）、茂はモである。

「斉多」は、通説のようにセタ（瀬田）と読むこともできる。だから、正しいということにはならない。

佐陀は、佐陀川の河口付近に位置しているから、「渡り」とも矛盾しない。むしろ、設置されていて、当然の地である。この地も、日本海に面している。

この歌では、「冷えなば」（瀰曳泥麼）とあるのだから、季節は暖かい頃ではない。冬、もしくは初春ということになる。

(3)歌謡3についてのわたしの解釈

苦しつしつ　佐陀《さだ》の渡りに　潜《かづ》く鳥　なお来《き》つ過ぎて　行《ゆ》くに　捕らえづ

[大意] 前半の句は、直前の歌謡2とほぼ同じである。決定的意味を持つ個所が、後半の句である。潜る鳥がまたやってきては、眼の前を過ぎて行ったのに、捕らえることができなかった。これが、その内容となっている。

[解釈の根拠] ○阿布瀰能瀰—苦しつしつ。阿はク、布はシ、瀰はツ（ツクス）、能はシ、この瀰もツを表している。直前の(2)の歌では、「阿布彌能彌」となっていた。違いは微妙である。○齊多能和多利珥—歌謡2に同じ。○介豆區苦利—伽と介の違いがあるものの、これも歌謡2に同じ。

○多那伽瀰須疑氏—なお来つ過ぎて。多はナ（なお）、那はオ（オホシ）、伽はキ（キャ）、瀰はツ（ツクス）、須はス、疑はギ、氏はテ（テイ）である。○于泥珥—行くに。于はユ（ユク）、泥はク（クリニス）、珥はニである。○等邏倍菟—捕らえづ。等はト（トウ）、邏はラ、倍はへ（べ）、菟はヅ（ツ）を表している。定説のように「等邏倍菟」は、捕らえたの意の「捕らえつ」と読み下すことは可能だ。だが、これを拒否する句が、「于泥珥」だ。この句は、「菟道《うぢ》に」ではない。于泥はウヂとは読めない。泥（ヒヂ）の第一音にジ、ヂはない。

それに、ここは海の近くであって、琵琶湖畔ではない。これが決定的根拠だ。「于泥珥」は、「行くに」である。したがって、ここは眼前を通り過ぎたのに、捕らえることができなかったと読み下すべきなのである。「捕らえづ」と「捕らえつ」とは、紙一重の差、濁点の有無だけである。

誤訳によって生まれた地名

〝大和朝廷国史編纂所〟の解釈は、根本から誤っていた。死体ではあるが、忍熊王を宇治川で捕らえたと、「誤読」した。しかし、これを琵琶湖畔―宇治間の事件とすれば、たちどころに疑問が生じることになる。瀬田の渡りに落ちた忍熊王は、遺体となって、宇治川に浮かび出たという。瀬田川と宇治川とは繋がっているから、ありえないことではない。ところが、険《けわ》しい山の間を縫って流れているために、瀬田川と宇治川は激しく蛇行しているだけではない。その両岸と川底には、大小の岩がゴロゴロしているために、死体が瀬田から宇治に漂着することは、可能性として低い。

この問題は、不問に付すこともできる。しかし、疑問はなお残る。それは、この直前の記事にある。忍熊王は、「瀬田の済《わたり》」（瀬田川の船着き場）に落ちたと、『紀』は記す。ここまで書けば、茶番である。沈没したところが琵琶湖のど真ん中であればともかくも、琵琶湖を源流とする瀬田川だ。琵琶湖に近いところでは、二二〇～二三〇mの川幅はあるものの、やたらに水深のある川ではない。そこには両軍のおびただしい兵士たちが集まり、その光景を目撃している。そんな状況下での事故である。

瀬田川の、それも岸の近くに落ちたのであれば、忍熊王の姿を見失うことは、まず起こりえない。現地で確認すれば、それは容易に分かることである。しかも、落ちたところが「瀬田の済《わたり》」、つまり瀬田川の船着き場である。そこには船もある。武内宿禰軍は、その船すら利用しなかったことになる。要するに、『紀』の記述は矛盾だらけなのである。

疑問はまだある。記紀歌謡は、地の文（説明文）に比べ、難解な表記が目白押しだ。この表記を改めて見れば、納得できると思われる。

通説となっている歌謡の解釈では、特徴的な名詞や地名ばかりが、目立つ。それなのに、その表記を統一しないで、地の文と歌謡とで使い分けていたことになる。どうにも、理解しがたい執筆態度である。そんな〝大和朝廷国史編纂所〟ではあっても、〝他王朝の史書〟をそっくりそのまま引用し、引用した歌謡を、どこ

表10-3　『記』『紀』で異なる表記とその解釈

古事記	書紀	通説	私見
邇本杼理	珥倍廼利	鳰鳥《にほどり》（名詞）	邇本杼理：鳰鳥。珥倍廼利：しば鳴き
阿布美	阿布瀰	淡海《あふみ》（地名）	阿布美：淡海。阿布瀰：苦しつ
―	斉多	瀬田《せた》（同右）	佐陀。旧淀江町の地名
―	多那伽瀰	田上《たなかみ》（同右）	なお来《き》つ
―	于泥	菟道《うぢ》（同右）	行く

までも完璧に解読できたと信じ込んだのである。

自信を通り越して生まれた過信は、人を大胆にするものである。〝大和朝廷国史編纂所〟の解読は完璧ではなかった。完璧どころか、誤訳だらけだった。けれども、その誤訳に気づくことはなく、自信を持って、『紀』の〝忍熊王溺死体宇治漂着譚〟を創作したのである。

それも、創作だけで終わらなかった。この創作が、より真実となることを目論んだのである。こうなると、始末が悪い。「誤訳」による「作文」であるとはいえ、『日本書紀』は、一国のれっきとした「国史」である。その「国史」の威厳を保つためには、その内容は、どこまでも真実でなければならなくなる。

真実の担保が、誤訳によって生み落とされた一連の地名の、現地への当てはめである。地名の弱点は、付け替えが簡単にできるところにある。そこに国家意志が働けば、〝地名付け替え工事〟は、いとも簡単に実現する。それが、関連地名の琵琶湖畔での捏造である。宇治―琵琶湖間には、淡海も、瀬田も、田上も、菟道の地名も、本来なかった。そして、近江の枕詞となっている沙沙那美（狭狭浪）も、然りである。誤訳によって、本来なかった地名まで、強引に誕生させていたのである。

今日では、この事件の舞台は、琵琶湖畔―宇治との見解が定着している。国民の中に、疑う者は一人としていない。不幸の極みである。だが、この見解もここまでである。神功に関する『記紀』の記事は、誤訳に基づく「作文」によって、出来上がっている。この事実を、記紀歌謡がここで鮮明に暴《あば》いてくれた。

『古事記』の歌謡も真実を伝えていた

『記』の歌謡はどうか。それは、忍熊王とその部下・伊佐比の辞世の歌となっている（読み下し文は岩波大系本による）。

伊奢阿藝　布流玖麻賀　伊多弖淤波受波　邇本杼理能　阿布美能宇美邇　迦豆岐勢那和

いざ吾君《あぎ》　振熊《ふるくま》が　痛手負《いたてお》はずは　鳰鳥《にほどり》の　淡海《あふみ》の湖《うみ》に　潜《かづ》きせなわ

岩波大系本と同じ読み下しをしている武田祐吉訳注『新訂古事記』（角川文庫）には、この歌の口語訳も付されている。「さあ君《きみ》よ、振熊のために負傷させられるよりは、かいつぶりのいる琵琶の湖水に潜《くぐ》り入ってしまおうよ」。

この解釈上の不審は、「いざ吾君《あぎ》」（いざわが君の略）、「振熊」（神功側の将軍・建振熊）、ついで、まるで日本語になっていない「痛手負《いたてお》はずは」と、「潜《かづ》きせなわ」にある。それよりも、この歌は、『紀』に示されている歌謡以上に、重要な内容を残していた。

［わたしの解釈］いと潮《しお》しつ隈《くま》に　居《い》とて追ひしば　鳰鳥《にほどり》の　淡海《あふみ》の沖に　来着《きつ》き瀬《せ》なし

［大意］高く波打つ岩の隅に、居《い》ることが分かって追って行くと、（悪天候の）淡海の沖のどこにも、鳰鳥（忍熊王と伊佐比）の寄り着くところはなかった。

［解釈の根拠］○伊奢阿芸布流玖麻賀―いと潮しつ隈《くま》に。伊はイ、奢はト（トヲシ）、阿はシ（シタカフ）、芸はオ（オキテ）、布はシ（名のり・しき、しく）、流はツ（ツタフ）である。玖はク、麻はマ、賀はニ（ニナフ）を表している。○伊多弖淤波受波―居《い》とて追ひしば。伊はイ、多はト（名のり・とみ）、弖はテ、淤はオ、波はヒ（ヒタス）、受はシ（シュウ、しげ）、この波は、バ（ハ）を表している。○邇本杼理能―ニホドリの。邇はニ、本はホ（ホン）、杼はト（トチ）、理はリ、能はノ（ノウ）である。○

阿布美能宇美瀰―淡海の沖に。阿はア、布はフ、美はミ、能はノ、宇はオ（オホキナリ、オホソラ）、美はキ（キヨシ）、瀰は二を表している。〇迦豆岐勢那和―来着き瀬なし。迦豆岐勢は来着き瀬。迦はキ（キャ）、豆はツ（ヅ）、岐はキである。勢はセで、場所・ところを示している。那和はなし。那はナ、和はシ（シタカフ）を表していた。

絶望的な状況を伝えているこの歌は、どう考えても、忍熊王と伊佐比の歌ではない。鳰鳥とはカイツブリのことで、水鳥の中でも、小さくていささか貧相だ。追われているとはいえ、気位の高い忍熊王が自らを、貧相なカイツブリにたとえるはずはない。それに追われている立場にあるのに、「淤波受波」（追はしば）と、主体者のように歌うはずもない。

これだけではない。この歌で最も重要なことは、この歌が、歴史の真実を伝えていたことである。それは、「阿布美能宇美瀰」にある。この句は、定説の「淡海の湖《うみ》」でもなければ、「淡海の海」でもない。わたしは定説を覆す目的で、このように読み下したのではない。そんなけちな了見は微塵もない。ただ、忍熊王の結末に、「船に乗りて海に浮かび」「すなはち海に入りて共に死にき」と記されているのだから、ここは淡水湖の琵琶湖ではなく、〝しょっぱい味のする海〞だと認識しただけである。

「宇美」は、「海」とも読むことができるが、海ではなかった。「淡海」で、すでに海を表している。〝日本海の海〞〝東シナ海の海〞と、屋上屋を架《か》すような言い方はしない。「淡海の海」も同様である。「宇美」は、「沖」と読み下さなければないようである。

仲哀・神功と香坂王・忍熊王に関する事件の、その全貌が見えてきたきっかけは、「阿布美能宇美」が、「淡海の沖」と解けたことによる。この章句の解明は、わたしにとってはそれほど大きな意義を持っていた。

この歌謡を解き終わって、すべてを解明したと思ったが、そうは問屋が卸さなかった。しばらくして、一つの不安が脳裏をよぎり始めた。冬になると、琵琶湖には無数のカイツブリが浮かんでいる。宇治川でもよく見掛ける。しかし、この水鳥が、日本海に、実際にいるかどうかという不安である。結局、これは杞憂に過ぎなかった。

カイツブリは日本海にもいたことを、直接、この眼で確認する機会に恵まれたのである。そこは、やはり「淡海」の中だった。中海の一角に、米子市水鳥公園が設けられている。「淡海」の特性を十分に生かした施設である。

わたしの訪れた五月、カイツブリは巣を作って、子育てをしているところであった。当園の館長の教示によって、二階の展望台から、そこに設置されている望遠鏡で、心置きなくその姿を確認することができた。「邇本杼理」（ニホトリ）は、日本海にもいた。

先にも述べたように、カイツブリはハクチョウやコウノトリと違って、優雅な水鳥ではない。しかも、中海には、コハクチョウやマガンといった体長の大きな水鳥も飛来する。それなのに、忍熊王を、地味で小柄なカイツブリにたとえているのである。これも邪馬壹国の、狗奴国・忍熊王に対する激しい憎悪の表れと見ることができる。

見えてきた激戦地

一九九九（平成一一）年五月一一日、旧西伯町馬場に〝ヒッサリクの丘〟を突き止めた翌日、わたしは旧淀江町小波《こなみ》の地に立っていた。背後は民家や三輪神社、それに畑が広がる丘陵地となっている。つまり、小波《こなみ》はこの丘陵地を北へ出たところにある。

ＪＲ山陰本線を、二両編成の普通列車が、眼の前をゆっくりと通り過ぎて行った。山陰本線のその先には美保湾を形成する島根半島（淤能碁呂島＝雄々し蛇《ころ》島）がかすんで見える。島根半島の東端の向こうは日本海だ。よく晴れた初夏の、こののどかな光景とは裏腹に、わたしは暗い、そして不幸な事件を想像していた。「忍熊王の最期」だ。

「沙沙那美」（記）・「狭狭浪」（紀）は、忍熊王が追い詰められた地であった。その「サザナミ」は、「細波」

「小波」「漣」とも表記されるから、わたしが立っている旧淀江町小波も、「サザナミ」と読むことができる。当てた漢字によって、後世に別の地名音に化ける例は少なくない。小波もそのような地名の一つで、「サザナミ」から「コナミ」へと変化した可能性は、多分にある。

古代、中海・美保湾は、「安不美《あふみ》」と呼ばれていた。それは、小波の前面に広がる海だ。『記』の記述と歌謡を信じれば、忍熊王は「淡海の沖」（阿布美能宇美）で、人生の終わりを迎えていたことになる。

この事件を、『紀』は三月（新暦では二月か）と記す。山陰地方はいまだ厳しい冬の中にある。日本海は新暦の干蘭盆会《うらぼんえ》を過ぎると、泳げなくなる。海水の温度が下がり、クラゲが増えるだけではない。急に波が高くなる。さらに冬になると海は荒れ、夜になると、不気味な海鳴りの絶えることはない。記紀歌謡の表していた海も、寒くて高い波が打ち寄せていた。

その季節、荒れる日本海に船を出せば……。悲劇が起こることは、眼に見えている。追われた忍熊王は、冷たい淡海の沖に没し去った。当時、敵軍が追撃できるような海の状態ではなかったのである。

結局、忍熊王の遺体は発見できなかった。『記』の記述は、このような最期を暗示している。それを、『紀』は積極的に改竄《かいざん》し、「大和朝廷」とはまるで関係のない事件であるにもかかわらず、おのが権力の絶対性の証しとしたのである。

一説では、「仲哀天皇」は、熊襲の放った矢で戦死したという。その息子である忍熊王もまた、戦死している。この親子の不慮の死は、何を告げているのか。伯耆・出雲＝狗奴国の全面敗北と滅亡。すなわち、歴史上の一大悲劇を表している。

忍熊王敗走の経路

『記』の記す、武内宿禰を統率者とした忍熊王征討経路で、この事実は明らかとなる。

斗賀野《とがの》（菟賀野）→山代《やましろ》→逢坂《あふさか》→沙沙那美（紀は狭狭浪）→淡海

これらの地が、どこにあったのか。その属した国名も明記されないまま、裸の状態で、放り込まれているから、その地を突き止めることは、ほとんど不可能にも見える。しかし、斗賀野（菟賀野）を出発した忍熊王の経路は、明確である。ひたすら西から東へと移動している。

つまり、「熊襲軍」（筑紫軍）は、東からではなくて、西から東へと攻めてきているということである。「山代」から「淡海」に至る一連の地名に一致する地は、伯耆・出雲だけである。

そこでまず、「山代」の解明から始めることにしたい。『記紀』の記録に残っているほどの地名だから、それは著名な地か。あるいは、特徴のある地形ということになる。

(1)山代　：　山代の地はどこに求めるべきか。この地名比定は、特に難しい問題ではない。『出雲国風土記』には、意宇郡の郷名の一つとして、山代郷が記されている。現在の松江市山代町が、その地である。『紀』にも、「山背」に関する記事がある。しかし、この「山背《やましろ》」は松江市山代町ではなくて、米子市の東の旧淀江町・大山町《だいせんちょう》一帯を指す地名である。古代には、米子市の東西に、「ヤマシロ」が存在していたことになる。

「山代」「山背」とは、〝山合いの地〟〝山を背にした地〟の意かと考えられる。苗代《なわしろ》、熊代《くましろ》（神代）の例が示しているように、代《しろ》とは今日では田、田地を表す語に限定されているようだが、本来は所、場所を示す地名接尾語である。これは、背についても当てはまる。

松江市山代町の背後（南部）には、小連峰が東西に走り、その麓には岡田山古墳のある「八雲立つ風土記の丘」・神魂《かもす》神社と八重垣《やえがき》神社が、東西に並んでいる。「出雲国庁」の設置されていた大草町は、かつてはスサノオの「須賀宮《おかのみや》」の存在した地である。山代は三世紀半ばにあっても、狗奴国圏にとっては、重要な地であったようだ。

(2)逢坂　…　淡海が判明し、山代の地も特定できた。そうなると、「逢坂」は、この二定点の間に存在していたことになる。では、この坂の所在地はどこか。この問題も、「伊賦夜坂《いふや》」と無縁ではなかった。ヤは蛇だが、フもまた蛇だった。フを強いて漢字で示せば、蝮（フク）となる。伊賦夜坂とは、〝偉蝮蛇坂《いふや》〟のことである。

翻って、逢坂の地名起源はどうか。アは大きい意だから、この地名は〝阿蝮坂《あふ》〟となる。起伏があり、大蛇のように著しく曲がりくねった坂。これが、逢坂―〝阿蝮坂〟の正体である。つまり、逢坂は伊賦夜坂と、寸分も変わらぬ地名なのである。

『記』の伝えるように、「黄泉比良坂《よみのひらさか》」は、伊賦夜坂とも呼ばれていた。ところが、その別名はまだあった。その別名が、逢坂である。逢坂もまた、「黄泉比良坂」のことだった。

古代にあっては、米子市萱原《かやはら》―安来市未明間《ほのか》に横たわる「黄泉比良坂」は、伯耆と出雲を結ぶ幹線道路である。忍熊王の軍隊は、首都を目指している。逢坂は、必ず通らなければならない坂なのである。

「宇遅河」の怪

「山代」「逢坂」の所在地については、比較的容易に突き止めることができた。これに反し、いつまでも苦しめられた地名が、「宇遅河」である。『記紀』の記す宇遅・莵道という地名は、いずれも「ウヂ」と読まれてきた。

わたしは宇治川の河川敷で三〇年余にわたって、軽走運動《ジョギング》をしている。その間、古代の謎について考えながら、走っていることもある。そんな時、ボンヤリとではあるが、凡人にも閃《ひらめ》くことがある。

『書紀』歌謡中の「于泥」を、読めもしないのに、どうして「ウヂ」と読んだのか。その閃いたことが、これだった。〝大和朝廷国史編纂所〟―記紀編纂者は、なぜこのように解釈したのか。走っていて、この重大なことに気がついた。

現在の宇治・宇治川は、『記紀』の宇遅・菟道によって生まれている。ところが宇遅・菟道は、筆先でデッチ上げられた地名ではなくて、実際に別のところに存在していた。「于泥」を、地名の「ウヂ」と勘違いしたのも、そのためである。

本来の宇遅（菟道）は京都府南部ではなくて、日本海に面した米子市北部の地名であり、宇治川も、京都府の川ではないことになる。では、その川とは……。日野川である。

凡人でも閃く時は、立て続けに閃くこともある。「宇治川」（ウジ川）は、〝宇巳《うじ》川〟として成立する。シ・ジも蛇を表す語ではあっても、馴染みが薄い。これに引き換え、チは広く普及している傾向がある。この傾向から、宇治川のもとの地名音は、「ウチ川」ではないかという閃きだった。治（ジ、チ）・遅（ジ、チ）・道（名のり・じ、ち）を濁音と読むか。それとも清音と読むか。その読み方によってもたらされる違いは、大きい。先述したように、「捕らえつ」と「捕らえづ」の例があった。

宇治川という河川名は、全国でも京都市南部を流れる川しかない。それなのに、音の近い内川《うちかわ》という河川名は、少なからず存在している。

（全国の内川）

(1)宮城県南部、丸森町を流れる川。東の雉子尾川《きじおがわ》に対して、西を流れている。

(2)栃木県北部、矢板市を流れる川。箒川《ほうきがわ》と中川の間を流れる。

(3)神奈川県南足利市を流れる川。狩川《かりかわ》の支流。

(4)石川県金沢市の東南、犀川と倉部川支流の間を流れる。

川と川に挟まれた川だから、内川の地名が誕生したのだろうか。しかし、そうなると、日本全国、「内川」

だらけとなってしまうことになる。このように考えると、「ウチ」には、別の意味もあるのではと思われてくる。応神の息子の「宇遅能和紀郎子」（応神記。同紀では菟道稚郎子）の宇遅・菟道が、〝内〟では、まるで様にならない。

宇（ウ）とは、「大きい屋根のような大空におおわれた世界」「空間的なスケール。大きさ」（藤堂『学研漢和大字典』）を意味し、気宇広大、宇内（天下）、宇宙（大空の意）の語が示しているように、大きいという意味があり、「オオキナリ」の古訓もある。ついで治だ。この文字は、どのように理解すべきか。治（チ）として、まず考えられる言語が蛇のチだ。「ウチ」が〝宇蛇《ち》〟であれば、それは大蛇となる。

宇治、宇遅・菟道は、いずれも同一地の表記なのだから、基本的にその音も、意味も同じであると考えられる。そうなると、宇治のみならず宇遅・菟道も、〝ウチ〟となる。この〝ウチ〟も、「内」ではない。〝宇蛇〟（大蛇）である。

宇遅河・菟道河の類縁地名と思われる河川が、安治《あぢ》川（大阪市）であり、愛知《えち》川（滋賀県）だ。安《あ》は、大きいことを意味する語である。治はヂと濁っているが、本来はチか。安治《あぢ》はアチであった可能性もある。愛知《えち》は、蛇の重複語ということも考えられる。その一方で、愛にもア（アイ）があるので、愛知《えち》川も、もとはアチであった可能性がある。

愛知県に、知多（半島）と表記される地名が遺存している。チタのタは地名接尾語だから、この中心地名はチであり、それは蛇と思われる。蛇のように長い地形が、チタ（知多）の地名起源のようである。その地を含む愛知は、「アイチ」と読まれている。同じ表記でも、ところが変われば、一方ではエチ、他方ではアイチとなる。ここに、地名解明の難しさがある。

これとは別に、やはり蛇の川を示す大路《おおろ》川（鳥取市）、都治《つち》川（江津市）といった河川名もある。蛇行して流れる川は、蛇の姿そのものである。その川を〝蛇の川〟と呼ぶことは、極めて自然の行為だ。まして、蛇神信仰が支配的であれば、なおさらと言える。

もう一つの「ウチ」

「ウヂ川」が希少地名なのだから、「ウジ」「ウヂ」の地名も、極度に少ない。宇治山田（三重県伊勢市）、宇治（鳥取県岩美町蒲生川東岸）、宇治本郷（島根県加茂町、斐伊川と赤川の合流点）。そしてもう一例は、鹿児島県の宇治群島だ。

鹿児島県・野間半島の東の沖合、東シナ海に浮かぶ宇治群島は、北から西立神島、宇治向島、雀島の三島が南北に並んでいる。この島々の東にある島が、群島中最大の宇治島である。宇治群島という呼称は、宇治島に由来しているようである。

宇治島は外界に面した三島の内側にあり、野間半島との間に位置している。このような自然の配置は、宇治島が〝内島〟である条件を満たしているようでもある。一方で、宇治島は南北に長く伸びた島である。その形状から、この「宇治」も、大蛇の〝宇蛇《うち》〟と考えられる。

蛇島《へびしま》（山口県）はもとより、父島・母島（東京都）、木島《きじま》（愛知県）、大槌島（岡山県）、小槌島《こづちじま》（香川県）、能《の》古島《このしま》・小呂島《おろしま》（福岡県）など、蛇に因む島名は少なくない。宇治島も、そんな島の一つのようである。

川ではないが、内海《うちうみ》（愛媛南部・長崎県壱岐）、内灘（石川県）、内海《うちうみ》村（愛媛県、現愛南《あいなん》町）、内之浦（鹿児島県）といった海に関する地名もある。波に絶えず浸食される海岸線は、例外なく大きく蛇行している。その地形は、まさしく蛇の姿そのものである。この地形から、「内」は、大蛇の意の〝宇蛇〟である。燧灘《ひうちなだ》（愛媛県）もまた、大きく曲がった、大蛇のような海岸部の意である。

海に関する地名とは別に、内陸部には内山（標高七七五m、宮崎県えびの市）、内山峡（長野県佐久市）といった地名も存在する。これらの「内」も、大蛇を示す〝宇蛇〟のことであり、大蛇のとぐろを巻いたような山、もしくは尾根の、大蛇が這っている姿を連想させる山のことである。

ここで、一人の人物に思い当たった。その人物は、仲哀・神功―応神―仁徳の三代に仕えた建内（武内）

宿禰だ。異様に長寿であることも疑問視せざるをえないが、今日的に「タケウチ」と読まれていることも、疑問である。これも誤訳だった。〝猛しウチ〟（猛し宇蛇）が、その正体である。決して今日的感覚で解釈してはならない人物名である。

宇遅・莵道の正しい読み方は、ウヂかウチか。強《し》いて言えば、ウチか。古代にあっては、基本的に清音が優先していたものと思われる。それが静音か濁音か。その判断は人名、地名を問わず、個々の地名・言語によって、柔軟に行われていたようである。この表記方法は、戦前まで受け継がれていた。

地名は日常生活の必要に応じて、いわば自然発生的に生まれてくる。しかし、それを現代人の感覚で判断すべきではないようだ。形状の美しい山を、とぐろを巻いた蛇に、蛇行して延々と流れる川も、やはり蛇に見立てる。蛇は、そこかしこに棲息《せいそく》していた。そんな環境の中で生活していた古代人の感覚の方が、現代人よりも遥かに優れている。

「内川」に類すると思われる地名に、「中川」がある。

（中川の分布）

(1)青森県下北半島のむつ市を流れる川。

(2)栃木県のやや北部、内川の西を流れる川。この一帯には、八方ヶ原と釈迦ヶ岳を源流とし、矢板市方面に向かって、幾筋もの河川が流れている。

(3)埼玉県の東南部、江戸川と古利根《ふるとね》川との間を流れる川。東京都に入って、江戸川と隅田川の間を流れて、東京湾に注ぐ。

(4)和歌山県田辺市を流れる川。

「中川」と音が共通する地名が、那珂川であり、那賀川である。那珂川は栃木県・茨城県と福岡市にある。那賀川も伊豆半島南西部の松崎町、徳島県阿南市に確認することができる。

中川・那珂川と那賀川は、表記は異なるものの、音は同じ「ナカカワ」である。川と川の間を流れていることが、その地名起源ではない。本来は「ナカ」ではなくて、いずれも「ナガ」、〝ナガ（蛇）のように長い川〟に由来する地名と考えられる。

〝ウチ川〟〝ナガ川〟に、地域性はなさそうである。長短による区分でもなさそうである。ここに明確な基準を見つけることは、難しい。

こうして地名は変えられた　『記紀』の記す「宇遅河」「菟道河」とは、中国山地を源とし、米子市内で美保湾に注ぐ日野川である。この川は「逢坂」を越えたところにあり、その流れ行く先は淡海ということになる。「ヒノカワ」と「ウチカワ」とでは、地名音がまるで異なる。それは「ウチカワ」が「ヒノカワ」へと、強制的に変更させられたために、起こった現象である。

つまり、肥の河が加茂川へ、「宇遅河」「菟道河」が日野川へと変えられていたのである。第1巻で述べた〝河川名付け替え工事〟とは、このことを指している。この工事が、政治的意図に基づく事業であったことは、疑えない。

「肥の河」のみならず、「宇遅河」「菟道河」をもこの地に残せば、せっかくの〝力作〟がばれることになる。「大和朝廷」にとっては、邪魔な地名だ。枕を高くして眠るためには、どうしても消さなければならなかったのである。

古代、日野川は、大きな蛇の川を表す「宇遅河」「菟道河」と呼ばれていた。大山が三諸山《みはやま》（＝美蛇山）と呼ばれていたように、これも、揺るがすことのできない事実である。

表10－4　古代における〝河川名付け替え工事〟

時代	河川名	
古代	肥の河	宇遅河
現代	加茂川	日野川

「ウヂ」地名誕生の背後には、〝記紀原典〟の誤訳に基づく〝不純な動機〟が隠されていた。この事件の舞台をめぐる混乱のすべては、「宇遅河」「菟道河」に起因していたと言っても、必ずしも過言ではない。この〝不純な動機〟は、古代史上最も重大な主題である。

香坂王の死と忍熊王の敗走

ここまで謎が解けても、依然として分からないことがあった。一つは、兄の香坂王がイノシシに殺されたという斗賀野・菟餓野の所在地であり、他の一つが、この地から退却した忍熊王の移動手段である。

『記紀』ともに、「斗賀野」（記）・「菟餓野」（紀）と記しているだけで、国名も不明であるばかりか、二段あるいは、三段地名表記となっていないのだから、この地名を特定することは難しい。

なぜ、このような愛想のない地名表記となっているのか。特定されると、事実が明るみに出てしまうからである。記紀編纂者にとっては、それでは都合が悪くなる。むしろ、この無愛想な地名表記に、記紀編纂者のどす黒い意図が隠されていると考えた方が、辻褄は合う。

そうなると、かえって、斗賀野・菟餓野を特定する鍵は、前後の文脈の中にあるのでは……。そう推理して、当該個所を繰り返し読んでいて、一つの事実にようやく気づいた。

「豊浦宮」は、「トヨラノミヤ」と読まれている。実は、この読み方にも、混乱を招く一因があった。「豊浦」は「トヨラ」ではなくて、正しくは「トウラ」である。〝ト〟の地にある浦だから、〝ト・ウラ〟と呼ばれていたのである。その「トウラ」の前に、仲哀の宮は造営されていた。このために、「豊浦宮《とうらのみや》」と命名されていたと考えることができる。それでは、その宮の建っていたところの地名は？。その地が、「トガノ」（豊《と》が野―斗賀野・菟餓野）である。

つまり、表現こそまるで異なるが、「トガノ」と「豊浦宮」の所在地とは、同一地を指していたのである。記紀編纂者に、歴史の正確な記述を期待することは、ないものねだりに等しい。思ったとおり、歴史事実は、ここでもコッソリと隠されていた。

父親「仲哀」亡き後も、香坂王・忍熊王兄弟は、豊浦宮にとどまって、「熊襲」―邪馬壹国と戦っていたのである。しかし、香坂王はここで非業の死を遂げる。もとより、イノシシに殺されたのではない。敵国の攻撃の前に、戦況不利となった忍熊王は、香坂王の死を機に、本国へと敗走を始めたのである。この事件の真実は、『記紀』とは別のところにある。

もう一つの問題が、この後の忍熊王の経路である。敗走する忍熊王の選んだ経路は、海路・陸路、いずれだったのか。「大和朝廷」の内紛と処理したがる『紀』は、香坂王亡き後の忍熊王の足取りについて、詳しく記している。その解明の鍵が、『紀』のこの記事だった。

赤猪《あかしし》忽《たちま》ち出でて…麛坂王《かごさかおう》を咋《く》ひて殺しつ。軍士《ぐんし》悉《ことごと》に慄《お》づ。忍熊王、倉見別に謂《い》ひて曰《い》はく、「是の事大きなる怪なり。此において敵を待つべからず」といふ。則《すなは》ち軍《いくさ》を引きて更に返《かへ》りて、住吉《すみのえ》に屯《いは》む。

この章句の中に、わたしの示した忍熊王の足取りの、正しいことを確認することができる。その決め手が、「軍《いくさ》を引きて更に返《かへ》りて」の章句である。忍熊王はどこへ帰ったのか。そこは、「住吉」と明記されている。「返る」と「帰る」とは同義語だから、忍熊王の〝帰った〟先は、「住吉」ということになる。忍熊王は山口県（豊浦町）から、日本海側の島根県（松江市・安来市）へと退いてきているのだから、この「住吉」が大阪市住吉区であるはずがない。住吉区でなければ、この「住吉」はどこに求めるべきか。

それは「住吉」ではなく、『記』の「墨江」が示している。「墨江《すみのえ》」の表記から推測できるように、「墨江」「住吉」は入江・湾であり、港である。

「墨江」は、「仁徳記」ではこのように記されている。

難波《なは》の堀江を掘りて海に通はし、また小椅江《をばしのえ》を掘り、また墨江の津を定めたまひき。

墨江の津は、難波―大阪湾ではない。まして大阪市住吉区ではない。では、どこか。それは、意外なところから解けた。その手掛りは、因伯歴史研究協議会編『鳥取県の歴史散歩』（山川出版社）の中の「城下町米子図」（旧版一七九頁）に、隠されていた。江戸時代の作成であることは理解できても、作成年は不詳である。この地図に、湊山《みなとやま》の北、中海の海岸部に、「澄水」の地名が記されている。ここまでは、どうにか辿り着くことができた。しかし、「澄水」の読み方が分からないから、ここから、また一方ならぬ苦労が始まった。

全県下の小字が丁寧に記載されている『鳥取県地名大辞典』（角川書店）にも、この一帯の小字名は記されていないから、分からない。米子市役所（課税課）にも確認をしたが、湊山のある久米町にも、その隣の西町にも小字《こあざ》はないとのこと。小字とは、江戸時代の耕作地に対する地名のことである。市制町村制の実施によって、一八八九（明治二二）年に生まれている。

この一帯には小字がない。米子城の敷地内であったためと思われる。ここまではどうにか分かっても、肝心の「澄水」の地名音は、依然不明のままである。ここで、完全に行き詰まった。だが、やがて解けた。この苦境を打開する方法が、一つだけあった。

鳥取県には、「澄水」の地名が二カ所に残っている。国府町と気高郡（現鳥取市）青谷町の「澄水」だ。いずれも「スンズ」と発音されている。しかし一方で、「澄水」は〝スミ〟と読むこともできる。ここで、新たな問題が発生してきた。スンズが先か。それともスミか。「澄水」の表記からだと、スンズの地名は派生しにくいが、スミだと比較的容易だ。

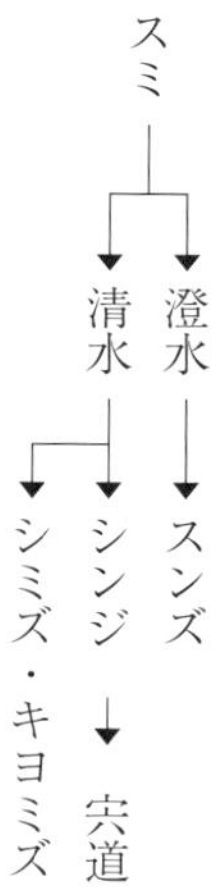

スミの地名は、このような変遷を辿っていたのではないか。地名は当てた漢字によって、大きく化ける。「城下町米子図」に記されている「澄水」から、墨江・住吉と呼ばれた入江は、湊山公園の北、現米子市児童文化センター（米子市西町）辺り、現米子港の南が墨江ということになりそうである。

「斗賀野」を辛うじて脱出した忍熊王の向かった先が、「住吉」だから、忍熊王の移動手段は、「船」だったことになる。ただし、敗走する兵士たちの大半は、「山代」から「逢坂」を越えて、「淡海」沿岸部へ至る陸路である。忍熊王は「住吉」で、生き延びてきた兵士たちを再度結集させ、体勢の立て直しを計ったものと思われる。

「住吉《すみのえ》に屯《いは》む」「菟道《うぢ》に到りて軍《いくさだち》す」。これが、敗走してきた忍熊王の行動であった。一方の武内宿禰は、「精兵を選びて山背《やましろ》より」発進し、「菟道に至りて河の北に屯む」という行動を起こす。住吉と菟道とは近い。だから、武内宿禰の行動も生きてくる。

西の豊浦宮から住吉へ退いてきた忍熊王と、これを迎え撃つ武内宿禰は、東の山背（旧淀江町・大山町）から出陣してきている。その交点、つまり主戦場は、住吉・菟道だ。〝他王朝の史書―記紀原典〟の記述は、日本海に沿った東西の行動、つまり横の行動となっている。これに反して、書紀編纂者は、この史実を九〇度もねじ曲げて、住吉（大阪市）―山背・菟道（京都府南部）―淡海（琵琶湖）という縦の行動に改変した。まさに、縦横無尽の執筆態度であり、横暴そのものである。

（注）現米子港の北に、なぜか、一八八九（明治二二）年から一九二七（昭二）年まで、「住吉」の地名が存在していた。

狗奴国の滅亡

「住吉」（現米子港の南）を出発した忍熊王の向かった先は、「菟道《うち》」だった。新たに判明したこの事実によって、通説となっている『紀』の解釈の矛盾は、すべて解消することになる。改めて、武内宿禰軍の「菟道に至りて河の北に屯む」と記した『紀』の記事を、実地の地形に当てはめれば、どうなるか。

日野川（宇遅河）は、北へ向かっていたそれまでの流れを一変させ、岸本町（現伯耆町）に架かる伯耆橋を過ぎた辺りから、米子市宗像にかけて、西北に大きく蛇行している。しかも、日野川上流に堰堤《ダム》はないからその流れは、今日と大きく異なってはいないはずである。

事実は小説よりも奇であるばかりか、虚偽を木っ端微塵に破砕し、吹き飛ばすだけの威力を、その内に秘めている。武内宿禰軍は、日野川の北・「宇遅」、現在の蚊屋《かや》付近に陣取って、忍熊王軍を迎撃する作戦を、すでに完了させていたのである。こうなると、忍熊王たちが、日野川の北に上陸することは不可能な戦況となっていた。

この布陣によって、激しい攻撃を受けた忍熊王は、「菟道」への上陸を断念し、さらに東へと退却して、旧淀江町（現米子市淀江町）小波の沖へと追い詰められたのである。蚊屋付近と旧淀江町小波とは、至近距離にある。袋の中のネズミとは、このことである。

窮地に追い詰められた忍熊王の逃れるところは、「淡海の沖」しか残されていなかった。しかも、武内宿禰軍は追跡することを逡巡しているほどだから、「淡海」は激しく荒れていた様子がうかがえる。

この状況から、忍熊王を追撃する軍勢は西からだけではなく、東からも攻め込んでいたと推測することができる。その軍勢の中心は、北陸の越か。その中には、関東・東北の「その余の旁国」も含まれていたとも考えられる。

魏の支援を取り付けた邪馬壹国政治圏は勢いづき、逆に狗奴国政治圏はガタガタになっていた。形勢は大

き く逆転し、狗奴国側にそれを覆すだけの力は、最早どこにも残っていなかった。その模様を、『紀』は露骨な残忍性をもって記している。

軍衆《いくさびと》走り之《ゆ》く。狭狭浪の栗林《くるす》に及《おひし》きて多《さは》に斬りつ。ここに、血流れて栗林に溢《あふ》る。……忍熊王、逃げて入《かく》る所なし。

「クルス」と読まれている「栗林」は、普通名詞である。小波の南に、東の富繁《とみしげ》から平岡を経て、西の中《なか》間《ま》へと延びる丘陵地がある。「狭狭浪の栗林」は、この丘陵地にあったものと思われる。大山（大神山《おおみはやま》、三輪山）の北壁を間近に眺めることのできる地だけのことはあって、かつては、この丘陵地にも三輪山が存在していた。この山はとっくの昔に開削されて、畑となってしまったが、大国主を祭神に、須佐之男と少名彦を相殿《あいどの》とする三輪神社は、この丘陵の北に鎮座している。

植生は時代によって異なる。今日の旧淀江町小波に、栗林はない。栗林どころか、栗の木すらもない。小波の背後は、孟宗竹の林だ。だが、その竹林が、古代から今日に至っているとは思われない。

食糧事情が現代よりも悪い古代にあっては、栗の実は貴重な食糧、それも保存食の一つであった。栗林は、小波の特徴的光景を形成していたことから、『紀』のこの表現となったものと考えられる。あるいは、この地には、丘陵を覆うほどの栗が植樹されていたために、その名産地となっていたのかもしれない。

いずれにしても旧淀江町小波とその背後の丘陵地は、「血流れて栗林に溢《あふ》る」という地獄絵の様相を呈していた。無残な敗北である。「逃げて入《かく》る所なし」の状況に陥った忍熊王の、その後については、『記』が明記していた。この戦いは、「大和朝廷」内部で起こった内紛などではない。日本列島を震撼させた二大政治圏の総力戦であった。

伯耆・出雲は、越・筑紫の支配から独立し、一時は、逆に支配下に置いたこともあった。それから約五〇〇年後、狗奴国と邪馬壹国の立場は、様変わりしていた。「海表謐然・東夷屈服」という「魏志東夷伝」の印象的章句は、公孫淵や韓国が、魏に制圧されただけの表現ではなかった。

狗奴国とその同盟国は、魏と邪馬壹国の前に屈服した。そのために、日本海と太平洋は静かになった。これが、その趣旨であったことになる。狗奴国政治圏は、それだけ東夷諸国の中でも、際立った存在であったようだ。

3　ドサクサに紛れて

この女性とは以前に会っている

「神功記」と「神功紀」を読んでいて、神功とある女性とは、単なる他人の空似ではないと思えなくなってきた。共通点が多いだけではなく、事件の同時代性を強く感じるためである。神功皇后は、その存在自体が疑われている女性である。これに反し、神功皇后によく似たこの女性とは、以前に出会っている。そのように確信するに至った。

次頁・表10-5の中の①の神功に関する記事は、『記』だけで、『紀』にはない。「今、神功の腹の中にいる子は、将来この国を統治することになるだろう」「その子は男子」だと告げた神が、神功に乗り移った神である。それは天照の「御心」と、底筒男《したつつお》（下蛇《つつ》男）・中筒男《なかつつお》（中蛇《つつ》男）・上筒男《うえつつお》（上蛇《つつ》男）の墨吉（住吉）三兄弟である。〝ある女性〟は、これらの「神々」とともに同時代を生きている。

表10-5の③については、『記』では、神功の関わった国は新羅のみとなっている。〝ある女性〟と朝鮮半島との結び付きは確認できないが、『出雲国風土記』の「国引き神話」から推測すれば、「天孫降臨」時に、ニニギは朝鮮半島南辺を奪取していた可能性はある。そうであれば、その奪取は、〝ある女性〟の時代の事

件であったことになる。

最終的に、二人を結び付ける決定的要因が、「魚」だった。「神功記」には「軍《いくさ》を整へ船を雙《な》めて度《わた》り幸《い》でまし時、海原の魚、大き小さきを問はず、悉《ことごと》に御船を負ひて渡りき」と記されている。「神功紀」にも、「海の中の大魚、悉に浮かびて、船を扶《たす》く」とある。

このように、「神功記」「神功紀」では、魚が神功を助ける役割を担って、登場している。いずれも従順な魚ばかりだ。だが、魚たちはもとから従順ではなかった。ここに至る顛末を示した記事が、実は『記』にあった。

「神代記」には、大小を問わず、海の魚を集めて「汝は天つ神の御子に仕へ奉らむや」と詰問し、降伏した「鰭《はた》（ヒレのこと）の広物《ひろもの》、鰭《はた》の狭物《さもの》」は、「仕へ奉らむ」と恭順の意を示す場面が描かれていた。

白旗を掲げた敵国の高位高官から一兵卒たちに対して、このように鋭く迫った人物こそ、天宇受売《あまのうずめ》（天

表10-5　神功皇后とある女性との共通点

区分	神功皇后	ある女性
①筑紫の「神々」との繋がり	神功に乗り移った神とは、天照の御心と底筒男他の住吉三神（記）	天照と底筒男他の住吉三神とは、同時代をともに生きている。
②行動範囲	筑紫を含む北部九州	高天原（壱岐）と筑紫
③朝鮮半島との関わり	新羅・百済・高麗《こま》の三韓征伐（紀）	天孫降臨時、朝鮮半島南辺を奪取か（その後の歴史の一端を記していた事件が、「国引き神話」である）。
④妊娠の有無	有（応神を生んでいる）	有
⑤魚との関わり	有	有

の渦女《うずめ》）であった。この場面が、「天孫降臨」時の最終局面であることは、すでに論じ切ったところである。すなわち、神功と瓜二つの〝ある女性〟とは、「高天原」奪還に、それこそ一肌を脱ぎ、「天孫降臨」時にも、八面六臂の活躍をした出色の女性―宇受売である。神功は、宇受売その人なのである。そこで改めて、この視点から、「神功記」と「神功紀」を通観してみたい。

「神功」を宇受売に置き換えて読むと…

神功が朝鮮半島へ渡ると、急に産気づく。それを鎮《しず》めるために、新羅で石を拾い、それを衣服の上から腰に巻いたという。相当に荒っぽい措置だ。これが、いわゆる〝懐妊を鎮めた石〟の説話―「鎮懐石譚《ちんかいせきたん》」である。もの怖じしない宇受売の面目躍如といったところである。

そこで、筑紫に立ち寄って、子どもを産む。産んだ所を宇美（糟屋郡宇美町）といい、新羅で拾った石は、伊斗《いと》村（糸島郡、現糸島市）にあるという。『筑前国風土記』「逸文」には、「怡土郡《いとのこほり》。児饗野《こふの》。…此の野の西に白き石二顆《ふたつ》あり。…時の人、其の石を号《なづ》けて皇子産《みこうみ》の石と曰《い》ひき。今、訛《よこなま》りて、児饗《こふ》の石と謂《い》ふ」（岩波大系本『風土記』所収）といった神功にまつわる伝承が収録されている。

神功の行動はこれで終わりかとも思ったが、まだあった。それは『記紀』ともに、同じ事件を記していた。末羅県の玉島里（松浦郡玉島川）まで足を運び、そこで魚釣りまでしているのである。神功は、東の「倭」（大和盆地）へ向かうどころか、逆方向の北部九州を西へと進んで、ここで、ようやく神功の不可解な行動は終わる。

この経路から、神功の生活の拠点は筑紫にあったと思うことは、不当だろうか。それを裏付ける記事は、まだある。それは「神功記」ではなくて、「神功紀」の方である。

1荷持田村《のとりたのふれ》に、羽白熊鷲《はしろくまわし》といふ者有り。…強く健《たけ》し。亦《また》身に翼有りて、能《よ》く飛びて高く翔《かけ》る。…
皇命《おほみことのり》に従はず。

2皇后、熊鷲《くまわし》を撃たむと欲《おもほ》して、橿日宮《かしひのみや》より松峡宮《まつおの》に遷《うつ》りたまふ。
3時に、飄風《つむじかぜ》忽《たちまち》に起りて、御笠《みかさ》風に堕《お》ちぬ。故、時人《ときのひと》、其の処《ところ》を号《なづ》けて御笠《みかさ》と曰《い》ふ。
4層増岐《そそき》野《の》に至りて、…羽白熊鷲を撃ちて殺しつ。左右に謂《かた》りて曰《のたま》はく、「熊鷲を取り得つ。我が心則《すなは》ち安《やす》し」とのたまふ。故、其の地を号《なづ》けて安《やす》と曰《い》ふ。
5山門県《やまとのあがた》に至りて、則ち土蜘蛛田油津姫《つちぐもたぶらつひめ》を誅《ちゅう》す。

この征討において、「神功」は、〝御笠（現太宰府市）↓安（甘木《あまぎ》市、現朝倉市）↓山門県（現みやま市）〟へと、一路南下している。この順路から考えると、羽白熊鷲《はしろくまわし》の拠点・荷持田村は、「御笠」の南にあったことになる。

今でも旧甘木市秋月に、野鳥《のとり》の地名が残っている。「荷持」を「ノトリ」と読むのであれば、旧甘木市の野鳥は有力な候補地となる。これまでから、『記紀』の読み方に対しては、大いなる不信感を持ち続けてきたが、ここではかえって、「荷持」の読み方としては、「ノトリ」が正しいようである。

次に取り上げる地は、「ソソキノ」と読まれている層増岐野である。神功はここで、羽白熊鷲を退治したという。『紀』のこの記述から、「層増岐野」は秋月野鳥付近にあったことになる。この後、山門県へ出て、田油津姫をも退治して、神功の筑後における征討は終わる。この一連の征討の指揮者が、「大和朝廷」の「神功」ではなくて、宇受売であれば、この記事の出自は明らかである。

羽白熊鷲と土蜘蛛田油津姫は、筑紫内部ではなく、外部の反逆者であったことになる。特に、羽白熊鷲は、「強く健《たけ》し。亦身に翼有りて、能く飛びて高く翔《かけ》る」といった人物だ。『紀』にこのように記されていたということは、筑紫の攻撃に徹底して抵抗した「もの言わぬナマコ」（神代記）の一人、それも筑紫でさえも、比類なき能力の持ち主であることを認めていたことになる。

羽白熊鷲と田油津姫は伯耆・出雲の武将であり、筑紫を統治する役人であったことは、言わずもがなである。ところが、「神功紀」にはさらに重要な記事があった。それが「松峡宮」である。

「松峡宮」の存在した地は、朝倉郡三輪町（現筑前町）栗田に比定されている。けれども、この比定はおかしい。「神功紀」は、「松峡宮」についてこのように記している。

松峡宮と御笠の地

橿日宮《かしひのみや》より松峡宮に遷《うつ》りたまふ。時に、飄風《つむじかぜ》忽《たちまち》に起りて、御笠《みかさ》風に堕《お》ちぬ。故、時人《ときのひと》、其の処《ところ》を号《なづ》けて御笠《みかさ》と曰《い》ふと。

神功が「松峡宮」に到着した時、つむじ風が吹いて、御笠が飛ばされたというのだから、この文脈に忠実に従えば、「松峡宮」は、「御笠」の地に存在しなければならないことになる。

この記事は、「神功皇后」に関する記事ではない。「天孫降臨」後の、宇受売に関する記録である。決定的な違いが、これである。神功の素姓が分かれば、その発進地についても誤ることはない。神功の発進地は「橿日宮」となっているが、それは、夫である〃仲哀の宮〃に義理堅く合わせたためだ。実際の発進地は別にあった。それが、「御笠」に造営されていた「松峡宮」だ。

この説話では、神功のかぶっていた笠が風に吹き飛ばされて、落ちたところだから、「御笠」の地名が生れたと、その地名起源が語られている。この地名起源は、事実か。結論から先に言えば、否である。それでは、この説話はどのように解釈すべきか。

「御笠」の地は、もとは『記紀』の示していたように、「カサ」（笠沙・笠狭）である。大野山の麓に位置するこの地は、現在では平坦な形状となっているが、ニニギがこの地を拠点に定め、宮殿を造営する以前にあっては、紛れもなく傾斜地であった。したがって、「カサ」とは、漢字で表せば〃傾斜〃であって、笠とはまったく関係はない。

どこにでもある傾斜地が、「ミカサ」となった所以《ゆえん》は、神功が「尊貴な人」だからではない。弱小ではあっても、伯耆・出雲に対する一方の政治圏の中心地である。この特質のために、「カサ」が、敬語の接頭語「ミ」を伴って、「ミカサ」へと昇格したのである。

「御笠」の地名説話は、昇格後の「ミカサ」にかこつけて作られていたと思われる。「カサ」（笠沙・笠狭）が、「神功皇后」と、一切の関わりがなかったことは言うまでもないことである。神功は宇受売の活動をなぞって、創作されていた。この事実によって、「松峡宮」の主が明らかになってきた。ニニギがその主である。〝神功＝宇受売〟を通して、「松峡宮」の築造主体が判明したことから、通説となっている「マツヲの宮」の読み方にも、俄然興味が沸いてきた。

松はショウ、峡はオで陽、大空に昇って行く朝日の昇陽《しょうお》を表しているものと思われる。筑紫の「御笠」の地は、多大の辛酸を舐めさせられた果てに、念願叶って、ようやく奪い返した故国の地である。その筑紫の未来は、昇る朝日のように輝いている。この希望を、宮殿名に込めていたのではないか。一つの仮説として、問題提起をしておきたい。

「神功皇后」は存在しなかった。狗奴国と邪馬壹国との間に繰り広げられた激戦のドサクサに紛れて、宇受売は神功にでっち上げられ、時空を超えて、こんなところに放り込まれていた。そうなると、「神功」が生んだという応神天皇の運命は、どうなるのか。ここで、神武に始まる「万世一系」の一角が、脆《もろ》くも崩れ落ちることになる。

すべては判明したが…

「神功皇后」の別名は「息長帯日売」（記）、「気長足姫」（紀）である。いずれも、「オキナガタラシヒメ」と読まれている。これには、滋賀県坂田郡にあったと言われている「息長《おきなが》」の地名が根拠となっている。この読み方も地名比定も、「邪馬台国」を「ヤマタイコク」

と読み、その中心地を敵国の中の畿内や、出雲に比定することと同じ程度に、大きく誤っている。

宇受売の本籍地は筑紫であり、現住所は「高天原」（壱岐）である。敵国の滋賀県坂田郡を、その出自の地とすることも、これで許されなくなった。それでは、「息長帯日売」「気長足姫」は、どのように解釈すべきか。やはり〝当該漢字第一音採用法〟を適用すれば、その答えは得られる。

「息長帯」は、〝イキタケシダ〟（意気猛し蛇《だ》）である。息はイキ、長はタケシ（名のり・たけし）、帯はダ（タイ）で、蛇を表している。「気長足」も、『記』とほとんど同じ名前である。気はイキを、足はソ（ソク）で蛇を表している。気性の激しい蛇。これが、「神功皇后」の素顔である。これとは別に、気をオ（名のり・おき）、長をジ（ジョウ）、足をズ（ス）と読めば、〝怖じず〟となる。解き終えて、凝った表記だと改めて感じた。

「息長帯日売」「気長足姫」は、紀元前三〇〇～二五〇年の女性である。それも、「宇受売」（渦女《うづめ》）のことだった。ひどい話である。〝大和朝廷国史編纂所〟の辞書にも、「不可能」の文字はないようである。ナポレオンも顔負けの行為である。

奈良市の北郊、京都府と境を接するところに、押熊《おしくま》という町名がある。ここには、香坂王にちなむと思われるカゴ坂・カゴ池ばかりか、香坂王・押熊王の墓まで残っている。きっと危篤な人たちの思いやりなのだろう。押熊町の東には、神功の地名も見られる。さらにその東南の山陵町《みささぎちょう》には、五社神《ごしゃじん》古墳がある。古墳の周りに巡らされていた堀の大半はなくなっているが、前方後円墳（全長二七八ｍ）の巨大な形状は確認することはできる。神功皇后陵に指定されている。

現在、伝神功皇后陵の南西、藤井寺市の岡ミサンザイ古墳（前方後円墳）が、「仲哀陵」だと考えられている。「御陵は河内の恵賀《えが》の長江にあり」（仲哀記）、「河内国長野陵」（仲哀紀）と記されていることが、その根拠となっている。

しかし、『紀』は、仲哀は戦死したとも伝えている。その葬儀についての記述も具体的である。二人の息子はどうか。香坂王は、「トガノ」でイノシシに噛《か》み殺されている（実際は戦死）。劣勢に陥った忍熊王は、敗走に継ぐ敗走を重ねている。二人の息子の命を受けた家臣が、豊浦宮で荼毘《だび》に付した後、「仲哀」（卑弥弓呼）の遺骨を故国に持ち帰って、葬ったと考えられなくもない。しかし、狗奴国側に、「仲哀」を懇《ねんご》ろに埋葬するだけの余力は、残されていなかった。

それなのに、なぜこのような記事となっているのか。その動機は至って単純である。「仲哀」も、「大和朝廷」の天皇の一人である。当然、その遺体は丁重に葬らなければならない。そのために、狗奴国の大王墓が築かれていたこの地を、利用したのである。これが、「河内の恵賀《えが》の長江」「河内国長野陵」の実態である。

この「河内」は、大阪府南部を表す地名ではない。幾筋もの河川が、太平洋や日本海など、日本列島を取り囲む海へ流れている。「河内」が文字どおりの地名であれば、「河内」の左右の、そのまた左右も「河内」となって、収拾がつかなくなる。全国に分布する「河内」の地名は、少なくない。ここから、その地名起源が見えてきた。「河内《かはち》」とは河のそばの地を表す〝河端地《かはち》〟、これが本来地名である。

①河内郡・南河内町（現下野《しもつけ》市）　：　栃木県南部・鬼怒川流域の地。②河内町　：　茨城県南部・利根川北岸の地。③河内村（現野々市市）　：　石川県中南部・手取川流域の地。④旧河内国　：　大阪府東部・淀川流域。⑤河内町　：　熊本県・河内川北岸、有明海沿岸の地

このように、「河内」のそばには、必ず川が流れている。ここで、『記』の記す三段地名を解明できる手掛りとなる地名が、「長江」である。米子市内の、日野川と法勝寺川が合流する地点より、やや南に下がったところに、福市・青木丘陵が広がっている。この丘陵の最も南に位置する地が、永江である。表記は異なる

ものの、地名音はナガエで一致する。これで、「河内」と「ナガエ」は確定した。

最後に残った地名が、「エガ」と読まれている「恵賀」である。永江の西、法勝寺川と小松谷川《こまつたにがわ》の合流地点の近くに、榎原《えのきはら》の地名が残っている。榎木町《えのきちょう》（京都市中京区）、榎原《えばら》（福知山市）、榎町《えのまち》（広島市中区）のように、榎字はエノキではなく、単にエと読む地名もある。恵賀、榎原の中心地名はエだから、エガとエノキハラ（エハラ）の違いは、地名接尾語だけである。あるいは、原をガ（ガン）と読めば、榎原もエガとなる。「恵賀」は、榎原と見なすことができるようである。

「国生み神話」で論じたように、エにも蛇の意味があった。北を除く三方を低丘陵地に囲まれているばかりか、法勝寺川と加茂川にも挟まれている榎原の地形は、著しく曲がりくねっている。榎原は、〝蛇原《えばら》〟にふさわしい地である。それだけではない。榎原の西に隣接して橋本、その橋本の西には奈喜良《なぎら》といった蛇に因んでいると思われる地名が、今も残っている。榎原の北北西の吉谷には、トコの小字もある。榎原の周辺は、蛇に関わる地名だらけなのである。

「河内の恵賀の長江」とは、判明した表記で示せば、〝河端地の榎原の永江〟となる。榎原は法勝寺川の西に位置しているから、〝河端地〟にピッタリである。「河内の恵賀」は、「長江」特定のための二地名並列表記である。

永江は、現在は団地となっている。『記紀』の記す「仲哀」の埋葬地は、この辺りだと思われる。青木には永江のほかに、長谷《ながさこ》・長谷峯《ながさこ》といった小字名も残っている。谷は迫《さこ》と同じ意味であり、谷のことである。青木に隣接する福市丘陵とともに、青木丘陵も、狗奴国の歴代大王（天皇）の埋葬地の一つであったと考えられる。

第十一章　邪馬壹国の真実

やはり、邪馬壹国でなければならなかった

「邪馬壹国」を執拗に主張する古田の見解を、まず確認しておきたい。傾聴に値する見解である。しばらくは、古田の著作『「邪馬台国」はなかった』によりながら、説明を進めたい。

ここでまず取り上げる問題が、「壹」だ。なぜ陳寿は、この文字を使って国名表記をしたのか。古田は、『三国志』においては、「壹」は、「一に歴史的由来、二に同時代の政治状況にもとづく理由」を、特別に持っていると言う。

その歴史的由来について、古田は、禹《う》の始めた「五服の制」は、夷蛮統治の基準となっていたことを突き止めている。それは、「六服」「九服」の制に改められて、周に受け継がれていた。その「六服」の制に関する叙述の中に、壹字が反復使用されていることを、氏は『周礼』（秋官・大行人）の中に発見している。

邦畿《ほうき》は方千里、其の外は方五百里、之を侯服と謂ふ。歳に壹見す。其の貢は祀物《しぶつ》。
又、其の外、方五百里。之を甸《でん》服と謂ふ。二歳に壹見す。其の貢は嬪《ひん》物。
又、其の外、方五百里。之を男服と謂ふ。三歳に壹見す。其の貢は器物。
又、其の外、方五百里。之を采《さい》服と謂ふ。四歳に壹見す。其の貢は服物。
又、其の外、方五百里。之を衛服と謂ふ。五歳に壹見す。其の貢は材物。

又、其の外、方五百里。之を要服と謂ふ。六歳に壹見す。其の貢は貨物。

この中で、特に眼を引く表現が、「壹見」である。「諸侯・夷蛮が中国の天子に貢献すること」を、「壹見」の用語で表現している。それは、「天子に対し、二心なく、相見《まみ》える」という意義であるようだ。『周礼』の語法は、古田の追跡調査のとおり、その後の史書にも受け継がれ、『漢書』もまた、夷蛮の王の中国の天子に対する貢献を、「壹朝」「壹反」「壹至」というように、いずれも、「壹」を用いた熟語によって表しているのである。この「伝統」は、陳寿の時代にあっても、しっかりと受け継がれている。「掖邪狗等、率善中郎将の印綬を壹拝す」との記事で、それを確認することができる。

古田は、「壹拝」という熟語のあるこのくだりを、「倭人が禹の遺制・感化を守り、『中国正統の天子』にむかって、『遠夷朝貢』しきたったことを示す簡古な記述」と、分析した。このような歴史的由来を注視すれば、「邪馬壹国」の表記は、「臺」の誤記として見逃すことはできなくなってくる。中国の天子に対する忠誠度の指標の一つが、「壹」だからだ。それは「貳《に》」との対比において、より鮮明となる。

三国時代にあっては、裏切り、離反は日常茶飯事。すべては動乱の世の中を生き延びるための方策であった。魏と呉を天秤に掛けた公孫淵は、その代表の一人であろう。そのような時代にあって、最も憎悪された文字が「貳」であり、したがって、「貳」は悪徳の文字として、『三国志』の中に頻出していることを、古田は発見している。「貳」は、単純に「壹」と「壹」を足した数値ではないのである。

古田は、漢代において「貳」を用いて表された国名と人名を挙げている。西域中の国の一つが、「貳師」である。漢と匈奴との間で離反を繰り返したために、その国名がこのように表記された例である。やはり漢に背き、敵対した人物が、「日貳」と表記されている。

これらの「貳」は、「純音韻主義」の産物とは見なしがたく、「漢側から異蛮の国名・人名の『原音』を漢字表記する場合、漢側の政治・思想上の評価を基準にした漢字選択が行われた」証拠を、ここに見出すことができると、氏は考えた。『漢書』を熟知している陳寿たち魏晋朝の史官・記録官は、当然、政治・思想上の評価基準による漢字選択という漢代の先例を知っていた。それは貳字にだけに限らない。「魏志倭人伝」中の固有名詞における「卑字」の羅列で、一目瞭然だ。

ことに、「壹」は「貳」の反対語である。それゆえに、「『邪馬壹国』『壹与』の場合の『壹』字使用が、『魏晋朝に対する、二心なき朝貢記載』という事実とまさに一致するのは、けっして偶然ではない、とみなすべきなのである」（古田『「邪馬台国」はなかった』）と、結論づけた。正論である。「壹」と「貳」は、同時代の政治状況に基づく表記なのである。

邪馬壹国を解読する㈠

「壹」には、その時の政治状況の中で、迷わず一貫した姿勢を取り続けたことに対する評価があった。その「壹」をもって表記された「邪馬壹国」には、どのような意味が込められているのか。これも、日本古代を知る上で、素通りできない問題である。

ここでもまず、「邪馬壹国」第一発見者の古田の見解を紹介し、ついでその解釈が正しいのか否か。この重要な問題を検証したい。実は、古田の「邪馬壹国」の解釈は、ほとんど正解に近いのである。ただ、氏が肝心の「邪馬壹国」を、福岡市と比定したために、完璧な解釈とならなかっただけのことである。福岡市は実際には、邪馬壹国（太宰府）の「奥座敷」ではなく、「玄関」だった。

「邪馬」は、従来から考えられてきたように「ヤマ」、「山」であろう。問題は、この国名の中心となっていると思われる「壹」だ。これについて、古田は「イ」あるいは「ゐ」を表していると推測し、「邪馬壹」を平仮名書きでは「やまゐ」、漢字表記では「山倭」と考えた。これも正解である。

ところが、〝邪馬壹国＝福岡市〟では、「山倭」の国名が説明できなくなる。これが、古田の卓越した解釈における唯一の欠点、玉に付いた傷だった。わたしの邪馬壹国の比定地・太宰府政庁跡はどうか。背後に当たる北に大野山（四王寺山《しおうじやま》、四一〇m）東南に宮地岳（三三九m）、南西に牛頸山《うしくびやま》（四四八m）が控えている。大野山のさらに東北には、御笠山が聳える。政庁跡の三方は山である。

「邪馬」とは、政庁跡を取り巻くこれらの山々を表している。この北西約二kmのところには、大野山西端と牛頸丘陵（脊振山地東端）とを結ぶ人工の〝小山脈〟—水城もある。つまり、「邪馬壹」とは、「やまゐ」—「山倭」のことなのである。「邪馬」も重要だが、それ以上に肝心な問題が、「壹《い》」の表している「倭《い》」である。「倭」の意味するところは、いまだに分からないが、これは「倭奴《ゐと》国」の「倭」である。

ニニギの奮闘によって、筑紫の地は伯耆・出雲から、ようやく奪回された。だが、奪回以後に襲ってくる危険は依然として残っていたため、旧来の宮都・糸島平野の「倭奴《ゐと》国」を引き続き拠点とすることはできなかった。

その危険を回避するために選ばれた地が、「御笠郡御笠郷」（現太宰府政庁跡）であった。つまり、現太宰府政庁跡を宮都とする「山倭国」とは、「倭奴国」が「山」の中に移転したことによって生まれた呼称なのである。

太宰府政庁跡は山に囲まれている。現地に立てば、誰しも、まずそのように感じる。この地形上の特徴から、ここを都とする女王国を、かつての「倭奴国」と区別するために、現地では、「山倭国」と呼んでいたようだ。この国名を、陳寿は卑字によって、「邪馬壹国」と表記したのである。

「山倭国」（邪馬壹国）はいわば通称、正式の国名は別にあった。それが、「大倭国」である。「倭奴」に対する「大倭」、「伊都国」と区別するための「大倭国」であり、同一政治圏内における〝中心権力の移転〟、つまり〝首都の引っ越し〟を意味する。

中国側でも「邪馬壹国」の正式な国名を、「大倭国」と認識していたと見なしうる根拠が、ほかならぬ「魏志倭人伝」に、明確に記されている。

租賦《そふ》を収むるに、邸閣有り。国国に市有りて、有無を交易す。使大倭監之。

租賦とは、年貢のことである。租も賦も年貢を表しているから、同義重複語のようである。邸は立派な屋敷、閣は高殿の意だから、大きく、かつ広くて厳重に管理された倉庫のことかと思われる。有無とは、各地の生産物のある物とない物の意である。当時は、ある物をない物、たとえば山野に自生する植物と、塩を含む海産物との「物々交換」が行われていたことを、この記事からうかがい知ることできる。

問題は、これからだ。傍線部の「使大倭監之」を、どのように解釈すればよいのか。『魏志倭人伝　他三篇』の編訳者・石原は、「大倭をして、これを監せしむ」と解釈している。使字を使役の助動詞と見なした読み下しである。けれども、これで正しいのかどうか。古田はこの解釈にも、疑義を差し挟んだ。

その根拠は、『漢書』のこの表現にある。

武帝使㆔張騫行㆓西域㆒。

武帝、張騫をして西域に行かしむ。

この一文で明らかなように、通例の文例であれば、「使」の上に使役する主体が、まず主語として記され、使役される客体は「使」の下に置かれていると、その非を突いた。

主体を欠く文体ではあるが、「魏志倭人伝」にも、それはある。

…中国に詣《いた》るには、恒《つね》に一人をして、頭を梳《くしけず》らず、蟣蝨《きしつ》（シラミ）を去らず、衣服垢汚《こうお》、…これを名づけて持衰《じさい》と為《な》す。

この「一人」とは、中国渡航時の安全をつかさどる人物―持衰のことである。主体を欠いていても、その命令者がはっきりしているために、あえて省略されているのである。「恒使二一人一」の主体が、「邪馬壹国」「女王国」、あるいは「女王」であることは、明白である。このように主体・主語が隠されていても、〝主体＋使＋客体〟という文形は、しっかり守られていることを、ここに見ることができる。

「使」を使役の助動詞ではなく、名詞とする一般的用法は、「乃《すなわ》ち使を遣わして貢献す（乃遣レ使、貢献）」のように、「魏志倭人伝」でも見られる。これに対して、特色ある官名が「使持節《しじせつ》」である。古田は、これを「〝天子より信任をうけて、この外域に来ている〟ことを誇示するための、肩書の一種」と見ている。

事実、古田の指摘しているように、この肩書は「匈奴」「羌《きょう》」「烏丸《うがん》」など、夷蛮の辺境を防護する「州の刺史《しし》」に与えられている。

卑弥呼より時代は下っても、「使持節《しじせつ》」は、中国の辺境・日本の大王へも与えられている。その大王とは、「倭の五王」で著名な済と、済の息子の武だ。「使持節都督倭…」という称号が与えられている。五世紀半ばにあっても、「使持節」は伝統のある官職であったようだ。「使持節」のみならず、「使―」という官名も、実在していたのである。

邪馬壹国を解読する㈡

「使―」という官名は、実は「魏志倭人伝」にも記されていた。古田はこの問題についても、論理的に検証していた。それは「大夫」についてである。その論証は、このように進められている。

倭国の魏朝への使者は、自らを「大夫」と名のっていた。この「大夫」は、中国側の官制とは異なり、倭国内の官制における独自の用語となっていた。ところが、この「大夫」の呼称は、「魏志倭人伝」において、微妙な変化を見せている。

1景初二年六月、倭の女王、大夫難升米等を遣わして都に詣《いた》らしむ。
2（正始）其の四年、倭王、復《ま》た使大夫伊声者・掖邪狗等八人を遣わし……。
3壹与、倭の大夫率善中郎将掖邪狗等二十人を遣わし、政等の還《かえ》るを送らしむ。

このような変化について、古田はこのように解釈した。

⑴時を経るにつれて、「大夫　→　使大夫　→　倭の大夫」というように、称号が微妙に変化している。「大夫」については、すでに論じた。ここで注目すべきは、言うまでもなく2の「使大夫」だ。これは、魏の官名に「使持節」があるように、「使―」の用法の影響の表れと見るべきである。

⑵第三回目の遣使では「倭の大夫」となっていて、「使」が消えて、もとにもどっている。掖邪狗は前回の訪中で、魏の天子から「率善中郎将」という中国の官職名を授与されて、魏の天子直属の臣下にもなっている。そうなると、壹与から魏の天子に向けられたことになる「使大夫」の肩書は、不適切になる。つまり、「天子の臣下が天子への『使』となる、というのは、一種の所属矛盾」（古田『「邪馬台国」はなかった』）となるためである。

⑶だから、倭国側の官名「倭の大夫」と、中国側の官名「率善中郎将」を併記して、掖邪狗の肩書とし、この矛盾を避けていたのである。

このように考えると、「右の称号の三変化は、まさに的確に各時点の称号を反映していたこと」になり、「『使―』という官名が倭国に発生していることを証明している」と論じている。「使大倭」が、一つの官名であることは紛れもない事実である。

こうして、古田は明確に結論を下している。

(1)卑弥呼の朝廷は、自ら「大倭《たいゐ》」と称していた。これは、「大魏」「大呉」といった中国の呼称に、ならったものと思われる。

(2)女王国に統属していた国々に対し、邪馬壹国から「刺史」にも似た行政官と「使大倭」という官が派遣され、彼らは租賦や同国の交易を監督した。

古田の論証は、ここでも緻密だ。一方、凡人たるわたしの論証はいたって簡単だ。先述したように、かつての中心国家「倭奴国」が、内陸部の山の中に移転、それも中心権力を保持しての移転であった。この段階（「天孫降臨」時）で、前者の「倭奴国」と区別した新たな国名を必要とした。そこで生まれた国名が「大倭」であった。魏が日本側の国名「大倭」を採用しないで、「邪馬壹国」と表記した事情も、これで理解できる。魏は自らを誇り、「大魏」と称していたことが、その原因である。

大魏、運を期し、有虞《ゆうぐ》に継ぐ。

これは、「魏志五」の一節である。大魏は、運命の巡り合わせから、有虞《ゆうぐ》を継承しているという趣旨である。「有虞《ゆうぐ》」とは、『史記』に記された「三代の治」として有名な堯《ぎょう》（国名：陶唐《とうとう》）・舜・禹《う》（国名：夏后《かこう》）のうちの、舜の統治した国名である。そのような由緒ある大魏にとっては、「大倭」は自国の臣下である。そのような国に、「大倭」の国名をそのまま認めることは、「大魏」と同列に置くことを意味することになる。

つまり、臣下として扱いながら、国名は対等という自己矛盾が、ここで起こってしまうことになる。この最悪の事態だけは、どうしても避けなければならない。このために、魏は「大倭」ではなくて、その別名の「邪馬壹国」（山倭国）を採用していたのである。

石原のように、「大倭をして、これを監せしむ」と読むのであれば、「大倭」を派遣した権力者は、前後の文脈から、当然、「大倭」となる。そうなると、「大倭」が「大倭」を派遣することとなって、意味不明の章句と化す。石原の解釈は成立しない。

これで、「大倭」と「使大倭」も解けた。そう思いたいところだが、まだ問題は残っている。その問題とは、「使大倭監之」の直後に続く章句の中にある。

女王国より以北には、特に一大率を置き、検察せしむ。諸国、これを畏憚《いたん》す。常に伊都国に治す。国中において刺史の如きあり。

わずかこれだけの記事で、一大率の全貌を把握することはできない。それであっても、「使大倭」との対比において、大規模な軍団・軍隊を統率する指導者だと推測できる。「率」とは、「統率」の言語に見られるように、指導者・統率者のことである。その存在は、中国の「刺史」にも似ていて、「諸国、これを畏憚《いたん》す」と記しているほどだから、武力・暴力装置を背景に、諸国の民を震え上がらせた官職であったことになる。

一大率は、女王国より以北の国々に配置されている。女王国より以北の国々とは、狗邪韓国・対海国・一大国・末盧国・伊都国・奴国・不弥国と投馬国の八カ国である。この限定配置は、敵の動向に的確に対処するためである。

狗奴国とその同盟国は、必ず東の海上から攻めてくる。その敵を迎撃するためには、一大率の率いる軍団は、いつでも軍事行動が起こせるように、海の近くに配備しておく必要がある。博多湾から一〇㎞余も離れている太宰府政庁跡には、適さない。そのために、一大率を統括する中核的組織を、伊都国に配置していたのである。「常に伊都国に治す」ということは、このような事情を伝えているものと思われる。

それなら、どうして太宰府政庁跡から遠く離れた、現在の鹿児島県の投馬国にまで、一大率を配置したのかといった疑問は、当然生まれてくる。ところが、その戸数を改めて見れば、疑問も消えてなくなる。投馬国の戸数五万余戸は、邪馬壹国の七万余戸に次ぐ規模となっている。糸島平野にあったと思われる奴国が二万余戸であったことを思えば、とてつもない戸数ということになる。

この数値の背後には、切実な現実があったようだ。その現実を認識しなければ、この数値を読み解くことは不可能である。「五万余戸」は温暖な気候で、生活しやすい風土だったためではなさそうである。

鹿児島県あるいは宮崎県の、海をわずかに隔てたところは、狗奴国政治圏に属す侏儒国—愛媛県と高知県だ。投馬国は、絶えずその攻撃に怯《おび》えていたことであろう。一大率の投馬国への配置は、ともすれば、防戦一方になりがちな体制の、補強のためか。投馬国が敗れれば、ここを拠点に、敵の北上を許すことになる。「五万余戸」の内実は、〝兵士兼業農家〟的世帯が多数を占めるような国ではなかったかと思われる。その意味でも、軍団を統率する軍事経験の豊富な一大率は、欠かせなかったのである。

諸国を検察する一大率は、中国の「刺史」のような存在であった。そのために、国民が恐れおののいたという。「刺史」とは、「漢の武帝のとき、全国を十三州にわけ、州内の郡・国の政治を巡察し報告するために、中央から派遣された官」（藤堂編『学研漢和大字典』）のことである。いわゆる権力者の立場からする「治安部隊」が、「刺史」ということになりそうだ。

「刺史」にも似た存在である「一大率」とは、対外的には軍団の統率者であるとともに、国内的には、「公安警察」の役割も果たしていたと推測できるようである。これに対し「使大倭」とは、租税の適正な徴収と脱税の取締を、主たる任務としていたようである。いわば「税務官」か。とは言え、「使大倭」であっても、暴力装置を伴った国家機関であったことは否めない。

その余の旁国二一カ国にも、一大率と使大倭が、配置されていたのかどうかについては、不明である。

できる。

「遠絶」であったために、情報量が極度に不足していたという事情もある。

しかし、旁国二一カ国が、邪馬壹国政治圏にとどまっていたということは、宗主国の邪馬壹国＝大倭国と同じではないにしても、一大率・使大倭に近い国家組織は整備されていたであろう。個々の国の内部においては統制が行き届き、他方で、二一カ国間の同盟関係が、しっかりと維持されていたものと推測することができる。

倭奴国と伊都国

「邪馬壹国」（山倭国＝大倭国）以前、筑紫にあった国は、「後漢書倭伝」の記す「倭奴国」であった。そうなると、「倭奴国」と「伊都国」の関係はどうなのか。違うのか、同じなのか。ここでどうしても、この問題に逢着することになる。

結論から先に言えば、「倭奴国」は「イト国」と読み、「伊都国」とは同義であり、同一国家である。それは、筑前前原《まえばる》を中心とした筑紫の国家である。「イト国」はすでに示したように、「魏志倭人伝」では「伊都」と、その後、現地では「怡土」と表記されてきた。「怡」にはヤハラク、ウレシ、タクマシ、タノシフ、ヒロシといった古訓がある。いわば、佳字と言ってもよさそうである。

倭奴国のその後の歴史を、最も端的に表している表記が、「魏志倭人伝」の「伊都国」だ。「卑字の大海」は、「魏志倭人伝」の一大特徴と言えるほどである。その大海の中にあって、その余の旁国の一つ「好古都国」以外に、貴字が使われている国名が、この「伊都国」である。これは表音だけではなく、同時に、歴史事実をも表していた。これまで、いわゆる「神話時代」も含め、古代の歴史の正確な流れが分からなかったために、誰も気づかずに放置されてきていたのである。

「魏志倭人伝」では、他の国の「ト」は、「彌奴《みと》国」「姐奴《さと》国」「蘇奴《そと》国」のように「奴」で表記されている。それなのに「伊都」の「ト」については、奴字を避けて、あえて、「都」を使用しているのである。なぜか。実は、ここに深い意図が隠されていたのである。

「伊」には、「かれ」「かの」「この」といった代名詞の一面がある。したがって、「伊都」には、〝かの都〟といった意味が込められているようである。どうしてこの国が、〝かの都〟となるのか。「伊都」は、それを伝えんがための表記上の工夫であったと理解すべきなのである。三世紀現在の都は、「女王の都する所」と「魏志倭人伝」の記す邪馬壹国だ。それ以前の都は、実は、「伊都国」に設置されていたのである。

〝かの都の国〟を表していた「伊都国」とは、三世紀をさかのぼる古い時代の「倭奴国」であり、金印に刻された「委奴《ゐと》国」のことである。伯耆・出雲に攻略される以前、筑紫の中心は、「イト国」であった。この国名の漢字表記が、「倭奴国」であり、「委奴《ゐと》国」であった。それは、高祖《たかす》連峰の西に広がる糸島平野に存在していた。伊都国についての記述が、他国に比べて詳しいのも、このためである。

「伊都国」についての特筆事項は、これだけではない。この国は「郡使の往来常に駐《とど》まる所」であり、「一大率」の統括機関を設置していた。この地が都であった当時、今で言う道路・港湾などの社会資本が整備されていたことと、無縁ではないようだ。

しかし、正確に言えば「伊都国」は、かつての筑紫の中心国家「倭奴国」ではあっても、その一部分でしかない。「伊都国」は、古田が比定した糸島市波多江付近（前原《まえばる》―周船寺《すせんじ》間）であり、旧前原町中部辺りということになる。ここは東の博多湾にも、西の加布里《かふり》湾にも面しているために、玄海灘へ出航するには、適した地となる。このような地形から見れば、「伊都国」は、かつての「倭奴国」の〝玄関〟に当たる国であったと思われる。邪馬壹国の出先機関とされたことは、ひとえにこの地形にあったようである。

そうなると、「倭奴国」の〝奥座敷〟は、どこになるか。そこは、「伊都国」から「東南百里」（七・五〜九㎞）、戸数二万の「奴国」である。すなわち、高祖連峰の西側・糸島平野ということになる。ここには、井《い》原《わら》・井田《いだ》といった地名が遺存しているだけではない。現に、この地は「イト」（怡土）と呼ばれていた。つまり、「倭奴」「委奴」である。

この「奴国」は、隠岐島を分国としていたほどの強大国である。その国名を、「奴」の一字だけで表記しているところを見ると、その実態は、〝都〟ではなかったかとも思われる。越・筑紫連合国が、伯耆・出雲を支配していた時代、両国に危機意識はまるでなかった。また、そういった意識を持つ必要もなかった。伯耆・出雲の国民は、従順な従属民であった。そんな〝のどかな時代〟だから、筑紫は糸島平野の中央部に都を構え、優雅な生活を送っていたのである。

これは、あくまでも推測である。それではあっても、ほぼ間違いはないところである。これとは別に、『三国志』の原文が、世に喧伝《けんでん》された「邪馬臺国」（邪馬台国）ではないという、厳然たる事実がある。

この表記についても、いち早く古田が気づいていた。「『伊都』の例でわかるように、『三国志』が『ト』音を『都』で表記しているのは明らかだから、もし、三国時代の女王の都の地が『ヤマト』という現地音だったら、陳寿はこれを当然『邪馬都』と表記するはずだ。こここそ、まぎれもなき女王の都だからである」（古田『失われた九州王朝』）と、「邪馬台国」の非を突いた。

三世紀の女王国が、「ヤマト」という現地音ではなかったことを、「伊都」の表記が、暗黙のうちに否定している。

范曄の倭国認識

「邪馬壹国」を「邪馬臺国」に変えて表記した人物こそ、『後漢書』の著者・范曄《はんよう》である。繰り返しになるが、范曄の著した『後漢書』は、南朝劉宋の時代、四二六年頃の成立と考えられている。これに対し、『三国志』は西晋時代の二八〇年代の成立と見なされている。ただし、山尾幸久氏のように、明確に二八四年とする説もある（山尾『新版・魏志倭人伝』）。

しかし、実際の歴史は、後漢が先、三国時代が後となっている。このために、日本列島に関する記事においても、『三国志』と『後漢書』との間には、微妙な、あるいは歴然とした相違が生じているのである。

歴史事実を正確に書きとどめる作業には、絶えず困難が付きまとう。特に貴重な史料が忘失・散逸した混乱期の三国時代を間に挟んでいるだけに、五世紀になって、三国時代の前の後漢の歴史を記述することは、想像を絶する苦難が立ちはだかったはずである。誤認や曲解が生まれたのも、そのためかと推測される。

その史料不足を補うための方策の一つが、『三国志』への依拠であったようだ。日本列島の風俗・習慣のみならず、政治情勢についても、『三国志』の記述に依拠しながら、范曄の独自判断に加え、五世紀の視点をもって加筆しているから、その記事は『三国志』から遊離し、似て非なる側面を露呈している。以下は、その典型例である。

「魏志倭人伝」

1その道里を計るに、当《まさ》に会稽の東治の東に在り。……（風俗・習慣・武器・動植物などの）有無する所、澹耳《たんじ》・朱崖《しゅがい》と同じ。

2その人の寿考、或いは百年、或いは八、九十年。

3その国、本また男子を以て王となし、住《とど》まること七、八十年。倭国乱れ、相攻伐すること歴年、乃《すなわ》ち共に一女子を立てて王となす。

4（卑弥呼）鬼道に事《つか》え、能《よ》く衆を惑わす。

「後漢書倭伝」

その地、大較《おおむね》会稽の東治の東にあり。朱崖・澹耳と相近し。故に、その法俗多く同じ。

多くは寿考、百余歳に至る者甚だ衆《おお》し。国には女子多く、……。

桓・霊の間、倭国大いに乱れ、更々《こもごも》相攻伐し、歴年主なし。

（卑弥呼）鬼神道に事《つか》え、能く妖を以て衆を惑わす。

1の「会稽の東治」（会稽の東の都の意）については、台湾北端の対岸、中国南部の「会稽郡東治県」と理解している。南シナ海の海南島にあったと考えられている朱崖・澹耳に近いと記していることから、ほぼ間違いのないところである。

２はどうか。「多くは寿考」と記述しているように、「寿考」を、長寿と解釈している。そのために、一〇〇歳を超える者も多いと考えたのである。「魏志倭人伝」の「寿考」とは、平均寿命を表していた。

３の「倭国大乱」による「歴年主なし」の期間を、范曄は一体どの程度に考えていたのだろう。この文脈については、古田が『邪馬一国への道標』の中で解説していた。

(1)卑弥呼の即位は、二三八（景初二）年の第一回遣使直前と思われる。

(2)「歴年主なし」の始まりを、「桓・霊の間」と記しているのだから、その時期は、「桓帝末期から霊帝の初めのころ」。すなわち、「一六七年前後」となる。

(3)そうなると、「歴年主なし」の期間は、「一六七年前後」から「二三八年」までの間となる。ここで引き算をすれば、その答えは簡単に出てくる。〝二三八－一六七＝七一〟。これが、その期間ということになる。この七一年は、七〇～八〇年の間に納まるから、「魏志倭人伝」の記す男王の在位期間「七、八十年」とピタリと重なることになる。

つまり范曄は、「魏志倭人伝」の記す〝男王の在位期間七、八十年〟を、「歴年主なし」と見誤っていたのである。范曄のこの計算法は、石上神宮《いそのかみ》の宮司であった菅政友《かんまさとも》が、早くに見抜いていたようである。

４の「鬼神道」については、范曄独自の改変であることは言うまでもない。「隋書俀《たい》国伝」では「鬼道」と、「魏志倭人伝」の表記に戻している。范曄もまた、卑弥呼の「鬼道」に惑わされた一人のようである。

「壹」から「臺」へ

このように、「後漢書倭伝」には、信頼できない記事が存在する。だが、「魏志倭人伝」にはない新事実も、書き込まれていることは否定できないのだから、このような側面だけを捉えて、この史書を評価すべきではない。虚実の混在する史書。それが、「後漢書倭伝」の実態のようである。

その「後漢書倭伝」に記されている日本列島の中心国家が、いわゆる「邪馬台国」の根拠となった「邪馬臺国」なのである。なぜ、范曄は、「邪馬壹国」を「邪馬臺国」と、わざわざ書き改めたのか。これは「後漢書倭伝」中、最大の謎である。単なる誤記か。それとも、別に確たる意図があったのか。

「邪馬壹国」とは、山の中に移転した、往時の「倭奴国」「委奴国」に対する中国側の苦心の表現である。その「邪馬壹国」（山倭国）の〃発展形〃が、「邪馬臺国」である。范曄は、この国名を、「五世紀の視点」「五世紀の現状」から記していたのである。

日本列島における「五世紀の現状」とは……。三世紀半ば、日本列島は激動の時代を迎えていた。魏を後ろ盾にした邪馬壹国が、七〇余国の狗奴国政治圏を打倒し、以後、日本列島を支配するようになったという激動の時代である。その政治状況は、五世紀の南朝劉宋の時代にあっても、変わることがなかった。「邪馬壹国」から「邪馬臺国」へと国名を変えたのは、范曄のこのような時代認識によっている。この「臺」は、「宮殿」「朝廷」の意だから、〃山の中の「宮殿」〃〃山の中の「朝廷」〃が、「邪馬臺国」表記の真相なのである。

陳寿の時代の魏晋朝では、「臺」は天子の宮殿、あるいは天子その人を表す神聖至高の文字だった。ところが、一五〇年も時代を下《くだ》った范曄の南朝劉宋の時代にあっては、その「臺」の価値は大きく下落していた。この点、古田の指摘のとおりだと思われる。

もっとも、陳寿が「狗邪韓国」を、そして、〃子犬程度の国〃と表記した「狗奴国」の「狗」を、范曄は犭（ケモノヘン）を扌（テヘン）に変えて、それぞれ「拘邪韓国」「拘奴国」と表記している。いずれもテヘンに統一しているのだから、誤記ではなさそうである。このような眼で見れば、「邪馬臺国」という表記も、五世紀の邪馬壹国の実力を正当に認めたということの、裏返しの表現と考えることもできる。

三世紀にあっても、女王の国は自らの国を、「大倭国」と称していた。それなのに、陳寿は大字を削って、

「邪馬壹国」とした。ところが、范曄は違った。女王の国側の主張する「大倭国」を認めていた。「その大倭《だいゐ》王は、邪馬臺国に居る」と、「大倭」の国名が記されているのも、そのためである。「邪馬臺国」には、このような時代背景がある。

「邪馬臺国」は地名ではなかった。それなのに、古田以前にあっては、「壹」は「臺」の誤りと強情を張り、「臺」の略字は「台」と強弁して、ありもしない「邪馬台国」を作り出した。こうして、強情と強弁の産物である「ヤマト」を、唯一の頼りに、筑後山門や甘木、あるいは島原市や阿蘇山中に、あるいは、畿内大和の三輪山麓や葛城山麓に血眼になって探し求めた。しかし、見つからなかった。これで見つかる方が、かえって不思議である。

「邪馬臺国」を「邪馬台国」に変えて、「ヤマト」と読み、この「ヤマト」によって、該当する地を探し出すというやり方は、本末転倒そのもの。根本から間違っていたのである。

陳寿・范曄の日本列島観

中国人である二人はまた、邪馬壹国・邪馬臺国の所在した九州のみならず、四国と本州についても、正確に認識していた。

「魏志倭人伝」

1倭人は帯方の東南大海の中にあり。

2女王国の東、海を渡《わた》る千余里、また国あり。皆倭種なり。

3また侏儒国《しゅじゅこく》あり、その南にあり。… 女王を去る四千余里。

「後漢書倭伝」

(1)倭は韓の東南大海の中にあり。

(2)女王国より東、海を度る千余里、拘奴国に至る。

(3)女王国より南四千余里、朱儒国に至る。

(3)について、范曄は「魏志倭人伝」の当該記事を、端折り過ぎているきらいがあり、誤読の疑いもなくはない。それではあっても、女王国が畿内大和であれば、(1)と(2)の記事が成立しないことは、歴然としている。1と(1)は九州を、2と(2)は本州を、3と(3)は四国を表していると見なすことは、わたしの読み違いだろうか。むしろ、邪馬臺国は、九州に所在していたことを伝えたいために、「魏志倭人伝」とは、いささか異なる記述内容となっているのではないか。

さらに、その事実を伝える記事が、「後漢書倭伝」のこれだ。

建武中元二年、倭奴国、奉貢朝賀す。使人自ら大夫と称す。倭国の極南界なり。

すでに述べたように、魏は、狗奴国の大規模な攻撃によって、邪馬壹国が滅亡し、その後に、日本列島が〃親呉反魏列島〃となる最悪の事態を想定していた。魏使・帯方郡使の度重なる邪馬壹国との接触の目的は、まず、日本列島の情報を、正確に把握するためであった。「魏志倭人伝」で明らかなように、その中には、当然のこととして、大海の中に浮かぶ日本列島の地理的全体像の把握をも、含まれていたのである。「倭奴国」は「倭国の極南界なり」との記事は、そういった情報をもとにして下した、范曄の判断である。

実際に、九州は日本列島の中央部ではなくて、その端、それも最南端に位置している。五世紀当時の日本列島の総称が「倭」、あるいは「倭国」である。「倭」「倭国」が「倭奴国」とは同義ではないことに、少なからぬ注意を払うべきである。「倭奴国、…倭国の極南界なり」という章句だけでも、「邪馬臺国」は畿内大和に存在しなかったことを告げていたのである。

「魏志倭人伝」にはなく、「後漢書倭伝」だけにある記事も少なくない。「東鯷人」に関する記事も、その一つである。

会稽の海外に東鯷人《とうていじん》あり。分かれて二十余国と為す。また夷洲《いしゅう》及び澶洲《せんしゅう》あり。

会稽海外有㆓東鯷人㆒。分為㆓二十余国㆒。又有㆓夷洲及澶洲㆒。

これが「後漢書倭伝」の記事だが、実はこの記事は、後漢時代に班固《はんこ》の著した「漢書地理志・呉地」にある。違いは、「漢書地理志・呉地」の「歳時を以て来り献見すと云う」（以㆓歳時㆒来献見云）という章句が、「また夷洲及び澶洲あり」に差し替えられているだけである。

つまり、「後漢書倭伝」の記事は、「漢書地理志・呉地」の引き写しなのである。それでも、「後漢書倭伝」の記事は貴重である。東鯷人の二〇余国は、夷洲《いしゅう》でも亶（澶）洲でもないことを、ここで明確に示しているからである。

『三国志』（呉志第二）には、黄龍二（二三〇）年春正月、孫権が将軍の衛温《えいおん》と諸葛直《しょかつちょく》とを派遣して、夷洲と亶洲とを探索させていることが記《しる》されている。しかし、衛温たちは亶洲は遥か遠方にあったために、ついに発見できなかったようだが、夷洲からは数千人の住民を連れて帰国したという。亶は、氵（サンズイ）の省略形かとも思われる。

陳寿がここで、東鯷人について一切触れていないということは、その国が、夷洲でも亶（澶）洲でもないことを、無言のうちに物語っている。ということは、范曄の記事が正しいことを裏付ける形となっているのである。

東鯷人は、倭人とは異なる種族だ。やはり、「漢書地理志・燕地」には、東鯷人とは別に、あの有名な「楽浪海中、倭人あり。分かれて百余国と為す。……」と記されているからである。では、東鯷人はどこにいたのか。この問題を解く鍵は、「会稽海外」だ。「海外」とあるから、東鯷人は「会稽」の東の海の中に住んでいることになる。「会稽」は、范曄の認識では、現在の福建省閩侯県《びんこうけん》付近となる。

ところで、東鯷人の字面でまず気づくことは、東字だ。東鯷人は会稽海外の東にいたことになる。「鯷」については、「ナマズ」（石原編訳『魏志倭人伝　他三篇』）、「カタクチイワシ」（藤堂編『学研漢和大字典』）といった説があるが、古田の見解が参考になる。是を「テイ」と読むと、「端っこ」という意味になる。したがって、「東鯷人は、〝東の端っこの人〟」（古田『倭人伝を徹底して読む』）ということになる。

これだけで、二〇余国に分かれていたという東鯷人の国を特定するには、十分である。〝「会稽海外」の東〟は、南アメリカまでは海だ。しかし、その途中で、必ずどこかの島に逢着する可能性は、非常に高い。そこは、大隅半島の沖から南の海上にかけて大小・無数の島々の密集する南西諸島（薩南諸島・沖縄諸島）だ。東鯷人の国は、沖縄島を中心とした島嶼の国である。その特産物が「魚」であることは、いわずもがなだ。そのために、「是」をウオヘンで表していたのである。この特徴についても、古田が早くに言及していたところである。わたしの発見でも、独創でもない。

この二〇余国に鹿児島県よりの屋久島・奄美大島、あるいは徳之島が含まれるのかどうかは、不明である。しかし、この地域では、倭人とは異なる国が形成されていたことは、疑うことのできない事実である。

表11-1　「魏志倭人伝」と「後漢書倭伝」との比較

区　分	「魏志倭人伝」	「後漢書倭伝」
①航路記事の有無	狗邪韓国―邪馬壹国に至る里数・総日程などが詳細に記録	楽浪郡治―「邪馬臺国」間万二千里。楽浪郡治・拘邪韓国間、七千余里
②「その余の旁国」記事の有無	「遠絶」と断りながらも、二一の国名を几帳面に記載	記載なし

邪馬壹国と邪馬臺国の論理

「魏志倭人伝」と「後漢書倭伝」との間には、一五〇年の時間が流れている。この時差による変化を、二つの史書から、鮮明に現れていることを見て取ることができる。

表11-1で明らかなように、陳寿が紙数を費やして記録した①と②について、笵曄は興味も関心もないかのように、ほとんど、もしくは一切無視である。なぜ「後漢書倭伝」は陳寿の重視した、この二点について記述しなかったのか。その理由については、すでに述べてきた。

陳寿が執筆対象とした日本列島は、狗奴国と邪馬壹国による激戦の時代である。邪馬壹国と超大国・狗奴国との全面戦争による「倭国大乱」は、「魏志倭人伝」を貫く主題である。七〇余国対三〇国。この勢力比の下に、「魏志倭人伝」はしたためられている。

ところが、笵曄の生きた南朝劉宋の時代はどうか。狗奴国はすでに滅亡し、日本列島は「邪馬臺国」一色に染められている。その「邪馬臺国」からは、劉宋王朝へ使節が派遣される時代となっていた。

「その余の旁国」についても、その記事がないのは、基本的に同じである。「邪馬臺国」一色となった日本列島に、「色分け」の必要性はどこにもなかった。日本列島における激戦と平和な時代。この落差が、二人の史家の間にはある。

「後漢書倭伝」で見逃すことのできない記事は、まだいくつか残っている。いずれも、笵曄の優れた歴史認識を示す記事だ。その一つが、「大倭王」だ。それは、この章句の中に現れる。

　国、皆王を称し、世世統を伝う。その大倭《だいゐ》王は、邪馬臺国に居る。

　国皆称レ王、世世伝レ統。其大倭王居二邪馬臺国一。

〝倭国では、統治者は皆、「王」と称し、「王」の名称は代々受け継がれてきた。それを継承した大倭王は、今、邪馬臺国にあって君臨している〟。これがこの文脈の大意である。「倭は韓の東南、大海の中にあり」と、「後漢書倭伝」冒頭に示されているのだから、この「国」が、「倭国」であることは明白だ。「統」とは統治する、治める意である。それを、「世世」（代々）継承してきたと言っているのである。ところで、この文脈中に、「大倭王」という貴重な用語がある。それは、「倭奴国」から「大倭国」に移ったことを表している。すでに、卑弥呼の国は、自らを「大倭」と称していた。これが、「魏志倭人伝」から得ていた古田とわたしの見解だった。その「大倭」の国名を、范曄も明確に認めていたのである。

邪馬壹国は自らを、「大倭国」と称していた。その「大倭王」と「伊都国」の王とは、一体どのような関係にあったのか。これも、関心の募る問題である。「世世王あるも、皆女王国に統属す」。これが、「伊都国」の王についての、「魏志倭人伝」の趣旨である。

従来から、この個所を、〝伊都国には代々「王」が存在していたが、その王は皆、今では「邪馬台国」（邪馬壹国）に君臨する大王の支配下にあった〟と解釈されてきた。しかし、これは誤読である。

〝歴代の王は、伊都国にあって、その政治圏の統治をしてきたが、今は、その王権は女王国に帰属しているので、王（あるいは女王）は、邪馬壹国で政治を行っている〟。これが、この章句の大意である。つまり、この流れが、陳寿の理解だ。

［倭奴国（委奴・伊都国）＝糸島平野］　…　伊邪那岐・天照

↓（政治権力の継承・統治機関の移動。※緊急避難の地が吉武高木と壱岐）

［大倭国＝太宰府政庁跡］　ニニギ　…　帥升　…　卑弥呼・壹与　…

「魏志倭人伝」のこの個所は、「後漢書倭伝」と違うのか。あるいは違いはないのか。一目瞭然である。表現上の違いだけで、その内容について大差はない。二人とも同じ倭国観を共有していたのである。「倭奴国」

にあった政治権力は、時代を下ったある時点において、邪馬壹国・邪馬臺国へと、その地を代えて継承された。この認識である。

「邪馬台国」と銘打った出版物は、いわゆる汗牛充棟ほどの点数に上る。しかし、これらの出版物は、「壹」というわずか一文字、古田武彦『「邪馬台国」なかった』という、たった一冊の本によって、無残にも崩壊した。永遠に真実に届くことのない「バベルの塔」に過ぎなかったのである。

第十二章　金印の出土した国

1　改めて「漢委奴国王」を考える

「ヤマト」の地名音に通じないことをもって、その存在を否定されてきた「邪馬壹国」ではあるが、その周辺には、かえってその正しいことを証明する根拠は少なくない。これまでの論証において、「邪馬壹国」の正当性は、揺るぎない段階に到達している。ここで視点を変えて、「邪馬壹国」の正当性を、さらに論じたい。

真実の門前から、国民をとんでもないところへ連れて行く学者がある。信用できない人種は、政治家と役人だけではない。学者も政治家・役人と同程度に、軽々しく信用してはならないのである。

わが国の古代史に関し、素人の国民は別にしても、専門家と自他ともに認める学者も、「邪馬台国」というありもしない国名を、ありがたがり、いつまでも手放すことをしなかった。だが、それも今となっては、珍説の域を出るものではない。

権威的解読の誕生

福岡市東区の志賀島から出土した金印には、「漢委奴国王」と刻されていた。この印文を、藤井貞幹（藤《とう》貞幹《ていかん》）・青柳種麻呂（種信《たねのぶ》）・伴信友といった江戸時代後期の学者たちは、揃って「怡土《いと》国」と読み、その国を、「後漢書倭伝」の記す「倭奴国」と同一の国と見なしていた。ところが、この見解に、異を唱えた人物が現れた。

和歌山藩士の息子に生まれた三宅米吉《みやけよねきち》は、明治・大正時代の歴史学者である。考古学にも、造詣は深かったようである。晩年には東京師範学校長も務めているから、いわゆる学識経験者だ。

その三宅は「漢委奴国王印考」（『史学雑誌』第三巻・三七号所収）において、金印に刻された五文字「漢委奴国王」を、「漢委奴国王ノ五文字ハ　宜シク　漢ノ委ノ奴ノ国ノ王ト読ムベシ」と、三段に細分化して読み下したのである。古田が、その非を批判する「三段細切れ読法」だ。

ところが、舌を噛《か》みそうな、この「カンのワのナの国の王」という奇妙な読み下しは、なぜか定説として、広く専門家たちに受け入れられてしまったのである。大谷光男『研究史　金印』には、三宅説の支持者とその著作・論文が紹介されている。その紙数は、二頁半にも及ぶ。それほどの支持を得ているのである。

しかし、これが不幸の始まりだった。やがて、この「三段細切れ読法」は、その後の学者たちの思考を奪って、古代史の解明を大きく後退させるという悲劇をもたらし、今日なお、その悲劇は続いている。その断面を、中学校・高校の教科書に見ることができる。

すべての教科書が、この読み下しで統一されてしまっているのが現状だ。わたしも教科書に、このように記述されていたことを、今でも鮮明に覚えている。日本国民はこの珍説に、一〇〇年以上にわたって振り回されているのである。

なぜ、このような不幸な事態は生まれたのか。

(1)「委」の本の音は「ゐ」であるのに対して、「怡」は「い」だから、音が異なる。したがって、「魏志倭人伝」の「伊都」は糸島平野の「怡土《いと》」であって、金印の「委奴」ではない。この「委」は「倭」であって、その示す音は「わ」である。

(2)『後漢書』の「倭奴国」は、「倭《わ》の奴国《なこく》」が正しい。「後漢書光武帝本紀」の「東夷倭奴国遣使奉献」の

「倭奴国」は、『後漢書』の史官が「奴国トノミ書カズシテ之ニ倭ノ字ヲ加エタル」ためであり、その史官の意図は「倭ノ中ナル奴国ナルコトヲ示」すことにあった。

そして、「後漢書倭伝」に記された「建武中元二年倭奴国奉貢朝賀」の「倭奴国」は、「光武帝本紀」をそのまま書き写したことによるためである。それは、「倭」が日本の総称だと、中国が漢代から認識していたためである。

(3)この「奴」の音は「ぬ」「の」「な」であって、「と」「ど」ではない。したがって、「漢委奴国王」は、宜《よろ》しく「漢ノ委《わ》ノ奴《な》ノ国ノ王」と読むべきである。

三宅の見解は、以上の三点に要約できる。そこで三宅は、「奴国」を「儺県《なのあがた》」に求めた。『和名抄』の記す「筑前国那珂郡」が、その地である。それは現在の福岡市博多・中央区から、その南部の春日市に及ぶ那珂川流域一帯に当たる。金印の出土した志賀島は、那珂郡に属している。この那珂郡と「奴ノ国《な》」のナは、音が一致する。こうして、音韻上の問題を指摘したことと、金印出土地の地名比定によって、一見、正しいかのような錯覚を、世間に与えてしまったのである。

しかし、「倭奴」を、「倭」と「奴」に分解した三宅の「三段細切れ読法」は、〝初めに金印出土地ありき〟の発想によって、その方向から組み立てられた論証のようでもある。つまり、〝「奴国《なのくに》」＝「儺県《なのあがた》」〟の地名比定から、これに合わせた立論、いわば時計の針を右回りではなくて、左に回すような解釈の一面がある。

三宅の論証に対する疑問は、ほかにもある。「委奴」も「伊都」も、ともに後漢代・魏代の中国側の表記である。これに対し「怡土《いと》」は日本側の表記である。ここで勘違いしては、話がややこしくなる。「委奴」が「ヰト」であり、「伊都」が「イト」であっても、中国人にとっては音韻上大差なき問題である。むしろ、「伊都」「怡土《いと》」が「イト」なのだから、「委奴」も「ヰト」ではなく、「イト」と見なす方が論理的だ。

江戸時代後期の学者たちは、「委奴」を「怡土《いと》」と解釈していたが、この解釈の方がよっぽど真実に迫っている。それなのに、根拠が薄弱な三宅の見解が世の中にスンナリと受け入れられたことに、改めて驚きを覚える。

「三段細切れ読法」の崩壊

矛盾を多分に含む解読だけに、やがて、「カンのワのナの国王」が崩壊する日が訪れた。「三段細切れ読法」に深い疑義を感じた古田は、広く印文を渉猟した。その結果、印文には、印綬を与える側による一定の基準があることを、発見した。それを、氏の『失われた九州王朝』によって概観してみる。

(1)「魏烏丸率善佰長」(銅印駝鈕《だちゅう》――二百蘭亭斉古印収蔵)
(2)「魏鮮卑率善仟長」(銅印駝鈕《だちゅう》――大谷大学禿庵文庫『中国古印図録』収録)
(3)「晋匈奴率善佰長」(銅印駝鈕《だちゅう》――同右)
(4)「晋烏丸帰義侯」(銅印駝鈕《だちゅう》――同右)
(5)「漢匈奴悪適尸遂王」(銅印駝鈕《だちゅう》――同右)

印文中の「率善」「帰義」は、中国の天子に対する忠誠度を評価した肩書である。魏に派遣された難升米らが授与された「率善中将郎」も、これに類する。この例示で明確なように、初めに印綬を授与する中国側の国名を記し、ついで授与される側の国名を記すという「二段国名」となっていることが分かる。

(5)は〝漢の匈奴の悪適尸遂王〟となっているから、一見、「三段国名表記」のようではあるが、「悪適尸遂《あくてきしすい》王《おう》」とは、匈奴全体の統率者である単于《ぜんう》に従っている部族の王名であって、国名ではない。

古田が指摘するように、中国の天子が夷蛮の長に印を授けるという行為は、授ける側と、それを受ける側との直属関係を示しているから、そこに「中間者」の入り込む余地はないのである。したがって、あの「三段細切れ読法」は成立しないことになる。古田による発見に、例外はなかった。

(1)から(5)までの印は、すべて銅印である。「銅印駝鈕《だちゅう》」とは、つまみ（鈕）がラクダの意匠《デザイン》となっている銅製の印のことである。志賀島の金印は、金製の印で、つまみは蛇をかたどった形となっている。金印や銅印は、時の天子の好みによって、恣意的に与えられたものではない。そこには、中国側による位階以上の厳密な区分があり、与えられる側の保持する権力の大小によって、印に使用される金属素材は決定される。

このような区分の中で、夷蛮の地域的中・小国家の王や、村邑の首長などに与えられる印が銅印である。これに対し、夷蛮の一定領域中の中・小の国々を統合・支配する中心的政治権力者だと、中国が認定した場合に与えられる印が、金印である。

部族の王や小村邑の首長に対しても、銅印の印文は二段国名表記である。それよりも上の位の金印が、二国間に、さらに中間国を介在させる表記を使用することなど考えられないことである。

次は、一段国名表記となっている印文の例である。

(6)「滇王之印」（金印蛇紐《だちゅう》）

この「滇王《てんおう》の印」は中国雲南省晋寧《しんねい》県、滇池東岸の石寨山《せきさいざん》古墳から出土した金印である。この金印の印文も、与える側の国名「漢」の省略された表記と見ることができるから、実質、二段国名表記となっているのである。

印文ではないが、光武帝に関する二段国名表記の授号記事を、古田は「後漢書韓伝」から紹介している。光武帝は志賀島の金印の授与者であるだけに、この記事は興味深い。

建武二十年（四四）、韓人・廉斯人・蘇馬諟等楽浪に詣《いた》り貢献す。光武、蘇馬諟を封じて漢の廉斯の邑《ゆう》君《くん》と為す。楽浪郡に使属し四時朝謁せしむ。

廉斯《れんし》とは、韓国内の一邑名（村名）である。この表記で明らかなように、光武帝の与えた称号は「漢廉斯邑君」であって、「漢の韓の廉斯の邑君」といった、例の「三段細切れ国名表記」はしていないのである。あくまでも、支配・被支配の上下関係は、直接的二段表記である事実を、ここでも確認することができる。漢と匈奴、新の王莽と匈奴との関係については、あえて省略した。詳しくは、古田『失われた九州王朝』を参照されたい。

三宅の「三段細切れ読法」は、古田『失われた九州王朝』が発刊された一九七三（昭和四八）年時点で、すでに破綻を見ていたのである。「委奴国」「倭奴国」は、「委の奴の国」「倭の奴の国」とは読めないのである。正しい読みは、「イト国」「ヰト国」である。音韻上、それはどちらでも間違いではない。

「三段細切れ読法」が成立しない根拠は、まだ別にある。それは「旧唐書倭国日本伝」で、さらに確認することができる。

いずれが「古」か

倭国者古倭奴国也。

石原道博は、『旧唐書倭国日本伝　他二篇』（岩波文庫）において、この文章を「倭国は古の倭奴国なり」と読み下している。その上で、「倭奴国」については、「倭の奴の国」だと注釈を付しているほどである。

この注釈の意図は明白だ。あの金印の五文字「漢委奴国王」を、三宅米吉が「漢の委の奴の国王」と読み下して以来、これが現下の定説となっている。石原の注釈は、その見解に従ったためである。石原が「奴の国」を「古の儺の県、那ノ津、いまの那珂郡博多附近」に比定していることで、それは、なお明白となっている。

しかし、この解釈だと、抜き指しならぬ矛盾が急浮上してくることになる。「古《いにしえ》」は「倭」なのか、それとも「奴国」なのか。いずれか。石原の見解に従えば、「倭国者古倭奴国也」の読み下しは、「倭国は古の倭の奴の国なり」となるのだから、「古」は当然「倭」となる。しかし、石原の真意は、「古」にあった国は「倭」ではなく、「奴の国」の方だ。そうなると、「古」は、直後の「倭」を素っ飛ばして、「奴の国」を形容する語となる。果して、このような用字法が認められるのだろうか。

〃奴の国が古《いにしえ》である〃ことを表現するためには、その表現は、「倭国者倭古奴国也」とならなければならないはずである。ところが、この表現だと〃倭国は倭の古の奴の国なり〃となって、石原も意図しなかった章句に変わり果てる。矛盾はやはり明らかだ。「倭国」と「倭」が重複してしまうのである。

石原の解釈に間違いがなければ、その表記は、〃倭国は古の奴の国也〃（倭国者古奴国也）で事足りるはずだ。どのように考えても、「倭国」と「倭」を重複させる必要はない。単純な話だ。

ことが単純であるだけに、通説の読み下しが粗放であることを、改めて浮き彫りにした形となったようだ。これで、〃倭の奴の国〃の成立しがたいことは、いやでも明らかとなったはずである。「倭国は古《いにしえ》の倭奴《いと》国なり」。これが、「旧唐書倭国日本伝」の正しい解釈である。「旧唐書倭国日本伝」の記す「倭国」とは、邪馬壹国が統治するようになる二五〇〜二六〇年以降の、日本列島の総称なのである。

表面：二・三cm×二・三cm、高さ：二・三cm。これが、金印の形状である。その重さも、わずか一〇八・七gでしかない。窮屈な表面である。そこに〃漢の倭の奴の国の王〃（漢之倭之奴之国之王）を刻もうとすれば、邪魔になる文字が、四つの格助詞・之《の》だ。そこで、表面に制約のある金印では、これがすべて省略されたのだと、一応言い訳はできる。

だが、紙幅の十分にある「後漢書倭伝」や「旧唐書倭国日本伝」と、金印とでは、その事情は大きく異なってくる。紙幅に余裕のある史書の場合、格助詞・之を省く必要はほとんどないということである。正確を期すために、むしろ省略せずに「倭国者古之倭之奴之国也」としたであろう。

「後漢書光武帝本紀」「後漢書倭伝」に記された「倭奴国王」は、格助詞・之の省略形ではなく、そのままの表記であったと見なすべきである。それは「イト国王」、もしくは、「ヰト国王」と読まなければならないのである。金印の印文「漢委奴国王」も、また然りである。「漢の委《い》奴《と》国王」だ。やたらに、それも複雑に思考を重ねた学者・専門家たちは、ここでも、もつれた糸を解きほぐすどころか、かえって、さらにもつれさせてしまったようである。

ここには肝心の「台」がない

すでに確認したとおり、印文の表記基準は例外なく、〝中国＋夷蛮の国王〟〝中国＋夷蛮の邑長（村長）〟の「二段表記」となっていた。一部に、印を与える側の「中国」が省略されることがあっても、それは、「中国」であることが明白だからであった。

ところが、ここに一つの不審がある。卑弥呼が、魏の明帝から金印紫綬を授けられたことは、明帝の「制詔」に記されている。現物はいまだ発見されていないが、その金印には「親魏倭王」と記されていた。「親魏倭王」も、これまでの「二段表記」を忠実に守っている。「親《しん》」は、文字どおり「親《おや》」の意で、魏の倭王に対する立場を明示した表記である。だから、この印文も、〝魏―倭〟という冊封関係を示していることは、明白である。

ところがである。「親魏倭王」のどこに、「邪馬台国」を表す文字なり、音があるのだろうか。〝「邪馬台国」＝「親魏倭王」〟の等式には、中国の天子が日本の国王に与えた金印に、肝心の国名がないという奇妙・奇天烈な現象が生じているのである。これではまるで、行き場を失った、さまよえる金印紫綬である。それにもかかわらず、この重大な一点について、いまだに誰も指摘をしていないのだから、不可解でさえある。

「親」である魏にとって大切なことは、倭国が親に対する子どものように、従順な臣下であってくれることであって、その臣下の名称が「倭王」であっても、「台王」であっても、魏にとっては本質的なことではない。「邪馬台国」が正しければ、魏は躊躇なく「親魏台王」と表したはずだ。それなのに、印文は「親魏倭王」である。

「倭」を「ワ」と読んでも、「邪馬台国」では解決しない。台字に「ワ」音がないことが、その理由である。これが邪馬壹国だと、どうか。「倭」に対応する音が「壹」（イッ・イチ）であり、その共通音は「イ」「ヰ」だ。「壹国」は「イ（ヰ）コク」、「倭王」は「イ（ヰ）オウ」である。

「親魏倭王」は、中国の天子が親の立場から、〝わが子〟に発した公文書（制詔）において、使用している称号である。それだけに、その史料価値は高い。これまでから、「邪馬台国」の国名と「親魏倭王」の称号とを、無関係なものと見なし、バラバラに切断して、勝手放題に読んできた経過がある。この不統一な読み方だけでも、「邪馬台国」は存在しなかったことの根拠、それもお釣の出るほどの根拠たりえる。

2　難問「如墨委面」を解く

難問中の難問

「楽浪海中倭人《かいちゅうゐじん》あり。分かれて百余国を為す。…」。古代日本についての「漢書地理志」の有名なこの一文に、不可解な注釈が施されている。それは、わが国の碩学・俊英たちが束になっても解けなかったばかりか、本家本元の歴代中国人学者をも、やたらに悩ませた奇妙な一文である。それは、いまだ解くことのできない一文と化している。

その一文に、凡人も思考を巡らした。折に触れ、長い間考え続けてきた。けれども、闇夜で落した「墨」を探し出すほどに、その解釈は困難を極めた。この一文字に中国人学者のみならず、日本の学者たちも苦しめられた理由が、よく分かる。

如淳曰、如墨委面、在帯方東南万里。臣讃曰、倭是国名。不謂用墨、故謂之委也。師古曰、如淳云如墨委面、蓋音委字耳、此音非也、倭音一戈反、今猶有倭国。魏略云、倭在帯方東南大海中、依山島為国、度海千里、復有国、皆倭種。

これが、問題の原文である。難問中の難問が、「如墨委面」の章句である。冒頭のこの句が正確に読めないから、それに続く臣讃《しんさん》の注釈についても、やはり意味不明となることは、必然的なりゆきであった。「如墨委面」は、それほど難攻不落の四文字となって、解読を試みる者の前に立ちはだかっているのである。

まず解読上の障壁として立ちはだかっている文字が、「墨」である。この文字は、筆に付ける「墨《すみ》」、書道・習字に必須の「墨」のことではない。

答えは『大漢和辞典』の中に　永遠に解けないと思われていた難問が、解ける。その瞬間ほど、呆気ないことはない。「如墨委面」の答えは、すべて諸橋轍次『大漢和辞典』の中にあった。そこには、「墨」についての一つの用例が示されていた。

「墨、謙也」。これが、その用例である。謙虚の言語が示すように、謙には「へりくだる」の意がある。意外なことに、「墨」にも、「へりくだる」の意があったのである。まず、ここで「墨」の謎が解けた。すぐに連鎖反応が起こった。「委面」も一つの熟語ではないかとの連鎖反応である。

そこで、この語も『大漢和辞典』で調べてみた。予期したとおり、あった。「委面」とは、「礼物を君前に致して臣となること。面は北面して臣となること」との説明がある。

「天子は南面する」。古来、これが天子の不動の位置となっている。家臣が南面する天子に相対する時は、北を向くことになる。「礼物《れいぶつ》」とは「儀式を行うときに用いる品物」（藤堂編『学研漢和大字典』）のことである。

これで難問は解けた。

「如レ墨委面、在二帯方東南万里一」の章句は、「墨《へりくだ》るが如く委面《ゐめん》し、帯方の東南万里に在り」と読み下すようだ。〝へりくだるかのように、儀式用の物品を中国の天子に差し出し、臣下としての礼をつくして、帯方郡治の東南、万里のかなたに在り〟。これが、その大意である。「如墨委面」の人とは、いうまでもなく「ヰ人」「イ人」であって、「ワ人」ではない。委面を、委国・委人に掛けているのである。

如淳《じょじゅん》は魏代の人物である。その前の後漢時代に比較し、倭人《ゐじん》が中国に朝貢し、帯方郡治には頻繁に出向いているのだから、倭人《ゐじん》・倭国《ゐこく》に関する情報に接する機会には恵まれていたであろう。そのような如淳が、東夷の国について、その判断を大きく誤ることはなかった。

如淳の注釈の意味が解けると、次の臣讃の注釈の意味も、おのずと判明してきた。

> 倭は是《こ》れ国名。「へりくだりを用《な》（＝為）す」の謂《いい》にあらず（あるいは、「と謂《い》はず」か）。故《かれ》に、これを委《ゐ》と謂うなり。

臣讃は、魏に続く晋代（二六五〜三一六年）の史家である。「用レ墨」（へりくだりを用《な》す）の「用」は、動詞・為《な》すの意である。これも、『大漢和辞典』で確認できる。臣讃による「用墨」の解釈も、正しいようだ。しかし、この人物は、「委」は国名であって、「用墨」の意ではないと足を踏み外し、結局誤ってしまった。

決定的に足を踏み外した知識人が、晋代から三〇〇余年も時代を下った唐代（六一八〜九〇七年）初期の顔《がん》師古《しこ》である。

師古曰く、如淳の「如墨委面」と云えるは、蓋《けだ》し委字《ゐ》を音するのみ、此の音非なり。倭音《わ》は「一戈反《いつくわ》」。今、なお倭国《わ》有り。『魏略』に云う、「倭《わ》は帯方東南大海の中に在り、山島に依りて国を為す、海を渡る千里、復《また》、国有り。皆倭種《わ》」と。

顔師古の見解は、この三点に要約することができるようである。

①「委面」は、委字の音を表すだけである。それも、「イ」（ヰ）の音は誤りで、「ワ」（「一戈反《いつくわ》」、戈一《くわいつ》の反切法）である。②唐代の今もなお、倭国《わ》は存在している。③『魏略』には、その国名とその民は倭《わ》・倭種《わ》と記されている。このように、肝心の「如墨委面」が理解できていないことが、手に取るように分かる。唐の時代では、「倭」の音は「イ」「ヰ」ではなく、「ワ」として定着していたのである。

顔師古は唐代の教養を引っ提《さ》げて、三〇〇余年もの時間をさかのぼり、如淳の「委面」にケチを付けていたことになる。唐の直前の隋の時代でも、倭人は「夷人」（「隋書俀国伝」）と表記されている。その「夷人」はどこから見ても、「ヰジン」だ。隋代の倭人は、それまでのへりくだった、謙虚な民ではなく、傲岸不遜な東夷の人間へと大きく変身していた。この鼻持ちならぬ態度から、『隋書』の撰者は、「倭人」の表記では不適切だと判断し、あえて「夷人」と書き改めていたのである。

こうして、「如墨委面」は全面解決した。漢文が十分に読めないだけではなく、中国文献とはほとんど無縁の素人が、おびただしい漢籍の中から、「墨」と「委面」の記した当該個所を探し出すことは、不可能である。その不可能を、『大漢和辞典』が可能にしてくれた。この謎が解けた時、わたしは諸橋轍次と『大漢和辞典』編纂に携わった人たちに、心から感謝した。

「委面」の波紋

「倭人」は唐代以前は「イジン」「ヰジン」であり、「倭国」は「イコク」「ヰコク」であることが、金印の印文「漢委奴国王」と、難解と敬遠されてきた「如墨委面」によって、なおはっきりとしてきた。やはり「邪馬台国」はなかった。それは「邪馬壹国」であり、「山倭国」である。これが、金石文と中国史料の示す論理だ。

この問題でも、古田の見解は正しかった。「『委』に『わ』の音は今も昔も存在しない。そのうえ、この『委』を『倭』の代字と考えたにしても、『倭』の上古音は『ゐ』であって、『わ』ではないからである」と、『「邪馬台国」はなかった』の中で指摘している。

平成になってからでも、二校ある福岡藩の藩校の一つ甘棠館《かんとうかん》の館長・亀井南冥《かめいなんめい》を、犯人にでっち上げた金印偽作説が現れている。けれども、「漢委奴国王」と「如墨委面」とは、金印偽作説の成立しないことを証明している。なぜか。

この点についても、早くに、古田が金印偽作説の非を突いていた。「『漢書』『後漢書』『三国志』をはじめ、『晋書』『宋書』より唐宋代史書に至るまで、圧倒的に『倭』である。このような状況の中で、偽作者が如淳注のみに従って、異例の『委』を用いて『偽作』することは不可能である」（古田・前掲書）と、鋭く指摘している。金印が後代の贋作であれば、贋作者は委字ではなくて、迷わず倭字を用いていたからだ。

如淳が付した四文字の注釈「如墨委面」の及ぼした波紋は、決して小さくはない。宮内庁書陵部が所蔵する中国史書の一つに、北宋刊本『通典《つてん》』がある。これは唐の杜佑《とゆう》が、古代から唐の玄宗に至るまでの、諸制度をまとめた史書である。九世紀初めに成立している。そこに、「後漢書倭伝」に類する記述が載っている。

安帝の永初元年、倭面土国王師升等、生口を献ず。　〈北宋刊本『通典』〉

安帝の永初元年、倭国王師升等、生口百六十人を献じ、請見を願う。　〈後漢書倭伝〉

『通典《つてん》』では、「帥升」が「師升」へ書き換えられていて、必ずしも、「後漢書倭伝」と一致しない個所もある。その中でも、大きな違いは何と言っても、「倭面土」にある。明らかに、これは「如墨委面」の「委面」にも通ずる表記・表現だと思われる。それなのに、『通典《つてん》』では「委面土」ではなくて、「倭面土」と表記されている。ここに、倭人・倭国に対する唐代の音が、如実に示されている。

唐の杜佑（七三五〜八一二）の時代にあっては、顔師古（五八一〜六四五）の解釈が、すでに幅を利かせていたようである。このために、倭の音は「イ」「ヰ」ではなくて、「ワ」と理解されていた。その音韻上の変化を、『通典《つてん》』の「倭面土」から、読み取ることができる。

「委面」の真意が歪められて、「委面」の国は「倭面土」へと化けてしまった。ところが、これだけで終わらなかった。この「倭面土」も、また変化していた。元刊本『通典』（静華堂文庫所蔵）では、「倭面土」が「倭面土地」となり、太宰府天満宮のみに伝わる唐の張楚金《ちょうそきん》『翰苑《かんえん》』では、「倭面上国」となっている。

「倭面土」と「倭面土地」「倭面上国」。どれがもとの表記かは、言うまでもない。内藤湖南は、「倭面土」を「ヤマト」と読んでいるが、どう見ても、無理がある。「委面」は、本来「イメン」である。一方、唐代に生まれた「倭面土」は「ワメンド」である。しかし、史実を根底から歪めた造語であることは、先に述べたとおりである。

3　蛇紐とチクシ

蛇紐の由来

志賀島出土の金印の紐《ちゅう》（つまみ）の意匠は、蛇であった。金印に蛇紐《だちゅう》はなくはない。「滇王之印」の紐の意匠も、蛇だった。銅印にも蛇紐は珍しくない。金印の第一鑑定人であることを嫌疑の一つに、三浦佑之氏によって偽作者に仕立て上げられた亀井南冥《なんめい》は、『金印弁』において、この蛇紐についても、自らの見解を明らかにしている。

古印の紐の意匠には、亀・虎・駱駝《らくだ》・環・鼻などが用いられているが、蛇がどうして「委奴国王」の印に使用されたのかと自問しながら、このように答えている。

集古印譜を按《あん》ずるに、晋より蛮夷率善阡長に遣《つかは》したる印に、虺紐《きちゅう》を用ひたるあり。其の下に、其義《そのぎ》を釈して蛮夷の地虺蛇《きだ》多し。故に虺紐を用ゆと云へり。是によりて考えれば、虺と蛇とは同類の虫なり。漢と晋とは相続きたる世代なり。されば、漢より本朝を東夷と立て、虺紐同様の主意にて蛇紐を用ひたるなるべし。

（注）原文はカタカナだが、平仮名に改めた。振り仮名・句点も著者による。

「虺」とは、「まむし・へびの総称である」（藤堂編『学研漢和大字典』）。本朝（日本）は蛇の多い国だから、蛇紐が使用されたとの見解である。最も妥当・常識的見解である。しかし、蛇類が多いことだけが、その理由ではない。「滇王之印」の印については、わたしの能力の及ぶところではない。これに対して、志賀島出土の金印の紐については、説明可能だ。

金印は、「委奴国王」に授与されていた。「委奴国」とは、後の邪馬壹国である。邪馬壹国にも「委奴国」、あるいはそれ以前からあった蛇を神聖視する尊崇の念が継承されている。これが蛇紐の由来であり、授与される側の要請ともなっていたと思われる。

チクシの地名起源

金印の蛇紐は、チクシ（筑紫）の地名とピタリと一致する。それを、これから説明したい。

(1)筑紫の本家　…　それは北陸の「ハクヒ」である。北陸の地は、「ヤマタのオロチ」に象徴されるように、「カガ」と呼ばれていた。「カガ」とは、蛇の古語である。

(2)「筑紫」「竺紫」の読み方　…　岩波大系本などの『記紀』では、「筑紫」には「ツクシ」と仮名が振ってあるが、現地音は「チクシ」である。「ツクシ」と「チクシ」との間に、大きな違いはないと思いがちだ。ところが、それはとんでもない誤解である。「ツクシ」では、この地名起源は解明できない。正しくは、現地音の「チクシ」である。

(3)「クシ」の意味　…　これが、ここで取り扱う最も中心となる主題である。「クシ」でまず思い浮かぶ語が、「クシラ」、つまり、地球最大の哺乳動物「クジラ」であると思われる。

①「クシ」という生物。その大きさにおいて、クジラとは雲泥の差があるのに、まるで、クジラに向こうを張っているかのように、「クシ」を名のる小生物が存在する。植物の新芽をくい荒らす「ナメクジ」だ。「ナメクジラ」「ナメクジリ」の別名もある。蛇の一種と見なしたための名称であることは、明らかである。

第1巻（第Ⅲ部第十章）で述べたように、「ナメ」は「蛇」の古語である。「舐《な》める」「滑《なめ》らか」は、「ナメ」（蛇）を語幹とする言語であろう。副詞の「ヌメヌメ」と、「滑る」と表記される「ヌメル」は、ナメの派生語かと思われる。

②すでに論証したとおり、「クシラ」の「ラ」とは、蛇のことである。長良（ナガラ）は「ナガ・ラ」、奈喜良（ナギラ）は「ナギ・ラ」である。「ナガ」「ナギ」、ともに蛇の意である。そして、「良」で表されている「ラ」の意もまた、蛇である。

つまり、「ナガラ」も「ナギラ」も、〝蛇＋蛇〟の同義重複語なのである。長良川という河川名も、蛇の体長に一致する。蛇がとぐろを巻いている姿から、命名された那岐山《なぎのせん》（鳥取県智頭町、標高一二四〇m）もまた、その山容にふさわしい。その南に「蛇淵の滝」があり、東北の地に、「大呂」の地が残っているのも、偶然ではないように思われる。

③「チクシ」は「チク・シ」ではない。「チ・クシ」である。その「チ」とは何か。「オロ」（大呂、大路、小路）が、蛇であることはすでに論証した。「チ」もまた、蛇のことである。

したがって、オロチとは、〝オロ〟と〝チ〟によって構成された言語、〝オロ・チ〟（蛇＋蛇）の同義重複語であった。同様に、「チクシ」も〝チ・クシ〟で、蛇の同義重複語となっている。

次は、「クシ」の地名の事例である。

①櫛ケ峰　…　青森県（十和田湖の北）、福島県（猪苗代湖の北）
②久慈《くじ》市　…　岩手県北部（太平洋岸）
③久慈郡　…　茨城県北部（山間部）
④串　川　…　神奈川県（北部、相模川支流）
⑤小《こ》串《ぐし》　…　山口県下関市
⑥櫛ケ鼻　…　高知県宿毛市沖ノ島
⑦串ケ鼻　…　大分県佐賀関半島
⑧串木野　…　鹿児島県（東シナ海岸）

「クシ」の意味が判明したから、これらの地名起源を解明することは、比較的簡単である。①の「櫛ケ峰」は、蛇がとぐろを巻いたような山の意か。②・③の「久慈」は、クジと濁っているが、慈にはシ音もあるのだから、本来地名はクシであったと思われる。やはり、蛇の意である。

④の串川は、宇治川・内川、ナカ川（中川・那珂川・那賀川）・長良川などの類縁地名である。⑥の櫛ケ鼻、⑦の串ケ鼻も、やはり蛇に因む地名と見なすことができる。鼻《はな》は端《はな》、崎《さき》のことである。

⑤「小串」は、本来は〝大クシ〟か。「オクシ」を表すつもりで表記された「小串」が、いつしか「コクシ」へと音変化したためと思われる。⑧「串木野」は、蛇のように伸びた高台の地の地名か。木はキで高台を示す言語、あるいは、蛇の〝虺〟ということもありえる。

「クシ」の中には、これらの地名とは異なる「クシ」もある。

⑨薬師岳　…　岩手、山形、栃木、富山の各県
⑩薬師山　…　山形県、愛媛県大三島

⑨・⑩の中で、最も高い薬師岳（山）は、富山県のそれである。標高二九二六mもあり、霊峰の趣がある。薬師岳・薬師山の表記から、薬師如来信仰による山岳だと信じられている。富山県・薬師岳の頂上には祠があり、薬師如来が安置されていることも、「薬師」の表記が強く作用しているためである。

ところが、薬師如来信仰が、その山岳名の起源ではなかった。ヤが蛇であることが判明して、一群の山岳名が解けた。薬師は「ヤク・シ」ではなくて、蛇の重複語の〝ヤ・クシ〟なのである。「筑紫」だけではない。「薬師」もまた〝音節無視表記〟となっていた。〝ヤ・クシ〟も〝チ・クシと同じように、二重の共通性を有する類縁地名である。蛇は、全国の地名の中に息づいている。逞しい生物である。

金印はやはり「チクシ」にふさわしい

これでようやく、ニニギの降臨した地「久志布流多気《くしふるたけ》」（記）、「槵触山《くしふるやま》」（紀）の意味が判明してきた。この「久志」「槵」も、蛇のことである。これで「布流」「触」も見えてきた。「布流」「触」は、「フル」で正しいようである。これを漢字で示せば、「振る」となる。

「振る」とは、降《お》りてきて厳かにとどまる意である。
〝蛇《くし》・振る・岳〟〝蛇《くし》・振る・山〟。これが、今日まで謎に包まれていた「久志布流多気」「槵触山」の姿である。つまり、蛇が天から降りてきてとどまっている神聖な山のことなのである。そうなると、この山は、高祖連峰全体を指していることになる。高祖連峰は南北に長く延びている。このため、糸島平野から眺めれば、その尾根の形から、蛇の姿を容易に想像することができる。こうして謎が解けると、なるほどと合点が行く。「久志布流多気」「槵触山」は、糸島平野から生まれた名称だったのである。

類似の表現に「槵日の二上峯」（神代紀・第九段一書第四）がある。これは、どのように解釈すべきか。「槵日の」は「二上峯」の形容句、それも蛇に関わった形容句となっている。その視点から考えれば、この「日」も蛇を表しているようである。つまり「槵日」の表記は、クシ・ヒと蛇を重複させることによって、それぞれを「二上峯」に対応させている。そのように見なすべきなのである。

そうなると、「槵日の二上峯」は〝蛇蛇《くしひ》の二上峯〟となって、「久志布流多気」「槵触山」とも、矛盾はしない。「久志」「槵」のみならず、「日」も蛇であることに、ほぼ間違いはないようである。

「チクシ」の地名は、蛇に由来し、それも〝蛇＋蛇〟の同義重複語となっていた。この国の本家・カガも〝蛇の国〟だった。〝チ・クシ〟にあっても、蛇は神聖視された生物だったから、これを国名、それも誇り高き国名としていたのである。

その国に与えられた印のつまみが、蛇であることは、「チクシ」の国名とも一致する、そこに、違和感はない。ふさわしい意匠である。中国も、その文化を認識していたのだろう。この一点だけをもってしても、金印は贋作ではないと明言できる。亀井南冥『金印弁』の所見の一部が正しいことは、これで分かる。

「チクシ」の地名起源は、〝チ・クシ〟である。これが「チク・シ」へと変化した原因は、むろん「筑紫」の表記にある。これは、羽咋の例と同じである。「筑紫」の漢字表記は、地名の原義が失われたためか。それとも、原義は分かっていたが、意図的に「筑紫」へと書き改めたからか。

「筑紫」とは、〝紫を筑《きず》（築）く〟（筑レ紫）意である。「紫」は、紫台・紫庭・紫宸殿というように、天子と深く関わる語である。その後の筑紫は、自国における天子の存在を強く意識するようになる。この政治哲学・政治力学を背景に、「筑紫」の表記が生れたと考えることもできる。

金印についての論証は、これで終わった。だが、疑義はまだ残っている。

(1)つまみとして意匠された蛇の一部が、どうして潰れているのか。

(2)出土した志賀島は、この金印を「保管」、あるいは「埋納」する地として、本当にふさわしいのか、どうか。

(1)と(2)とは、連動している問題である。「漢委奴国王印発光之処」の碑が立つ出土地は、金印公園として整備され、その前を拡幅された道路が走っているから、発見当時の地形は一変している。仮に、埋納地が当時のままであっても、金印は志賀島にはふさわしくないのである。この問題については、第4巻で改めて論じたい。

第Ⅳ部　失われた記憶

吉野ヶ里遺跡（佐賀県神埼郡吉野ヶ里町・神埼市）

荒神谷遺跡（島根県出雲市斐川町神庭）

第十三章　対立から生まれた古代遺跡

1　「吉野ヶ里遺跡」の謎

関係者の予想を遥かに超えた遺跡

この発掘に直接関わった七田《しちだ》忠昭氏は、脊振山地南麓部に広がる佐賀平野東部は、丘陵の分布状態、ローム層の有無などの特徴から、次の四地域に区分できると言う。

①鳥栖市付近、②朝日山周辺、③神埼・三田川《みたがわ》・中原《なかばる》地域、④佐賀市北方

これから取り上げる吉野ヶ里は、③神埼・三田川・中原地域に含まれ、その地は「高位・中位の丘陵が山麓部から南の平野部へ舌状に細長くのびる地域で、丘陵の分布は複雑で、特異な景観を醸し出している」ところである（七田「報告　ベールをぬいだ幻の大遺跡」、アサヒグラフ編『吉野ヶ里』所収）。つまり、この一帯には、驚くべき秘密が眠っていたのである。

けれども、「『吉野ヶ里遺跡』といえば、戦前から全国の考古学研究者で知らないものはないほど著名な遺跡であったが、その内容となると誰も詳しく知らない。いわば〝幻の大遺跡〟だったのである」（七田・前掲論文）とも、氏は述べている。

ところが、そこは、すでに工業団地になることが決定していた。工業団地用地は、六五haにも及ぶ。この

うち、竪穴式住居跡や甕棺墓の密集している四カ所、計六haだけを、緑地として保存することだけは確定していた。それは、全体の一割にも満たない面積でしかなかった。その一方で、さらに遺跡が埋まっていると見られる三〇haについては、三年という短期間で発掘することになっていた。ずいぶんと慌ただしい計画だ。こうして現地では、一九八六（昭和六一）年五月から発掘調査が開始された。

三年にわたる調査の結果、関係者の予想を遥かに超える発見が、次々にもたらされることとなった。だが、発掘の成果に喜んでばかりいられなかった。「この大遺跡が、あと十日あまりで地上から姿を消してしまう」ことが、すでに決定していた。

吉野ヶ里を「邪馬台国」の中心地と見なす奥野正男氏は、誰よりもその感を強くしたようだ。一九八九（平成元）年二月二二日、考古学者の佐原真と一緒に、「吉野ヶ里遺跡」内を見て回っていた奥野氏は、少し重い気分であったと、のちに『吉野ヶ里遺跡の謎』で、当時を回想しているほどだ。

ところが、その日、頭上には、新聞社のヘリコプターが飛び回り、発掘事務所には、カメラを肩にしたテレビ局の報道関係者や新聞記者が出入りし、いつもと様子が違っていたと、奥野氏は感じたという。そして、翌日になって、〝どんでん返し〟のきっかけが起こる。

翌二月二三日、『朝日新聞』が、「邪馬台国時代の『クニ』跡」「最大級の環濠集落」「『倭人伝』と符号の望楼」といった見出しの下に、一面で、吉野ヶ里を「邪馬台国」との関連で大きく報じた。吉野ヶ里をめぐる状況は、ここから劇的に変貌していく。

『朝日新聞』報道によって、この地が、にわかに全国からの注目を浴びるようになった。現地への見学者は、多い日には一〇万人を超え、一般公開の始まった二月末から、五月七日までの二カ月余りの間に、一〇〇万人が訪れたというから、その加熱ぶりが分かる。「知りたい、見たい！」。日本国民の、いまだはっきりしない日本古代への渇望の現れが、〝吉野ヶ里詣《もう》で〟となったのである。

この後で述べる「荒神谷遺跡」や「加茂岩倉遺跡」に比べ、交通の便に恵まれているにしても、「吉野ヶ里遺跡」の周辺は、田んぼだけだ。それなのに、開所したばかりの大型遊園地と錯覚でもしたかのように、見学者が、一気に殺到したのである。押し掛けても、この時点ではほとんど何も分からないのにだ。せっかちと好奇心とは、切っても切れない関係にあるようだ。

わたしが現地を訪れた時期は、その年の一二月である。知識も十分蓄えて訪れているから、すでに〝旧知の土地〟となっている。しかも、平日ということもあって、まるで潮が引いた干潟のように、遺跡内は人影もまばらだった。お陰で、ゆっくり見学することができた。休憩室には、遺跡保存を佐賀県知事へ要望するための署名用紙と、募金箱が置かれていた。この時点でも、遺跡保存は決定していなかったのである。

ところが、間もなく、局面はガラリと変わる。当時の熱気が、またたく間に遺跡保存を願う声に変わり、行政機関を動かす物理的力となったのである。その結果、当初の工業団地計画は見直されて、吉野ヶ里の全面的な保存が確定したのである。

これには、遺跡発掘責任者の高島忠平氏と、考古学者の佐原真の打った「大芝居」（奥野・前掲書）といった憶測も、後日飛び交うことになる。仮にそうであったとしても、結果が結果だけに、最善の選択となったのではないか。

遺跡が保存できただけではない。その後の日本経済の推移を見れば、この計画の変更は正しい判断であったようだ。それはさておき、この大反響の中で、吉野ヶ里騒動は幕を切って落とされたのである。

「吉野ヶ里」は「クニ」にあらず

吉野ヶ里は、わが国の古代史上貴重な遺跡である。近年、その規模と弥生時代を知る情報量において、吉野ヶ里ほど脚光を浴びた遺跡はない。国民の「邪馬台国」を中心とする古代史への関心が、どれほど高いか。それを、まざまざと見せつけてくれた。まず、ここで色めき立った学者・研究者が、九州説論者だ。その一人が、吉野ヶ里を「邪馬台国」に比定する奥野正男氏である。

では、その九州説論者の吉野ヶ里についての見解が、万人を納得させるような説明になっているのだろうか。わたしの答えは否だ。まして、吉野ヶ里をもって、邪馬壹国の所在地に比定することはできないのである。吉野ヶ里の地形と、その上に築かれた諸施設では、敵国からの攻撃を防ぐことは、到底無理である。

ところが、吉野ヶ里を論ずる九州説論者の悪癖が、ここでも顔を出してきた。先に、宮崎康平・楠原佑介氏を例に取り上げた〝「遠絶」飛ばし読み旁国比定法〟が、それである。自説の「邪馬台国」比定地の周辺に、遠絶であるはずの「その余の旁国」をちりばめるという、例の比定方法である。

ここでも同様の見解を披露した学者が、安本美典氏だ。吉野ヶ里は神埼市に属す。その「カンザキ」が「華奴蘇奴」の音に近いと判断し、ここを、「遠絶」にある「旁国」の一つの国「華奴蘇奴国」に比定したのである（安本『吉野ヶ里遺跡と邪馬台国』）。

氏の「邪馬台国」比定地は、甘木市（現朝倉市）である。その甘木市と吉野ヶ里とは、極めて近い。その間には、小郡《おごおり》市・鳥栖《とす》市などの自治体しかない。どこから見ても、「遠絶」とはほど遠い。陳寿の強調した「遠絶」の二文字を無視すれば、真実から遠ざかるだけではない。隔絶されるだけである。

「華奴蘇奴」が、果して「カンザキ」と読めるだろうか。どう見ても、読めない。この旁国名はカトソトか。それも、カトとソトの二つの地名から成り立っているようだ。蘇奴《そと》国については、千葉県の旧相馬郡相馬郷、現匝瑳《そうさ》市一帯に、すでに比定している。この比定から考えれば、華奴は、匝瑳市の北に位置する香取《かとり》市が有力な候補地となる。香取は、カトと読むことができるが、その根拠である。「華奴蘇奴国」は、香取市・匝瑳市一帯と考えられる。ここは、霞ヶ浦のほぼ南に位置している。

吉野ヶ里も、弥生時代の「クニ」の一つと見なされている。「クニ」とは、「国」へ移行する過渡期の血縁・地縁による共同体で、今日の「村」を一回り大きくしたような単位だと考えられている。しかし、吉野ヶ里は、この地域だけで一つの「クニ」を形成していたのではない。あくまでも、女王国に属す一領域であるに過ぎない。

「吉野ヶ里遺跡」を、過大評価すべきではない。かと言って、過小評価もすべきではない。客観的に評価すべきである。吉野ヶ里の周辺には、複数の、それも「吉野ヶ里遺跡」以上の巨大遺跡が、地表に露出したまま遺存している。これらの巨大遺跡は、それぞれが単独で存在していたのではない。周辺の巨大遺跡と有機性を保ちつつ、機能していた施設の一つである。「吉野ヶ里遺跡」も例外ではない。この視点がなければ、吉野ヶ里の本質は、いつまで経っても見えてこない。まして、「クニ」にこだわっていては、なおさらである。

「吉野ヶ里遺跡」の特徴

「吉野ヶ里遺跡」の特徴は何か。その特徴を明らかにすることによって、この遺跡の本質は見えてくる。そこでまず、その特徴を把握することが不可欠となる。

(1)地形の巧みな利用　：　脊振山地から南に向かって伸びてきた神埼・三田川・中原《なかばる》地域の低丘陵地の先端部を選び、その地形を巧みに利用しながら、環濠集落を形成している。それだけではない。東を流れる田手川、西の三本松川の河川を、洗顔、洗濯、風呂などの生活用水として活用していたと思われる。

ここは、日常生活にとっても、不自由のない便利な土地柄であったようだ。飲料水は井戸水を使用している。志波屋六の坪地区から、弥生時代の井戸跡三基が発見されている。

この二本の川を、天然の防御線として活用したという見解もあるが、どうか。川幅は狭く、水量も多くはないから、苦もなく渡ることができる。むしろ、生活用水の確保に主眼が置かれていたと考えるべきではないだろうか。

(2)二重に巡らされた濠

①外濠《そとぼり》と城柵《じょうさく》　：　「吉野ヶ里遺跡」の周りには、推定二・五kmにわたって、外濠《そとぼり》が張り巡らされて

いる。その外濠《そとぼり》に囲まれた面積は、甲子園球場の四～五倍、二五haに及ぶ。この外濠《そとぼり》は空濠《からぼり》となっている。底はV字型で、濠を掘った残土は濠の外側に積み上げて、土塁を築いている。水城と同じ工法である。ただし、その上に城柵を設置している点で、水城と異なる。

②内濠《うちぼり》の規模　：　濠の内側に、さらに設けられた濠である。敵を神経質なまでに意識した施設であることが、これによって分かる。外濠と内濠の違いは、単にその位置関係だけではなく、数値の上で歴然としている。

表13－1　外濠と内濠の比較

区分	幅員	深さ	底部の形状	備考
外濠	六・五m	三・五m	V字状	（注）
内濠	三・五m	二・五m	逆台形状	

（注）築造当時の外濠は、幅八～一〇m、深さ四～五mと推定されている。

(3)楼観の配置　：　内濠の中の、とくに眺望が利《き》くと思われる位置に、張り出し部分が六カ所ある。土俵の徳俵を想像すれば、分かりやすい。その張り出し部分には、それぞれ一間×二間と一間×一間の柱穴が確認されている。これは、その柱穴の規模から高さ約一〇mの楼観―物見櫓と考えられている。標高一五～二〇mの丘陵上に、高さが約一〇mの物見櫓《やぐら》が建っていたことになるから、有明海を見渡せることのできる櫓である。

(4)住居跡と高床式倉庫

①高床式倉庫　：　外濠の外には、六〇棟に及ぶ高床式倉庫群とおぼしき跡が発掘されている。発達した土木工事とともに、それに対応できるだけの建築技術もまた、発達していたことをうかがわせる。

②住居　：　内濠の周囲には、弥生時代の住居跡約三五〇棟が発掘されている。中央は広場となっているようである。内濠の一画には、さらに城柵によって囲まれた区域があり、そこには竪穴住居とは別に、高床の住居と見られる掘立柱の建物跡が確認されている。

(5)整備された墓域　：　死者は、現存者の邪魔はしない。国土の七割を山岳地帯が占める日本列島では、墓地は、山裾、緩やかな山の斜面、あるいは海岸部といった日常生活に支障の生じないところが選ばれてきた。吉野ヶ里でも、その鉄則は守られている。やはり、外濠の外に墓域が設けられている。

その墓域の中でも、特に驚かされた出土物が、甕棺（カメカン、現地ではミカカン）の大群である。その数は約二三〇〇にもなる。その他、土壙墓《どこうぼ》・木棺墓・箱式石棺墓も含めると、二六〇〇基以上にもなるようだ。施設自体が大規模だが、墓域もまた大規模だったことになる。

確認できた人骨は、三〇〇体以上にもなる。その中には、首のない遺体、一二本もの鏃《やじり》の刺さった遺体、大腿部を骨折・切傷のある遺体のあることも分かっている。

これが、「吉野ヶ里遺跡」の特徴である。ここでなお、倉庫群と内濠内の住居群について補足しておきたい。まず、倉庫群の見方だ。一体、弥生時代にどのような役割を果たしたのか。

その一つに、佐古和枝氏の見解がある。氏は遺跡の周辺で、この「大集落」を支えるほどの弥生の水田跡が見つかっていないことと、この地が交通の要所にあることを根拠に、「自給自足的な農耕集落（ムラ）というよりも、むしろ交易を大きな経済基盤とする『都市』の姿に近いだろう」（「弥生と中世――二つの戦国時代の濠」、アサヒグラフ編『吉野ヶ里』所収）と考えた。

これに対し、別の見方もある。「個人や個別の家族の食糧や財の蓄積をはるかに越えるものであり、大きな集団の生産物を確保、管理する公的な蔵」（佐賀新聞社『吉野ヶ里王国』）とは、高島忠平氏の見立てだ。これが正解である。兵士のための〝食糧倉庫〟である。兵士たちは、ここで昼夜を分かたず警備する。そのために、食糧を常に備蓄する必要があった。

内濠内の住居群の中には、兵士とは別に、吉野ヶ里で働く従業員の宿舎なども建てられていたと思われる。その従業員の主な仕事としては、兵士の食事の準備、施設の維持管理が考えられる。だが、大半は〝兵舎〟

が占めていたと思われる。

内濠内で、もう一つ注目しなければならないことがある。その中央部に設けられている「広場」だ。この広場は、〝兵士の集合場所〟となっていたのではないか。指揮者が兵士たちに、攻撃と防御の両面から戦闘態勢の指示を与え、その指示を徹底させるためには、兵士全員が集合できるだけの空間を必要とする。吉野ヶ里の「広場」は、そのために設けられていたと思われる。「広場」は、基地に不可欠な付属施設である。

「吉野ヶ里遺跡」最大の謎

吉野ヶ里では、環濠集落西側の外濠から、弥生期の土器片が数一〇万点も出土している。あるいは、この出土状況は、「吉野ヶ里遺跡」中、最大の謎と言ってもいいほどである。それなのに、この不可解な出土状況に疑問を呈した発掘関係者も、学者も、一人としていなかった。関心の中心が、吉野ヶ里は「邪馬台国」なのか、否か。違うとすれば、それは、「その余の旁国」のどこに当たるのかといったことに、あったためと思われる。

土器片は、V字型の外濠の底から出土している。外濠は、外敵の侵入を防ぐために巡らされている。それなのに、そこが〝ゴミ捨て場〟をも兼ねていたことになる。どのように考えても奇妙である。実はここに、「吉野ヶ里遺跡」最大の謎が隠されていたのである。

女王国の北に当たる前面は、「万里の長城」―水城によって守られていた。それでも、水城の北東の山塊を越えて、敵国が攻撃してくる可能性は多分にある。その対応のために築かれた軍事施設が、いわゆる「神護石」と呼ばれる大野山の山城《さんじょう》である。この施設の一部には、その規模の巨大なことから、「百間石垣」とも呼ばれている石組みが今も残っている。水城とほぼ同時並行で築かれた要塞である。

「大野及び椽《き》、二城《き》を築かしむ」と、「天智紀」は記している。このため、この土木事業は、天智四（六六五）年秋八月のことと信じられてきた。だが、その前年、六六四年に築かれていたという水城は、すでに〝崩壊〟している。一〇〇〇年もの時間をさかのぼる、紀元前の軍事施設だった。大野山と椽山（基山）の

「城《き》」は、水城と一体となった砦である。その水城が〝崩壊〟したのだから、その「被害」が、大野山と基山に及ぶことは避けられなくなる。

狗奴国政治圏は、必ず北の博多湾岸から攻めてくる。しかも、敵は強大である。その猛攻を防ぐには、ひたすら守るしかない。その最大の手段が、平地の水城とその北東の大野山に築かれた砦である。水城と大野山の「城」は、築造した当事者にとっては、その生死を左右する命綱だ。この砦を築くために、多大の労力と年月を費やしたばかりか、どれほどの困難と犠牲を払っていたことだろう。想像するに余りある。この巨大な軍事施設と「天智紀」の間に、激しい温度差を感じない方が、かえって不思議だ。

御笠郷（太宰府政庁跡）を拠点とした筑紫勢力は、水城と大野山の「城」を設けることで、北に対する守りは万全となった。それでは、その背後に当たる南の備えは、怠っても安心だったのかどうか。

「天孫降臨」以前、伯耆・出雲勢力は、一時的ではあっても、九州全土を征服していた。その間、九州の主だった地理・地形などの情報を収集し、知識を蓄えようとしなかったとは、考えがたい。自己を守る最大の方法は、相手を知ることにある。特に、移動に欠かせない道路・港湾については、徹底して調べ上げていたと思われる。

伯耆・出雲勢力は、軍事力のみにおいて、優位に立っていただけではない。相手の手の内を十分に知っている。これが軍事上、さらに優位に立つことができた要因であったと言える。

これに反して、筑紫勢力は必死だ。そのような弱小国家にとって、前方の守備だけでは不安は残る。三六〇度も首を回すことのできるフクロウのように、左右にも、そして、その背後にも常に眼を光らせることが、この不安を少しでも解消する唯一の方策であったはずである。

現太宰府政庁跡の東と東北には、御笠山（宝満山、標高八六八・七m）だけではなく、大根地山《おおねちやま》（同六五二・〇m）と三郡山《さんぐんざん》（同九三五・九m）が聳えている。さらに、この二つの山塊との間にも、山々が連なっているため、ここから攻撃してくる可能性はほとんどない。西も、東西に延びる脊振《せふり》山地から、北に突き出るように牛頸《うしくび》丘陵が形成されているために、この方角についても、それほどの不安はない。

最も手薄となっているところ、それが現政庁跡の背後となる南であった。その南には、有明海が広がり、筑後川も流れている。一見、安全なようではあるが、その実、ここが最も危険地帯となっていた。狗奴国連合軍は、九州の西岸を南下し、長崎県の南端・西彼杵《にしそのぎ》半島を迂回《うかい》して、高島・端島《はしま》（軍艦島）を横目に見ながら、有明海に侵入してくる。万が一、敵が有明海に侵入すれば、筑後川をさかのぼって、現政庁跡へ攻め込んでくることは、多分に想定できるところである。

この想定の上に立てば、筑後川は天然の要害どころか、逆に、敵国の付け込む攻撃路となりかねない。現実に、狗奴国連合軍は、ここからも攻め込み、有明海沿岸・筑後川流域でも、激しい戦闘が起こっていたのである。吉野ヶ里の甕棺に埋納された人骨、なかでも首のない人骨、矢じりの突き刺さった人骨の状態が、その事実を雄弁に物語っている。

邪馬壹国は、吉野ヶ里一帯で、苦い経験を舐《な》めさせられている。よもや背後から攻撃を受けることなど、予想だにしていなかったことだろう。しかし、実際に〝裏をかかれた〟。そこでようやく、ここにも要害の必要なことに気づいたのである。その苦い経験によって築かれた砦の一つが、吉野ヶ里である。

佐賀平野に吉野ヶ里と同程度、あるいはやや低い水準の砦があったのかどうかは、不明だ。だが、吉野ヶ里だけで、有明海沿岸の警護に当たっていたとは思われない。現政庁跡と吉野ヶ里との間に、基山がある。「天智紀」の記す「椽」である。「椽」は地名だが、「城《き》」とは要害・砦のことである。やはり、この「椽」―基山にも神護石が巡らされ、基肄城《きいのき》が築かれている。吉野ヶ里は、基山と一体となった軍事施設、それも基山を後方基地とする前線基地ではなかったか。

これで、太宰府の守りは完璧となった。警戒することフクロウの如《ごと》く、身を守ること亀の如し。これが、常に守勢に回っていた女王国の姿であった。そこで、もう一度、吉野ヶ里最大の謎に戻ることにする。なぜ、〝ゴミ捨て場〟同然に、大量の土器片が、V字型の外濠の底にバラ撒《ま》かれていたのか。バラ撒かれていたものは、土器片だけではない。石器・カキなどの貝殻・獣骨も含まれているのである。ますます〝ゴミ捨て場〟の性格を強めるような物質ばかりだが、そうではなかった。

ようやく、吉野ヶ里の謎が解けた。外濠の底にバラ撒かれた、これらの物体の上を素足で歩けば、どうなるか。大量の土器片・石器・カキなどの貝殻・獣骨の共通点は、鋭利な刃物となることにある。これらの物質はゴミではなくて、立派な武器、鉄菱《てつびし》に相当する「武器」なのである。だから、〝バラ撒かれていた〟という表現は、適切ではない。丁寧に〝敷き詰められていた〟のである。

当時の社会に、鉄製のスコップなどはないから、濠を掘削するには、莫大な労力と時間とを要したはずである。その外濠を、〝ゴミ捨て場〟として粗末に扱うとは、どうしても考えられなかった。これが、外濠に〝捨てられていた〟大量の土器片の写真を見ての、第一印象であった。そのために、〝外濠＝ゴミ捨て場〟説にこだわり続けた。謎が解けたのも、この第一印象を大切にした結果である。

吉野ヶ里の外濠は、敵を内部に侵入させないために設置されている。その濠を〝ゴミ捨て場〟として粗末に扱うことは、自己矛盾である。吉野ヶ里を知る上で、考古学者たちは、大量の土器片などの〝鋭利な刃物〟を、〝軽視し避けて通ってはならなかった〟のである。

「吉野ヶ里」に訪れた変化

そんな吉野ヶ里にも、その機能の停止する時が訪れる。狗奴国とその連合国の消滅—紀元前の時代から延々と続いてきた脅威が、ついに去ったからだ。外濠に敷き詰められていた土器片の大半は、弥生土器である。須恵器《すえき》・土師器《はじき》といった古墳時代の土器は見られない。当然のことである。いわゆる古墳時代の到来は、狗奴国の消滅と無縁ではない。それどころか、狗奴国が消滅したから、突如として古墳時代が始まっているのである。

機能停止の現象は、別の側面でも確認できる。敵の脅威の去った吉野ヶ里は、それまでとは違った顔を見せるようになる。その後、掘立柱建物跡三〇〇棟、井戸約五〇基、大規模な道路跡などが発掘されている。それも丘陵上、あるいはその斜面からではなくて、低地から発見されている。それは、いずれも奈良時代から平安時代を中心とする遺跡・遺構である。時代はすっかり変わっている。高いところへ立てる必要性など、どこにもなかったのである。

張政が邪馬壹国へ〝着任〟した二四七（正始八）年以後、日本列島の政治地図は様変わりを示す。吉野ヶ里の風貌の変化は、この政治地図の変化に照応している。不思議な現象ではない。武装した吉野ヶ里は、すでに必要ではなくなっていた。

吉野ヶ里の中で、発掘関係者のみならず国民が最も注目した遺跡が、外濠で囲まれた領域の北端に設けられた墳丘墓だ。その規模は南北三九m、東西二六m、高さは四～五mとなっている。その中でも、国民の熱い視線を浴びたところが、その中央にある甕棺墓である。被葬者は誰か。ここに関心が集中した。

とにもかくにも、吉野ヶ里は、「邪馬台国」そのものか。あるいは、「邪馬台国」解明の鍵を握る「クニ」と見なされている。だから、豪華な出土品を期待して、多くの国民が、その発掘を固唾《かたず》を呑んで見守った。ところが、国民の期待は、根底から裏切られた。大山《たいざん》は鳴動したが、出てきたのはネズミ一匹。竜頭蛇尾といった結末に終わったのである。期待が大きかっただけに、ここから襲ってくる落胆も、また大きい。

中央部の甕棺からは、中国原産の鉛ガラス製の管玉《くだたま》七〇個余と、十字型をした有柄細形《ゆうへいほそがた》銅剣一本のみが出土しただけである。墳丘墓では、中央部のこの甕棺を含む七基の甕棺が発見されている。このうちの五基は、墳丘中央部を取り囲むようにして埋葬されているが、遺品が残っていたのは、その中の四基だけである。それも細形銅剣が一本ずつという、これまた貧相な出土物である。

しかし、これが、吉野ヶ里の実態なのである。吉野ヶ里は大王、あるいはそれに準ずる実力者の統治する

「クニ」などではない。まして〃女王・卑弥呼の都したところ〃などではない。死者を恭《うやうや》しく埋葬した墓地でもない。徹頭徹尾、砦―前線基地である。貧相な装飾品の出土こそ、吉野ヶ里にふさわしく、その性格を強く示唆している。

ところが、墳丘墓について調べていくうちに、わたしが〃感じた疑問〃が、その時代である。前述したように、この墳丘墓から七基の甕棺が見つかっている。佐賀県教育委員会編『環濠集落　吉野ヶ里　概報』では、そのいずれもが、なぜか「弥生中期中頃」となっていることである。これは、遺跡発掘関係者の統一見解でもあるようだ。

高島忠平氏は、このように語っている。「吉野ヶ里の墳丘墓は紀元前一世紀前半から一世紀初頭にかけて造られたもので、およそ八十年間にわたって続いたものと言えます。一方、卑弥呼の亡くなったのは、三世紀の半ば、二四八年頃《ごろ》と推定されますので、時代的にもまったく合いません」（高島「邪馬台国は吉野ヶ里の楼観から見えた」、安本編著『吉野ヶ里は邪馬台国なのか』所収）。要は、弥生中期の遺跡だと言っているのである。果して、高島氏のこの見解は正しいだろうか。

吉野ヶ里の主要遺跡の築造、あるいはその出土物の製作についての年代判定の根拠は、一体何か。驚くことに、すべての年代判定の基準尺が、土器なのである。土器を通して古代を見る。これが考古学者の視点であり、文献学者もこの判定方法を信じた。

しかし、縄文と弥生を問わず、土器から見えてくる光景は、いつもボンヤリとしている。それなのに、誰もが分かったような顔をしてきているだけなのである。

高島氏のような「観察」「鑑定」だと、弥生中期中頃と古墳時代に挟まれた「弥生後期」は、吉野ヶ里には、ほとんどなかったことになる。これも吉野ヶ里を巡る謎ではある。紀元前三世紀から紀元三世紀までの六〇〇年間が、いわゆる「学問」として認められている弥生時代である。それを機械的に二〇〇年ずつに区分して、弥生前・中・後期と、呼び慣わしてきているだけなのである。

今後の「吉野ヶ里」研究の課題は、失われた「弥生後期」（一〜三世紀）を探し出すことにあるようだ。水城は紀元前に築かれている。大野山・基山の山城もそうだ。吉野ヶ里は、これらの砦と一体をなしている。息の長い施設だ。特に基山の山城とは密接な関係にあった。その目的は、女王国を守るためである。吉野ヶ里にも、間違いなく、〝三世紀後期〟の時間帯は存在していた。

発掘作業に携わった高島氏の業績を過小評価するつもりは、サラサラない。しかし、発掘作業を正確に完遂することと、その遺跡と個々の出土物の時代を特定、もしくは推定することとは、まったく別の作業に属すはずである。

それでは、この墳丘墓の被葬者は、一体誰なのか。吉野ヶ里の性格から推測すれば、それは女王国の家臣の一人、それも、この要塞を指揮・監督した人物の可能性は大きい。これが、わたしの答えである。

「ヶ里」に特別の意味はない

吉野ヶ里に対する関心は、その遺構・出土物のみならず、その地名へと波及した。佐賀平野は、「カリ」の密集地だ。「カリ」と言っても、越冬のために飛来してくる渡り鳥のことではない。この地には、「ヶ里《かり》」という一風変わった地名が、際立って遺存している。要するに、吉野ヶ里一帯は、「カリ」だらけなのである。

このような地名上の特徴があるために、ここに卑弥呼にふさわしい地名、あるいはそれに関する特異性を嗅ぎつけたのである。これもまた、吉野ヶ里の真相を、細大漏らさず究明したいという関係者の熱望の現れと言える。

安本美典氏も、この「カリ」に注目した一人である。安本美典氏の著作の特徴は、『邪馬台国ハンドブック』に象徴されるように、何と言っても、まず「親切」にある。『奴国滅亡』も、そうである。この著作には、志賀島へ渡るには、博多埠頭からの船の利用が便利だとの、道案内が記されていた。後年、わたしもこの道案内に従った。

『吉野ヶ里遺跡と邪馬台国』もその例外ではない。安本氏は、佐賀県における「ケ里《かり》」を抜き出していた。


吉野ヶ里・田道《たみち》ヶ里・駅《やくがり》ヶ里・枝ヶ里・石井ヶ里・平《ひらたがり》ヶ里・野目《のめ》ヶ里・曽根ヶ里・小津《おず》ヶ里・戸ヶ里・東野ヶ里・布施ヶ里

わたしも「カリ」に注目し、すでに、『佐賀県の地名』（平凡社）などで、それを調べ上げていた。そこで、その結果を、安本氏のこの調査と照合して、遺漏の有無を確認するという恩恵に与《あずか》った。

確かに、「ヶ里」は耳目を引く地名ではある。しかし、ここに特別の意味はなかった。「田」の古訓に、「カリ」がある。吉野ヶ里の「カリ」は、この「カリ」である。つまり、「吉野田」だ。秋田（アキタ）・高田（タカタ）・吉田（ヨシダ）・山田（ヤマダ）のように、「田」が、「タ」と読まれていれば、ことさらに国民の関心を呼び起こすことはなかったのである。

それなのに、吉野ヶ里一帯では、なぜか、田字で示された地名接尾語を、「カリ」と読んでいたのである。その結果が、皮肉にも「吉野ヶ里遺跡」の究明騒動に、さらに輪を掛ける一役を買ってしまったのである。

「カリ」は、播磨・浅間・手間・野間・生駒のマ、日野・吉野・北野のノといった地名接尾語と、なんら大差はない。「吉野田」が「ヨシノダ」となるか。「ヨシノガリ」となるか。それは、紙一重の差でしかなかったのである。これを人騒がせという非難・言い掛かりは、しかし、当たらない。ここにも古代を知る上で、貴重な事実が埋もれているかもしれないからである。

（注）吉野ヶ里遺跡については、佐賀新聞社『吉野ヶ里王国』、アサヒグラフ編『吉野ヶ里』、『ニュートン』（一九八九年九月号）、佐賀県教育委員会編『環濠集落　吉野ヶ里　概報』などを参照。

2　緊急避難場所を兼ねていた海上監視基地――「高地性集落」の存在意義

登呂（静岡市）、板付（福岡市）、吉野ヶ里の環濠に匹敵するといわれる「唐古《からこ》・鍵《かぎ》遺跡」（奈良・田原本町）は、水田を伴う弥生時代の集落として著名である。これらの遺跡は、吉野ヶ里と異なり、いずれも低湿地帯に存在している。弥生時代には、山の斜面を利用した「棚田」の概念はなかった。稲作を営む弥生時代の集落の立地は低地、もしくは周囲よりもやや小高い台地が、常態である。

ところが、どこにでも、何にでも例外はある。それが例外的であるために、「吉野ヶ里遺跡」や高松塚古墳、あるいはキトラ古墳といった超ど派手な遺跡と違って、国民の知らない、したがって関心の外にある地味な遺跡が、その一方にある。

地味な遺跡

この地味な遺跡は、専門家の間では「高地性集落」と呼ばれている。この遺跡には、その分布が瀬戸内に集中しているという特異性がある。名づけ親は考古地理学者の小野忠熙《おのただひろ》だ。ところが、その研究の歴史は明治時代にさかのぼると、考古学者の森浩一は言う。小野以前に、「高地性集落」に注目した先駆者が、山口県に存在した。

山口県吉敷《よしき》郡（現山口市）阿知須町《あじすちょう》のカンガラ山の山頂に、貝殻が散乱していることを耳にした山口県の考古学者・篠原市之助は、海抜八二mのこの山を調査したという。一九〇一（明治三四）年のことである。縄文・弥生時代の貝塚は、人の住んでいた低地か、やや高いところにあったことが、それまでの通例だから、この発見に、篠原は強い関心を示したようである。カンガラは、貝殻の音韻変化だという。貝の種類は、サザエ、カキ、ハマグリなどであったようだ。

一八八四（明治一七）年、東大構内（弥生町）の貝塚から土器が出土する。この土器は、その後出土地に因《ちな》んで「弥生式土器」と命名される。一八九六（明治二九）年のことである。これが、明治三四年前後の時代背景である。つまり、考古学の種がようやくわが国にも蒔《ま》かれた時代、いわば黎明期に相当する。

だから、「そのようなときに、カンガラ山遺跡の特異性を注目した篠原の炯眼《けいがん》は、敬服に値する」（森『日本神話の考古学』）と、森は高く評価したのである。篠原のこの発見から五〇年後、「高地性集落」の調査に乗り出した研究者が、小野忠熙である。

その後、国の助成も得て、大規模な調査が全国的に行われ、その調査の全貌は、『高地性集落跡の研究資料編』にまとめられている。この資料によって、「高地性集落」の特異な性格が明らかになってきた。

その特異な遺跡は、展望の利く山頂・山腹、あるいは、尾根筋や斜きの急な台地に集中している。つまり、稲作の普及に伴う低地志向に、背を向けるかのように、ことごとく、日常生活に不便を来す地形上に存在しているのである。そればかりか、この地味な遺跡のもう一つの特徴は、武器的遺跡や防衛施設の遺構を持ち、軍事的防衛機能を備えた施設でもあったということである。

（1）北迫《きたさこ》遺跡（宇部市川上）…　川上遺跡とも呼ばれているこの遺跡は、標高八〇m、比高三五mの丘陵の頂上に近い斜面にある。「防衛主体畑作付随の感が強い」という。なお、比高とは、ある地表の最高点と最低点との高度の差を示す数値である。したがって、北迫遺跡の最も低い地点でも、四五m前後はあったことになる。

（2）辻　遺跡（宇部市川上）…　標高四〇～四五m、比高三〇～三五mの、瀬戸内海を見下ろすことのできる丘陵上に遺存している。

（3）南側遺跡（宇部市沖宇部《おきうべ》）…　標高四〇m、比高三〇～三五mの丘陵近くに遺存している。

（4）荻峠遺跡（山口市下宇野令《しもうのれい》）…　標高一一〇m、比高五〇mの丘陵上に遺存。ここからは、盆地主要部を見渡すことができる。

(5)亀山遺跡（山口市亀山）……標高六〇m、比高二五mの丘陵上に遺存。ここもまた「盆地の展望にすぐれている」地である。

(6)宝股《ほこ》山遺跡（愛媛県伯方《はかた》町―伯方《はかた》島）……標高三〇四〜一九〇m、比高二五〇〜一四〇mの山頂と尾根に遺存。瀬戸内海水路を一望する地である。

これが、「高地性集落」の中の「特異な遺跡」の一部である。今日では「引野《ひきの》遺跡」と呼ばれているカンガラ山の山頂もまた、周防灘を眺めることのできる見晴らしのよいところだという。

このように、低地、あるいは低丘陵地ではなく、標高が四〇mを超え、一〇〇m前後の高地に集落を形成したり、あるいはそこに、常時、人の住んでいた痕跡があるのは、なぜか。どのような事情があって、弥生時代の人間は、日常生活に不便な山の中に、集落を形成し、そこで生活するようになったのか。地味な遺跡のもたらした、重要な問題提起である。

その謎を謎と思う各地の研究者の共通認識を、自らもその発掘と分析に携わった森浩一が、『日本神話の考古学』の中で、簡潔にまとめている。

(1)わが国内外の焼き畑耕作などの実例からみて、「高地性集落」は、その遺跡の周辺での畑作だけでは、共同体成員の食糧をまかなうことはできない。

(2)山地にある畑作集落が、空濠《からぼり》を掘ったり、土塁を築くことはまずない。

(3)遺跡の高度は、それぞれの遺跡によりかなり異なっている。

(4)「高地性集落」の中でも、海や川を見下ろす高所にある見張り場的な遺跡、あるいは鏡片で太陽光線を反射させたり、人工的な煙（狼煙《のろし》）によって信号を送る通信の場などでは、住居址が一棟か二棟の場合がある。これら小規模な遺跡の多くは、付近の「高地性集落」に付属する形態をとっている。

(5) 推定される当時の農耕地とか、水陸の交通路から見ると、日常性を欠くほど不便なところにある。それでも、そのようなところを選んでいるのは、見晴らしがよく、さらに防御がしやすいという長所があったためと考えられる。

(6) 「高地性集落」は、しばしば戦国時代の「山城」と同じ地形にあり、その機能から見れば「弥生の山城」と言っても差し支えない。戦国時代に匹敵するような、よほどの戦乱が、弥生時代に続いていたと推測される。

このように特異な遺跡の性格から、これらの遺跡を「高地性集落」ではなく、「高地性遺跡」と呼ぶ方がふさわしいと、森浩一は主張している。ついで、この「高地性遺跡」は弥生時代の中期と後期に集中して現れ、古墳時代や奈良時代には、ほとんど存在しなくなっていると分析している。「なかにはその上に、四世紀の前方後円墳が造営されている例もある」（森・前掲書）という。つまり、弥生末期には「高地性遺跡」の主体、あるいはその担い手がいなくなったということになる。

「高地性遺跡」の形成された弥生時代は、のどかに稲作栽培を行っていた平和な時代などではなかったことを示している。森は、「高地性遺跡は、九州に近い西のものが弥生中期に多く、近畿を含む東のものが弥生後期に多い傾向がある」とも述べている。この傾向には、「神武東征譚」が影響しているためではないかと、氏は推測している。

「神武東征譚」とは、日向（宮崎県）を発進した神武が、「安芸」（広島県）、「吉備」（岡山県）を経て、大阪湾に突入したという『記紀』の伝える物語である。他方、「高地性遺跡」は、山口・広島・岡山・愛媛・香川の瀬戸内と、大阪湾岸に集中している傾向がある。神武率いる武装集団の東征経路と、「高地性遺跡」の分布とは、一致する。この共通性だけを見れば、森の仮説は正しい。しかし、「神武天皇」とは時代が大きく異なる。

絶えず守勢に回っていたとはいえ、筑紫側も、伯耆・出雲勢力の攻撃にやられっ放しではなかった。時には、ゲリラ的に逆襲もしていたであろう。筑紫勢力と伯耆・出雲勢力の紛争の間には、長い時間帯が横たわっている。

ところが、一つの事件をきっかけとして、風向きが変わってきた。邪馬壹国が例の「戦中の使者」を派遣し、魏に支援を求めたことによって、それ以後、狗奴国政治圏と邪馬壹国政治圏とは攻守ところを変え、戦況が大きく変わってきたのである。

瀬戸内海を、西から東へ向かった弥生中期から後期にかけての武力勢力とは、女王・卑弥呼の国とその同盟国である。森の言う瀬戸内・大阪湾岸の「高地性遺跡」とは、邪馬壹国側からの攻撃を監視するための軍事施設、それも緊急避難場所を兼ねた〝海上監視基地〟だったのである。

敵の船の接近を確認すれば、男たちは武器を手に、応戦体制を整える一方で、子どもや女性、それに病弱者・高齢者たちは、押し寄せる津波から逃げるように避難した。向かう先は、高台にある「高地性集落」である。「高地性集落」は、あらかじめ用意された緊急避難場所でもあった。ここが定住の集落の体裁をなしていないのは、そのためである。

この軍事施設は狼煙《のろし》を上げて、敵の襲来を知らせることを、最大の役割としていたことになる。瀬戸内の「高地性遺跡」――〝海上監視基地〟は弥生前期、あるいはそれ以前から設置されていたと思われる。

瀬戸内と大阪湾岸の「高地性遺跡」が集中して設置された時期は、両国間の戦闘の激化した弥生中・後期と思われる。この時代に、畿内に「唐戸・鍵遺跡」（奈良・田原本町）、「稗田《ひえだ》遺跡」（奈良・大和郡山市）、「池上・曽根遺跡」(大阪府和泉・泉佐野市)といった環濠集落が現れるのも、偶然の産物ではない。ところが〝海上監視基地〟の機能だけではなく、大規模な「高地性集落」をも備えていた遺跡が存在していた。

弥生時代最大の「高地性集落」

　日本海を豪快に泳ぐ「淤能碁呂島」(雄々《おお》し蛇島《ころしま》―島根半島)が、すぐそこに見える。その先は、忍熊王の没した「淡海の沖」だ。ここを訪れると、いまだ解明されていない古代の姿を眼下に納めることができる。この地で大戦乱があったことを拒絶するかのような、のどかで美しい眺めである。

　ここも危うくゴルフ場に造成されるところだったが、遺跡として保存が決定した経過がある。その関係者の一人、それも保存運動の先頭に立って行動した人物が、米子市出身の考古学者・佐古和枝氏である。その行動と熱意については敬意を表したい。吉野ヶ里の保存決定から、わずか一〇年後のことである。「吉野ヶ里遺跡」についてのわたしの見解は、佐古氏とは異なるが、遺跡保存についての考えは一致する。

　この遺跡を、「妻木晩田《むきばんだ》遺跡」という。妻木晩田とは、孝霊山《こうれいざん》から伸びる丘陵の北端にあり、鳥取県西伯郡淀江町(現米子市淀江町)と大山町にまたがる七遺跡の総称である。

　この地は標高一〇〇m前後の尾根の上に広がり、一五六haにも及ぶ古代の巨大な集落となっている。住居と建物は九〇〇棟にも及ぶといわれ、そのなかには、一辺八mの太い柱の大型建物も存在していた。このほかに三〇基の墳丘墓も確認されている。その規模において、とんでもない遺跡であることが分かる。

　規模において吉野ヶ里を凌ぐといったように、その巨大さばかりが強調されている感もあるが、ここは日常生活にはまるで適していないところである。展示室に勤務している女性に尋ねてみた。夏でも朝は寒く、風は強いと言う。それなのに、この〝山の中〟に、墓地まで用意して生活をしているのである。何のために。これが「妻木晩田遺跡」の最大の謎である。ここに平地がないのなら、丘陵地、あるいは山の中での生活もやむをえない。ところが、平地がないどころの話ではない。

「妻木晩田遺跡」のある山の三方は、平地である。丘陵の北は、一～三km足らずで日本海に出てしまうが、東と西には、日本海に沿って平野部が開けている。現在では、この平野部に当然のごとく民家が立ち並び、集落がいくつも形成されている。古代でも、この地形は大きくは変わらなかったはずである。

それなのに、丘陵地や山の中で、日々の生活を送っているということは、すでに平野部では生活できない状況が訪れていたことを物語っている。邪馬壹国側による波状的な攻撃から、避難するためだ。

三世紀、隠岐島（その余の旁国の奴国）は、すでに邪馬壹国が領有していたことを、「魏志倭人伝」は記していた。隠岐島という海上基地からだと、淀江町辺りは、距離的に格好の標的となりやすい。しかも、忍熊王が追い詰められたところは、「妻木晩田」に近い淀江町小波《こなみ》の先の海だった。今、その謎も解けた。

狗奴国にとって、この地は、軍事上きわめて重要であったことを告げている。あるいは、狗奴国の首都にも相当するようなところであった可能性も、十分に考えられる。平時の中心地が、妻木晩田丘陵の東に広がる緩やかな傾斜地ではなかったか。

大山山麓の北端に位置するこの傾斜地は、大山町豊房《とよふさ》から日本海に面した名和町《なわ》（現大山町）へと続き、東に船上山《せんじょうせん》を中心とする山塊が控えているから、三方は山に囲まれている。いわば準盆地状の地形と言える。その緊急避難先が「妻木晩田」ではなかったか。戦況が悪化するにつれて、「妻木晩田集落」の規模は、次第に膨張せざるをえなくなっていったものと思われる。

〝狗奴国の終末を伝える墓碑銘〟。洞ノ原《どうのはら》地区に並ぶ四隅突出型方墳を見つめていた時、わたしの胸を去来した思いが、これだった。〝天然の物見櫓〟も備えた海上監視基地と、政治的中心機能とを兼ね備えた「妻木晩田遺跡」は、「高地性集落」の水準を大きく超えた〝高地性軍事基地〟であったと言える。

「吉野ヶ里遺跡」の発見は、連日テレビ・新聞をにぎわした。日本列島に異様なほどの興奮を生み、その加熱ぶりはとどまることを知らなかった。一時期、佐賀県は、やや自虐的なご当地歌謡《ソング》の流行によって、有名になったこともあった。それでも、同じ九州の福岡、熊本、長崎などに比べ、その知名度は全国的に低い。ところが、「吉野ヶ里遺跡」だけは違った。遺跡の発見が報じられると、日本列島は即座に興奮の坩堝《るつぼ》と化した。

どうして、このように加熱したのか。それは何と言っても、まず九州で見つかったことにある。環濠の規模から、必ず「邪馬台国」と密接に繋がっている。これが加熱の最大の原因であった。その後、週刊誌などでも派手に取り上げられ、「吉野ヶ里遺跡」に関する本も陸続として出版された。当然、九州説に立つ論者の発言が目立った。それであっても、吉野ヶ里のような現象は、異例に属す。

一方、遺跡の規模において、吉野ヶ里を遥かに凌ぐ「妻木晩田遺跡」はどうか。一九九八（平成一〇）年五月八日に、「妻木晩田遺跡」の発見は報じられている。しかし、国民は覚めていた。まず、報道機関がそうだった。その報道量は、吉野ヶ里を大きく下回った。なぜ、かくも激しい落差を生み出したのか。

その答えは、あまりにも明快である。発見されたところが、九州でもなく、奈良・大和でもなかったからである。それだけではない。佐賀県以上に知名度の低い鳥取県だったからである。だから、「妻木晩田遺跡」の年代が、吉野ヶ里と同じ三世紀・弥生期であるにもかかわらず、「邪馬台国」とは関係ない。そう見なされてしまったのである。より正確に言えば、〝見下されたのである〟。「邪馬台国」と関わりのあることが、どこまでも歴史的価値判断の基準なのである。

これは、鳥取県出身のわたしのヒガミではない。「妻木晩田遺跡」発見以後の〝客観的事実〟だ。学者たちも、ここに貴重な歴史事実が眠っていることを見落とし続けて、現在に至っているのである。

ささやかにではあるが、「高地性集落」は、邪馬壹国の中心地・九州にも存在した。特に集中しているところが、大分県と佐賀県唐津市である。ことに大分県の場合は、狗奴国政治圏の攻撃の凄まじさを物語っているようである。

大分県では、宇佐市（台の原・上田）、速見郡（山香町《やまがまち》・日出町《ひじまち》）に、それぞれ二カ所、大分市に一カ所となっている。いずれも瀬戸内海に面した地である。これ以外に、唐津市では五カ所が、宮崎県では、やはり海に近い佐土原町《さどわらちょう》（宮崎市）に一カ所が確認されている。鹿児島県でも、鹿児島湾を望む鹿児島市と肝属《きもつき》郡で、数カ所が確認されている。長崎県では島原半島に集中している。

ところが、これまでに論じてきた「高地性集落」とは異なる「高地性集落」も、残っている。これらの「集落」は大分県では、竹田・日田市と玖珠町《くすまち》に、熊本県では、阿蘇郡・上益城《かみましき》郡・菊池郡に、宮崎県では野尻町《のじりちょう》（都城市）などに遺存している。いずれも海から遠く隔たった内陸部である点で、共通する。「神護石」で知られる佐賀市の帯隈山も、この「高地性集落」と見なされている。果して、海に近い「高地性集落」と内陸部の「高地性集落」とを、同列に扱うことが正しいのかどうか。

小野忠熙編『高地性集落跡の研究　資料編』は優れた文献ではあるが、九州の「高地性集落」の分類・定義については、今後なお、精査する余地が残っていると思われる。

3 「荒神谷遺跡」の謎

意想外の出土とその時代背景

広域農道建設に伴って、一九八四（昭和五九）年七月一一日から、その発掘調査は始まった。ところが、翌一二日には早くも銅剣が出土し、その後の発掘により、出土する銅剣の数は、日を追って増え続けた。八月三〇日、最終的に三五八本の銅剣が確認された。これまでの全国各地からの出土総数を、この発掘現場だけで上回るという驚異的な事件である。出土はこれだけにとどまらなかった。さらに一年後には、その近くから銅矛《どうほこ》一六本、銅鐸六個までもが出土したのである。

大量の出土物をもたらしたこの遺跡の発見に、日本中が驚倒した。学者たちはしばし絶句し、われにかえって混乱した。とにかく見つかったところが、武器庫の印象とはほど遠い、人里離れた山の斜面である。〝なぜこんなところに〟。当時、テレビ・新聞などの伝える映像・写真に接した時の、わたしの率直な気持ちだった。

どうして、これだけの青銅器が、人目につきにくい山の斜面を選んで、埋蔵されたのか。その地は、荒神《こうじん》谷《だに》と呼ばれている。荒神谷は出雲の中にある。だから、ここを邪馬壹国の支配の及ぶ領域と見なすことは、まずできない。

ところが、荒神谷で出土した銅矛に、「綾杉文《あやすぎもん》」状の「研《と》ぎ出し」というきわめて特徴的な文様が刻み込まれていた。「綾杉文」とは、「Λ形を連ねた文様」（新村編『広辞苑』）のことであり、「研ぎ出し」とは、「石などの表面を研ぎみがいて、中の模様や光沢を出すこと。そうした物」（西尾他『岩波国語辞典』）のことである。

この文様は、実は九州にも出雲にも見られるという共通性がある。「綾杉文」銅矛が集中して出土する地は、九州の中でも局地的であり、それは「吉野ヶ里周辺の有明海沿岸」だと、森は「吉野ヶ里遺跡がかたりかけるもの」（アサヒグラフ編『吉野ヶ里』所収）の中で、指摘している。

それぞれ遠く離れた島根県と佐賀県の地で、同じ銅矛の存在が認められるのだから、双方の間には、なんらかの「交流」があったことになる。これを物々交換の「交易」に求める見解がある。この見解だと、「交易」によって武器が輸出、あるいは輸入されたことになる。そうなると、島根県と佐賀県とは、「友好的関係」にあったことになる。これは事実なのだろうか。

「吉野ヶ里遺跡」には、不思議な一面がある。墳丘墓から出土した有柄細形《ゆうへいほそがた》銅剣についても、同じことが言える。実は、吉野ヶ里のこの銅剣は、「向津具《むかつく》遺跡」（山口県長門市油谷《ゆや》町）の有柄細形銅剣と瓜二つなのである。吉野ヶ里の銅剣が全長四四・五㎝、「向津具遺跡」のそれは四四・○㎝だから、違いは、わずか○・五㎝という微々たる差だけである。同じ鋳型で製作された可能性は高い。そうなると、島根県と佐賀県の関係のみならず、山口県と佐賀県との間にも、なんらかの「交流」「交易」があったことになる。しかも、交易対象は武器だ。

お互い手を差し出して握手し、友好を深めるだけが、「交流」ではない。「交流」には、友好的交流と敵対的交流の二形態がある。始末の悪い「交流」が、敵対的交流だ。剣と剣の交わるところに、友好関係が生まれるはずもない。それが火花を散らして、激しく交われば交わるほど、人々をますます不幸に陥れる。

出雲と有明海沿岸に共通して見られる「綾杉文」の「研ぎ出し」、山口県と有明海沿岸で出土した有柄細形銅剣の酷似性をもって、ここに「友好的交流」があったと見るのであれば、それは幻覚だ。古代の刀剣類に、そして現代の大砲やミサイルに、人間に幸福をもたらす魔法の力はない。

名剣「天叢雲剣《あめのむらくものつるぎ》」の所有者は、「ヤマタのオロチ」（越の大王・麁正《あらかみ》）だった。それをスサノオが戦利品として奪ったために、所有権が移転しただけなのである。「オロチ」の時代、剣を製作する能力は伯耆・出雲ではなく、越・筑紫にあった。征服者が、被征服民に武器の製作をゆだねることは、自殺行為に等しいから、その能力を付与することはありえない。被征服民の武器類からの隔離こそ、占領政策の基本である。

それでは、伯耆・出雲の越・筑紫からの独立後はどうか。一時的ではあっても、筑紫が伯耆・出雲の支配下に置かれていたことを考えれば、ここで逆転現象が起こっていたとしても、おかしくはない。

政治的に優位に立った狗奴国が、武器製作技術においても、やはり邪馬壹国に対して優位に立っていた。それは銅鐸で判断できる。精銅技術・鋳造技術において、狗奴国が上であることを示している。「綾杉文」銅矛、有柄細形銅剣の生産地は、狗奴国圏である。武器類を調達する手っ取り早い方法は、略奪であって、その生産ではない。

島根県の西端、山口県に接する鹿足郡《かのあしぐん》六日市町（現吉賀町）に「星坂《ほしさか》遺跡」がある。縄文時代から古墳時代にかけての集落遺跡と推定されている。この遺跡では、石鏃が二〇〇個近く発見されている（前島己基

『日本の古代遺跡20　島根』)。その多くは、安山岩の一種であるサヌカイト性である。ところがその中に、大分県姫島産の乳白色をなす黒曜石製の石鏃《せきぞく》が、混じっていたという。

白い黒曜石(むしろ白曜石と呼ぶべきか)を産出するところは、日本中で姫島だけである。鏃《やじり》とは、矢の穂先となる武器である。敵が射込んできた矢から取り外したものか。それとも、敵国からかっぱらってきたものか。いずれにしても、平和的な交流によって移動してきたものではないことだけは、明らかである。

このように、「荒神谷遺跡」の出土物もまた、山積する古代の謎について、一つの示唆を今日に与えてくれた。しかし、「荒神谷遺跡」最大の謎は、何と言っても、誰が、何の目的で、これほどの青銅器を埋蔵したのかという一点に尽きる

荒神谷というところ

狗奴国とその同盟国の敗北は、決定的となっていた。敗北後、狗奴国の都とその政治圏の主だった地は、必ず制圧される。そうなると、その近くに大量の武器を埋蔵していても、将来、これを掘り出して使用することは難しくなる。それどころか、それ以前に見つかってしまう公算は大だ。そのために選ばれた地が、人里から遠く離れ、人目につきにくい山の傾斜地だった。「荒神谷遺跡」の謎を解く鍵こそ、この地理と地形にあった。〝敵の眼から隠す〟。これがその目的である。

〝高地性軍事基地〟の「妻木晩田遺跡」が、〝狗奴国滅亡の墓碑銘〟であれば、「荒神谷遺跡」は、〝地中に秘められた執念〟である。秘匿を指揮した者は、狗奴国政治圏の上層部だ。魏の支援を受けた邪馬壹国は、疾風怒濤のごとく攻勢を仕掛け、狗奴国を窮地に追い詰めていた。

それでも狗奴国圏の武人たちは諦めなかった。捲土重来を期したのである。将来、必ず国家再興を果たす時が訪れる。この執念だ。そのために来るべき時に備え、これらの武器を地中に隠したのである。上下四段に及ぶ整然とした銅剣三五八本の埋め方が、その執念のほどを物語っている。

ここで一つの疑問が生まれてくる。これだけの武器類を隠しながら、その当事者は、信頼できる周囲の者

に、何も伝言を残さなかったのだろうか。味方に伝える一方、敵には察知されない伝言だから、それを工夫する側にとっては、難しい課題となる。しかし、その時機が到来すれば、取り出して使用するつもりだから、必ず、子々孫々へ伝えていかなければならない極秘事項となるはずである。

荒神谷の地は、簸川郡（現出雲市）斐川町《ひかわちょう》（大字）神庭（中字）西谷《さいたに》（小字）荒神谷である。つまり、小字名を採って遺跡名としているのである。この中で、注目すべき地名が、中字の「西谷《さいたに》」だ。「西谷」の地名音は、「ニシタニ」ではなくて、ここでは「サイタニ」である。

斐川町の西谷は、狭くて細い谷を形成している山間《やまあい》にある。この地形から、谷は文字どおりの意である。この地は、人が集まってくるようなところではない。そんなところであれば、武器類を隠す地としては、不適格である。改めて、この視点から西谷の地形を考えていて、「西谷」の本来の姿が見えてきた。

「サイタニ」とは〝細い谷〟、すなわち、〝細谷〟のことである。これが本来の地名であったと思われる。ところが、「サイタニ」の地名音に、「西谷」の漢字を当てたために、地名音だけが残り、いつしか、その地名起源は失われてしまっていたのである。

「神」についても、特別視すべきではないようだ。「神庭」の地名は、もとは〝上庭〟〝上場〟ということも考えられる。神庭の東、一・五km前後のところに、「下畑」の地名が残っている。この「シモバタ」こそ、〝上庭〟〝上場〟に対応する〝下・端〟ではないだろうか。つまり、神庭の神とは上のことであって、神とはまるで関係のない地名なのである。

話がいくぶん回りくどくなってしまったけれども、要するに、ここで強調したかったことは、「神庭」に、特別の意味はないということである。目立たないところ、したがって埋めて、隠すにふさわしいところとして選ばれただけなのである。

「荒神」については、前の本ですでに述べている。荒神はここでは、「蛇」そのものを表しているようだ。

つまり、〝蛇のいる谷〟の意である。西谷と荒神谷とは、これで一組となっている地名のようである。〝細い谷の、しかも蛇のいる谷〟という地名である。危険だから、この谷には近づくなという警告を、この地名は発していたのである。いわば、秘匿者の発した〝暗号〟である。その効果は、利き過ぎたというべきなのか。武器類の秘匿が、すっかり忘れ去られてしまったことは、国民周知の事実である。

それにしても、ここを訪れると、常に違和感を覚える。遺跡に通じる空間と「出雲の原郷館」の周りは、実に広々としている。大型観光バスの乗り入れができるよう配慮したためか。この辺りは、徹底して開削されたようである。

遺跡を訪れる人のために、資料館を設置することは賛成だ。だが、どうしてここまで、現地の地形を変えてしまわなければならないのか。理解に苦しむ。むしろ、当時の面影をできるだけ残す工夫こそ、必要ではなかったか。

「荒神谷遺跡」の謎を解く

なぜ、六個の銅鐸が、武器と一緒に埋められなければならなかったのか。武器を埋蔵した理由は分かったが、最後まで残った謎が、これだった。

表13-2が、荒神谷に埋蔵されていた銅鐸の実数値である。総高《そうだか》とは紐《ちゅう》の最上部《てっぺん》から裾までの高さである。ここから、紐の高さを差し引いた数値が、鐸身《たくみ》である。大きくもなければ、重くもない。大人一人が持ち運んでも、負担にならない重量である。これが、荒神谷から出土した銅鐸の特徴である。

「鐸《たく》」とは大きな鈴のことであり、したがって、「銅鐸」とは、青銅製の大きな鈴、「音」を出すための道具のこととなる。荒神谷の銅鐸もまた、「音」と無関係ではなかったのではないか。むしろ、軍事行動・戦闘と密接に関係していたのではないかとの疑問は膨らみ、銅鐸の「音」への関心は、次第に強くなっていった。

表13-2　最小と最大の銅鐸比較

総高	二一・七	~	二三・八cm
重量	六〇五・三	~	一一一六・五g

狗奴国は邪馬壹国を攻撃し、圧迫し続けた。その戦闘は主に、水城と大野山の前で激しい攻防を繰り広げていたものと思われる。しかし攻撃するたびに、水城と大野山の上から、激しく降り注ぐ矢の雨に、狗奴国側は、不本意な犠牲者を出し続けていたものと思われる。

どうすれば犠牲者を出さなくてすむのか。攻撃と退却を適切に判断する時機と、それを的確に伝える手段について、狗奴国は考え続けたものと思われる。そこで、狗奴国の辿り着いた結論が、「音」。それも、その戦況に見合った「音」を発生させるために考案した楽器が、「銅鐸」ではなかったか。

「銅鐸」を実見する。しかし、その間は展示ガラスによって仕切られているから、直接手に取って見ることも、その音色に接することもできなかった。生涯、銅鐸に接する機会はないと断念はしていたが、わたしの仮説が正しいことを確認したかったから、ますますその思いは募ってきていた。

ところが、銅鐸と縁があったのか、それとも、その強い気持ちが通じたのか。ついに「総高二三・四cm、重量八三〇g」の二分の一ではあるが、由緒正しき「外縁付紐式袈裟襷文《がいえんつきちゅうしきけさだすきもん》銅鐸」を手に入れることができたのである。それは、荒神谷の「出雲の原郷館」で売っていた。二〇〇〇（平成一二）年一〇月のことである。言うまでもなく模造品である。

わが家に帰って、早速鳴らしてみた。その音は、わたしの想像以上に澄んでいた。硝子《ガラス》製・合成樹脂《プラスチック》製の風鈴の音など、足下にも及ばない。大きさは荒神谷で出土した銅鐸の二分の一ではあっても、わが家にある南部鉄の風鈴の音色よりも美しい。これで、実物の銅鐸の音色をますます知りたくなった。人間は、どこまでも貪欲になる。

そして、翌年五月中旬、まったく予期しないところで、原寸大の銅鐸の発する音を、確認する幸運に巡り合うこととなった。ところは、松江市南部の「八雲立つ風土記の丘資料館」である。ここは一〇年前の一二月に訪れていたものの、年末年始による休館日となっていたために、館内に入ることはできなかった。今度は中へ入ることができた。

そこには、木の枝に吊された「銅鐸」があった。その中には舌《ぜつ》が取り付けられ、それに紐《ひも》が結ばれていた。この紐を左右に揺《ゆ》すると、舌が身《み》に触れて鳴る仕組みとなっている。誰でも自由に鳴らすことができる。館の説明では、この〝模型銅鐸〟の身の厚み、重量までは必ずしも実物と同じではないが、ほぼ原寸大であるとのこと。もう、飛び上がりたい気持ちだった。

平日のため、入館者はわたし一人しかいない。はやる心を押さえながら、鳴らしてみた。高く澄みきった音が、わたし以外誰もいない静かな館内に響き渡った。何度か鳴らして、心はスッキリした。銅鐸の発する音は、間違いなく遠方まで伝わる。ここで、この確信を得た。

銅鐸は、戦闘に使用するために作られていた。多人数の兵士からなる軍隊が、前進、攻撃、あるいは退却といった組織的・統一的な軍事行動をとるためには、規律性をもった一定の合図を必要とする。たとえば、三三七拍子は前進、乱拍子は攻撃、祇園囃子《ぎおんばやし》は徐々に退却といった合図を、音色で伝えることができる。戦場は広く、しかも喧騒《けんそう》に包まれている。そんな中で、効果的な伝達手段は、「声」ではなくて、「音」だ。

裴松之《はいしょうし》が『三国志』（「魏志一・武帝紀」）に、参考となる注を付している。「『魏書』に曰はく。王（太祖・曹操）は親《みずか》ら金鼓《きんこ》を執《と》りて、以て進退せしむ、と」。これがその注である。金は鐘、鼓は太鼓を表している。鐘の音は前進、太鼓の音は退却が、この当時の戦闘における合図であったようである。

銅鐸の戦場での使用は、軍事行動の合図のためである。その意味では銅鐸もまた、〝不可欠な武器〟の一つとなりうる。荒神谷に埋蔵された銅鐸も、〝将来の戦闘〟で、武器と一緒に使用するためだったのである。

では、その後、狗奴国とその同盟国にその機会は訪れたか。この答えはすでに述べた。その機会はなかった。埋蔵された銅剣、銅矛と銅鐸は一七〇〇年もの長い時間を、暗い地中でいたずらに過ごしただけで、ふたたび日の目を見たときには、日本には敵国の邪馬壹国すら存在しない時代となっていた。それどころか、誰が、いつ、何のためにという肝心の記憶も、すっかり消え失せていた。

発見当時、考古学者などの専門家たちが困惑し、声を失ったのも、実は、日本の古代について何も分かっていないおのが姿を、改めて再認識したからではなかったか。それは、専門家たちの「荒神谷遺跡」と「加茂岩倉遺跡」についての見解で明らかだ。一人として、その核心に迫った専門家はいない。

4　「加茂岩倉遺跡」の謎

加茂岩倉の地

銅鐸は、弥生時代の至高の宝器である。それにもかかわらず、必ずしも、銅鐸全体の製造目的は解明されてはいない。それが今、「荒神谷遺跡」の銅鐸の用途だけは明らかになった。すでに、その一部は謎ではなくなっている。それでも、銅鐸を祭祀用の楽器とする説は無視することはできない。その一端を、加茂岩倉から出土した三九個の銅鐸が伝えている。

加茂岩倉と荒神谷とは、指呼の間にある。とは言うものの、それは地図上でのことである。実際には、山一つ越えなければならない地形となっている。どの道を行けばよいのか。荒神谷で思案した。

そこで、「出雲の原郷館」の女性職員に尋ねたところ、広域農道が近道であることを教えられた。この広域農道は遺跡の背後、山の中腹辺りに建設されている。遺跡から広域農道へ出るために、急な勾配に、木製の階段が設けられている。それは一〇〇段程度だから、重い荷物がなければ、比較的楽に登れるところである。

しかし、その女性は、ちょっと無理ではないかと、わたしを心配してくれた。わたしには、JR出雲市駅前で借りた自転車という〝重い荷物〟があった。けれども、ここで迷ったりしなかった。早く加茂岩倉へ行きたい。その一念だけで、〝重い荷物〟を持ち上げるようにして押し、時にそれを担ぎ、あえぎながら幅の狭い階段を登っていった。五〜六階建の建物の階段、それも踊り場のない階段を登り詰めた思いだった。広域農道に立った途端、大量の汗が一気に吹き出てきた。

広域農道とはいっても、畦道《あぜみち》に毛の生えたような農道ではない。どうして、こんな山の中にと思ってしまうほどの、〝舗装された立派な農道〟だ。それが〝立派な農道〟ではあっても、山一つ越えなければならないのだから、しばらくは上り坂が続く。〝重い荷物〟を押しての辛い行程ではあったが、下り坂に差し掛かると、加茂岩倉までは一瀉千里《いっしゃせんり》だった。

この地もまた、公共事業によって喧騒《けんそう》の中にあった。目指す地は、予想したとおり、自転車を押して進まなければならない山の中にあった。「開発」されて様変わりしている荒神谷と違って、ここは〝古代のまま〟である。

すでに発掘調査も終わり、その跡は青い敷布《シート》で覆われている。木製の階段が、山の斜面の出土地まで設置されていたが、立ち入り禁止となっていた。反対側の山の斜面には、展望台がしつらえてある。ここを訪れた時点で、すでに目的は達していたが、念のために展望台にも登ってみることにした。すると、ここでも黒っぽい一匹の小蛇が、階段のかたわらを先に登っていく。どこまでも、蛇とは切っても切れない関係にある。

展望台からでも、銅鐸の出土した斜面の下からでも、その眺めは平凡そのものである。この点、荒神谷と共通する。銅鐸を隠すことが目的だから、人の集まる風光明媚な地であっては困るのである。

荒神谷、加茂岩倉の出土数ではないにしても、銅鐸は、これまでから各地で出土している。その出土地の多くは荒神谷、加茂岩倉のように、山の斜面である。これらの地はどう見ても、宝器を埋蔵するにふさわしいところではない。

その中には、広島市東区の「福田遺跡」のように、大岩（高さ五ｍ余×幅一・五ｍ×厚さ〇・四ｍ）を目印にして、隠したと思われるような場合もある。銅鐸一個、中細銅剣と中広銅戈一本ずつは、この大岩の根元に積まれた石の間から、発見されている。銅鐸などが隠された場所は、木宗山《きのむねやま》の中腹、それも標高が二六〇mほどもある南斜面である。やはり、宝器を収納するに、ふさわしい場所ではない。

「福田遺跡」のような埋納はむしろ例外で、銅鐸をそのまま地中に埋めるといった手法が多く、どちらかと言えば、その扱いは荒っぽく、粗略なのである。もっとも、例外的に、平地から出土する場合もある。奈良県桜井市の「大福《だいふく》遺跡」では、一九八五（昭和六〇）年九月に、方型周溝墓の溝の中から発見されている。〝人目につきやすい場所〟での出土例は、きわめて珍しい。

この状況は、銅鐸を〝とりあえず隠した〟ことを、暗黙のうちに物語っている。突然、危険が迫ってきたために、〝狗奴国の臭い〟を、急いで消そうとしたためだ。この一帯では、銅鐸を丁寧に隠すだけの時間がなかった。これが実情のようである。

別の意味でも、この発見は貴重である。方型周溝墓築造が先、銅鐸の隠匿が後という厳然たる事実が、ここに示されている。今日と違って、古代にあっては、重機で大量の土を掘ったり、運んだりする時代ではない。そのような時代に、銅鐸の隠匿が先であれば、墳墓築造時に、それに気づかなかったといった事態は起こりえない。

この銅鐸の出土状況から推測すれば、方型周溝墓は、銅鐸とほぼ同時期・同時代に築造されていたことになる。方型周溝墓は、もとは四隅突出型方墳か。あるいは、その変形であることを示唆している。

ところが、その銅鐸が邪馬壹国側に発見されると、どうなるか。銅鐸の破壊だ。粉々に壊されて見つかる銅鐸は、邪馬壹国側の怨念の「表現」である。兵庫県日高町「久田谷遺跡」、愛知県清洲《きよす》町「貝殻山遺跡」、静岡県沼津市「藤井原遺跡」などでは、壊されて捨てられていた銅鐸もある。

実際に破壊された銅鐸を眼にしている森浩一の見解には、説得力がある。「人為的に、あるいは故意にというべきか、破砕された銅鐸の細片が、大阪府の「池上・曽根遺跡」や奈良県の「纏向遺跡」など約一〇カ所で知られている。大局的にみて、近畿地方では銅鐸が破砕されたり、地下に埋められたままになって地上から姿を消したころに、定型的な前方後円墳が築造されだす」（森『図説日本の古代3　コメと金属の時代』）と、その出土状況を明確に記している。

澄みきっていて、美しい銅鐸の奏でる音色も、敵対する者にとっては、それは背筋の凍る、恐怖の音色へと変化する。水城の内にいた人々は、その外で攻撃的なひづめの音とともに、この「音」を、何度も耳にしている。とくに幼い子どもたちは、おののき、泣き叫んだことだろう。それは恐怖と憎悪の対象でしかなかった。だから、憎しみを込めて、眼にした銅鐸は、ことごとく粉々に破壊したのである。

銅鐸の記録が、同時代の「魏志倭人伝」にないことも、無視できない事実である。陳寿は邪馬壹国の国家体制・諸制度から、そこに棲息・生育する動植物に至るまで、細大漏らさず記録にとどめていた。それなのに、牛馬とともに銅鐸についての記録がない。ということは、九州には銅鐸がなかったのである。

「『女王国』（倭国）にやってきた帯方郡の使者が銅鐸に興味をもたなかったのか、またはそれが地下に埋納されて眼にふれることがなかったか、そのどちらかであろう」（松本『古代史私注』）。このように、松本清張は二者択一式に述べている。この見解が正しいか否か。その判定結果は不要である。

銅鐸を憎悪しなかった「大和朝廷」

邪馬壹国が激しく憎悪した銅鐸ではあったが、「大和朝廷」はどうか。その反応を示す記事が、『続日本紀《しょくにほんき》』にある。

和銅《わどう》六年丁卯《ていぼう》。大倭国《やまとのくに》宇太《うだ》郡 波坂郷《なむさかのさと》の人、大初位《だいしょゐ》上村《じょうむら》の君・東人《あづまびと》、銅鐸を長岡野の地に得て、これを献ず。高さ三尺、口径一尺。その制《せい》常に異にして、音《おと》、律呂《りつりょ》に協《かな》ふ。所司《しょし》に勅《みことのり》して、これを蔵《おさ》めしむ。

〈『続日本紀』巻第六・元明〉

出土したところは、「大和朝廷」の膝元のような奈良県宇陀郡（現宇陀市）榛原町《はいばらちょう》である。高さが三尺（約一m）もあったのだから、相当に大きな銅鐸である。しかし、「その制常に異にして」との記事が示しているように、「大和朝廷」はこの銅鐸によって、初めてその存在を認識したということではない。

「制」とは、「よけいなところを切り捨て、必要なところだけとって形を整える」（藤堂編『学研漢和大字典』）意だから、「その制」とは、銅鐸の大きさ・形状を指している。それが常に異なっているということは、「大和朝廷」の〝宝物殿〟に保存されている銅鐸は、一つではないことを示唆していることになる。「大和朝廷」にとって、初めて銅鐸を眼にしたという記事ではないことは、明らかだ。それまでにも発見されて、朝廷に「献上」されていたから、この記事となっているのである。

しかも、「大和朝廷」は、これが「楽器」であることも、正しく認識している。「音、律呂《りつりょ》に協《かな》ふ」とは、その発する音の高さ（律）・長さ（呂）ともに、素晴らしく調和しているということまでも、実験済みなのである。だから、所司（所管庁）に命じて、これを保管したのである。この記事で最も重要な点だ。「大和朝廷」は、銅鐸を破壊してはいない。ここに、敵意・憎悪心のかけらもない。

和銅六年は西暦七一三年に当たる。狗奴国の滅亡は、二五〇年から二六〇年に至る一〇年の間に起こっている。そうなると、狗奴国の滅亡から、和銅六（七一三）年までの時間差は、四五三〜四六三年ということになる。これは膨大な時間量だ。したがって、この間に、銅鐸についての記憶が、すっかり消滅したということも考えられる。ところが、この考えは成立しない。

天武が命じて編纂した『古事記』『日本書紀』ともに、「鐸」について触れているのである。それも「呼び鈴」として使用したと、具体的だ。神武から天智に至る間に、銅鐸は紛れもなく、この日本列島で製造されている。それなのに、『続日本紀』の記事では、神武の子孫であるはずの元明の時代には、銅鐸をすっかり忘れ去ったかのような印象だ。大切に地中に埋めたとか、あるいはその逆に、たたき壊したといった歴史認識すらもないかのようである。

この摩訶不思議な現象の原因は、どこにあるのか。この答えはきわめて簡単だ。「大和朝廷」は銅鐸が素晴らしい遺物であることを、率直に評価した。それは、その評価に好悪の感情が入っていないことの証左となる。「大和朝廷」は、銅鐸には関与も関知もしなかっただけではなく、それを憎んではいなかった。これが答えである。

銅鐸の中心地

『続日本紀』に記載されていた銅鐸は、高さが約一mもある巨大な銅鐸だった。滋賀県野《や》洲町《すちょう》（現野洲市）小篠原に大岩山がある。いや、かつてあった。なくなった原因は、戦後の貧しさから抜け出し、高度経済成長を遂げたいと願う日本人の意識と、深く関わっている。そのために、この山も犠牲になった。

一八八一（明治一四）年に、この地で一四個もの銅鐸が出土した。大岩山の中腹辺りで、二人の少年が発見したことが、発端だった。時代は大きく下がって、一九六二（昭和三七）年、国道八号線や東海道新幹線建設に伴う土砂採掘中に、さらに一〇個の銅鐸が出土した。これで大岩山で出土した銅鐸の総数は、二四個となった。

総数二四個は、一九九六（平成八）年に、加茂岩倉から三九個の銅鐸が発見されるまでは、一カ所からの記録としては、最多出土点数となっていた。これらの銅鐸の一部は、出土地の近くに建てられた通称・銅鐸博物館（野洲市立歴史民俗博物館）に収蔵されている。

相次ぐ土砂採掘により、大岩山はすでになくなっているので、かつての地形を、そのままの姿で知ることはできない。琵琶湖の東の内陸部にある銅鐸博物館は、傾斜地にある。明らかに、その地は大岩山山麓の一部である。琵琶湖を視野に納めることのできるところでもある。銅鐸博物館でさえそうなのだから、さらにこの奥にある銅鐸出土地は、やはり、目立つことのない土地柄であったと思われる。

総高一三四・七㎝、鐸身九五・三㎝、重量四五・四七㎏の「袈裟《けさ》襷《だすき》紋《もん》銅鐸」（東京国立博物館蔵）といった巨大銅鐸が、破壊されずに出土したことは、僥倖の一語に尽きる。『続日本紀』が記していたように、一ｍもある巨大銅鐸は奈良県でも出土していた。そうなると、銅鐸の中心地は、畿内が有力ということになる。果してそうか。

奈良県宇陀郡（現宇陀市）はともかくとして、琵琶湖の東に広がる滋賀県野洲市は、肥沃な大地に恵まれている。このような大地を手に入れているのだから、この一帯では、裕福な生活が営まれていたものと思われる。やはり、銅鐸の出土点数の多い大阪府とともに、滋賀県も、近畿圏の一大中心地となっていたのではないだろうか。

農産物をはじめとする食糧が豊富ではなく、生活基盤が安定していないところに、高度な文明も政治も開化はしない。そうなると、銅鐸文明圏の中心地は、伯耆・出雲ではなく、近畿ではなかったのかという見方もできるが、この見方は成立しない。

『記紀』にも、中国史料のどこにも、近畿が日本の中心地であったとの記述はない。その中心地は、これまでから執拗に論証してきた。やはり、伯耆・出雲である。近畿は、狗奴国政治圏を形成する有力な国家の集合体であったと言うことができる。

しかし、ここで一つの不審が生れてくる。鳥取県西部では巨大な銅鐸はおろか、銅鐸そのものが出土していないという現状がある。そのために、そんなところが、邪馬壹国を圧迫し続けた強大国であるはずがないという批判は、当然起こる。だが、このような批判は、一方的な思い込みである。出土物点数の有無・多少だけで、当時の歴史を推測することは誤っている。

狗奴国の中心地である鳥取県西部にあっては、銅鐸のみならず、考古学上のめぼしい遺物が出土していないという〝実績〟がある。鳥取県における銅鐸出土点数は、きわめて少ない。わずかに一〇例を数えるだけである。その内訳は、東部五、中部四、西部一となっている。このように、狗奴国の中心地である鳥取県西部は、出雲と違って、〝青銅器無縁地帯〟なのである。

銅鐸が出土していない。だから、そこでは銅鐸は製作されていなかったと、断定できるだろうか。〝現在ない〟ことをもって、〝過去にもなかった〟ことを証明したことにはならない。

今日の日本列島に、野生のトキもコウノトリもいない。この現実をもって、日本列島には昔もいなかったと主張することと、同じだ。一昔前まではトキもコウノトリも、日本に棲息していた。乱獲と、自然破壊による環境汚染という人間の身勝手が、絶滅の根本原因となっている。

人間の歴史の上ではどうか。戦争の勝者が敗者の所有していた財宝やめぼしい物を、略奪によって、その場から持ち去るといった行為は、〝当然の権利〟だった。その〝当然の権利〟は、抵抗の芽を摘むために、真っ先に武器類に対して行使される。敗戦国の伯耆・出雲に踏み込んだ筑紫も、例外ではない。「刀狩り」ならぬ「剣狩り」を徹底したことは、容易に想像することができる。

戦勝国の去った跡にペンペン草は生えても、青銅器類はほどんど残らなかった。銅鐸然りだ。この場合、存在していたことも事実であれば、存在していないことも、また事実なのである。ここに、出土物を考古学の見地から扱う怖さがある。

銅鐸を作った権力者

なぜ、作られたのか。銅鐸に対する、最も素朴な疑問がこれだろう。古代における最高の芸術品であるにもかかわらず、銅鐸ほど理解しがたい青銅器はない。その目的がいまだに解明されていないから、これもまた古代史上、大きな謎の一つとなっている。

銅鐸は、「ムラ」「クニ」の「祭り」のために用いられた祭祀用青銅器だと言われている。しかし、その見解に対する根拠は、どこにもない。古代史学者・考古学者たちによる勝手な憶測でしかない。だから、銅鐸に対する説明も、混乱を極めているのである。

荒神谷の出土物は、今日ではすっかり忘れ去られた当時の、歴史事実の断面を語っている。「加茂岩倉遺跡」の三九個の銅鐸も、やはり大切なことを告げていた。加茂岩倉の銅鐸には、際立った特徴がある。それは、「同《どう》笵《はん》銅鐸」にあった。笵とは外枠・型の意だから、「同笵銅鐸」とは、同じ鋳型で鋳造された銅鐸のことである。「加茂岩倉遺跡」の銅鐸三九個のうちの大半が、「同笵銅鐸」なのである。つまり、三九個の銅鐸のうち、同じ鋳型で作られていたと確認できる銅鐸が、その中に少なからず含まれていただけではなく、「加茂岩倉遺跡」以外の地域にも存在するという外縁性をも、伴っていたのである。

表13―3　加茂岩倉出土の銅鐸の内縁性と外縁性

加茂岩倉	他地域の同笵銅鐸
（流水文銅鐸）	
五号	豊岡市気比二号
二一号	豊岡市気比四号、明治大一号
三一＝三二＝三四号	鳥取・上屋敷、神戸・桜ケ丘三号
一一号	徳島・川島神後
（袈裟襷文銅鐸）	
四＝七＝一九＝二二号	和歌山・太田黒田
一七号	奈良・北葛城上牧
六＝九号	神戸・辰馬四一九号
一＝二六号	該当なし

（注）『古代出雲文化展図録』、山陰中央新報社『加茂岩倉遺跡』参照。

表13―3のように、「加茂岩倉遺跡」の銅鐸は、近畿・四国へも拡散しているのである。高さ・重さに違いはあっても、その形は基本的に同じである。形状がほぼ同一であるということは、同時に、それを使用する目的も方法も同じであることを意味している。そうなると、そこには広範囲に及ぶ共同体意識と、大きな力による「統制」が働いていたとの見方が、成立する。改めて言うまでもない。銅鐸製造の指示者は、狗奴国大王である。その指示の及んだ範囲とは、九州北陸と関東・東北を除く銅鐸文明圏、すなわち狗奴国政治圏だ。

弥生時代の日本列島では、「ムラ」から「クニ」へ、さらにいくつかの「クニ」が、「国」へ統合される移行期であったという見解がある。「ムラ」を一回り大きくしたような小共同体が、「クニ」であり、やがて、いくつかの「クニ」を統合する権力者が現れて、「国」が生まれたという。したがって、その国も、権力者も〝局地的・地域限定的〟ということになる。

しかしながら、この〝局地的・地域限定的「国」理論〟では、日本列島の各地に影響を及ぼすほどの政治権力は、いまだ存在していなかったことになる。これでは、「同笵銅鐸」の出雲から四国、あるいは近畿へといった広範囲への分配・供給は、到底おぼつかなくなる。

「国」と「国」との間に、「統制」という大きな物理力が働かなければ、「加茂岩倉遺跡」の銅鐸に見られる際立った現象は、起こりえないことになる。その現象として、最低でも①〝銅鐸の規格化〟、②〝一地点からの全国への分配・供給〟といった、二つの現象を挙げることができる。この①と②の二要件を、同時に満たそうとすれば、そこには強大な力が作用していたと考えなければ、この現象は説明できないのである。

交通の不便な時代にあっても、「同笵銅鐸」は、これほどの範囲に分布しているのである。やはり、そこには大きな力による「統制」と、広範囲に及ぶ共同体意識とが作用していたと見なければならない。同笵銅鐸広域分布の合理的な説明には、巨大な国家権力の存在を前提とする。

銅鐸はなぜ作られたのか

銅鐸は、普段は地中に埋めて保存し、必要な時に掘り出して使用した。あるいは、稲の豊作祈願のために埋められたといった見解が、横行している。どうして、これほどの宝器を地中に埋めなければならないのか。理解できない。まして米の豊作を祈るのであれば、山の中ではなくて、平地の田んぼでなければならないはずなのに、それは無視したままだ。地中に埋める〝物体〟は、銅鐸ではなくて、これら既存の学説の方ではないかとさえ思ってしまう。

古代の日本人の思考は、合理的だった。その合理性に、現代人の思考と想像力が追いつけないことが、混乱の元凶なのである。銅鐸の特徴は、『続日本紀』が「音、律呂に協ふ」と記録していたように、遠くまで響く「音」にある。この「音」も、信号音のことであったと思われる。それも、共同体成員にすみやかに危険を知らせる音だ。この意味で、銅鐸は軍事用だけではなくて、緊急時の信号音を発する「警報機」ならぬ、「警報器」でもある。その機能は、火事を知らせるための半鐘《はんしょう》にも似ている。

加茂岩倉の銅鐸は潰れたり、破損したりしているため、総高の大半は、略測値である。それであっても、大きく誤ってはいない。

荒神谷の銅鐸の総高の最大値は、二三・八cmである。加茂岩倉の最小値二九・五cmと比較すれば、その性格がより明確となる。二九・五cmともなると、その銅鐸は運びづらい。つまり、移動が必ず付きまとう戦場向きではないことになる。約三〇cmの銅鐸を利用するところは、移動を伴わない定位置こそふさわしい。

荒神谷の銅鐸と違って、加茂岩倉のそれは、集落で使用することを目的としていたようだ。だが、その使用も、基本的には敵の攻撃に対する警戒のためである。海岸部から平野部の集落へ。あるいは山麓の集落へ。これが銅鐸による音の伝播経路であったと思われる。「高地性集落」でも、使用されていた可能性は十分にある。

加茂岩倉の銅鐸がどこで作られたのか。その地は不明だ。だが、推測はできる。加茂岩倉からそんなに遠くないところに一大工房があったのではと思われる。この工房から全国各地に分配していたのである。その分配には、同一政治圏を構成する国と国とを結ぶ紐帯の役割をも果たし、結束を強固にする目的もあったのではないかとも思われる。

日々の平安と感謝を告げるこの音色も、永遠には続かなかった。やがて、国と国とを結ぶ絆《きずな》が断ち切られる日が、慌ただしく訪れた。邪馬壹国側の攻撃が、目前に迫って来たためである。そのために近郷近在から集めてきて、加茂岩倉、大岩山、そして神戸市

表13－4　荒神谷・加茂岩倉と大岩山の銅鐸

区分	総高の最大値	同最小値
荒神谷	二三・八cm	二一・七cm
加茂岩倉	四九・〇cm	二九・五cm
大岩山	一三四・七cm	四四・四cm

（注）『古代出雲文化展図録』、山陰中央新報社『加茂岩倉遺跡』及び『大岩山出土銅鐸図録』参照。

灘区桜ヶ丘では、それを一括して埋蔵したのである。あくまでも緊急避難のためだ。だが、それを掘り起こして利用する機会は、ついに訪れなかった。加茂岩倉、大岩山、桜ヶ丘の銅鐸も、荒神谷の青銅器と同じ運命を辿ったのである。

では、荒神谷の武器類は、どこから運び込まれたのだろう。まず考えられるところは、神西湖《じんざいこ》（出雲市湖陵町）周辺にあったと思われる「徳勒津宮」（トコロツの宮）だ。ついで、出雲市大津町付近に置かれていたという「神門《かむど》軍団」、三刀屋《みとや》町団原《だんばら》に置かれていた「熊谷《くまたに》軍団」も、その候補地に上げることができる。

依然として分からないこともある。総高一三四・七cm、重量四五・四七kgの巨大銅鐸の存在である。なぜここまで〝成長〟したのか。大岩山で出土した銅鐸の一部は紛失しているが、『大岩山出土銅鐸図録』に掲載されている二二個の総高平均値は六三・九cmである。荒神谷や加茂岩倉に比べ、遥かに〝成長〟している。それは、単に「聞く銅鐸」から「見る銅鐸」への、変化ではないと思われる。

日常生活で利用されていた「警報器」の機能のほかに、「祭り」のための、祭器の一面をも備えていたとも考えられる。それも、無病息災・家内安全といった個人・家族段階を越えて、〝国家安泰〟の祈願も込められていたのだろうか。しかし、これも万人の納得できる答えにはなっていない。銅鐸は、依然として謎に包まれたままである。

第十四章　「君が代」の由来と被差別部落の起源

1　「君が代」に隠された真実

悲劇の底流

古代史を論じているところで、なぜ、「君が代」の由来と被差別部落の起源を、唐突に持ち出すのかといった非難を浴びることは必至である。確かに、世の常識からすれば、古代史と後二者とはまるで脈絡のない問題と、誰しも考えるところである。

「君が代」は、平安時代の『古今和歌集』（以下『古今集』と略）に収録された歌の一つである。時代は古代ではなく、中世に移行している。その歌が、どうして古代と関係があるのか。ここで、この疑問が生まれても、一向におかしくはない。むしろ、当然の疑問である。

一方、被差別部落は、徳川幕府の作り出した身分制度であって、やはり、日本古代史とは関係ないのではないかといった疑問だ。これもまた、当然生まれる疑問である。しかし、本当にそうだろうか。古代史を論ずる上で、避けて通ることのできない問題が、実は、「君が代」と「被差別部落」なのである。

この二つの問題をめぐる混乱は、どこから生まれているのか。「君が代」の由来と被差別部落の起源が、いまだにはっきりしないためである。これが、混乱の唯一の原因である。原因が分からなければ、どうしても混乱は起きる。

現在、この二つの問題は、別々に生まれてきたと考えられている。その出自とされる時代は、大きく異なる。「君が代」の出自は平安時代であり、「被差別部落」のそれは江戸時代だ。だから、「君が代」と「被差別部落」とを、有機的に関連づけて論じられることは、今までなかった。

ところが、こんな話は信じられないだろうが、実は、「君が代」も「被差別部落」も、同時に生まれていたのである。いわば、当時の歴史が生み落とした一卵性双生児、それも一方は「天子」、他方は「賤民」という立場のまるで相反する双生児として、この世に生を受けていたのである。

しかも、この問題の根底には、一つの共通性が存在していた。「君が代」も「被差別部落」も、その由来・誕生の秘密が、まるで分かっていないという不幸な共通性である。人は真実を知っていたら、その行動は周りに配慮して謙虚になる。逆に、真実を知らなければ、人間はどこまでも大胆になり、かえって、愚行を繰り返すことになる。

そこでまず、「君が代」から、話を進めることにする。その前に、「君が代」についてのわたしの立場を、明確にしておきたい。現行憲法の天皇制を支持するかしないか。現天皇家が好きか嫌いか。わたしはこのような次元で、「君が代」を論ずるつもりは、毛頭ない。特定の政治思想《イデオロギー》的立場から、その是非を論ずる気持ちもない。

わたしが「君が代」に寄せる関心は、ここに失われた歴史事実を見たからである。「君が代」はいつ、どこで、どのような目的で生まれたのか。そして、その歌詞の意味するところは何かということに、焦点化されてくる。わたしが「君が代」を論ずる視点は、ただこれだけである。

そこには失われた歴史があった

広く知られているように、「君が代」は、『古今集』の中の一首である。『古今集』は、平安中期の九〇八年、あるいは、九一三年の成立とも伝えられている。この歌集は、醍醐天皇の命により、紀貫之《きのつらゆき》らによって編集されたわが国最古の、「勅撰和歌集」である。その『古今集』の「巻第七」は、〝祝いの歌〟の意の「賀歌《がのうた》」となっている。その冒頭の歌が、「君が代」である。

ところが、〝秀作〟だから、「巻第七」の冒頭に載せたと思われるのに、この歌は「題知らず」「読人知らず」なのである。これでは、〝誰が、どういう目的で作ったのかは知らないが、素晴らしい祝いの歌だ〟と言っているに等しいことになる。

もっとも、「巻第七」の歌は、いわゆる「君が代」とは、いささか異なっている。

　わが君は千代にやちよに　さゞれ石の巌となりて苔のむすまで

このように、この歌の出だしは、「君が代」ではないのである。これを、「君が代」の本歌《もとうた》とする説もある。藤原公任《きんとう》撰『和漢朗詠《わかんろうえい》集』（一〇一三年、平安中期成立）では、「わが君」が「きみがよ」となっている。

もう一つの文献が、平安末期の歌人顕昭《けんしょう》が著した『古今集註』（一一八五年）だ。ここでは、「ワガキミハチヨニマシマセ　サヾレイシノ　イハホトナリテ　コケノムスマデ」とあり、その終わりには、「此歌、ツ《つ》ネニハ《ねには》『キミカヨハ　チヨニヤチヨニ』トイヘリ」とも記されているので、早くから「ワガキミ」のみならず、「キミガヨ」も定着していたようである（所功『国旗・国歌の常識』）。

ここで考えられることは、一つ。『古今集』の撰者・紀貫之らが使用した歌集では、「わが君」となっていた。ところが、それとは別に、「きみがよ」と記した〝一書《あるふみ》〟ならぬ〝一《ある》歌集〟が、存在していたということである。この点については、『和漢朗詠集』及び『古今集註』によって、十分に考えられるところである。

『古今集』は、それまでに作られていた歌を選んで編集された「選集」であって、初めて公にすることを目的に、新作だけを掲載した〝創作歌集〟とは、その性格を異にしている。『古今集』は、どこまでも既存の歌を集めた歌集なのである。

そんな『古今集』には、不可解な点が一つある。『古今集』の撰者が使用した〝一《ある》歌集〟の名称は、一切明らかにしていないのである。ここに『日本書紀』の「神話」、いわゆる「神代紀」との共通性を読み取ることができる。

「神代紀」は、一一段の説話によって構成されている。それぞれの各段には、「一書に曰《あるふみ》はく《い》」という書き出しで、「一書」が大量に引用されている。このような引用は『古事記』にはなく、「神代紀」だけに見られる特徴である。

(1)「神代紀」は、一一段で構成され、どの段にも、「一書」は必ず引用されている。

(2)「一書」は、その段の「本文」に類似、もしくは関連する説話が多くを占めているものの、一部に、「本文」とは異なる説話となっていることもある。

(3)「一書」引用の最も多い段は、第五段で、その引用数は一一となっている。全体の引用総数は、五八回にも及ぶ。

これが、その特徴である。それなのに、これだけの「一書」を引用しながら、その書名も著者も、そして、これらの「一書」がいつ著されたのか。この肝心なことを、「大和朝廷」は、一切明らかにしていないのである。

古田武彦が、この手口を厳しく指弾しているとおり、まさしく「無断借用」――盗作である。この『日本書紀』の伝統は、『古今集』が編集された二〇〇年後にあっても、なお堅く守られているのである。

わが君は千代にやちよに　さゞれ石の巌となりて苔のむすまで
きみがよは千よにやちよに　さゞれ石の巌となりて苔のむすまで

平安期、いずれの歌も存在していた。これが、事実のようである。『古今集』「巻第二十神遊びのうた」には、このような歌もある。

君がよは限りもあらじ　長浜の真砂《まさご》のかずはよみつくすとも

君の代（世）に、限りのあろうはずもない。あれだけある長浜の砂を数え尽くすことはできても。これが、その大意である。「あらじ」とは、〃動詞・あるの未然形・あら＋打ち消しの助動詞・じの合成語〃で、「ない」という意味を表している。「君が代」の歌詞は、『古今集』以前にもあったことを、この歌は証明している。

法制化への第一歩

時代は平安時代から大きく飛んで、明治時代初頭の一八六九（明治二）年に移る。この年が、日本人にとって、今日の不幸の始まりでもあったようだ。イギリス公使館の軍楽長であったジョン・ウィリアム・フェントンが、軍楽研修生として横浜に派遣されていた鹿児島藩の青年に、国歌の必要性を説いた。

早速、その青年たちは郷里の大山巌（後の元帥）に、その旨を報告した。この報告を受けた大山は、さらに同藩の野津鎮雄《のづしずお》（後の陸軍中将）に相談し、日頃彼らが口ずさんでいた薩摩琵琶歌『蓬莱山《ほうらいさん》』から選びだした歌が、「君が代」だったという。

「君が代」が明治天皇の前で、初めて演奏された日時と場所は、一八八〇（明治一三）年一一月三日、天長節（天皇誕生日）の宴席でのことである。

この事実をもって、所功氏は、「そのさい福羽美静が『君が代』を『国歌』として奏上したというのであるから、国歌『君が代』の成立時点はここに求めてもよいと思われる」（所・前掲書）と述べている。一つの考え方ではある。

以後、法制化はされないが、「君が代」は、国歌として扱われるようになる。これも、近代化政策の一環と見ることができる。それから二〇年後の一八八八（明治二一）年になって、楽譜付「君が代」が、海軍省から、日本との条約国へ通告される。外交儀礼の場での演奏のためである。ついで、一八九三（明治二六）年八月、文部省は祝祭日の儀式に斉唱すべき旨を、全国の学校に通達し、その徹底化を図った。

天皇制絶対主義下にあっては、「君が代」は、「神権天皇」「絶対君主」にふさわしい歌であった。このため、「君が代」は、その当時は問題視されることはなかった。これは戦中においても、不変の原理であった。

ところが、戦後、新憲法が公布・施行された一九四六（昭和二一）年一一月三日（文化の日）、翌年五月三日（憲法記念日）を期に、「君が代」をめぐる局面が大きく変わる。「主権在君」の「欽定《きんてい》憲法」から、「主権在民」の現行憲法への転換、そして、神から授かった権力を持つ天皇「神権天皇」から、「象徴天皇」への転換が、四六年から四七年にかけて起こったのである。

ここで、「天子さま」を讃《たた》えた「君が代」が、現行憲法の基本原理の一つである「主権在民」と衝突することは避けられなかった。この年を境に、「君が代」の暴走化は徐々に始まる。戦後、欽定憲法は破棄されたにもかかわらず、「君が代」だけは、戦前と変らぬ位置に存在し続けた。戦後の混乱にも負けぬ、逞しい生命力を、この歌は保持していたことになる。

やがて、「君が代」は、社会的批判精神の乏しい児童生徒に対し、その定着のための活動を開始する。音楽の授業を通しての、〝童心への寄生〟である。鉄は熱いうちに叩けと言わんばかりの教育である。「君が代」の本源が、まるで解明されていないのにだ。

このために、それ以前から、全国各地で繰り広げられていた不幸が、その極点に達した。一九九九（平成一一）年二月二八日、広島県立世羅高校校長が、（教育）行政と運動体との板挟みになって悩んだ末に、自ら死を選んだ。五八歳という若さである。「君が代」の真相が分からないままの死である。しかし、世羅高校長の死は、かえって政府与党に揺るぎない力を与えた。

世羅高校長の死をきっかけに、「君が代」の国歌への法制化の勢いは加速した。それから半年も経たない八月九日に、「国旗国歌法」は成立し、その五日後の八月一三日、同日の公布・施行となった。国論の二分されている問題に対しては、異例とも言える処理の早さである。

政府の動きは用意周到だった。法制化に先立つ六月一一日、「君が代」の「君」は、現行憲法の規定する「象徴天皇」であるとの見解を、公式に明らかにした。「君」は紛れもなく、天子・天皇・大王を表しているから、政府の統一見解は正しいことになる。

他方、「君」を第二人称と見なす見解もある。政府の統一見解に、真っ向から対立する解釈だ。これを〝女性が夫、あるいは好意を感じる男性に贈った歌〟であれば、まだ我慢もできる。ところが逆に、これを〝男性が女性に贈った歌〟と仮定すれば、どうなるか。その途端に、この歌はおかしくなる。「さゞれ石の巌となりて」の歌詞から、わたしには〝若くて華奢な女性が、後年、よく太ったおばちゃんに変身して、千代に八千代に……〟としか、想像できないのである。

極端な例ではあっても、「君」が第二人称であれば、「君が代」は、奇妙な歌に変わる恐れも生まれてくるから、この見解は成立しない。「君」の解釈において正しい主張は、政府の統一見解の方である。しかし、その正しさもここまでである。

政府見解もまた、「君が代」の無理解の上に立ちながら、〝知ったかぶり〟をしたことで、誤りを犯してしまった。単に〝知ったかぶり〟だけであれば問題も拡大しないが、法制化へと暴走したことで致命的な過ちを犯してしまった。

国民の理解の得られない法律の、行き着く先は惨《みじ》めだ。このために、国全体で混乱が混乱を呼び、不信が不信を誘発し、出口の見えない悪循環に陥ってしまった。

「君が代」誕生の歴史は、いまだに明らかにされていない。「君が代」が「賀歌」ではあっても、一〇〇〇年以上も前の歌。それも「題知らず」「読人知らず」という作品であり、その〝素姓〟は、いまなおはっきりしていない。ここに、国歌として採用することの危うさがある。それなのに、その事実を一切無視した上での、「法制化」という暴走である。

「君が代」の地はいずこに

君が代は千代に八千代に　さゞれ石のいわおとなりてこけのむすまで

この歌の最も難解な個所は、「君」ではない。「さゞれ石のいわおとなりて」だ。この章句こそ、意図的に消された歴史の痕跡が、鮮明に残っている個所なのである。「君が代」誕生の地は、すでに古田が明らかにしている。氏は、「君が代」の歌詞と、博多湾岸とが密接に関連していることを突き止めている。それは恐るべき事実と言える。次に、それを詳しく論ずることにする。

古田の著作の一つに、『「君が代」は九州王朝の讃歌』がある。「九州王朝」とは、氏の造語であり、全国制覇を遂げた邪馬壹国の、その延長線上にある王朝のことである。氏の著作から、なお明確化すれば、太宰府を都とする、古代日本における最高権力を有する国家と定義できそうである。いわゆる「倭の五王」も、「九州王朝」の大王である。

この書名の示すように、これが「君が代」についての、古田の主張である。政府の統一見解も含め、従来の見解と根底から異にしていることも、大きな特徴となっている。

この著作の中で、氏は「君が代」と博多湾岸との接点を、いくつか挙げている。

(1)「千代」…　福岡市博多区に、同名の町名が残っている。

(2)「さざれ石」…　前原市三雲に細石《さざれいし》神社が鎮座している。
(3)「コケムスメ」…　糸島市志摩町船越浦桜谷に、桜谷神社（別名若宮明神）が鎮座している。その祭神が「苔牟須売神《こけむすめのかみ》」である。

古田の論述はこれだけではないが、わたしが確実に是認できる博多湾岸との接点は、前掲の「千代」「さざれ石」と「コケムスメ」の、三点のみである。なお、右記(1)と(2)について、若干補足をしておきたい。「千代田」の地名は東京都、茨城県かすみがうら市、群馬県邑楽《おうら》郡、広島県高田郡、佐賀県神埼市など、全国に遺存している。これに反し、類縁地名であるはずの「千代」の地名は珍しい。

細石神社の由緒には、「伊都国中心部で、祭神は磐長《いわなが》姫と妹の木花開耶《このはなさくや》姫（日向第一代ニニギノミコトの妃）の二柱」とある。剣・鏡・勾玉の三種の宝器の出土した「三雲南小路《みくもみなみしょうじ》遺跡」は、この神社のすぐ近くだ。

「君が代」問題でも、わたしは古田の後を追っ掛けた。氏は糸島平野にとどまったが、わたしは違った。わたしの目指した先は、太宰府政庁跡とその背後に聳える御笠山（宝満山《ほうまんざん》）だった。

「さゞれ石のいわお（巌）となりて」とは、取るに足りない小さな石ころが、巨岩へと変わることの表現である。これは自然現象に反する。現実には起こりえない。この詩句は、あくまでも比喩的表現であって、自然現象などいささかも意識していない。歴史事実の比喩、それもきわめて核心を突いた比喩である。その意味では、〝写実的〟なのである。

「君が代」の時代背景

「君が代」では、その歴史事実とは、いつのことなのか。果して、それは明らかにできるのか。その時代については、中国の史書「旧唐書倭国日本伝」が、正確に書きとどめていた。

倭国《ゐこく》は古《いにしえ》の倭奴《ゐと》国なり。京都（唐の都・長安、現西安市）を去ること一万四千里…。日本は倭国の別種なり。その国日辺にあるを以て、故に日本を以て名となす。

このように、「旧唐書倭国日本伝」は、日本を倭国の「別種」と位置づけているのだから、「本流」ではないことになる。「本流」の倭国については、中国側は「古の倭奴国」だと述べている。この記事の正しい解釈では、「本流」は倭国、日本は「傍流」ということになる。

この「倭奴国」とは、金印に刻された「委奴《ゐと》国」のことである。この比定については、すでに論じたところだ。それは、糸島平野を中心とした一大国家だった。中国史料の記述を冷静に見極めれば、ここに、「カンのワのナのコクオウ」といったあの奇妙な解読の入り込む余地など、どこにもなかった。

「旧唐書倭国日本伝」の記す「倭国の別種」、すなわち、中国側の押し付けた烙印〝傍流・日本〟とは、今さら説明の必要もない。狗奴国だ。狗奴国の本来国名は、「日本」だ。ここで、「狗奴」の読み方が、おぼろげながら見えてきた。

狗はコ音を表しているが、それはカに近い音であったようだ。そうなると、「狗奴」の音も、「コウト」「コト」ではなくて、「カト」に近く、その意味するところは、「日本」の原義となる「日土《かと》」となる。

それに中国は、日本列島の国々も含め、夷蛮諸国を卑字で表現することを、中華思想に基づく一種の〝特権〟と心得ていた。つまり、「狗奴」はそのために、それとは対極の国号に貶められていただけであって、本来は、それとは逆、誇りある国名である。それが、「日土」である。

したがって、「旧唐書倭国日本伝」の記事「日本は倭国の別種なり」とは、〝狗奴国は邪馬壹国の別種なり〟と同義なのである。このように、国名を変えて見れば、当該記事はより鮮明となる。

中国史書は、ここでも正確だった。一人の男が、巨大なヒグマを倒すかのように、わずか三〇国の邪馬壹国政治圏が、その二倍余、七〇余国の狗奴国政治圏を倒したのである。それは換言すれば、小国が大国を倒したということになる。日本列島を統一した中央集権国家の誕生である。

金印の「委奴国」は、「魏志倭人伝」の「邪馬壹国」を経て、「後漢書倭伝」の「邪馬臺国」へと進化している。「君が代」の「さゞれ石のいわおとなりて」は、この間の歴史的推移の表現、日本列島が大きく転換する局面の強調。そのように見なしうる。

「旧唐書倭国日本伝」の記す国号変更時期については、従来から、①推古時代、②「大化改新」期、③斉明時代、④天智時代、⑤七世紀後半といった見解がある。このように、国号変更時期についても、諸説が乱れている。いずれも、「旧唐書倭国日本伝」の誤読から生まれている。より正確に言えば、肝心の日本古代史の骨格が解明できていないのだから、誤読以前の問題である。『記紀』依存症という不治の病に冒《おか》されていることが、その原因となっている。

小国の邪馬壹国が大国の狗奴国を倒した一大事件は、二五〇年から二六〇年に掛けて起こっている。一方、『古今集』の成立は九〇八年、もしくは九一三年だから、三世紀半ばに起こったこの事件を、歌にすることはできる。

六七二年六月に起こったという「壬申の乱」は、どうか。九一三年以前だから、年代の上では問題はない。天智の息子・大友と天智の実弟・大海、甥と叔父との権力抗争が、『紀』の強調する「壬申の乱」だ。この争いは、所詮コップの中の嵐、内紛に過ぎない。どう見ても、小が大を倒したといった体《てい》の大事件ではない。ただし、これも『紀』の記述が正しいとの前提となる。

筑紫の中の大巖頭

「君が代」の〝細石から巌へ〟は、作者の抽象的観念の産物ではない。細石神社の所在する地は、「伊都国の中心部」にあると、その由緒は記している。この地は、かつての「倭奴国」だ。伯耆・出雲が独立するまでは、決して小国ではなかった。国運の変わった時代は、それ以後だ。スサノオ率いる独立軍の攻撃にさらされ、平地の都では防衛できないために、緊急避難的に、「遷都」している。その引っ越し先が、吉武高木（福岡市西区）だった。

一度火のついたスサノオ独立軍の猛攻は、止まらなかった。伊邪那岐亡き後、天照は「高天原」（壱岐・天ガ原）へと、さらに避難を強いられた。しかし、天照はここで完全に制圧された。このような経緯からすれば、「小国」とは、「高天原」（壱岐）がふさわしいことになる。けれども、筑紫は、かつての都「伊都・怡土」（委奴）を、「小国」にたとえたようである。それは、この地が国家衰退への出発点であったからか。

あるいは、「細石神社」は、その記念碑とも考えられる。大国としての自負と、過去に舐めさせられた屈辱と辛酸を教訓とし、自らの驕りの戒めとした記念碑だ。「細石神社」が、いつ建てられたのか。その時代を特定することはできないにしても、「君が代」との因果関係は濃厚と思われるから、相当に古い。それに、糸島平野の一隅ではなく、ど真ん中に建立《こんりゅう》されているということは、この神社には、それだけの「地位」が与えられていたことになる。

『「君が代」は九州王朝の讃歌』を唯一の拠《よ》りどころとしながら、ここまでは解けた。古田も、「巌」の真相をつかみかねていたように、やはりここで、わたしの前に立ちはだかった物体が、巨岩―巌だった。わたしは、これまでに筑紫の地は少なからず訪れている。それでも隅から隅まで知っているわけではないから、「巌」など知る由もなかった。そして、それがどこにあるのかも。分かっていることは、この「巌」とは大国の比喩。これだけである。

「比喩」とは、「物事の説明に他の物事を借りて表現すること。たとえること」（『岩波国語辞典』）である。飛騨・赤石・木曽山脈を総称して、「日本アルプス」と呼ぶ。ヨーロッパのアルプスに因んだ名称だ。明治時代に来日したイギリス人・ゴーランドの命名による。

あるいは、「伯耆富士」（大山《だいせん》）・「糸島富士」（可也山《かやさん》）のような比喩についても、同じことが言える。名義を使用される方は、あまりにも有名で、万人周知の存在であることを条件とする。名義を使用される方が

〝無名の存在〟では、比喩とはならない。だから、「巌」も著名な存在であるはずなのに、それが分からなかった。この「巌」とは、早くから接していたのにである。

その一つが、古田の著した日本古代史に関する写真集『九州の真実』だ。この本は、一九九〇（平成二）年二月に刊行されている。ところが、一九九〇年二月から一九九八年六月の間に、ある重大な事実を、すっかり忘れ去っていたのである。思い出したきっかけは、〝邪馬壹国＝太宰府政庁跡〟の根拠を、水城以外に、さらに探し求めている時だった。その時、突然記憶がよみがえった。

古田『九州の真実』を、本棚から取り出して開いた。二頁の写真を眼にして、瞬時に「君が代」の「巌」が解けた。そこには、「あなたに健《すこ》やかな脚があるならば、あなたは幸せだ。宝満山の巌頭、上宮の地に至り、あの壮大な一大パノラマ、くりひろげられた一巻の絵巻物を、眼下に一望することができるからだ」という書き出しとともに、宝満山山頂の大巌頭の写真が載っていた。それから数日経って、同じような章句に、かつて巡り会っていたことも思い出した。

わたしはかつて竈《かまど》門山の頂上に立った。太宰府の真裏に屹立する山だ。宝満山ともいわれる。そこに初めて立ったとき、わたしは息をのんだ。太宰府はもとより、春日市、福岡市、博多湾岸一帯が一望の下にある。眼前というより眼下にあった。

そのときわたしは瞬時に了解した。これらの人間の集落、町々は、はじめ「巌下町」として成立したことを。この山は、頂上が叢立する一大巨巌群におおわれている。あたかも壮麗な石の冠のように。

古田『古代は輝いていたⅢ』は、このように始まる。この本を読んだのが三七歳の時、そして「巌」が解けたのが、五二、五三歳（一九九八〜九九年）の頃だから、すでに一五、一六年経過している。その間に、竈門山（宝満山・御笠山）のこの描写記事を、すっかり忘れていたのである。

「石の冠」とは…。ぜひ登って、この眼で確認したいと思い続けた。ようやくその日が訪れた。二〇〇〇（平成一二）年三月二五日、福岡県は快晴に恵まれた。宝満山は標高八六八・七m、竈門神社の上宮でもある。太宰府天満宮から、その姿を確認した時に、高いと即座に思ったが、想像した以上に急峻な山である。

宝満山は、岩の多い山である。八合目に差し掛ると、それが顕著に現れる。八合目から山頂までは、巨岩が地表に露出しているために、巨岩だらけの観がある。その途中には、馬蹄岩と呼ばれる大岩まである。

ようやく山頂に出た。そこは岩でできた頂と形容するにふさわしく、まさしく「石の冠」だった。山頂東の岩肌には、一m近い氷柱《つらら》が垂れ下がっている。それほど山頂を吹き抜ける風は冷たかったが、雲一つなく、光があふれるほどの好天に恵まれたため、眼下に広がる眺めは、美しいの一語に尽きた。

宝満山は七世紀の白鳳時代から江戸時代まで、山伏の修験道の道場として栄え、九州で最も登山者の多い山だという。間違いなく、魅力のある山である。七世紀には霊山視されていたのだから、その始原は、古代にさかのぼるものと思われる。宝満山は筑紫にとって象徴的な山だと、改めて感じた。

見えてきた壹与の意味

これでようやく、「君が代」の身元が明らかになってきた。「君が代」の故郷《ふるさと》は筑紫であり、「君が代」の作者は筑紫の人物である。その人物も、「九州王朝」の歌人・学識者であることは、ほぼ間違いないところである。

宝満山（御笠山）は、筑紫の人間であれば誰でも知っている。特にその山頂を形成している大巌頭は、象徴に足る風格を備えている。この歌の作者は、その大巌頭を強く意識し「巌となりて」と、比喩的に表現していたのである。つまり、一時期は、細石《さざれいし》のようにちっぽけな国となった倭奴国（委奴国）を、念頭に置いての比喩ということになる。

もつれた糸がここまで解けると、「君が代」の「君」も、自ずと判明してくる。それは、単なる一個人ではなくて、巨大な国家権力を掌握して、国民の上に君臨する天子・大君《おおきみ》のこととなる。したがって、「君が代」とは当然のことながら、〝天子・大君の支配する世界〟ということになる。

この歌は、巨大国家を背景に歌われている。個人が個人の長寿を祈願する歌などではない。「賀歌」として扱われていることにも、その断片が見え隠れする。この歌は、〝国家の繁栄をとこしえに祈願する歌〟なのである。

大君の支配する国家は、かつては細石のように小さな存在であった。それが今では巌のように大きくなった。これからは、その巌に苔がビッシリと生えるほどに、永久《とわ》に続き、栄えてほしい。これが、この歌の趣旨である。

強大国・狗奴国の滅亡により、邪馬壹国＝筑紫はついに、日本列島の支配者へと躍り出た。この歴史事実を、筑紫の歌人は、「君が代」によって高らかに歌い上げていたのである。あるいは、〝細石から巌へ〟という変貌は、糸島平野から御笠郷への遷都——宮（首都）の移動をも、この歌詞の中に織り込んでいたとも受け止めることができる。

『三国史』の著者・陳寿による「邪馬壹国」の表記に対して、古田は「天子に対し、二心なく、相見《まみ》えるという意義」（古田『「邪馬台国」はなかった』）、つまり、邪馬壹国側の、中国の天子に対する二心なき態度を示すために、陳寿は、あえて「壹」を使用した。これが古田の解釈であった。

邪馬壹国についての謎が解けるにつれて、「壹」の意味も、さらに明らかになってきた。邪馬壹国は水城も含め、〝邪馬（山）に囲まれた倭奴国《いと》〟を表していた。しかし、それだけではなかった。

壹字使用の意義については、まだあった。日本列島を統一した〝山倭国《やまゐ》〟だから、その歴史事実を示すために、倭に変えて壹を当て、「邪馬壹国」と表記していたのである。陳寿はわずか一字で、いくつもの事実を表そうと工夫し、腐心もしていたのである。ここにも、「邪馬台国」の入り込む余地はない。

卑弥呼亡き後に、「共立」された壹与の時代もまた、激動の時代であった。ひたすら狗奴国の攻撃に耐え続け、〝山に囲まれた倭奴《いと》国（山倭国）〟から、日本列島を統一した〝山倭国〟へと変貌し、それまでの歴史とは、一線を画す時代を迎えていた。

壹与こそ、狗奴国滅亡後に日本列島を統一し、邪馬壹国の礎を築いた女王である。だから、陳寿は女王・イヨの音を尊重しつつ、最も適切な表記を案出していた。それが、「壹与《いよ》」である。

ここで、壹与の意味も解けてきた。壹与とはズバリ〝一世〟である。〝二つに分裂していた世を、一つに統一した世〟、〝一つしかない世〟の意味である。〝壹与＝一世〟とは、歴史事実を端的に反映させた、激動の時代の女王名だったことになる。陳寿はここでも、壹与と邪馬壹国の表記との統一性に、細かく配慮していたのである。壹与の意味が解けて、ようやく壹字使用の奥の深さに気づいた。

「君が代」は、九州王朝の讃歌である。それも〝壹与（＝一世）の代《よ》〟を讃えた歌である。しかし、「君が代」の時代背景と、その内実がここまで判明してくると、かえって手放しで、秀歌だと高く評価することはできなくなる。

古代における〝関ヶ原の戦い〟に勝利して以後、狗奴国とその同盟国に対する過酷な弾圧政策が、徹底して推し進められたことは想像にかたくない。その頂点に立っていた女王が、壹与である。壹与の王朝、すなわち九州王朝は、決して褒められた王朝ではないのである。

2　被差別部落の起源

被差別部落とは

被差別部落とは何か。いきなりこの問題の今日的定義を明示するよりも、誰にも分かりやすい事例を挙げて、その端緒としたい。まず、神武陵に関わる問題から始めることにする。

神武陵の特定は、実は最近のことなのである。江戸時代末期の一八六三年、畝傍山《うねびやま》東北の麓にあったミサンザイ（畑の地名）が、その地に決定された。一八九八（明治三一）年になると、神武陵が拡張・整備される。この時点では、特に問題となるようなことはなかった。

ところが、大正年間になると、神武陵を見下ろす位置に、被差別部落の洞《ほうら》部落があることから、国民の間に非難の声が上がってきた。このため、洞部落は神武陵に対し、〝失礼にならぬ地〟に移転を強制されることになる。それも、四万坪の土地が、一万坪に値切られてである。この移転は、一九二〇（大正九）年に完了している。

洞部落の事件は、国民の基本的人権が十分に保障されていない戦前のことである。では、戦後はどうか。「すべて国民は、…政治的、経済的又は社会的関係において、差別されない」（憲法第一四条）はずの戦後においても、なお被差別部落の人たちに対する差別は存続していた。

一九六三（昭和三八）年五月に、痛ましい事件が埼玉県下で起こった。当時高校一年の女子生徒が、五月一日、下校途中に行方不明となり、四日に死体となって発見された。その前日の深夜、埼玉県警察本部は、身代金を受け取るために現れた犯人を取り逃がすという、失態を演じている。この失態のためか、埼玉県警は、ここで捜査の方向を完全に見失った。

事件発生から二十日余り経った五月二三日、県警は被差別部落の青年・石川一雄氏を、この事件の容疑者と見なした上で別件逮捕した。世に言う「狭山《さやま》事件」である。身の代金を要求した脅迫状は、文字を書くのに慣れている人物による。他方、逮捕された石川氏は漢字だけではなく、平仮名すら書けない若者だった。貧困のゆえに、一一、二歳の頃から働き始め、学校教育とはほとんど無縁の環境にあった若者が、句読点の正しく打たれた脅迫状を書き、しかも万年筆までをも所持していたというのである。この点だけでも、石川氏が犯人でないことは歴然としている。しかし、埼玉県警の見方はずれていた。

江戸時代に制度化されたと言われている被差別部落にも、明治維新によって、形式的な変化が訪れる。一八六九（明治二）年に、四民平等の見地から「士・農・工・商」の身分が廃止。さらに、その二年後の一八七一年に、「解放令」が施行されて、穢多《えた》・非人《ひにん》の身分も、ようやく廃止された。「解放令」施行の翌年、一八七二（明治五）年に、兵役と納税制度の確立を目的として、「壬申戸籍《じんしん》」が全国において作成された。ところが、そこには、新たに「新平民」の呼称を記載するようになっていた。賤称語こそ消えたものの、依然として旧身分は温存されていたのである。

しかも、「新平民」の記載のある「壬申戸籍」は、一九六八（昭和四三）年まで、誰でも自由に閲覧できたのである。言葉を変えて言えば、「身元調査」は、いとも簡単にできたということになる。新憲法施行二〇年も経っているのに、国家と国民の人権意識は、憲法の掲げる理念ほどには高まっていなかったことを、「壬申戸籍」は証明していた。

やがて戸籍法の改正により、それが閲覧できなくなると、逆にそこに眼を付けた業者が現れて、驚くべきことを隠然と行った。被差別部落の地名・人口・職業などを記載した『部落地名総鑑《そうかん》』を発行し、高額な値段で企業に売りつけ、就職差別に積極的に荷担したのである。戦後にあっても、被差別部落に対する予断と偏見は、この国から払拭されてはいなかった。「狭山事件」は、警察・検察という巨大権力組織が関与した特異な事件だが、日常の社会では、部落差別は繰り返し生まれていた。

その定義

被差別部落の人たちは、異口同音に言う。「いわれのない差別を受けてきた」と。何も悪事を働いたわけではない。ただ、そこに生を受けただけなのに、それをもって、周りから白眼視され、言葉で言い表せないほどの差別を受けてきた歴史が、被差別部落にはある。身に覚えのないのに、不当に差別を受ける。人間として憤るのは、当たり前である。

では、本当にその「いわれ」、被差別部落をこの世に生み出した原因はないのか。「いわれ」はある。ただ、それが歴史の中に消え去り、すっかり見えなくなってしまっているのである。被差別部落問題が深刻な社会問題となっている原因は、実はここにある。原因が分からなければ、解決の糸口は見えて来ず、〝賤民の子孫〟はいつまでも、その座にとどまることを余儀なくされる。これほど理不尽で、デタラメな扱いもない。

被差別部落とは何か。新村編『広辞苑第五版』には、「部落」の項で、その定義が記されている。

①比較的少数の家を構成要素とする地縁団体。共同体としてまとまりをもった民家の一群。村の一部。
②身分的・社会的に強い差別待遇を受けてきた人々が集団的に住む地域。江戸時代に形成され、その住民は一八七一年（明治四）法制上は身分を解放されたが、社会的差別は現在なお完全には根絶されていない。未解放部落。被差別部落。

人間の形成する集落が部落で、その中に被差別部落が存在しているという説明である。間違いではない。現在では「部落」と言えば、「部落問題」のように、被差別部落を直接表す代名詞となっている。そこで、その混同を避ける工夫として、被差別部落以外の部落は、集落とか、村落といった用語に置き換えられているだけなのである。

『広辞苑』では、被差別部落は江戸時代に形成されたという立場である。現在でも、この見解が一般的となっている。そこでもう一冊、高柳・竹内編『角川日本史辞典』（第二版）の説明を紹介したい。それは、「未解放部落」の項で説明されている。

近世封建社会の身分制度の最下位におかれた賤民、ことに穢多（えた）を先祖とし不当な差別を受けている人人（未解放部落民）の集中的な居住地域をいう。（中略）行政関係では同和地区ということが多い（後略）。

身分の固定化を徹底した人物は、豊臣秀吉である。一五八八年、秀吉は「兵農分離」を目的に、農民から武器を没収した。世に言う「刀狩り」である。その三年後の一五九一年には、さらに「身分統制令」によって、武士が農民や商人に、農民が商人などになるといった、いわゆる〝転職〟を禁じている。身分・職業が固定化されれば、社会は〝安定〟する。

「刀狩り」と「身分統制令」を間に挟んで実施された事業が、「太閤検地」である。この事業には、一五八二年から秀吉の没した一五九八年までの、一六年が費やされている。すべての農民から、年貢を〝公平〟に取り立てるための「検地」である。安定した財政基盤を確保するためには、農民は終生農民であることを条件とする。自由に転職などされれば、困るのは、年貢に依存して生活する秀吉たち武士階級である。やたらに農民に寄生したがる武士階級にとっては、身分の厳しい固定化と安定した〝税金の取り立て〟は、どうしても必要な方策だったのである。

秀吉の死後、天下は徳川家が支配することになる。しかし、豊臣秀吉の敷いた身分制度は、いささかも揺らぐことはなかった。徳川幕府も、士・農・工・商の身分制度を継承したばかりか、その下に穢多・非人を置き、さらに厳しい身分制度を導入した。このために、穢多・非人の生みの親こそ徳川幕府であると力説されてきた。こうして、この説は国民の間に深く浸透し、定着してしまった。

被差別部落は全国に存在し、その人口もおびただしい数にのぼる。それなのに、徳川家康、徳川幕府は、どのようにして大量の穢多・非人を作り出すことができたのか。強大な権力を保持した徳川幕府といえども、至難の業であることに変わりない。ここに、被差別部落の起源についての深い謎がある。

(1)徳川幕府はどのようにして、大量の被差別部落民を作り出したのか。関ヶ原で敗れた西軍の敗残者とその一族か。それであれば、それは記録として残るか、文書化されなくても、伝承として残る可能性は高い。明治時代をさかのぼる、わずか三〇〇年ばかり前のことである。それにもかかわらず、その伝承が、どこにも残っていないのである。おかしいと思うべきである。

(2)徳川幕府の支配領域は、北海道と南の西南諸島を除くすべての地に及んでいた。それなのに、どうして東北には被差別部落を配置しなかったのか。日光には壮麗な東照宮まで造営しているのにだ。徳川家が東北に気兼ねをする理由は、どこにも見当たらない。〝東北の空白〟は、被差別部落の起源を考える上で、無視できない問題なのである。

被差別部落を作り出し、固定化した人物・組織を、どうしても徳川家・徳川幕府と決め付けたいのなら、右記の(1)(2)を同時に、それも万人が納得できるだけの証明をすべきである。

被差別部落生みの親は、本当に徳川幕府なのか。徳川幕府でなければ、誰がこのような非人道的な身分制度を作り上げたのか。この一点だけが、わたしの関心事である。

被差別部落・江戸時代起源説については、さらに不審がある。それは鎌倉末期、一二六四～八六年に著されたという『塵袋《ちりぶくろ》』に、「穢多」に関する記事を確認することができるためだ。そこには、このように記されている。

キヨメヲエタト云フハ何ナル詞ハソ。穢多　根本ハ餌取と云フヘキ歟。
（著者訳）キヨメをエタと云ふは何《いずれ》ナル詞《こと》ばぞ。穢多《えた》　根本は餌取《えとり》と云ふべき歟《か》。

「キヨメ」とは、汚れた物を取り除く職業に従事した者の意か。「餌取」とは牛馬を屠殺し、その肉を当時の天皇や貴族の行う鷹狩りの鷹の、あるいはニワトリの餌として取ることを生業《なりわい》とする民のことと言われている。この「エトリ」を、被差別部落の起源とする説もある。職業起源説の一つである。この記事で注目すべき点は、「エタ」「穢多」の語が、すでに鎌倉時代には、世の中に普及しているということである。これは意外な事実である。

その後の室町時代でも、やはり「穢多」の語は使われている。公家・万里小路時房《までのこうじときふさ》の残した日記『建内記《けんないき》』(正式名称『建聖院内府記』約五〇巻)には、一四一四〜五五年にわたる室町前期の社会事情が記されている。その中に、「川原者」を「穢多」とする記事がある。「川原者」とは、その流域での生活を強いられた人々のことを指しているものと思われる。

豊臣時代、徳川時代以前に、すでに「穢多」の用語はこの世に生まれて、〝活動〟している。「穢多」という賤称語は、近世身分制度の生みの親とされた豊臣家・徳川家による造語ではない。鎌倉時代以前に、この賤称語は生まれている。とにかく古い。この一語に尽きるようである。

賤称語の由来

世の中に、賤称語・侮蔑語は掃いて捨てるほどある。それなのに、被差別部落に放たれる賤称語は、「エタ」と「ヨツ」だけである。なぜ、賤称語がこの二つに限定されているのか。その背景には、一体何が作用していたのか。このように考えると、「エタ」とか「ヨツ」といった賤称語の由来について、今まで何も明らかにされて来なかったことに、改めて気づかされる。

伝承・風評の影響力は、絶大である。このために、その由来を深く考えもしないで、「エタ」「ヨツ」という「石つぶて」が被差別部落に向かって、執拗に投げ続けられてきていたのである。

「エタ」は「穢多」と書く。〝穢《けが》れの多いやつ〟〝薄汚いやつ〟の意だ。「ヨツ」とは四つん這いで歩く獣を表し、〝ケモノにも等しい人間〟〝人間以下の人間〟を表している。わたしも長い間、この二つの賤称語は、被差別部落の低実態から生まれてきた用語だと信じきっていた。ところが、そうではなかった。

「エタ」「ヨツ」の背後には、悲惨な歴史があり、遠い過去に起こった大事件の後遺症であることを、今に告げていた。皮肉にも、差別用語として現代社会から排除され、「使用禁止」として、固く封印されてきた「エタ」「ヨツ」の賤称語が、逆に被差別部落の起源を明らかにしていたのである。それを歴史の上から検証したい。

(一)「エタ」―汚らわしき国の根源　…　筑紫にとって、伯耆・出雲は心の底から憎悪すべき国だった。その感情が、伯耆・出雲に対する悪口雑言の連発となって現れる。筑紫は絶えず圧迫されていたのだから、怨みは深い。それにしても、しつこい。

(1)「国生み」の失敗　…　「女人《をみな》先に言へるは良からず」と、伊邪那岐はその非を責める。このために「今、吾が生める子良からず」と、伊邪那美は落胆する。二神の態度は対照的である。「国生み」の失敗の責めを、すべて伊邪那美に帰しているところに、この「神話」の特徴がある。ところが、伊邪那美は伊邪那岐の妻ではなかった。伊邪那美の夫はスサノオであり、伊邪那岐の妻は天照である。

(2)「黄泉国《よみのくに》」　…　死せる伊邪那美の住む、穢《けが》れた世界として描かれている。そこは、地下にある死者の世界である。「黄泉国」の伊邪那美の体には、蛆虫がたかり、腐乱が進行していたように描かれている。伊邪那岐を追う女性兵士も、「黄泉醜女《よみのしこめ》」だ。「黄泉国」は、実は〝良水国《よみのくに》〟〝吉水国〟であって、米子平野を指していた。米子の本来地名は〝ヨミ〟であって、ヨナゴではない。

(3)伊邪那岐による侮蔑　…　「吾は出《い》だしを見、屎食《しは》みき穢なき国に到《きた》りてありけり」(記)。伊邪那岐が米子市岡から逃げ返り、室見川中流で禊祓《みそぎはらい》を行う時に、口にした言葉が、これである。「出だしを見、屎食みき穢なき国」は、「伊那志許米志許米岐穢国」と表記されている。

伊はイ、那はダ、志はシ、許はヲ（オホキナリ）、米はミ（名のり・みつ）で、出した物を見る意である。志許米許は屎食みき。志はシで屎、大便のことである。許はハ（ハカル）、米はミ（名のり・みつ）、岐はキを表している。これが、解読の根拠である。筑紫は、こんなことまで自国の史書に書き残していたのである。

(4)「穢繁国」……「穢《けが》れ繁《おほ》し国」か。「穢繁」は、「穢多」に通じる表記となっている。繁にはオホシの古訓がある。

(5)「夜之食国」……伯耆・出雲が越・筑紫から独立する以前、伊邪那岐の息子・月読《つくよみ》が統治のために赴いた国が、この「夜之食国」だ。これは〝汚《よご》れし国〟である。夜はヨ（ヨル）、之はゴレ（コレ）、食はシ（ショク）を表していた。やはり、伯耆・出雲を見下した表現である。実態不明の「夜の食《おす》国」が定説となっていることは、すでに第1巻で述べている。

(6)おとしめられたスサノオ……「八《や》拳須《つかひげ》心《むね》の前に至るまで、啼《な》くを騒ぎ」と、まるで自立心のないような人物描写だ。そのスサノオの泣き声によって、「万物の妖《わざはひ》悉《ことごと》く発《おこ》りき」という状態に変わり果てたという。筑紫にとって、スサノオの咆哮《ほうこう》は恐怖の的だ。それを、このように侮蔑的に表現していたのである。

スサノオは伯耆・出雲の、越・筑紫に対する独立戦争の指導者である。そんなスサノオを、筑紫が快く思うはずはない。これがスサノオ侮辱の強い動機となっている。スサノオに関してはまだある。その国を、〝根の欠けし国〟（根之堅州国）とまで呼んで、蔑《さげす》んでいたのである。執念深さに凝り固まっていると言うほかない。なお、ここでは之はカ、堅はケ（ケン）、州はシ（シュウ）と読むようである。

(7)敵国兵士に対する見くびり……「天孫降臨」時、筑紫に投降した伯耆・出雲軍の兵士を大小の魚に、抵抗者をナマコにたとえるという驕り。これは、宇受売の高圧的態度として描かれている。

以上は、『古事記』上巻、いわゆる「神代記」による描写である。この傾向は、『日本書紀』にあっても変わることはない。記紀神話は、筑紫の立場・視点だけから書かれている。伯耆・出雲は〝汚らわしき国〟。これが筑紫の一貫した執筆態度だ。しかし、これだけなら、いつまでも気づくことはなかったであろう。筑紫の、この悪口雑言の裏に、深い意図が隠されていたことに気づくきっかけが、「ヨツ」のもととなった数字の「四」だった。

㈡「ヨツ」―「四」の本来的意味

⑴四種の宝器　：　この宝器については、「神代記」に「(大国主)その妻須世理毘売《すせりひめ》を負ひて、すなはちその大神(スサノオ…著者注)の生大刀と生弓矢と、またその天詔琴《あめののりごと》を取り持ちて逃げ出《いで》ます時、…」と記されている。

この記事については、①生大刀、②生弓矢、③天《あめ》の詔琴《のりごと》と、三種の宝器として理解した時期もあった。それは「生弓矢」を一対一組と考えたためである。だが、弓と矢は相互補完的な関係にあるものの、それぞれが別個の兵器だ。だから、ここは①生大刀、②生弓、③生矢、④天の詔琴と見なさなければならないのである。結果は明らかだ。三種ではなく、四種の宝器となる。

⑵「出雲国造の神賀詞《かむよごと》」の四神　：　この「神賀詞《かむよごと》」には、大国主とその息子三人、それにその祭られたところが示されている。

①大穴持《おおっち》　―　大御和《おおみは》の神奈備《かむなび》(大山、大神山《おおみはやま》)
②阿遅須伎高孫根《あぢすきたかひこね》　―　葛木の鴨の神奈備(米子市湊山)
③八重事代主《やえことしろぬし》　―　宇奈提(岡田…米子市岡)
④賀夜奈流美《かやなるみ》　―　飛鳥の神奈備(米子市福市・青木丘陵)

「宇奈提」の宇はオ（オホキナリ、オホソラ）、奈はカ（カラナシ）、提はタ（タイ）を表している。タは地名接尾語だから、中心地名はオカである。「オカ」とは、第1巻の最後で説明したように、スサノオによるオロチ退治の地「鳥髪《おか》」「鳥上《おか》」のことである。

「賀夜奈流美」は、カヤナルミと読まれている。この人物は、『記』にも『紀』にも現れない。「賀夜奈流美」を記す文書は、これだけである。だから、この読み方も含め、その人物像についても、まるで分からない。要するに、判断材料がきわめて乏しいのである。

しかし、右記②は、①の大穴持（大国主）の息子、③もまたその息子（長男）である。②の阿遅須伎高孫根は③の八重事代主の異母弟である。この系譜から、「賀夜奈流美」も、大国主と血縁上繋がりのあった人物、それもその息子と見なすことができるようである。

ここで忘れてはならない人物が、大国主の次男・建御名方《たけきなが》だ。戦死した長兄・八重事代主に代わって、筑紫の侵入者・建御《たけき》雷《いかづち》たちを倒し、父親をしっかり補佐している。『記紀』の記事はすべてにおいて信用できないが、建御名方については、特にひどい。すべて真っ赤な嘘で固めている。

「国引き神話」の八束水臣津野《はしすおおつぬ》は、建御名方の別名であり、『出雲国風土記』の記す「野城大神」もそうである。建御名方は、伯耆・出雲の功労者である。「賀夜奈流美」は、そんな勇猛果敢な闘士の視点から読み解く必要がある。

そうなると、この人物名は、〝華陽《かや》なる巳《み》〟（華々しく輝く蛇）となる。賀はカ、夜はヤ、奈はナ、流はルを表している。美はミで、蛇の巳である。表記は異なるものの、その意味するところは「名方」と一致する。これで「賀夜奈流美」も、矛盾なく解決を見たようである。「葛木の鴨の神奈備」と「飛鳥の神奈備」については、第3巻で明らかにしたい。

(3)宍道湖を取り巻く神奈火《かむなび》四山　…　宍道湖の四隅に配置されている。この神奈火山は『出雲国風土記』

に記されているほどだから、古代からの伝統であることは疑いようはない。

①茶臼山《ちゃうすやま》（松江市）、②朝日山《あさひさん》（松江市）、③大船山《おおふなやま》（平田市）、④仏経山《ぶっきょうやま》（出雲市）

茶臼山・大船山については「神奈樋山」、朝日山・仏経山については「神奈火《かむなび》山」と、その表記は異なるが、「神奈樋山」も「神奈火山」も、ともに神性の蛇の意の〝神《かむ》な蛇《び》〟である。樋・火はいずれもヒで、蛇を表している。

(4)四隅突出型方墳　…　伯耆・出雲を中心に、日本海岸沿いに遠く北陸にまで分布する古墳である。四隅突出型方墳の発見は一九六九（昭和四四）年のことだから、比較的最近のことである。島根県瑞穂町（現邑南《おおなん》町）の順庵原《じゅんなんばら》一号墳で、その特異な形状が初めて確認されている。翌一九七〇年には、仲仙寺古墳群（安来市西赤江町）が発見され、その中に、やはり四隅突出型方墳の存在が確認されている。

これらの古墳は、島根県（安来市・出雲市）、鳥取県（鳥取市・倉吉市・米子市・大山町）、広島県（三次《みよし》市）と富山市に分布している。鳥取県米子市（淀江町）・大山町の遺跡とは、一九九八（平成一〇）年に発見された「妻木晩田遺跡」である。

ところが、これに先立つ一九九五（平成七）年七月、すでに四隅突出型方墳が発掘されている三次市内の「陣山遺跡」で、整然と並んでいた五基がまとまって発見されている。その中心地は中国、なかでも山陰と見なすことができるようである。ただ、わずか一基とはいえ、この形式の古墳が富山市にも造られていたことである。意外の感は否めない。

以上が、「四」に関する歴史事実である。ここに人の死と結びつけたり、「ケモノ」を表す意味はない。伯耆・出雲、あるいはその政治圏において、誰がこの数字を忌避したであろう。最早、多言を要する問題ではない。この帰納的帰結から言えることは、「四」＝「ヨツ」は本来、賤称語ではない。これが、記紀神話・

『出雲国風土記』の伝える事実だと、確信を持って言える。

「四」は、忌み嫌うべき数字ではない。どこから見ても、「聖数」である。被差別部落の人々に貼られた賤称語の由来を、この一連の歴史事実と遺跡の中に確認することができる。その「聖数」を筑紫は逆に利用し、価値観を一八〇度もひっくり返して、賤称語にすり替えていたのである。弥生時代最高の芸術品である、銅鐸を破壊した行為と同じだ。

これで、賤称語の「エタ」「ヨツ」に関する論証は、すべて終わった。これで被差別部落の起源が、ほぼ見えてきたので、結論を急ぐ前に、ここで「琴」について、補足しておきたい。

むしろ当然というべきか。「天の詔琴」は、鳥取県中部、日本海に面した「青谷上寺地《あおやかみじち》遺跡」で、七点も発見されている。それは、弥生時代の箱型の「琴」である。狗奴国の「朝廷」に納めていたのか。それともこの地で使われていたものか。

それは分からない。しかし、狗奴国大王の象徴の一つである「天の詔琴」が、鳥取県中部で製作されていた事実が判明したことは貴重だ。鳥取県西部・南部町馬場に、大国主の開いた「朝廷」が実在していたという史実を、この「天の詔琴」は裏付けていると思われるからだ。

貴重な事実は、これだけではない。琴板に刻まれたサメと、側板に刻まれた五匹の動物の絵画が、銅鐸に描かれた絵画に酷似しているのである。両者は線刻画である点でも共通しているが、これもまた、狗奴国政治圏と銅鐸文明圏が一致することの、ささやかな根拠の一つに挙げることができそうである。

破壊される遺跡

四隅突出型方墳について、わたしには悲憤慷慨、悲喜こもごもの体験がある。安来市の安養寺三号墳は、典型的な四隅突出型方墳である。この古墳は、前島己基『日本の古代遺跡20　島根県』（保育社）に色彩写真《カラー》で紹介されている。

この写真を眼にして以来、必ず訪れてみたいと思った古墳の一つである。けれども、ここを訪れても、徒労に終わるだけである。三号墳を含む安養寺古墳群は、一九七二（昭和四七）年の宅地造成で全域が削平されてしまっている。

安養寺古墳群跡を南に少し下がったところにある宮山古墳群でも、中学校の校庭整備により、前方後方墳が跡形もなく消滅している。現地の説明板にそう記されている。それでも、ここが安養寺古墳群と異なるところは、完全な姿の四隅突出型方墳などが残っていることであった。それだけでも、多少は救われた気持ちになる。

同じ現象は、しつこく続くものである。宮山古墳群の近く、南西方向にある仲仙寺《ちゅうせんじ》古墳群でも、やはりその大半が、神塚《かみつか》団地造成のために消滅している。それも未調査の古墳が、開発業者によって一方的に破壊されているのである。安養寺・宮山・仲仙寺の古墳群には、このように受難の歴史がある。

逆にこんなこともあった。二〇〇〇（平成一二）年一〇月、「加茂岩倉遺跡」を確認した後、来た山道とは反対側に、湿地帯を挟んでもう一つの「広域農道」があった。湿地帯を越えるのに、また一苦労をしたが、「広域農道」に出れば、あとは下り坂である。しばらくは、自転車のペダルを踏む必要はなかった。

一〇分余りで、斐伊川支流の赤川《あかがわ》に出た。「景初三年鏡」の出土で知られる神原《かんばら》神社古墳（雲南《うんなん》市宇治本郷）は、すぐそこにある。ところが、ここでも騒音を辺りに撒き散らしながら、大規模な橋脚工事が行われていた。このために、多少の迂回もさせられた。

島根県を悪く言うつもりはないが、行く先々で、この公共工事に悩まされた。夕方が迫る頃、目的も達して、帰路に着いた。後はのんびりと、斐伊川の堤防伝いに、宿のあるJR出雲市駅前に向かうだけだった。絶好の秋日和である。旅をしていて、これほどの喜びはない。ところが、突然状況が一変する。

舗装はしてあるものの、さして広くもない堤防の道を、ひっきりなしに工事用車両《ダンプカー》が行き交うようになる。対岸に避難するにしても、肝心の橋がない。何の工事かは知る由もないが、この悩ましき状態は一時間近く続いた。これで、すっかり疲れてしまった。昼食も取っていないから、なおさらである。出雲市内に入って、ようやくこの状態から逃れることができた。

斐伊川を西に渡ったところで、「西谷古墳群」の案内板が眼に止まった。日没が、すでに始まっている。疲れ果てていたので迷ったが、遺跡は近い。騙されたつもりで、行くことにした。雑草と竹藪で覆われた通路を構わず進んでいった。突き進んで行って、思わず息を飲んだ。漏れてくる夕日の中に、神々しく輝く四隅突出型方墳があった。これが西谷《にしたに》三号墳だった。ここで、あの消失した安養寺三号墳に遭遇した思いがした。素晴らしい古墳である。しばらく見とれていた。

われに返って気がついた。美しい古墳であるにもかかわらず、突出部の一つが、墳丘への〝勝手な登り口〟となっているためか、ここだけが崩れている。これまでに、あまりにも多くの四隅突出型方墳が、無残にも消えているのだから、墳墓への立ち入りを禁止するなど、西谷三号墳は丁寧に保存してほしいと願うばかりである。

築造年代の下限

四隅突出型方墳は、いつ造られたのか。その築造主体は、伯耆・出雲の支配者だ。そうなると、四隅突出型方墳の造られた時代の下限は、おのずと明らかになる。日本列島の中心国家であった狗奴国は、三世紀半ば過ぎに滅亡する。その国家の滅亡後にあっても、引き続き、四隅突出型方墳だけは造り続けられたとは、考えがたい。邪馬壹国の怨念の中で、狗奴国は滅んでいる。狗奴国の支配者層が、それでも古墳の中に懇ろに埋葬されることなどありえない。戦後、狗奴国の支配者たちはことごとく殺害され、その遺体は、粗末に扱われたことだろう。その光景は、容易に想像することができる。

山陰に集中している四隅突出型方墳は、狗奴国滅亡以前に築造されている。国力に富んでいた狗奴国には、大国の余裕があった。四隅突出型方墳は、その反映である。幸い、仲仙寺古墳群では、出土品に恵まれている。既存の学説にこだわらず、新しい眼で見れば、そこには別の世界が開けてくるはずである。坂田武彦が水城の中の木杭《きぐい》などから、その絶対年代を割り出したように、これらの豊富な出土品から、その製作年代が科学的に測定される日が、必ず訪れる。その絶対年代は、間違いなく二五〇～二六〇年以前となる。そう断言できる。

狗奴国はいかなる理由から、「四」を聖数視したのか。確かなことは分からない。けれども、推測はできる。余りの生じる奇数を嫌ったという推測だ。偶数には安定感がある。たとえば長机だ。その足が一本や三本では安定性を欠くが、これが四本だと確実に安定する。四輪ある自動車についても、同じことが言える。全体の調和と安定。国内の安定と平和。これが、「四」を聖数視した理由の一つではなかったか。

弥生時代の集落には、専門家たちですら説明できない現象が起こっている。大和平野の中央部に位置する奈良県田原本町「唐古《からこ》遺跡」（現在の名称は唐古・鍵《かぎ》遺跡）では、ある日突然、神隠しに会ったかのように、住民が忽然と姿を消している。

被差別部落の起源

一九三六（昭和一一）年秋から、奈良—橿原間の道路（現国道二四号線）工事が始まる。この工事では、田原本町付近に盛り土をして、道路にするために、唐古池の土を採取することになっていた。この付近は、早くから弥生式土器や石器が出土していて、考古学界からは常に注目を集めていたところである。

一〇日も経つと、お互い気心が知れるようになって、無用の心配はなくなったとは言うものの、当初は、五〇人はいた建設従事者との人間関係に気遣いながらの発掘調査であったと、末永雅雄は当時を回想している（末永『考古学の窓』）。

唐古池は南北二〇〇m、東西一〇〇mの長方形で、あまり深くはない。その池の底には、ほとんど土状態の泥が一・五mの厚さで沈殿していた。ところが、この直後に、末永の想像を超え、その答えを見つけるために悩み続けることになる遺跡が、姿を現したのである。

底にたまった泥がなくなる辺りに、縦穴があり、その中には多数の土器、石器、木器に混じって、獣骨類・植物なども埋もれていた。竪穴《たてあな》の数は、大小八〇余りである。

(1)大きい竪穴　：　小屋組。屋根のある六畳一間程度の住居
(2)小さい竪穴　：　食糧貯蔵用倉庫

大きい竪穴では、支柱のような木材、屋根の材料にした藁《わら》、竪穴の底に敷いていたと思われる乾草《かんそう》・藁のような物が、残っていたことが確認されている。それだけではなかった。小さい竪穴には、土器が積み重ねられ、あるいは並べられ、その中には、桃の置かれていた土器も残っていたという。

末永はこの状況から、「なぜか竪穴の中にはいまのいままで人がいたが、（中略）一せいにとるものもとりあえず退去したのではないかとも想像される場合もある」（末永・前掲書）と、その印象を生々しく伝えている。〝急激な事件のため〟に、この遺跡は終末を迎えたと、末永は推測しているのである。その後の調査で、この遺跡が、大規模な環濠集落であることが判明している。

ところは変わって、前述した「青谷上寺地《あおやかみじち》遺跡」（旧青谷町、現鳥取市）。舟を漕ぐ櫂《かい》、ヤス、動物の骨。あるいは鉄で作った釣り針、木製の鍬・包丁・鎌といった日常生活用品のほかに、炭化した米などが大量に出土した遺跡である。この地の裕福な生活ぶりが、実感できる遺跡である。出土物は、国産品だけではない。古代中国の貨幣である貨泉、さらに中国大陸製と朝鮮半島製の鉄斧が、同時に出土していることは、注目に値する。その入手経路の解明は、今後の課題である。

豊富な出土物とは対照的に、この遺跡では、五五〇〇点もの人骨が発見されている。驚くべきことは、その点数だけではない。その中の一一〇点に、殺傷痕が見られるという。異様な数値だ。殺傷痕の確認できる人骨の多くは、男性のものが多いが、女性のものも認められ、一〇歳程度の子どもにも見られたという。そ

れは、胸部を中心に、あちこちの骨に傷跡が確認されている。二カ所も傷ついた骨もあり、銅製の鏃《やじり》の先端が刺さった骨盤も、あったとのことである。以上は、青谷町教育委員会『青谷上寺地遺跡』による。

住民すべてが、突然神隠しにあったかのような「唐古遺跡」。それとは逆に、大量虐殺をうかがわせる「青谷上寺地遺跡」。いずれも「銅鐸文明圏」―狗奴国政治圏に属す。襲ってきた敵は明らかだ。「非銅鐸文明圏」―邪馬壹国政治圏だ。「唐古・鍵遺跡」「青谷上寺地遺跡」は、大量虐殺の一例と言える。

勝利した邪馬壹国の取るべき政策は一つ、二度と狗奴国政治圏が息を吹き返さないようにすることだった。国土の面積においても、人口規模においても、文化の成熟度においても優る大国を倒したのだから、その弾圧と占領政策は苛烈を極めている。

邪馬壹国側に渦巻く怨念は、勝利の直後に「はらいせ」「意趣返し」「復讐」となって現実化する。敵対した指導者たち、それに連なる人々とその一族の運命は、最悪であった。生命は辛うじて保障され、生き長らえることができた人々にとっても、新しい環境は悲惨だった。ここで、邪馬壹国の弾圧政策の骨格が、逆に被差別部落を通じて見えてきた。「分散化」と「細分化」が、その骨格である。

「分散化」とは、居住地を大幅に変えてしまうという、いわゆる「国替え」である。「細分化」とは、抵抗の芽を摘むために、小集団に分割した政策である。少人数に細分化し、横の連携を阻害するために、全国各地にバラバラにして、およそ人の住めないようなところに定住を強制した。「見せしめ」の意味もある。周りは見知らぬ者、それも敵国の人間ばかりだ。そうしておいて、この小集団を常時監視し、虐待するために、蔑称まで考案した。それが「エタ」であり、「ヨツ」であった。

この弾圧と虐待は、いつ起こったのか。以前に引用した「魏志倭人伝」のこの記事が、一つの参考になる。

1その八年、太守王頎《おうき》官に到る。倭の女王卑弥呼、狗奴国の男王卑弥弓呼と素より和せず。倭載斯烏越等を遣わして郡に詣《いた》り、相攻撃する状を説く。塞曹掾史張政を遣わし、因《よ》って詔書・黄幢を齎《もたら》し、難升米に拝仮せしめ、檄を為《つく》りてこれを告喩す。

2卑弥呼以て死す。大いに冢《ちょう》を作る。径百余歩。徇葬する者、奴婢百余人。

1の「その八年」とは、「正始八年」（二四七）のことである。したがって、狗奴国の滅亡は、この直後であったと思われる。つまり、1と2の間の大事件だったことになる。卑弥呼は邪馬壹国の女王にして、「守護神」でもある。それでも、その女王が亡くなっても、両国間で激しい戦闘が繰り広げられていれば、一人でも多くの兵士を必要とする。そのような戦況下で、「大いに冢《ちょう》を作る」ことは自粛したと思われる。

なぜ、陳寿はその時間を明記しなかったのか。それが当時の日本にとってどんなに大事件であっても、中国の事件ではない。そのために、中国の年号を用いて、狗奴国の滅亡も卑弥呼の死亡も明記しなかったものと考えられる。律義というか。頑固で、融通が利かないというか…。いずれにしても、これが中国の流儀なのだから、狗奴国の滅亡時期も卑弥呼の死亡時期も、推測する以外にない。

狗奴国の滅亡は、「正始八年」（二四七）から、そんなに隔たってはいない。二五〇〜二六〇年には滅んでいる。邪馬壹国の魏へ派遣した「戦中の使者」の、狗奴国圏に与えた影響は絶大だった。魏使の「韓国陸行」による心理作戦、その後の魏の邪馬壹国への全面支援によって、狗奴国圏内の国々に、動揺が走ったことは否めない。

その動揺によって、戦意を喪失したばかりか。その政治圏から離脱・離反する国もあったのではなかったか。狗奴国圏内では、徐々に自壊作用が始まっていたと思われる。そうなると、戦闘が長期化したとは考えられない。

東軍の圧勝に終わった「関ヶ原の戦い」は、天下分け目の戦いといわれながらも、勝敗が決した時間は長期間に及ぶどころか、わずか半日だ。驚くほど短時間に終わっている。古代における〝関ヶ原の戦い〟も、一六〇〇年の「関ヶ原の戦い」ほどではないにしても、「魏志倭人伝」の記事から、短期間に終わっている可能性もある。

それよりもむしろ、勝利を手にした邪馬壹国は、残虐極まりない戦後処理にこそ、多くの時間を掛け、喜々として完遂したのではなかったか。被差別部落という人間性を奪った社会に突き落とされた人々は、実際にどのような虐待を受けたのか。第3巻で、その苛酷な状況を明らかにしたい。

〝被差別部落の生みの親〟は、一体誰なのか。今、この問いに答えることは、容易だ。古代の謎解き。これが、わたしの古代史に対する一貫した姿勢だ。その謎解きの過程で浮かび上がってきた仮説が、これだった。

「生みの親」は誰か

壹与はわずか一三歳で女王になっている。一三歳は、一年に二つ歳をとる「二倍年暦」だと、わずか六～七歳、小学一年生程度の少女である。このため迂闊にも、わたしは壹与は、邪馬壹国にとっては〝暫定の女王〟だと思い続けてきた。

だが、この見方は甘かった。壹与は、決して〝暫定の女王〟などではなかった。卑弥呼没後の模様を、「魏志倭人伝」は以下のように記している。

更に男王を立てしも、国中服せず。更々相《こもごも》誅殺《ちゅうさつ》し、当時千余人を殺す。また卑弥呼の宗女壹与《ゐよ》、年十三を立てて王となし、国中遂に定まる。政等、檄を以て壹与を告喩す。壹与、倭の大夫率善中郎将掖邪狗等二十人を遣わし、政等の還《かえ》るを送らしむ。

この文面の持つ意味は、深い。「壹与、…　政等の還《かえ》るを送らしむ」の記述からも明らかなように、張政の故国への帰還に配慮していた人物は、壹与である。しかし、張政の帰国は、あくまでも邪馬壹国側の事件である。そのために、ここでも中国の年号をもって、その時期を特定していないのである。中国人は、どこまでも「頑固」だ。

卑弥呼の死、壹与の女王即位と張政の帰国へと続く一連の大事件が、「魏志倭人伝」に明記されているのだから、魏代における事件であることは、明白だと言える。それであっても、その時期は分からない。

壹与が張政を中国まで丁重に送り届けた時期は、翌年の正始九（二四八）年ではないにしても、次の嘉元年間（二四九〜二五四年の六年間）、あるいは正元元年、二（二五五）年頃であった可能性は高い。

この時代を、「泰始」の初め（二六五、二六六年）に求める説もあるが、それは成立しない。「泰始」年間でないことだけは、確かだ。占領・弾圧政策に一〇年以上も掛けているようだと、狗奴国側から必ず抵抗・反乱は起こる。「泰始」の朝貢は、武帝即位の祝賀が主たる目的であったと思われる。

壹与が張政を中国まで送った記事は、極めて簡素である。しかし、この文面は、邪馬壹国での張政のすべき任務は、すべて終わったことを告げているのである。邪馬壹国は狗奴国に勝利した。そればかりか、占領・弾圧政策も〝完璧〟に遂行し、狗奴国は二度と息を吹き返す恐れはなくなった。そのために、張政は帰途に着いたのである。

壹与は〝暫定の女王〟どころか、逆に、長期にわたって女王の座に君臨し、張政の適切な助言の下に、占領・弾圧政策を進めていたのである。その長期政権ぶりを示している記事が、「晋書倭人伝」と「神功紀」である。

「晋書倭人伝」では、宣帝が公孫氏を平定すると、その女王は使いを帯方郡に遣わして、天子に朝貢することを求めた。その後も朝貢は続き、それは、魏の宰相となった文帝（司馬昭）の時代にあっても、変わることがなかったという記述がある。この記述に続く記事が、これである。

泰始の初め、使を遣わし、訳を重ねて入貢す。

泰始とは、二六五～二七四年まで続いた西晋朝最初の年号をいう。西晋朝（二六五～三一六）は、司馬懿（宣帝）の孫であり、司馬昭の息子である司馬炎（武帝）が、魏からの禅譲（実際は簒奪《さんだつ》）によって樹立した王朝である。ところでこの章句だと、倭王が誰なのかは分からない。それを明らかにしている文献が、『紀』だ。「神功紀」に、それは示されている。

晋の「起居注《ききょ》」に云はく。武帝の泰初二年十月、貴倭《きゐ》の女王、訳を重ねて貢献せしむといふ。

「起居《ききょ》」とは、今日でも使われている言語であり、「立ち居振る舞い」「日常生活」のことだから、これは晋の天子の「起居」に関する記録、つまり天子の日々の動静についての日誌のことである。この「神功紀」の記事中、卜部《うらべ》兼右《かねすけ》本と北野本とが「貴倭の女王」と記している。貴重だ。

「神功紀」では、肝心の「貴倭の女王」の名前は伏せられている。意図的で、悪質な記述である。それでも、この女王を特定することは可能だ。「貴倭の女王」とは、「壹与《ゐよ》」である。壹与は「武帝の泰初二年」（二六六）の時点でも、女王として君臨していたのである。

壹与は二五〇年代の早い時期に、六～七歳で女王に即位していると思われるから、二六六年時点では、その年齢は二〇歳過ぎということになる。

では、壹与はいつまで女王であり続けたのだろうか。幸いにも、それは陳寿が記録に残していた。

其の国、本亦男子を以て王と為《な》し、住《とど》まること七、八十年。…乃《すなわ》ち共に一女子を立てて王となす。

名づけて卑弥呼という。

これは、「魏志倭人伝」の一節である。古田はこの一節を、『失われた九州王朝』の中で詳しく論じている。それをかいつまんで紹介したい。

この章句を正確に解読する鍵となる文字が、「亦」である。「亦」は、文脈の前文を受けて、後文にも同様の趣旨を述べる場合の接続を示す文字であり、時間の流れから言えば、〝過去に基づいて、現在、もしくは未来に同様の状態がある〟場合に使う文字である。やはり、「魏志倭人伝」に好例がある。

　夏后少康《かこうしょうこう》の子、会稽に封じられ、断髪文身、以て蛟龍の害を避けしむ。今、倭の水人、好んで沈没して魚蛤《ぎょこう》を捕らえ、文身し、亦以て大魚・水禽《すいきん》を厭《はら》う。

過去に、中国・夏后少康の子が流布した断髪文身を、今、倭人もそれに習って文身し、サメなどからの危害を避けていると言っているのである。このような「亦」の用例からすれば、先に引用した「其の国、本亦男子を…」とは、「現在は女王国である倭国も、本は中国と同じく男王だった」という記述となる。どういうことか。つまり、『三国志』執筆時点の二八〇年代にあっても、〝倭国は女王国である〟と、陳寿は述べているのである。これが「亦」の示すところとなっている。したがって、〝二八〇年代の女王〟とは、壹与にほかならない。

陳寿『三国志』は、二八〇年代に完成したと見られている。ということは、この時代にあっても、壹与はなお女王であったことになる。『三国志』の完成が二八〇年代半ばであれば、「武帝の泰初二年」（二六六年）から、さらに二〇年余りが経過していることになる。そうなると、壹与の年齢は四〇歳を超え、女王在位期間も三五年前後となる。壹与は〝長期安定政権の女王〟だった。

誰が被差別部落を生み出したのか。すでに答えは明らかだ。狗奴国とその同盟国に対する弾圧を指示した最高権力者は、壹与だ。壹与こそ、紛れもなく〝被差別部落の生みの親〟である。当面の大きな政治課題であった狗奴国政治圏に対する弾圧と支配は、すべての面で順調に、しかも残虐に進捗したようである。それは、今もなお残る「部落問題」が、それを証明している。

先にも述べたように、二六六年の壹与による西晋朝への遣使は、武帝即位の奉祝が主たる目的ではあっても、国内安定化の報告とその謝意の表明もあったであろう。そうして見ると、邪馬壹国の狗奴国政治圏に対する〝戦後処理〟の完了は、二六〇～二六四年頃となりそうである。

解決への出口は見つかった

被差別部落の祖先は賤民、その祖先もまた賤民、どこまで時間をさかのぼっても、見えてくる祖先の姿は、賤民だ。だから生まれると、その子孫はすぐに賤民視される。人間として、これほど辛いことはない。それは、いつまでも出口の見えてこないことに起因している。「出口」を破壊されて、逃げ場を失った人々の集団であることが、被差別部落のもう一つの側面なのである。出口が見えないことほど、その解決に手間取る問題もない。こうなると、いつまで経っても根源的に解決しないことになる。部落問題が深刻な社会問題となった根本原因こそ、その起源が失われていることにある。したがって、被差別部落の起源の解明は、部落問題解決への糸口となり、出口となる。

被差別部落の起源は、日本人の常識を打ち砕くほど遠い時代にあった。その遠い時代、被差別部落の祖先は、賤民などではなかった。その起源も、今ようやく明らかになった。これで、部落の人々が、周りに対して卑屈になったり、自らを卑下する理由はなくなった。もとより、大多数の国民に、その地域の人々を差別する正当性などどこにもない。

これからの部落問題解決の基本は、被差別部落内外の国民の一人ひとりが、この問題に関する認識を根本から変えていくことに関わっている。何でもそうだ。まず一人の人間の行動から、すべては始まる。一人の人間がゴミを、ところ構わず捨てたりしなければ、人類を誕生させ、その生存を今もなお許している地球が、現状のような〝醜《みにく》いゴミ捨て場〟に変わり果てることはない。部落問題についても、同じことが言える。

それでも、問題は依然として残る。「君が代」と被差別部落とは共存するか、否か。新たに浮上してきた問題が、これだ。ともに天を戴《いただ》かざる関係であることが、改めて判明した。すでに述べたように、「君が代」と被差別部落とは一卵性双生児にも似ている。一方は天子として生れ、他方は賤民として生れてきている。「君が代」の「君」は、壹与を指している。被差別部落をこの世に導入した人物もまた、壹与である。その残虐非道な仕打ちを行った「君」—壹与の統治する世界は、苔のむすまで永遠にと、高らかに歌っている歌が、問題の「君が代」である。「君が代」と被差別部落とは共存しえない。これがわたしの理路であり、結論である。

「君が代」は、現天皇家とはまったく関係のない他王朝の歌である。そのような歌をもって、その歌の「君」を、「象徴天皇」である平成天皇に置き換える。これほど事実誤認の解釈もない。天皇制を肯定するか否か。好きか嫌いかといった価値観に関わりなく、その根源において間違っている。政府の「君が代」法制化を「暴走」と批判した理由が、これである。

壹与讃歌の「君が代」は、邪馬壹国の〝征服史観〟に立脚し、被差別部落は、邪馬壹国の〝征服〟の中から生まれている。古田が早くから指摘していたように、「君が代」は「九州王朝」（＝邪馬壹国）の讃歌であることを、ここで改めて強調しておきたい。

卒業式・入学式のたびに、教職員・保護者が悩む起立・不起立問題に象徴されるように、「君が代」法制化により、もつれた糸はさらにもつれてしまった。部落問題は確実に解決する。その一方で、ますます解決が難しくなった問題が、国歌「君が代」である。わたしの解釈が正しければ、被差別部落の人々は、ますます「君が代」は歌えなくなる。今後、国はどのように対処すべきか。解決方法はなくはない。

(1)「君が代」を国歌として、かたくなに堅持

(2)新しい国歌の制定

解決方法は、二つに一つしかない。現実的には、(1)の姿勢が続き、国・文科省は歴史事実を無視した「国旗国歌法」を盾に、国民の間に「君が代」が浸透し、定着していくことに執着するだろう。しかし、被差別部落と「君が代」とは、両立しないのだから、いずれ、国も苦しむことになる。

この問題を解決したければ、国民の声を広く、丁寧に聞くことしかなさそうである。全国民が心から喜んで歌える健康的な歌こそ、「国歌」だと思う。解決に至る道はこれしかない。

第十五章　太平洋の向こうの「新世界」

1　生命を賭した大航海

想像を超えた地

「魏志倭人伝」の「邪馬壹国《やまゐこく》」を信じることができる読者は、やはり、この記事も信じることができるだろう。それは、伊予国の蔑称となっていた「侏儒国」の、その後に続く記事だ。

又、裸国・黒歯国有り、復《ま》た其の東南に在り。船行一年にして至る可《べ》し。
又、有二裸国黒歯国一、復在二其東南一、船行一年可レ至。

「侏儒国」の「東南」に存在したという「裸国・黒歯国」は、事実なのか。しかも、その国に至るには、「船行一年」もの時間を要するという。気の遠くなるような行程だ。この記事の示すところは、日本人の常識を遥かに超えている。これが、三世紀の日本について語られた記事の一つだからだ。この無謀とも思える大冒険の前にあっては、一六世紀のコロンブスやマゼランなど、目ではない。

「魏志倭人伝」は、その冒頭から「侏儒国」に至る記事のすべてが、古田の言うとおり正しかった。正しくなかったのは、大家・専門家たちの解釈の方だった。そこで、わたしも古田に倣《なら》って、陳寿の記述したことを、どこまでも信じてきた。その結果、陳寿はどこまでも正しかったとの結論に達した。

では、『三国志』の著者・陳寿を最後まで信じ通した古田は、この興味あるくだりを、どのように解釈したのだろう。それは、「アンデスの岸に至る大潮流」という見出しの下に、『「邪馬台国」はなかった』の最終章で語られている。氏によるこの記事の解読の鍵は、「東南」という方位と、「船行一年」という旅程の二つだ。

そこでまず、基点となる「侏儒国」の領域だ。その領域は、必ずしも明確ではないにしても、伊予国を中心とした高知県西南部を含む、四国西岸部と推定することができる。したがって、「東南」という方位は、ここからの直線方向と見なしうる。

ついで、「船行一年」というとんでもない旅程だ。「魏志倭人伝」では、当時の日本では、一年に二回歳を取る「二倍年暦」が採用されていた。この事実は、『三国志』の注釈者・裴松之によって明らかにされている。「二倍年暦」であれば、「船行一年」の旅程は、実際には「半年」に短縮される。それでも、この時間から考えれば、「裸国・黒歯国」は遠隔の地であって、到底日本列島内には納まりきらない。

そこで、古田は、黒潮の流れから「裸国・黒歯国」を、南アメリカ大陸のエクアドルだと考えた。日本列島からカリフォルニア沖までは約三カ月、そこから南アメリカ西海岸までも約三カ月。「つまりそこは、倭人伝にのべる『裸国・黒歯国』の条件にピッタリ一致する領域」（古田『邪馬一国の挑戦』）となる。これが「船行一年」、実際は「半年」の内実である。

これだけでも驚きだが、さらに氏はこれに追い討ちを掛けた。実は、エクアドル・バルディビアの地から、「縄文土器」が出土していたのである。それも大量に。太平洋を間に挟んで、遠く隔たった日本と南アメリカの土器の紋様が、ソックリだという。すでに、この事実に気づいていた研究者がいた。現地の考古学者エミリオ・エストラダ、そしてエバンス夫妻（クリフォド・エバンス、ベティ・ジェイ・メガース）の三氏だ。

この一致について、古田は次のような考えを、前掲書の中で述べている。

(1)この領域には、「バルディビア土器」の出土する遺跡が、かなり奥地まで分布している。したがって、これらの土器は、当地の古代人が当地の土で焼いたものである。

(2)日本の縄文土器との間には、幾多の複雑な、あるいは重層した〝相似〟があり、それはどのように考えても、「偶然の一致」とは見なしがたい。

(3)ことに、縄文早・前期（前半）に当たる出土がなく、突如、前期（後半）ないし中期になって、この相似関係が「発生」している。

(4)しかし、この相似関係が続くのも後期（前半）までである。それ以後は激変し、まったく別の様式の土器（チョレーラ土器・ガンガーラ土器等）にとって代わられている。このため、後期（後半）・晩期に当たる「縄文土器」は出土しない。「偶然の一致」では、この特徴的な現象は説明できない。

(5)この相似性の発生の背景

①日本の縄文文明とバルディビア文明とは、本質的に別個の文明である。

②ところが、縄文中期前後（前期後半より後期前半まで）に、縄文人がバルディビアに渡来し、その結果、縄文土器の〝影響〟が発生した。

③このバルディビア文明は、被征服によって滅亡した（縄文後期中葉）。

(6)日本からエクアドルへの渡来には、自然地理上の裏付けがある。日本列島の近海から、黒潮に乗ったとき、黒潮 ↓ 北太平洋海流 ↓ カリフォルニア海流の導くまま、エクアドルに至らざるをえない。

(7)五～一〇月といった季節の場合、水（スコール）と魚（釣針による捕獲）に不自由しない（手作りヨットで世界一周を果たした青木洋氏の証言）。それは「漂流」ではなく、「人為渡航」の可能性をも裏付けている。

両国に共通する「縄文土器」は、「偶然の一致」による産物ではない。これが古田の強調する根拠となっている。

縄文土器に込められた願い

破天荒な解釈である。ホラ話にも似ている。当然と言うべきか。〝常識的日本人〟の間から、荒唐無稽との批判は起こる。マヤ文明の研究家でもある青木晴夫氏は、「現在の時点ではたしかにヨーロッパからアメリカへ移民した者の子孫の方が、アジアにいる日本人よりも、地理的にマヤ文明圏に近い。（中略）しかしアメリカ原住民のほとんどがアジアから移り住んだ人たちであることを思う時、過去のある時点では、われわれの方が近かった可能性がある」と述べている。ところが、マヤ文明と日本との共通性について論じながら、突如とんでもないことを口走っている。

「言語以外の類似を求めていくつかのつながりを見出す試みがなされた。マヤではないがエクアドルの土器と日本の縄文土器の模様が似ているといった研究がその例である。しかし結論を出す前に、ダニューブ川地方や、アメリカのフロリダからも同じような土器が出ているのをどう解釈するか、さらにあまり道具のない時にロープで模様をつけることがそんなに珍しいことなのか、といった基本的なことを考えてみる必要があろう」（青木『マヤ文明の謎』）と、歯牙にも掛けず一蹴している。

この古田批判には、〝追い討ち〟まであった。「青木氏は、おだやかな表現をしておられるが、青木氏の、『やれやれという〝舌打ち〟』の音が、きこえてこないであろうか」（安本『古代九州王朝はなかった』）と、安本氏は青木氏に便乗し、悪乗りまでしてしまった。現代文明に、骨の髄まで犯されている現代人の驕りを、ここに見せつけられた思いがする。大量消費に慣れ、大量生産も当たり前と考える現代人の発想である。

青木氏の『マヤ文明の謎』は、「マヤ」を知る上では面白い著作である。その青木氏も「縄文土器」の定義が、まるで分かっていないようだ。その紋様の由来が分からないから、便宜上、「縄文土器」と呼び慣わしているだけである。それなのに、青木氏も安本氏も、それを文字どおり縄目の紋様と理解した。このような理解は考古学者の間にも多いと思われるが、しかし、この認識は、他者を批判する以前の水準である。

当時としては、「土器」も「ロープ」も、日常生活にあっては貴重品である。生産技術・生産力が、今よりも遥かに劣る当時にあっては、土器は不可欠の、貴重な日用品だ。陶器などを容易に、しかも、廉価で手に入れることができる今日と、同列に論ずべきではない。

その貴重品である土器に、やはり貴重品である縄を無造作に巻きつけて、「縄文土器」を製作した。このような発想が、古代の昔に通用するだろうか。水や食糧を蓄えていたカメは、くすねるばかりか、厄介な病原菌をまき散らす小動物のネズミや、ゴキブリなどの害虫から、大切な食糧を守るためのいわば〝古代の冷蔵庫〟だ。そんなカメが、粗末に扱われていたとは思われない。それは、そこに刻み込まれた「縄文」に見て取ることができる。

この「縄文」とは、〝蛇〟だ。日常生活に不可欠な水や食糧を汚したり、略奪するネズミやゴキブリ、その他の害虫などの被害から守るために、容器という容器に、神秘的で魔力を持つと信じられた〝蛇〟が、描《か》き込まれていたのである。〝蛇〟への期待と確固とした思想こそ、「縄文」の表現そのものなのである。

伊邪那岐・伊邪那美の時代以前から、神名（＝人名）・地名は蛇であふれ返っている。〝蛇〟は権力・実力の象徴として、尊崇されていた。その蛇を大切な土器に刻む。そこには古代人の願いが、強く込められていると見るべきである。

「縄文土器」とは、〝蛇文土器〟なのである。太平洋を挟んで遠く隔たった日本と、エクアドルとの間に見られた〝蛇文土器〟は、単なる「偶然の一致」ではない。そこには、製作意図が共通して流れていたことになる。

快挙による証明

日本と南北アメリカ大陸とは意外に近いことが、二〇世紀の半ば過ぎに、三人の青年によって、相次いで証明されている。

(1)堀江謙一　：　一九六二年、西宮　↓　サンフランシスコ、三カ月と一日
(2)鹿島郁夫　：　一九六七年、ロサンゼルス　↓　横浜、三カ月と一〇日
(3)牛島龍介　：　一九六九年、博多　↓　サンフランシスコ、二カ月と二〇日
　〔往復〕　：　一九七〇年、メキシコ北端のエンセナダ　↓　博多、二カ月と二七日
(注) 古田『「邪馬台国」はなかった』による。

堀江・牛島両氏の航海の目的地は、いずれもアメリカ西海岸である。目指す針路は東だ。ひたすら東へ進めばよかった。それは悪戦苦闘の三カ月ではあっても、日本とアメリカ西海岸とは意外に近い。二氏はこの事実を証明した。なかでも、太平洋を往復した牛島龍介氏の航海は示唆的だ。

倭人はどうして、「船行一年」の「裸国」「黒歯国」を認識していたのか。これが年来の疑問だった。太平洋を渡航した倭人は、かなたの国に永住を決意した〝移住者〟だけではなく、牛島氏のように太平洋を往復した倭人がいたのだ。そのために、未知の国の情報がもたらされ、倭人の認識するところとなっていたのである。考えられる仮説としては、これしかない。

しかし、太平洋の横断には、危険と困難とが背中合わせになって、絶えず付きまとうことになる。現実に、それを克服するだけの方法はあるのか。やはりヨットで世界一周を敢行した青木洋氏は、縄文人は絶対アメリカ大陸へ渡っていると確信している一人だ。その青木氏が古田に、「黒潮に乗ってゆくとき、必要なものが三つあります」(古田『吉野ヶ里の秘密』)と、太平洋を渡る際の極意を話していた。

その極意とは、三点の必需品をヨットに積み込むことだという。三点とは針(釣針)、糸(釣糸)と壺である。たったこれだけの物が、航海中の生命を保障してくれるのである。

「針と糸は、魚を釣るため。食料ですね。えさはなくてもいいんです。舟の中に、元気のいい魚が時々飛びこんできます。それをつかまえて、肉や内臓を切って、えさにするんです。すると、面白いくらい、かかってきますよ。ですから、飢え死になんて、絶対にしませんよ」

「もう一つの『つぼ』。これは、ドラム罐《かん》でも、何でもいい。要するに、水を入れるんですよ。海の上には一週間に一回くらい、スコールっていうか、大雨が降るんです。そのとき、口をあけて、飲んでも、知れていますけど、『つぼ』にためておけば、チビリチビリと飲みつなげます。どんなに降らなくても、二十日もすれば、かならず降りますからね」

海洋生活の経験が豊富なだけに、青木氏の、古田に語った内容は貴重である。渡航に必要な三種の生命保障器物があり、それに好天に恵まれていれば、日本からの太平洋横断者は、まずアメリカ大陸へ漂着する。飲まず食わずの不安な三カ月余、あるいはそれ以上かもしれない。生死に関わるほどの漂流の果てに、ようやく見えてきた陸地だ。

そうなると、そこがどのような土地柄なのか。そんなことを考えないで、水と食料を得るために、何をおいてもまず上陸するはずである。日本を出港し黒潮に乗れば、まず到着するところはアメリカ大陸だ。すでに三氏によって、実地に証明されている事実である。

ここでもう一度、「魏志倭人伝」の当該記事を静視してみたい。それは従来から、「又、裸国・黒歯国有り。復《ま》たその東南に在り」と読み下されてきているが、ここは「東南」は「東・南」と、区切って読むべきかと思われる。

すると、この個所は〝日本→裸国（東）〟、〝日本→黒歯国（南）〟となって、「東・南」の方位は、それぞれの国に照応することになる。陳寿の意図も、この点にあるのではないか。そうなると、日本から東に位置する「裸国」は北アメリカ、「黒歯国」は南アメリカということになる。

裸国・黒歯国と珍敷塚古墳

しかし、これは、あくまでも一つの仮説である。ここで、従来顧みられることのなかった裸国と黒歯国について、改めて考えてみたい。裸国・黒歯国は、魏使が勝手に作り出した国名ではない。倭人からの伝聞によっている。当然、古代の日本語である。では、どのように読めばよいのか。その解読は、それほど難しくない。

裸国はラコクである。ラはすでに述べたように、蛇のことと思われる。つまり、日本語ということになる。裸で暮らす人々の国の意ではない。それを、もう一つの黒歯国が補強してくれている。南半球でも、北半球でも、人間の歯は白い。「黒歯」の人種は、地球上にはいないから、この解釈は採用できない。

コクシでまず注視したくなる語が、クシである。クシはチクシと同じ意味であり、つまり蛇を表している。そのクシにコが付いているのだから、それは小蛇ではない。国名としても、ふさわしくない。コは巨《こ》の可能性がある。したがって、コクシとは、アミメニシキヘビ・アナコンダに代表される〝巨蛇《こくし》〟ということになる。アメリカ大陸、特に南アメリカ大陸には、ふさわしい国名である。倭人は裸国・黒歯国を認識していた。前述したように、南北アメリカから、無事に帰ってきた者がいたのである。

「魏志倭人伝」では、裸国・黒歯国に至る基点は、「侏儒国」（愛媛県）となっていた。だが、「侏儒国」は狗奴国圏に属していたから、海外の情報が、「侏儒国」から邪馬壹国側へもたらされたとは考えがたい。その伝達者は、邪馬壹国側の漁師たち、それも、同盟国・投馬国の漁師たちである可能性は高い。

実はこの帰結に、古田がすでに到達している。古田はその依《よ》りどころを、『文選《もんぜん》』に収録されている木華《ぼっか》作「海賦《かいふ》」に見つけ出していた。木華は、西晋の役人で、陳寿とは同時代を生きている。その「海賦」の一節には、このように記されている。

七

是《ここ》に於《お》いて、舟人《しゅうじん》、漁子《ぎょし》、
南に徂《ゆ》き、
東に極《いた》る。
或《ある》いは、黿鼉《げんだ》の穴に屑没《せつぼつ》し、
或いは、岑嶔《しんごう》の峰《みね》に挂罥《けいけん》す。
或いは、裸人《らじん》の国に、掣掣洩洩《せいせいえいえい》し、
或いは、黒歯《こくし》の邦《ほう》に、汎汎悠悠《はんはんゆうゆう》す。
或いは、乃《すなわ》ち、萍流《へいりゅう》して浮転《ふてん》し、
或いは、帰《き》風に因《よ》りて、以《もっ》て自《おのずか》ら反《かえ》る。
徒《いたずら》に怪《かい》を観《み》るの、駭《おどろ》き多きを識《し》り、
乃《すなわ》ち、歴《ふ》る所の、近遠《きんえん》を悟《さと》らず。

（注）読み下しと解釈は、古田『邪馬壹国の論理』による。

ここにおいて、舟人《ふなびと》や漁師《りょうし》は、
南の海におもむき、
（黒潮に乗じると、一転して）
東の果てに至る。
あるいは、海とかげの穴に落ちこみ
あるいは、海岸にきりたった断崖《がい》に接触する。
あるいは、風に任せ、風に導かれ、漂うて、裸人の国に至り、
あるいは、海流に従い、はるかに周流して、黒歯の大国に至る。
あるいはそこで、浮草のように、流れては転回し、（そのため、
永遠に、帰る機を失い）
あるいは、帰風にめぐまれると、自然にかえりつく。
ただ、彼等は、驚くべき、不思議の数々を、あまりにも多く、
見すぎたため、
今まで、経《へ》てきた所が、どこを、どう通ってきたかも、知らない。

「海賦」の「裸人之国」「黒歯之邦」が、「魏志倭人伝」の「裸国」「黒歯国」であることに、疑う余地はない。さらに興味をそそる章句が、「或いは、帰風に因りて、以て自ら反る」である。海底に沈んだり、岩礁に激突したりして、難破する者があっても、なお、太平洋を隔てた遠い国から、舟を浮かべて帰ってくる者

がある。「海賊」は、このように伝えている。

日本人の遠い祖先は、太平洋を往復していたことになる。信じられない話である。信じられないが、これは歴史事実のようである。以下は、その解明の試みである。

壁画は語る

北部九州は、装飾古墳の宝庫である。うきは市吉井町富永西屋形の珍敷塚《めずらしづか》古墳も、その中の一つである。「珍敷塚」の小字名から、このように呼ばれている。

珍敷塚古墳の「石室はもと長さ四メートル、幅二メートルの狭長な横穴式石室で、小前室があった」（森貞次郎『北部九州の古代文化』）と推定されている。この古墳も早くに破壊されていたようで、一九五〇（昭和二五）年に「再発見」された時には、すでに古墳はなく、奥室下段の大石のほかに若干の石が発見されただけだった。

花崗岩の大石には、顔料も鮮明な絵画が残っていたにもかかわらず、一時は、その価値が認められず、この大石は、農家の物置小屋のような粗末な納屋に、むき出しのまま〝保存〟されていた。そのために、誰でも〝実際に手で触って見学〟もできたという。このような〝保存〟のために、壁画は著しく褪色《たいしょく》し、剥落もしているために、確認しにくくなっている。

とにかく不思議な絵画である。この絵画は、死者を霊界へと導く描写、死者の世界の状態といった解釈があるが、このように理解するには、無理がある。この絵画にも、古田が新たな視点から挑戦していた。

まず、氏はこの壁画を、「太陽と星の運行に導かれた長途の船旅ののち、ついに到着した〝陸地〟。そこには巨大な城塞や宮殿が幾重にも連なる国があった」（古田『邪馬壹国の論理』）ことの描写だと、解釈した。つまり、この壁画こそ、エクアドルから出土した縄文土器と並んで、倭人が太平洋を航海し、アメリカ大陸に到着した根拠の一つと見なしたのである。

図15-1　珍敷塚古墳壁画
（日下八光『装飾古墳の秘密』より。ただし壁画中の斜線は河村による）

(1)靫《ゆぎ》状文　…　壁画中央部に描かれている三つの巨大な靫は塞《とりで》、つまり城塞や宮殿である。
(2)斜線によって画された二つの世界
①描かれていた斜線　…　「右上の角から斜め下方に向けて長い一線が画《かく》されている」（古田・前掲書）。この斜線は、あとからついた岩の傷跡、あるいは岩の地肌や割れ目ではなく、至近距離から光学拡大鏡で確認したところ、顔料によってはっきりと描《か》き分けてあった。
②斜線の目的　…　一本の斜線を引くことによって、右下と左上とは、別の世界であることを示す意図が、作者にはある。
(3)別世界の生物
①コンドル　…　船首に止まっている鳥とは、大きさが違う。これだけではなく、やはり「海賦」には、「毛翼《もうよく》」と表現された生物が記されている（十一の段「毛翼雛《もうよくひな》を産《う》み…」）。
②その他の生物　…　すべて不明。一部で、「ヒキガル」と見なされている生物についても、そのように判断するには無理がある。

これが、古田の挙げる根拠である。まず、「靫状文」は城塞や宮殿かどうか。「国生み神話」で立証したように、大楯の鹵《ろ》・杵《しょ》は、古代には「シオ」（鉏所）と呼ばれていた。すなわち、「靫状文」とは、航行を阻む大楯のような「シオ」、すなわち〝潮〟（波）、それも〝大潮〟（大波）を表している。この海は、そのような〝大潮〟が起こるような大海原である。それは日本海でも、東シナ海でもない。太平洋である。

一本の斜線は古田の見立てたように、二つの世界を表現している。左上の世界は、倭国を出港した船の航行する太平洋を、右下の世界は、南北アメリカ大陸を表していたのである。

その右下の、倭国とは異質の世界に棲息する動物は、二匹と一羽だ。この二匹と一羽は南北アメリカ大陸に棲息し、それも倭国では見られない、特徴のある動物ということになる。コンドルは、古田の考えたように正しい。

残りの二匹も、コンドルに負けず劣らず、その体は大きい。まず大きなネコのようにも見える動物は何か。これはピューマと思われる。その特徴をよく捉えている。ピューマは、南北アメリカ大陸に棲息するネコ科の哺乳類で、体長は一・五m程度である。

残るもう一匹は、何か。その大きさから考えれば、カエルの仲間では大きいヒキガエルでも、該当しない。ヒキガエルは失格である。

上から見た状態で描かれていることもあって、その甲羅が判然としないが、これはカメかと思われる。それも海ガメではない。海ガメであれば、日本でも見ることができるから、これも除外しなければならない。このカメの特定には、ウミガメと同程度で、日本では見られないカメであることが、絶対条件となる。そうなると、ゾウガメ（陸ガメ）しかいないことになる。

ゾウガメの棲息地は、今日ではガラパゴス諸島とセイシェル諸島など、極めて限られている。そのために、ゾウガメは否定されそうだが、かつては、南アメリカ大陸にもいたと、この壁画から推測することができる。

紀元前の遠い時代にあっては、南アメリカ大陸でも、ゾウガメはいた。それが絶滅した原因として、食用にしたための乱獲が、まず考えられる。

自然を粗末に扱う人間のガラパゴス諸島などへの上陸は、最近のことである。そのために、大陸から隔絶されていたゾウガメは、辛うじて生き残ることができたようである。

遠い昔、倭人は太平洋を渡っていた。改めて、この視点から壁画の動物を眺めれば、その特徴をしっかり把握して描かれていると、納得することができる。やはり、太平洋の向こうにある「新世界」の情報は、正確に倭国へ運ばれていたことになる。

そのような貴重な情報を手に入れることのできる人物とは、一体、誰なのか。神武を始祖とする「大和朝廷」の歴代天皇には、このような知識はなかった。では、珍敷塚古墳の被葬者は、誰か。明確に言えることは、筑後川流域の、一豪族の墳墓などではないということだけである。同じことは、北部九州に密集する他の装飾古墳についても、当てはまる。

2　太平洋の向こうに遺存していた日本語地名

このようなアメリカ人もいる

一九九七（平成九）年二月一四日付け『毎日新聞』は、国内外のプロ野球の「キャンプイン」を報じていた。その中に、こんな記事があった。「日本選手で初めていきなりメジャー契約を結んだ長谷川は、14日からアリゾナ州テンピで初のキャンプに臨む」。「長谷川」とはオリックスを退団し、エンゼルスに入団した長谷川滋利《しげとし》投手だ。日本人選手の大リーグへの門戸を自らの手で開き、トルネード投法で、一躍アメリカ球界の人気者になった野茂英雄投手の渡米は、その二年前のことである。

この記事を眼にして、わたしは心の底から驚いた。原因は、「テンピ」という地名にあった。「テンピ」（Tempe）で、真っ先にわたしの頭に浮かんだ言葉が、「天日干し」、ついで、古田がその遺存を確認した隠岐・海士町《あまちょう》（中ノ島）の字地名「天日」である（古田『倭人伝を徹底して読む』）。そこで、その地名を地図で確認した。テンピはアメリカ西海岸からやや内陸部に位置し、フェニックスの近くにある。

驚きは、これだけにとどまらなかった。その周辺に、「ヒラ川」「ヒラ砂漠」があった。「ヒラ」（Gila）とは、「黄泉比良坂」（記）、「泉津平坂」「泉平坂」（紀）の比良・平か。それだけではなく、やはり日本語かと思われる「メヒカリ」（Mexicali）の地名までが、カリフォルニア湾岸に存在していた。カリフォルニアは、戦後、日本人が入植した地である。けれども、そこに、日本人が日本語で地名を付けたといったことは、寡聞にして知らない。明らかに、それ以前の地名である。

これに先立つ一九九二（平成四）年一〇月、日本において、『古代、アメリカは日本だった！』（ドン・R・スミサナ著・吉田信啓訳）という一冊の本が発行されていた。この本は、古代日本とアメリカとの共通性を、地名の上から論じた内容となっている。

スミサナ氏はこの本の中で、北アメリカに古代の日本語と思われる地名が、あちこちに残っていることを強調し、精力的にその証明を試みている。ここにこじつけ、牽強付会の傾向もなくはないために、読後しばらくは、あまり信用していなかった本ではある。だが、この本はわたしにとって、アメリカ大陸の地名を考えるきっかけとなった。先の『毎日新聞』の記事は、その五年後のことである。

氏の著作では、その調査対象は北アメリカのみならず、カナダ・アラスカにまで及んでいる。それをすべて検証すると、一冊の本になってしまうので、ここでは、その一部をかいつまんで紹介することにする。

(1)カリブー　…　北方のエスキモーは、トナカイを「カリブー」と呼ぶ。この動物はエスキモーの獲物である。ところが、「カリブー」とは獲物のことではなくて、「狩猟者」の意だという。カリブーの蹄《ひづめ》は鋭く、極北の氷をも引っかいて、冬のわずかな草をも食べることができる。ここから、カリブーとは、「厳冬期に食物を採る狩猟者」を表していると言う。

カリブ諸島・カリブ海の「カリブ」はどうか。この地名は、もとは〝狩り場〟ではなかったかと推測している。

(2)インディアンの「ウミ」　…　インディアンは「海」「湖」を、区別なく「ウミ」と呼ぶ。これは日本語と一致する。

インディアンは北方民族を、「生肉を食う人」の意味でエスキモーと呼んでいる。これに反し、エスキモーは自らを称してイヌイットと言う。この名称の語源を、氏は「乾人《いぬいと》」と考えている。乾とは、北の方角を示す日本語である。

(3)メキシコ・インディアンと日本　…　その共通性は、「蒙古斑」に現れる。日本人の子どもに必ず見られる「蒙古斑」は、メキシコ・インディアンの赤ん坊のほかに、グアムやサイパンなどの地でも、多数の新生児に見られる。それなのに、中国や朝鮮人の血統の赤ん坊には現れないと言う。

メキシコ・インディアンにも、「ワラジ」という言語がある。この「ワラジ」は、音の一致だけではなく、その機能も、日本の「草鞋《わらじ》」とまったく同じである。

(4)テキサス州「ウィチタ」　…　これはアメリカ・インディアンの言葉では、「牧草地の中の家」を表すが、これも、本来は〝内田〟だと推測している。

(5)カナダに近いミネソタ州にウェノナという地名がある。これはヒャワセ族の祖先となる若い娘の名前のようである。驚くことに、ウェノナとは「上の女《な》」、つまり「長女」のことで、やはり日本語と同じ意味だという。

(6)ミシシッピー川　…　ダムが築かれる以前の様子から、この川の流れは速く、荒っぽい「水疾飛川」と考えられる。ミシシッピー川の東を「ケンタッキー」(インディアン語でカントケイ)、西を「カンザス」と呼んでいるが、この地名の漢字表記が、「関東京」「関西」ではないか。

このように、日本人としては興味深い話が続き、傾聴に値するところは多い。その反面、(6)に見られるように、強引な側面も見られる。氏の著作に触発されつつも、その方法を採用しなかった理由は、それぞれの地名の共通性・類似性の確認方法の相違による。

南北アメリカ大陸に今も残る日本語地名　最も優れた言語は、一音で表現できる言語である。地名接尾語も、特定の地形を表す一音言語である。そこで、まずわたしが留意した一点が、その地名接尾語である。それは日本の地名接尾語と、奇妙に一致する。それも、広範囲に分布していた。

(日米に共通する地名接尾語)

(1)〜イ　…　イリノイ(日本地名　…　福井・坂井・浅井・船井など)
(2)〜カ　…　アラスカ(日本地名　…　滋賀・伊賀・那珂・佐賀など)
(3)〜ス　…　カンザス(日本地名　…　智頭、大洲、鳥栖など)
(4)〜タ　…　カナダ・アルバータ・フロリダ・ダコタ・ネバダ・ミネソタ(日本地名　…　博多・伯太・和田・本多・山田など)
(5)〜ド　…　コロラド(日本地名　…　坂戸・佐渡・松戸・長門・志度・宇土・本渡など)
(6)〜ナ　…　ナキナ・モンタナ・アリゾナ・ハバナ(日本地名　…　浜名・桑名・恵那・宇品《うじな》、玉名など)
(7)〜バ　…　マニトバ(日本地名　…　筑波・稲羽・鳥羽など)

(8)〜マ　…　アラバマ・ハバマ・パナマ（日本地名　…　播磨・須磨・浅間・有馬・手間・球磨・相馬など）

これで分かるように、日米に共通する地名接尾語は、カナダからパナマにわたって、広く分布している。それも、英語では理解できない地名ばかりである。これを、アメリカの母国であるイギリスと比べて見れば、その相違は、なお歴然とする。

ロンドン・ブライトン・バーミンガム・ケンブリッジ・マンチェター・ランカシャー・ヨークシャー・ダブリン…。

明らかに、アメリカ大陸とは異質の地名ばかりである。アメリカ大陸には、間違いなく「日本語地名」は残っている。とは言うものの、時間の流れとともに、当該地名が微妙に音変化したり、あるいは英語化しているために、もとの地名が、どこまで正確に守られているかどうかという問題もある。それでも、右に列記した地名で、漢字表記できるものも少なくない。

もっとも、言語は漢字に先立って生まれているために、古くに生まれた言語、ことに一音言語に一致する漢字を当てるには、限界がある。一方で、日本語の古形を保っているという、貴重な事実を確認することもできる。

(1)イリノイ　…　ミシガン湖の南に位置するこの地の地形から、〝入・乃・井〟か。語尾のイは、曲がりくねっていることのヒ（カシヒ、ハクヒ）、あるいは、エ（江）ということも考えられる。いずれにしても、地名接尾語であることに変わりはない。イリノイ、もしくはイリノヒは、日本人には比較的理解しやすい地名である。

(2)アラスカ　…　アラスカは、アラとスカの二つの言語によってできた地名である。アラもスカも、地名として日本に残っている。日本では、アラはありふれた地名である。荒川、荒沢、荒崎、荒木崎といった地名が、「アラ」の特性を端的に表している。

荒川は全国に分布している。河川名として用いられているのだから、アラは大蛇の〝阿《あ》・蛇《ら》〟と考えられる。内川の（宇《う》・蛇《ち》川）の類縁地名である。荒沢は岩手県雫石《しずくいし》町と、栃木県中禅寺湖の東にある。いずれも山岳地帯にある沢である。枝状に分れた幾筋もの、曲がりくねった狭い沢が、大蛇に見えることから生まれた地名と思われる。荒崎（山形・鶴岡市、沖縄・糸満市）、荒木崎（喜界島）も、大蛇のように湾曲した海岸の地形と無縁ではない。

アラは、以下の地名起源解明にも、深く関わってくる言語である。スカはどうか。多くはないが、スカの地名も遺存している。

須賀川市（福島）、大須賀川（千葉）、大須賀町（静岡・掛川市）、菅崎・菅島（三重・鳥羽市）、須賀山《すがのせん》（兵庫・鳥取の県境）。

アスカ（飛鳥）・カスガ（春日）・スズカ（鈴鹿）は、類縁地名と言えそうである。これらの地名から、スカの原義を突き止める。正直なところ、難しい。ここで明確に言えることは、スカもまた日本語。これだけである。

スカの意味が突き止められないのだから、アラスカの解明も、やはり難しい。そんな中途半端な状態ではあっても、アラから、おおよその見当は付く。山岳と河川によって、平野部や谷は蛇のように曲がりくねっている大地。これが、アラスカの地名起源ではないか。アラスカに蛇が棲息している様子はないから、この地名は、あくまでも心象風景によって生まれた地名となる。

(3)アルバータ　…　アラスカの南に、アルバータの州名がある。アルバータは、もとはアラハタではなかったかと思われる。つまり、アラハタがアルハタへ、さらにアルバータへと音韻変化して生まれた地名の可能性が考えられる。アラバマという州名が、その参考になる。

アルバータのもと地名がアラハタであれば、この地名を解明することは難しいことではなくなる。アラは先に述べたとおりである。ハはミハヤマ（美蛇山）のハで、蛇である。タは田だから、〝阿《あ》・蛇《ら》・蛇《は》・田〟が、その地名起源ということになる。

(4)アラバマ　：　アラスカ・アルバータの類縁地名が、アラバマである。アルバータとの違いは、地名接尾語だけである。したがって、アラバマとは〝阿《あ》・蛇《ら》・蛇《は》・間〟ということになる。マの間字による表記は、あくまでも便宜上のことである。

(5)アリゾナ　：　ここはロッキー山脈の東にあることから、アリゾナは険しい地の広がるところを表している地名ではないか。このような地形から、アリはアラの音変化と考えることができる。

日本にも有田、有馬の地名が残っている。いずれも山塊と河川によって、大きく曲がりくねっている地形から、アリタ・アリマも、もとはアラタ、アラマであった可能性は高い。

問題はまだ残っている。ゾナである。ナは浜名（静岡）、桑名（三重）、玉名（熊本）などに共通する地名接尾語である。ソの意味については、すでに論じたとおりである（第Ⅰ巻「第Ⅵ部第十七章」）。ソも蛇の古語である。したがって、アリゾナも、大蛇のように曲がりくねった地のこととなる。

文字のない時代、言語は、誰にでも簡単に覚えられる一音、二音が基本であった。それは地名であっても、例外ではなかったはずである。この方法は、「新世界」に渡った古代日本人《アメリカインディアン》にあっても、相互理解を図るための鉄則であったと思われる。

(6)ミネソタ　：　ミネソタはどう解釈すべきか。この地名を解くことは、比較的容易である。ミネは明らかに日本語である。

①峰山町（京都府北部）、②美祢市（山口県）、③三根町（佐賀県東部）、④峰町（長崎県対馬市）、⑤峰山・峯

山（神奈川県北西部と和歌山県南東部にある山）、⑥峰ノ山（和歌山県、峯山南西部の山）。

これは「ミネ〜」の地名の一部である。これらの地名のうち、②③④から、「ミネ」が、山頂の意の峰ではないことが分かる。ミは巳、ネも根字で表されている蛇である。ソもすでに明らかとなっている。ミネソとは、蛇の三段重ねによる地名のようである。タは地名接尾語である。これを強いて漢字で表せば、田となる。

ミネソタは、五大湖の一つスペリオル湖の西に広がる湖沼地帯である。その湖沼地帯の南部には、山岳地帯も広がっている。複雑に入り組んだ地形が、ミネソタの特徴のようである。無数の蛇が、自由自在にうごめいているところ。ミネソタには、そんな意味が込められているようである。

(7)ダコタ　…　地図上での確認だけだから、地形が正確に把握できないが、ダコタとは〃蛇・蛟・田〃で、無数の蛇が這っているように、大小の丘陵地と谷とが複雑に入り組んだ地の意となる。あるいは、丘陵のある地〃タカタ〃（高・田）の音変化によって生れた地名の可能性も、なくはない。

(8)バハマ・ハバナ・パナマ　…　バハマ（諸島）は、フロリダ半島の南に位置している。ハバナはキューバの首都であり、パナマは運河で知られる。この一帯は、赤道に近く、蛇にとっては絶好の棲息地となっている。このような環境から考えれば、バハ・ハバ・パが、蛇の古語・ハハ、ハの音変化ということは十分にありえる。いずれも、神聖な蛇の地という意味の類縁地名のようである。

(9)ナキナ・ネバダ　…　ナキナはカナダ・オンタリオ州の都市名である。ナキは奈喜良《なぎら》（米子市）、那岐山《なぎのせん》（鳥取県智頭町）、のナギで、蛇の古語である。ナキナとは〃蛇《なぎ》・野《な》〃だ。このナは前述したように、地名接尾語である。

ついでネバダは、どうか。これは〃ネ・ハ・ダ〃と区切るようだ。問題はネだ。このネは、植物の根ではなくて、蛇の古語である。ネバダ州には、グレートベーズンと呼ばれる大盆地がある。ここは、峡谷が植物の根のように複雑に、しかも、長く走っている地形なのだろう。この特徴的な地形から、ネバダとは〝蛇《ね》・蛇《は》・田〟で、蛇のように、曲がりくねった地形を表しているものと考えられる。

明治天皇陵のある桃山丘陵（京都市伏見区南部）の南に根来《ねごろ》という地名がある。植物の根もまた、長い蛇に似ている。この地形から、ネコロとは、蛇の重複語（蛇《ね》・蛇《ころ》）と考えられる。根も蛇ということになる。

⑽コロラド　…　蛇の古語に「コロ」と「ラ」があることは、すでに論証した。実は、コロラドの「コロ」も「ラ」も同じ意味、つまり蛇なのである。ラは奈喜良《なぎら》、長良川《ながら》のラだ。「コロラ」は蛇の同義重複語なのである。〝蛇《ころ》・蛇《ら》・土〟。これがコロラドの素顔である。

倭人がこの地に移り住んで以来、「コロ」も「ラ」も、依然として健在で、現在もアメリカ大陸の中に、しっかりと「根」を張っているようである。

⑾コロンビア　…　コロラドの類縁地名が、南アメリカのコロンビアである。もとは〝コロ・ヒ・ヤ〟であったと考えられる。コロは言うまでもなく蛇である。ヒもまた蛇、ヤは地名接尾語の〝野《や》〟か。そうなるとコロンビアとは、コロ・ヒ（蛇）のように曲がりくねった地を示す地名となる。

コロラド、コロンビアともに、他の地域よりも多数の蛇が棲息していることが、地名の由来ではない。山岳地帯であるために、いくつもの尾根筋と谷が、まるで蛇が這《は》っているように見られる光景から、生まれた地名と思われる。

⑿カナダ　…　コロラド以上に日本語と考えられる地名が、カナダである。日本人の名字に、金田《かねだ》姓は多い。ところが、日本語のカネダと、英語のカナダを分かつ線引きは、果して可能だろうか。Canada の表記を根拠に、カナダを英語と主張することはできない。福岡県には、最近まで金田《かなだ》町があった。この金田もアルファベットで表せば、やはりCanadaとなる。

金井《かない》（新潟県佐渡市）、金木《かなぎ》（青森）、金城《かなぎ》（島根県浜田市）、金沢（神奈川・石川）、金津《かなづ》（福井）、金山《かなやま》（岐阜）。

いずれも、カナダの類縁地名である。これらの地名は、すべて金字で表記されている。なぜか。カナの地名起源が消滅し、その意味が不明となったために、あえて金字で表記したという苦肉の策が、この共通性から浮かび上がってくる。

カナとは。ここで役立つ地名が、金田《かねだ》ノ岬（北海道・礼文島）である。カネダとは、〃蛟・根・田〃のことである。ネバダと変わるところはない。カネが蛇の重複語であれば、カナも蛇に関わる言語と推測することができる。

「動くことができないようにきびしく縛りつけること」（新村編『広辞苑』）を、「金縛り」という。だが、この説明では不十分である。「金」が蛇であれば、〃長い蛇が体に巻き付いたかのように、身動きできない状態のこと〃となって、字面どおりに、しかもその説明もより分かりやすくなる。

蛇の中には、四本の手足を持つ蛇もいる。それをカナヘビという。四本の手足があるのも、これがトカゲの一種だからである。スズメと同じように、外敵から身を守るために、人間に寄り添って生活している。そのためか、餌づけも簡単で、すぐに馴《な》れる。庭の中をチョロチョロと動き回ることから、カナチョロの愛称もある。

よく見れば、可愛らしい顔をしている。そんなカナヘビも、金属のような堅い体の感じはしないのに、金蛇と表記されている。カナの原義が消失しているためである。カナは蛇で、カナヘビも蛇の重複語のようである。

カナを蛇と決定づける植物が、金葎《かなむぐら》である。クワ科の一年草で、とにかくよく伸びる。葎とは、「つるくさ」のことである。これだけでも、〃蛇のように長いつる草〃のこととなる。金葎の別名が、八重葎《やえむぐら》である。ヤもエも、ともに蛇の古語である。カナは蛇。これが動かぬ証拠である。Canadaも、もとは日本語だった。

⒀ダラス　：　テキサス州の都市名。意外なことに、これも日本語だった。この地名に関し、最も理解し

やすい語は、「ダラ」だ。これは一つの行為、あるいは動きが長々と続いてしまりのない意の副詞「ダラダラ」、怠ける・ダラしない状態になる意の「ダラける」の「ダラ」だ。それは「コロコロ」「ウロウロ」のように、蛇の動きから生まれた言語と考えることができる。

つまり、「ダラ」とは〝蛇・羅（＝蛇）〟だ。蛇の同義重複語である。スは大洲《おおず》・鳥栖《とす》・玖珠《くす》に見られる地名接尾語である。ダラスとは、どうやら〝蛇・羅・洲（栖）〟のようである。

ダラスの類縁地名というか、類縁国家名が古代の百済である。クダラのクは九で、おびただしい数を表している。百済の原義は、〝九・蛇・羅（＝蛇）〟か。百済と終始不仲だった新羅《しんら》は、どうか。これも〝新しい羅《ら》（＝蛇）〟のことで、やはり、蛇を国名に取り入れていた。蛇の影響力は、やはり大きい。

以上が、比較的解釈が容易で、漢字に変換しやすい地名である。倭人はアメリカ大陸にも、蛇を〝輸出〟していた。それも一匹や二匹ではなく、大量に〝輸出〟していたのである。蛇を無視していては、日本古代史のみならず、南北アメリカ大陸の地名をも解明できないことになる。

大地に感謝していた古代日本人

蛇は、想像を絶するほどの動きをしただけではない。広大な太平洋を、倭人とともに渡り、今なお、南北アメリカ大陸に地名として息づいている。

「縄文土器」の出土する赤道直下のエクアドル。その南のアンデス山脈の中、南アメリカ・ペルーとボリビアの国境に「チチカカ」（Titicaca）と呼ばれる湖がある。標高三八〇六ｍだから、富士山（三七七六ｍ）よりも高いところにある。

チチカカも、その意は蛇か。この高地にある湖に、蛇が棲息しているはずもないから、蛇に因《ちな》む地名ではなさそうである。それでも「チチカカ」は日本語だと、自信を持って言える。

これが日本語だと断定できる根拠は、「チチカカ」が日本語として、二重の意味を持ち合わせているからである。〝父母《ちちかか》〟が一つ、もう一つが〝蛇《ち》・蛇《かが》〟である。「チチ」（父・蛇《ち》）も「カカ」（母・蛇《かが》）も、端・橋・

箸のように、日本語を構成する特徴の一つ、同音異議語なのである。この特徴は無視できない。

「チチカカ湖」の地名には、古代日本人の自然観と一つの思想が流れている。人間に生命の恵みをもたらしてくれる大自然は、子どもを大切にはぐくむ父母にも似た存在であり、日々の感謝の対象と謙虚に考えていたであろうと思われる。自然を破壊してまで、強引に道路やダムなどを作りたがる政治家や官僚は論外としても、古代日本人は現代人ほど、自然に対して傲慢ではなかった。

他の一つが、蛇神信仰である。蛇神信仰とは、蛇は、あらゆる災厄から人間を守ってくれると信じた思想である。四〇〇〇ｍに近い高地に枯渇することもなく、満面に水をたたえた湖に、この地に渡航してきた古代日本人は、期待・願望と感謝を込めて、「チチカカ」と命名していたことになる。この湖は、古代日本人の自然に対する畏敬の念の込められた、聖なる湖である。

太平洋の向こうの大蛇の素姓

「チチカカ」は、紛れもなく日本語である。それを裏付ける言語が、現地にはまだ残っていた。そこで、衝撃的な話をしたい。コロラド、ダラスが、れっきとした日本語であると確信した時、強烈な衝撃が、わたしの体内を走った。その驚きは、「ツチノコ」の〝発見〟以上だった。言って見れば、「ツチノコ」は国内の、それも空想上の蛇に過ぎない。けれども、これは太平洋の向こう、南アメリカ大陸に実在する大蛇である。この事実を解明した当初は、まさかそんなことが…と思い、こうして公にすることをためらったが、ここに至って、その必要もなくなった。

その言語とは、世界最大の蛇「アナコンダ」である。これも、正真正銘の日本語だった。こんなことを口にすれば、「ツチノコ」だけではなくて、さらに大ボラを吹くつもりかと、世間から轟々たる非難を浴びかねない。しかし、これも厳然たる事実である。

「アナコンダ」は、ニシキヘビ科ボア亜科に属し、世界最大の南アメリカ産の大蛇である。変な夢を見ている。そう思って、自分自身を疑った。それも何度も。しかし、これは変な夢ではなかった。

ａｎ・ａ・ｃｏｎ・ｄａ。音節はこのようになっている。ｄａは蛇《だ》である。ｃｏｎ（コン）については、二つの仮説が成立する。

(1)蛇を表すｃｏｒｏ（コロ）の、ｃｏｎへの音韻変化
(2)大蛇を示す「蛟蛇《こうだ》」の、コンダへの音韻変化

いずれとも、決めがたい。けれども、どっちに転んでも、日本語であることに変わりはない。

ａｎ・ａ（アナ）はどうか。日本語の「あな」とは感動詞で、喜怒哀楽を感じて、心を動かされた時に、思わず発する声のことである。この解説は、古語辞典と国語辞典とを問わず、共通している。しかし、ここに、古語辞典と国語辞典の限界を感じる。なぜか。「あな」の語源までは解説していないからである。アには、大きいの意がある。ナは眼を「目な子《まなこ》」、掌《たなごころ》を「手な心《たなごころ》」と言うように、今日の格助詞・のに相当する語であると考えられる。つまり、「大きな」と同じ語法の連体詞、「アナ」の可能性もある。「アナコンダ」とは、〃阿（大）・ナ・コロ・ダ〃のことである。これがアナコンダの原義であろう。紛れもなく、れっきとした日本語である。

〃オロ・チ〃、〃ナガ・ラ〃、〃ナギ・ラ〃、そして〃ツチ・ノコ〃は、蛇の同義重複語であった。この〃同義言語並列法〃は、北アメリカのコロラドの地名にも残っていた。〃コロ・ラ〃も、古代日本語の特徴を踏まえた言語だったと、改めて断言できる。

体長が九ｍにも及ぶ世界最大の蛇の名称が、日本語だった。日本人として誇るべき話である。北アメリカ大陸には、アラスカに至るまで日本語の地名が、信じられないほどあちこちに残っていた。その傾向が南アメリカでも見られるということは、古田武彦が早くから主張していたように、太平洋を渡った倭人は北アメ

リカだけではなく、南アメリカの奥地まで足を踏み入れていたことになる。

この河川名も日本語だった

驚く事実はまだある。ブラジルを流れている世界最大の河川・アマゾン（Amazon）川も、日本語だった。アマゾンは、もとはアマゾであったと考えられる。それが、いつしか音変化し、アマゾンへと変わって、そのまま定着してしまったようである。

アマゾンだと、日本語として解明することは難しいが。アマゾであれば、それは可能である。阿蘇山、女《ぞ》山《やま》、宇曽川《うそがわ》の例から、ソ、ゾは蛇の古語と見なしうるから、アマゾをあえて漢字で表せば、〝天蛇《あまぞ》〟となる。ここまでは、比較的容易に解けた。だが、問題が残った。天字をどのように解釈すべきか、これがいつまでも解けなかった。

解明の鍵は、「天空《てんくう》」にあった。長い間、天空はテンとソラの同義重複語だと思っていたが、そうではなかった。天空とは、どこまでも広がっている空のことであり、大空とは同義語となる。ここで、ようやく天の語義が解けた。〝天空＝大空〟なのだから、〝天＝大〟となる。つまり〝天＝広大〟、これが天の語義の一つだった。

『記』と『紀』には、天を冠した地名、人名は多い。

①高天原《たかあまがはら》、②天菩卑《あまのほひ》、③天若日子《あまのわかひこ》、④天火明《あまのほあかり》、⑤天宇受売《あまのうずめ》、⑥天斑馬《あまのふちごま》

これは『記』にある表記である。①高天原は、壱岐の北端・天ケ原の地名である。高は立派といった意の美称、今問題としている天は、広大な地のこととなる。②天菩卑、③天若日子、④天火明と⑤天宇受売は、人名である。いずれも、将来が無限に広がっていることを示しているようである。通説は、これをアメと読んでいるが、正しくは、アマではないか。⑥天斑馬は、大きくて斑模様のある馬のことである。

これではっきりしたように、天も美称の一つとして使用されていることが分かる。これを〃アマゾ川〃に当てはめれば、どうなるか。〃とてつもない大蛇〃、これが〃アマゾ〃である。まさにピッタリの表現となる。アマゾン川も日本語。これもまた、日本人として誇るべき「歴史遺産」である。

南北アメリカにあっても、蛇が棲息しうごめいていたことが、蛇に由来する地名発生の最大の原因ではない。遠い日本人の祖先は、ことのほか蛇を大切に扱っていた。その心根は「新世界」に渡っても、変わることはなかったようである。コロラドやダラスなどの地名は、その思想の反映である。

その他の州名、都市名、あるいは山岳や河川名からも、なお、日本語が「検出」される可能性はきわめて高い。けれども、現地に一度として足を踏み入れたことのない、したがって、アメリカの地形・地理をまったく知らないわたしには、乗り越えられない限界がある。そのため、日本語によると考えられる南北アメリカの地名の解明は、これでひとまず終えることとする。

これらの島々も無視できない

倭人は、南北アメリカへ渡航していた。ハワイ諸島は、その途中に点在する。故国を捨てた移住者の一部は、この島を無視したのだろうか。ハワイ諸島が、太平洋の中のけし粒のような存在ではあっても、ここへ辿り着かなかったとは考えがたい。その視点から見れば、やはり、この島にもその痕跡はあった。ハワイも、やはり日本語である。

伯伎（伯耆）国は「ホウキのクニ」とも「ハハキのクニ」とも呼ばれてきた。「ホウキ」の地名起源については、未解明のままだが、蛇に関わる地名のようである。これに対して、「ハハキのクニ」は、解読可能である。〃蛇虺国《ははきの》〃である。この国名は、〃美蛇山《みはやま》〃（大山）の存在と無縁ではなさそうである。むしろ、それを強く意識して生まれた地名といった方が、適切かもしれない。

ハワイと関係している地名は、「羽合」（鳥取県湯梨浜町《ゆりはまちょう》）ではなくて、この「伯伎」なのである。ハワイ（Hawaii）も、もとはハハイ（Hahai）か。イは地名接尾語である。ほとんどが火山島かサンゴ礁であるハワイ諸島は、地殻運動によって生じた海嶺《かいれい》の一部が基盤となっている。つまり、海面に現れている海嶺の山頂部によって、形成されているのである。この地形上の特徴から、オアフ（Oahu）島の地名起源も明らかになってきたようである。この地名の由来として、二つの仮説が考えられる。

(1)オオハフ（大蛇阜《おおはふ》）。ハは蛇、フは阜、丘のことである。山のすそ野を「フモト」と言う。今日では、麓一字で表記されているが、もとは、〝フ・モト〟（阜・元）であった可能性もある。〝オオ・ハ・フ〟とは、とぐろを巻いた大蛇のような丘を表す地名である。

(2)オオフ（大阜）。大きな丘の意である。

アメリカ大陸のみならず、ハワイの地名起源から判断して、有力な仮説は、(1)かと思われる。ハワイのアメリカ合衆国五〇番目の州への編入は、二〇世紀のことである。しかし、ここもまた、遠い時代に、倭人が開拓していた。ボヘミアの音楽家・ドボルザークにとって、「新世界」とは北アメリカ、それもニューヨークであった。だが、倭人にとっての「新世界」とは、ハワイを含む南北アメリカ大陸であったようだ。

倭人の「海外雄飛」の動機も時期も、不明である。しかし、「海外雄飛」を実践した者は、不運にも、潮に流されて日本に帰れなくなった一人の漁師「中浜万次郎《ジョン》」ではない。明らかに集団での渡航・移住だ。その渡航・移住回数も、一桁といった単位ではなさそうである。アラスカからパナマ、さらにエクアドル、ブラジルに至る広大な領域に、「日本語地名」の痕跡が残っている。この痕跡の分布は、倭人による「海外渡航」の規模が、決して小さくはなかったことを、人知れず伝えている。

3　人類は本当に進歩しているのか

真実の発見は正義か

倭人の南北アメリカ大陸、ハワイ諸島への渡航は一度や二度ではない。幾度にもわたって行われている。このように想像することはできても、それを伝える史料は、すでにないのだから、今となっては、その一つひとつを明らかにすることは不可能となっている。

ここで判明していることは、一つ。南北アメリカ大陸に、左手に『聖書』、右手に銃を持った欧州人が、今からわずか五〇〇年前に上陸したことである。上陸すると、この侵略者たちは先住民を見るや、必ず銃をぶっぱなした。『聖書』にしたためられた、人類愛に富む美しい教義は、ただ白人だけのものでしかなかった。そのために、インカ文明などが滅亡している。

白人、とくにアングロ・サクソン人は、武力による侵略の果てに、先住民族のインディアンを肥沃な大地から辺境へと追い詰めて、ついに、白人の、白人による、白人のためだけの「アメリカ合衆国」を建設した。「開拓者精神《フロンティア・スピリット》」。この精神は、アメリカ人の誇りであり、代名詞のようにもなっている。しかし、この精神を、無条件で美化することができるだろうか。その本質と実態は、白人優越主義、言い換えれば、有色人種蔑視主義に裏打ちされた〝先住民征討主義〟、あるいは〝先住民一掃主義〟である。その思想、それも極度に美化した思想を、アメリカ映画の「西部劇」に見ることができる。

インディアンの征討に目途がつくと、やがて、この国は、アフリカ大陸の人々にまで、その触手を伸ばした。そうして、これらの人々を現地から大量に「拉致」して、「奴隷制」まで〝発明〟した。まさに、〝自由の国・アメリカ〟である。

一つの発見・発明は、そのためにもたらされた効果・利便性と同じほど、もしくはそれ以上の矛盾と混乱と、そして不幸を生み出す。今日、コンピュータと携帯電話に、人間の方が振り回され続け、世の中に余裕がなくなってしまったと感じるのは、わたしだけだろうか。

「地球は丸い」。欧州人は、知ってはならない「真実」を知ってしまった。コペルニクスの地動説は、欧州だけに利益をもたらした発見でしかなかった。「地球は丸い」ことの発見は、しかし、銃のない南北アメリカ大陸のみならず、アジア・アフリカにとっては、これ以上ない迷惑な「発見」だった。

最悪の事態とは、このことである。開けてはならない「パンドラの箱」に、ここで手を着けてしまったのである。これが全地球の、全人類の不幸の始まりだった。白人の銃口は欧州内だけではなくて、欧州以外の国々へも積極的に向けられた。その銃口から生まれた混乱と不幸は、まず南北アメリカ大陸で、白人による有色人種への迫害という行為で始まった。

日本人は、二度にわたってアメリカに滅ぼされている。これが、新たに見えてきた歴史事実である。一度目はアメリカ大陸で。そして、二度目は広島・長崎で。

一九四五（昭和二〇）年八月六日と九日、〝有色人種への実地の核実験〟――原爆投下という荒っぽい方法によって、その蛮行は実行された。しかし、その蛮行は戦争の終結を早め、それによって多くの人々の生命を守ることができたという大義名分によって正当化され、今日に至っている。

原爆投下は、これまでの歴史の中で、最も残忍な大量殺戮《さつりく》行為である。その行為は全世界を破滅へと導くことを、無辜《むこ》の日本人が、おびただしい死をもって証明している。原爆投下に、いかなる大義名分もない。まして、大量殺戮が「正義」であるはずがない。「先進国」は、「文明」を発達させてきたと信じきっている。とんでもない「勘違い」である。その「勘違い」の結果、人類は人類の手によって、自らを袋小路に追い詰めている。これが、偽らざる現状である。いつまでも勘違いしているから、この厳しい現実に気づくことがない。「勘違い」は、正常な感覚を必ずマヒさせる。

文明は確かに発達した。しかし、その文明とは、いつまでも貧困と飢餓を放置する文明でしかない。貧困と飢餓に苦しむ国民の存在を十分に認識しながら、莫大な費用を投入し、なお人類に不幸しかもたらさない軍備拡大に血眼になっている国家は、アメリカだけではない。

真実の発見とか、新発明が必ずしも、人類に幸福をもたらすとは限らない。その使用如何では、容易に逆方向へ転化することも、これまでの歴史が幾多の事例をもって、しつこいほど証明しているところである。

「地球は丸い」。この真実は、必ずしも人類に幸福をもたらさなかった。人類はいつまでも、水平線のかなたには、天地を切り裂くような轟音を発して、奈落の底に落下してゆく大瀑布《だいばくふ》の存在を、素朴に信じていればよかったのかもしれない。今日、世界を覆っている不幸と混乱のすべては、「地球は丸い」ことを認識したことに、端を発していると言えば、言い過ぎか。

「地球は青かった」。一九六一（昭和三六）年四月一二日、旧ソ連の宇宙飛行士・ガガーリンが、人類初の宇宙飛行に成功した。その時の第一声が、これだった。二〇世紀のことである。人類にとって、いつまでも印象的な言葉である。銃のみならず、原爆に象徴されるように、人間は反省もせず、性懲りもなく、大量殺人兵器を作り続けている。

それだけではない。地球上の自然破壊と、それが原因で起こっている温暖化の進行は、加速度的である。将来にあっても、〝地球はいつまでも青い〟と、人類は自信を持って、なお口にすることができるだろうか。

地球の果てから京都へ

陳寿と古田武彦の導きによって、地球の果てまで来てしまった。とは言うものの、それは文献と地図上でのことだ。南北アメリカ大陸と日本列島との強固な結び付きを考えながら論じているわたしは、相変わらず京都市内の一隅にいる。

このまちは、わたしの人生の中で、最も長く生活しているところとなった。すでに四〇年以上になる。このうちの大半は、日本古代の謎解きを、しつこく続けていた期間ということになる。そんな生活を送っていたわたしの頭の中に、やがて、時間を縦軸とする一つの「因縁」が浮かんでくるようになった。五〇歳を過ぎた頃のことである。

松下見林《まつしたけんりん》　—　荷田春満《かだのあずままろ》　—　古田武彦　—　著者

四人の、この因縁は、いつ考えても不思議だと思う。この四者の間に、直接の接点はない。しかし、一つだけ共通項がある。それは「京都」だ。

江戸初期、大阪に生まれた松下見林（一六三七〜一七〇三）は、二一歳で上洛し、堀川に医師として開業する。そのかたわら歴史・儒学などの研究を続けている。その研究成果が、「邪馬壹国」の「邪馬臺国」（邪馬台国）への改変であった。この改変はその後、第一の「躓《つまず》きの石」（古田武彦による比喩）となった。松下に続く学者たちは古田一人を除き、ことごとくこの石に躓き転んでしまった。

松下の置いた石が一つ目の「躓きの石」であれば、『出雲国風土記』劈頭の一文から、「宮」を削除し、原文を改変するという二つ目の「躓きの石」を置いた人物が、荷田春満（一六六九〜一七三六）だ。松下より三〇歳あまり若い荷田は、伏見稲荷大社の神官の息子に生まれている。この四人の中で、荷田だけが、生粋の京都人である。

松下見林と荷田春満は、江戸期の同時代を、ともに京都で生きている。そして、古田武彦。氏より二〇歳若いわたしも、やはり昭和・平成の一時期を、京都市内で生きている。つくづく不思議な因縁だと思う。

この因縁は、運命の女神の好意なのか。あるいは、魑魅魍魎《ちみもうりょう》のいたずらなのか。神の存在を信じることのできないわたしでも、時として、そのように思い迷うことがある。

おわりに

わたしの証明方法の大半は、古田武彦の方法によっている。邪馬壹国の所在地を突き止めるには、氏の論証方法以外にないと、確信するがゆえである。そのため、この本では、氏の方法を徹底して適用・応用してきた。それでありながら、結論において、微妙な誤差が生じてしまった。その最大の原因は、「記紀神話」と「魏志倭人伝」に対する解釈・解読の若干の相違にある。

邪馬壹国・女王の都した地を、古田は福岡市に比定した。これに対し、わたしは、そこから一歩退いた太宰府政庁跡に比定した。どうして、十数kmの誤差が生じたのか。それは、「水城《みずき》」を意識したか否かによる。

記紀神話を貫く主題は、伯耆・出雲と筑紫との鋭い対立となっている。記紀神話では、その帰趨については一切触れていない。この対立の結末を伝える史書の一つが、「魏志倭人伝」であり、もう一つが「神功記」・「神功紀」である。ことに後者は、伯耆・出雲の滅亡を生々しく伝えていた。

伯耆・出雲と筑紫の運命を左右した要因の一つが、「天孫降臨」後に、ニニギ率いる筑紫が、必死に築き上げた砦――「水城」である。水城は、まさしく両国の明暗を分かつ分水嶺となっていたが、それは同時に、古田とわたしを分かつ分水嶺でもあった。

古田による「魏志倭人伝」中の行路記事の解読は、完璧である。しかし、古田にあっても、「旧百余国」の解読が、不完全であった。そして記紀神話は史実と強調しながら、氏にあっても、ここに伯耆・出雲と筑紫の鋭い対立を見出すことはできなかった。この二点が、その原因である。

「『邪馬台国』論争は終わった」。古田は、自著『邪馬壹国の論理』の中で、論争の終結宣言を行っている。一九七五（昭和五〇）年一〇月のことである。しかし、氏の『「邪馬台国」はなかった』（一九七一年刊）で、この論争は実質的に終わっていた。私は、それにダメ押しをしただけである。

それでも、まだ大きな謎は残っている。それは、「邪馬壹国」の所在地問題以上に根源的な謎、あるいは、日本古代史上最大の謎と言っても、決して過言ではない。勝利した邪馬壹国は、その後、どのような変貌を遂げたのか。一方、『記紀』の強調してやまない、神武を初代天皇とする「大和朝廷」は、果して実在していたのかどうか。第3巻及び第4巻が、その究明の場となる。

河村日下

人名・神名索引

あ 行

か 行

さ 行

ら・わ 行

事項索引

あ　行

か　行

さ　行

た 行

な 行

は 行

ま 行

や 行

ら　行

わ　行

《著者紹介》
河村日下（かわむら・くさか）（筆名）

1946（昭和21）年７月，鳥取県倉吉市に生まれる。本名，福井秀明。

37歳で，改めて日本古代史に興味を持ち，サービス業に従事しながら，その謎解きを始める。

2005（平成17）年，58歳で仕事を辞め，古代の謎解きと『万葉集』の解読に専念。現在に至る。

古代，生まれ故郷が「伯耆国河村郡日下郷（かわむらこほりくさかのさと）」（『和名抄』）であったことから，これを筆名とした。「河村」「日下」，いずれの地名も，すでに消滅している。

著者に，『記紀神話の真実』（ミネルヴァ書房，2016年）。

古代の地平を拓く②
「邪馬台国」論争は終わった

2018年７月10日　初版第１刷発行　〈検印省略〉

定価はカバーに
表示しています

著　者　河　村　日　下
発行者　杉　田　啓　三
印刷者　藤　森　英　夫

発行所　株式会社　ミネルヴァ書房
607-8494 京都市山科区日ノ岡堤谷町１
電話代表　(075)581-5191
振替口座　01020-0-8076

亜細亜印刷・新生製本

ISBN978-4-623-08219-3
Printed in Japan